高等职业教育创新型人才培养系列教材

资产评估

（第3版）

主　编　张仕平　陈　静
副主编　赵常未　李　琦
主　审　李建群

北京航空航天大学出版社

内 容 简 介

本书根据《教育部关于全面提高高等职业教育教学质量的若干意见》精神，遵照我国高等职业教育教学规律，结合实际工作岗位需要编写而成。其主要阐述了资产评估的基本理论、方法与技能，具体包括：资产评估通识，承接资产评估业务，编制资产评估计划，调查、收集整理评估资料，不同评估模式下的评定估算，制作、提交和使用评估报告，评估工作底稿管理等。

全书采用"理（论）实（际）一体化"的模式编写，将资产评估业务工作流程分解为7个工作过程，每个工作过程均以能力目标、知识目标、教学设计开始，并按照实际工作的需要，把每个工作过程细分为不同的学习任务，每个学习任务又由工作成果、知识储备、任务演练构成，在每个工作过程之后设置了重点回顾、能力训练（包括专项能力训练与综合能力训练）、思考与练习等，便于教师备课和学生学习。本书突出高等职业教育的特色，符合"校企合作，理实一体"的高等职业教育教学要求，具有较强的针对性、应用性和前瞻性。

本书适合于广大高职高专院校资产评估及相关专业作为教材使用，也可以作为相关从业人员的参考用书。

图书在版编目（CIP）数据

资产评估 / 张仕平，陈静主编 . -- 3 版 . -- 北京：北京航空航天大学出版社，2023.1
ISBN 978 - 7 - 5124 - 3907 - 8

Ⅰ. ①资… Ⅱ. ①张… ②陈… Ⅲ. ①资产评估 Ⅳ. ①F20

中国版本图书馆 CIP 数据核字（2022）第 189298 号

版权所有，侵权必究。

资产评估（第 3 版）

主　编　张仕平　陈　静
副主编　赵常未　李　琦
主　审　李建群
策划编辑　冯　颖　责任编辑　周世婷

*

北京航空航天大学出版社出版发行

北京市海淀区学院路 37 号（邮编 100191）　http://www.buaapress.com.cn
发行部电话：(010)82317024　传真：(010)82328026
读者信箱：goodtextbook@126.com　邮购电话：(010)82316936
北京建筑工业印刷厂印装　各地书店经销

*

开本：787×1 092　1/16　印张：22　字数：563 千字
2023 年 1 月第 3 版　2023 年 1 月第 1 次印刷　印数：2 000 册
ISBN 978 - 7 - 5124 - 3907 - 8　定价：65.00 元

若本书有倒页、脱页、缺页等印装质量问题，请与本社发行部联系调换。联系电话：(010)82317024

第3版前言

《资产评估(第2版)》自出版以来,被多所院校选作资产评估及相关专业的教材,受到广大读者的喜爱。近年来,在国家全面深化改革的背景下,我国经济环境、法制环境发生巨大变化。《中华人民共和国资产评估法》于2016年12月颁布实行,《资产评估基本准则》及其相关准则的制定与修订,资产评估师考试制度与考试内容的改革等,使得我国资产评估理论与实践随之发生了巨大变化。结合这些变化,作者对教材内容再次进行了修订。

本次修订的主要思路是适应"线上线下"教学融合,补充一些新的法律、法规和评估准则,体现最新的理论与实务发展,增强教材的实用性和可读性,更好地满足职业教育的需求。

本书根据资产评估工作岗位的职责要求,结合"资产评估师"等相关执业资格准则,以资产评估业务流程为主线,以每一工作过程所需要的知识为要点,基于工作过程选择、组织课程内容,以完成工作任务为主要学习方式的课程模式。为此,本书以资产评估业务流程为导向选取了7个工作过程作为教学内容:资产评估通识,承接资产评估业务,编制资产评估计划,调查、收集整理评估资料,不同评估模式下的评定估算,制作、提交和使用评估报告,评估工作底稿管理。这7个工作过程串联在一起与资产评估工作必备的岗位职业技能要求相互匹配。

本书以适应高等职业教育教学改革为目标,突出了"教、学、做"的职业技术教育特色,强调内容选择上的应用性和针对性,主要特色体现在以下几个方面:

1. 基于工作过程,教学目标明确。每一工作过程开篇均以能力目标、知识目标及教学设计开始,使学生很快地明确每一工作过程的能力要求与所需知识,对学生的学习和教师的教学有很大帮助。

2. 任务驱动,结构严谨。全书的结构按照实际工作流程安排,7个工作过程的完成顺序正好构成资产评估工作的全过程,具有较强的指导性、应用性和可操作性。

3. 工作成果引导,易于理解。全书将每一工作过程分解为不同的学习任务,每一学习任务前设置了工作成果展示与分析,以经典案例(背景资料)引导学习任务与知识内容,逻辑严密,形象生动,通俗易懂。

4. 任务演练,强化能力培养。每个学习任务结束后,都设置了任务演练,有助于学生巩固所学知识,提高职业技能,做到了"教、学、做"的有机统一,具有较强的针对性。

5. 考核评价形式多样,全面系统。本书每一工作过程后面都有重点回顾、能力训练及思考练习，特别是在能力训练板块中设置了典型案例分析、见习或实操、专项能力训练、综合能力训练、专项考核、综合评价等；实训考核分为过程性考核和课业成果考核，考核评价形式多样，全面系统。

本书是由四川航天职业技术学院与四川信合资产评估有限公司合作开发的高职高专实用教材，由张仕平教授、陈静副教授任主编，赵常未、李琦任副主编，李建群主审，编写分工如下：张仕平编写工作过程1，张仕平、李琦编写工作过程2，杨菀曦编写工作过程3，陈静、赵常未编写工作过程4，陈静、杨菀曦编写工作过程5，陈静、李琦编写工作过程6，赵常未编写工作过程7，杨菀曦编写附录，张仕平负责统稿。本书在编写过程中得到了四川信合资产评估有限公司的大力支持。四川信合资产评估有限公司总经理、中国注册资产评估师、中国资产评估协会理事、四川省资产评估协会常务理事郑仁海对本书的编写提出了宝贵意见。

在本教材的开发与编写过程中，我们参考和借鉴了大量的资产评估资料和资产评估同仁的最新优秀成果，北京航空航天大学出版社对本教材的编写工作进行了精心的指导并提出了许多宝贵意见，在此，一并表示衷心的感谢！

由于编者经验和能力有限，加之资产评估理论与实务不断发展，书中错漏之处在所难免，恳请广大师生在使用过程中提出宝贵意见和建议，以便再版时修改。

编　者

2023年1月于成都

目　　录

工作过程1　资产评估通识 ··· 1
 学习任务1.1　资产评估行业认知 ··· 1
  知识储备 ·· 1
  任务演练：资产评估相关法律法规应用 ·· 11
 学习任务1.2　资产评估职业认知 ··· 13
  知识储备 ·· 13
  任务演练：资产评估从业人员职业素质与职业能力 ································· 16
 学习任务1.3　资产评估前导知识 ··· 17
  知识储备 ·· 17
  任务演练：资产评估的假设与原则 ·· 32
 能力训练 ·· 33

工作过程2　承接资产评估业务 ··· 37
 学习任务2.1　明确评估业务基本事项 ··· 37
  知识储备 ·· 37
  任务演练：资产评估师的职业道德 ·· 46
 学习任务2.2　订立资产评估委托合同 ··· 47
  知识储备 ·· 47
  任务演练：合同订立的程序——要约和承诺 ·· 56
 能力训练 ·· 56

工作过程3　编制资产评估计划 ··· 66
 学习任务3.1　资产评估计划 ··· 66
  知识储备 ·· 66
  任务演练：编制资产评估计划 ·· 70
 学习任务3.2　资产评估的基本方法 ··· 71
  知识储备 ·· 71
  任务演练：评估基本方法——成本法的运用 ·· 81
  任务演练：评估基本方法——市场法的运用 ·· 93
  任务演练：评估基本方法——收益法的运用 ·· 100
  任务演练：资产评估方法的比较与选择 ·· 107
 能力训练 ·· 114

工作过程4　调查、收集整理评估资料 ··· 124
 学习任务4.1　现场查勘取证 ··· 124
  知识储备 ·· 124
  任务演练：现场查勘取证 ·· 160
 学习任务4.2　收集整理评估资料 ··· 163
  知识储备 ·· 163
  任务演练：房地产评估资料收集、汇总和甄选 ······································ 183

能力训练 ··· 184

工作过程 5　不同评估模式下的评定估算 ································· 193
学习任务 5.1　成本模式下的评定估算 ································· 193
　　知识储备 ··· 193
　　任务演练：成本模式下的评定估算——进口机器设备评估 ········· 213
学习任务 5.2　市场模式下的评定估算 ································· 216
　　知识储备 ··· 216
　　任务演练：市场法在房地产评估中的应用案例 ························ 229
学习任务 5.3　收益模式下的评定估算 ································· 231
　　知识储备 ··· 231
　　任务演练：无形资产（专利及专有技术）的评估 ······················· 254
　　能力训练 ··· 258

工作过程 6　制作、提交和使用评估报告 ································· 265
学习任务 6.1　资产评估报告释义 ······································· 265
　　知识储备 ··· 265
　　任务演练：资产评估法律法规速成 ······································ 271
学习任务 6.2　资产评估报告的制作 ···································· 272
　　知识储备 ··· 272
　　任务演练：资产评估报告解析 ·· 288
学习任务 6.3　资产评估报告的使用 ···································· 291
　　知识储备 ··· 291
　　任务演练：××城关镇××村×××房地产评估报告 ················ 293
　　能力训练 ··· 294

工作过程 7　评估工作底稿管理 ··· 302
学习任务 7.1　资产评估工作底稿释义 ································· 302
　　知识储备 ··· 302
　　任务演练：编制资产评估工作底稿 ······································ 326
学习任务 7.2　资产评估工作底稿归档保管 ·························· 327
　　知识储备 ··· 327
　　任务演练：资产评估档案管理 ·· 329
　　能力训练 ··· 330

附　录 ··· 335
　　附录 1　中华人民共和国资产评估法 ··································· 335
　　附录 2　资产评估基本准则 ·· 335
　　附录 3　评估报告样本——宁波市资产评估报告样本 ··············· 335
　　附录 4　复利系数的计算公式 ·· 335
　　附录 5　复利系数表 ·· 336

参考文献 ·· 344

工作过程 1
资产评估通识

能力目标
1. 培养依法办理资产评估业务和执业的能力。
2. 培养职业素质和职业能力,适应资产评估岗位要求。
3. 培养资产评估业务分析、判断能力,合理规避评估风险。

知识目标
1. 熟悉国家、行业颁布的相关法律、法规及资产评估准则。
2. 熟悉资产评估职业注册与管理制度、岗位职责要求。
3. 掌握资产评估业务性质、评估目的、价值类型。
4. 掌握资产评估的假设与原则,降低评估风险。

教学设计
1. 收集、查阅现行的资产评估法律、法规及资产评估准则。
2. 开展典型案例分析与讨论。
3. 分组讨论与评价。
4. 演示训练。
5. 情境模拟。

学习任务1.1 资产评估行业认知

知识储备

1.1.1 我国资产评估行业发展概况

资产评估行业作为一个独立的社会中介行业在国外有上百年的发展历史。我国资产评估行业诞生于 20 世纪 80 年代末 90 年代初,是伴随我国市场经济建立健全应运而生的,虽然经历时间不长,但发展迅速。经过近 30 年的努力,我国资产评估行业为维护国有资本权益、规范资本市场运作、防范金融系统风险、保障社会公共利益和国家经济安全作出了重要贡献。2016 年 7 月 2 日,全国人大常委会审议通过并于 2016 年 12 月 1 日开始施行的《中华人民共和国资产评估法》正式奠定了我国资产评估的法律地位,标志着我国资产评估行业进入法制化发展的新阶段。

1. 我国资产评估工作正式起步阶段

与西方市场经济发达国家资产评估行业相比,我国资产评估是在经济体制改革和对外开放政策背景下,为满足国有资产管理工作的需要而产生的,并走出了一条适合中国特色社会主义市场经济的评估服务专业之路。

1978 年 12 月,中共十一届三中全会作出对国家经济管理体制和国有企业经营管理方式

工作成果:常用资产评估法律法规集萃

进行改革的重大决策,作为国有资产管理的必备程序和保护国有资产权益的专业手段,资产评估应运而生。20 世纪 80 年代末,我国国有企业改革进入纵深阶段。为了防止国有资产流失,规范国有资产交易行为,政府部门出台一系列政策,规定企业兼并和出售国有小型企业产权,国有资产实行租赁、联营、股份经营,兼并和出售国有企业,资产折股出售,破产清理,企业结业清理,中外合资、合作经营,必须进行资产评估工作,初步确立了资产评估的法律地位。

1989 年,国家体改委、财政部、国家国有资产管理局共同发布了《关于出售国有小型企业产权的暂行办法》,明确规定:"被出售企业的资产(包括无形资产)要认真进行清查评估"。同年,国家体改委、国家计委、财政部、国家国有资产管理局共同发布了《关于企业兼并的暂行办法》,明确规定:"对兼并方的有形资产和无形资产,一定要进行评估作价,并对全部债务予以核实。如果兼并方企业在兼并过程中转换为股份制企业,也要进行资产评估。"同年,国家国有资产管理局发布了《关于在国有资产产权变化时必须进行资产评估的若干暂行规定》。1990 年 7 月,国家国有资产管理局成立了资产评估中心,负责资产评估项目和资产评估行业的管理工作。这些早期资产评估管理文件的发布和资产评估管理机构的成立,标志着我国资产评估工作正式起步。

2. 我国资产评估行业迅速发展阶段

20 世纪 90 年代初,国有资产管理局负责管理资产评估行业,建立了资产评估机构资格准入制度,建立了资产评估收费管理制度,并编写了资产评估专业培训教材。特别是 1991 年以国务院第 91 号令发布的《国有资产评估管理办法》,是我国第一部对资产评估行业进行政府管理的行政法规,标志着我国资产评估行业走上法制化的道路。该办法明确规定:凡是涉及国有资产产权或经营主体发生变动的经济行为都要进行评估,同时还规定全国资产评估管理的政府职能部门是国有资产管理部门,将审批评估机构纳入国有资产管理部门的职责范围,规定了被评估资产的管理范围、评估的程序和方法及法律责任等,为推动我国资产评估行业的发展,起到了历史性的作用。

1993 年 3 月,为了适应股份制改造试点和证券公开发行资产评估工作的需要,加强对评估机构的管理,国家国有资产管理局、中国证券监督管理委员会联合印发了《关于从事证券业务的资产评估机构资格确认的规定》(国资办发[1993]12 号),要求资产评估机构对股票公开发行、上市交易的企业资产进行评估和开展与证券业务有关的资产评估业务,必须取得证券评估许可证,并规定了从事证券业务资产评估机构的资质条件。1995 年 5 月,人事部、国家国有资产管理局联合印发《注册资产评估师执业资格制度暂行规定》及《注册资产评估师执业资格考试实施办法》,全国注册资产评估师执业资格制度正式建立,并于 1996 年 5 月举行了首次全国注册资产评估师执业资格考试。1996 年 5 月,国家国有资产管理局发布了《关于转发〈资产评估操作规范意见(试行)〉的通知》(国资办发[1996]23 号),在资产评估准则出台前,《资产评估操作规范意见(试行)》是规范我国国有资产评估业务的技术规范。该规范于 2011 年 2 月 21 日废止。

20 世纪 90 年代,我国经济体制改革的深入推进为资产评估行业提供了重要的发展机会,资产评估行业得到空前发展,资产评估机构和从业人员的数量迅速增加,建立了注册资产评估师制度,完善了资产评估行业准入制度,发布了资产评估操作规范意见等技术性规范。

3. 我国资产评估行业的发展进入到一个强化行业自律管理的新阶段

1993 年 12 月,中国资产评估协会成立,并于 1995 年代表我国资产评估行业加入国际评估准则委员会。中国资产评估协会的成立标志着我国资产评估行业已经开始成为一个独立的中介行业,我国资产评估行业管理体制也开始走向政府直接管理与行业自律管理相结合的道路。

1998年,根据政府机构改革方案,国家国有资产管理局被撤销,相应的资产评估管理工作移交到财政部,中国资产评估协会划归财政部管理。1999—2000年,我国资产评估行业完成了资产评估机构脱钩改制工作,资产评估机构在人员、财务、职能、名称四个方面与挂靠单位脱钩。

2001年12月31日,国务院办公厅转发了财政部《关于改革国有资产评估行政管理方式加强资产评估监督管理工作意见的通知》(国办发[2001]102号),对国有资产评估管理方式进行重大改革,取消财政部门对国有资产评估项目的立项确认审批制度,实行财政部门的核准制或财政部门、集团公司及有关部门的备案制。之后财政部相继制定了《国有资产评估管理若干问题的规

> 【小贴士】 中国资产评估协会简介
>
> 中国资产评估协会成立于1993年12月,是资产评估行业的全国性自律组织,依法接受财政部和民政部的指导、监督。
>
> 中国资产评估协会的主要职责是:制定行业发展目标和规划,并负责组织实施;制定资产评估执业准则、规范和行业自律管理规范,并负责组织实施、监督和检查;负责组织注册资产评估师及分专业全国统一考试;负责注册资产评估师注册和会员登记管理;负责对会员执业资格、执业情况进行检查、监督,对会员执业责任进行鉴定,实施自律性惩戒,规范执业秩序等。

定》《国有资产评估违法行为处罚办法》等配套改革文件。评估项目的立项确认制度改为核准、备案制,加大了资产评估机构和注册资产评估师在资产评估行为中的责任。与此相适应,财政部将资产评估机构管理、资产评估准则制定等原先划归政府部门的行业管理职能移交给行业协会。这次重大改革不仅是国有资产评估管理的重大变化,同时也标志着我国资产评估行业的发展进入了一个强化行业自律管理的新阶段。

2003年,国务院设立国有资产监督管理委员会,财政部有关国有资产管理的部分职能划归国务院国资委。国务院国资委作为国务院特设机构,以出资人的身份管理国有资产,包括负责监管所属企业资产评估项目的核准和备案。财政部则作为政府管理部门负责资产评估行业管理工作,并行使国有金融企业及烟草、铁路、邮政、科学、教育、文化、农业、司法等行业的中央企业和行政事业单位国有资产管理职责。这次改革对我国资产评估行业的发展具有重大影响,基本实现了国有资产评估管理与资产评估行业管理的完全分离,表明我国资产评估行业成为一个独立的专业服务行业。

2003年12月,国务院办公厅发布了《国务院办公厅转发财政部关于加强和规范评估行业管理的意见的通知》(国办发[2003]101号),对加强和规范资产评估行业的管理提出了全面要求。2004年2月,财政部发布了《资产评估准则——基本准则》《资产评估职业道德准则——基本准则》,成为推动我国建立资产评估准则体系的重要标志,为我国资产评估准则制定和资产评估行业规范化发展奠定了坚实基础。

2004年《中华人民共和国行政许可法》实施,根据法律法规和国务院文件的规定,资产评估行业进一步完善行政管理体制和行业自律管理相结合的管理体制。依据《国务院对确需保留的行政审批项目设定行政许可的决定》(中华人民共和国国务院令第142号),国家继续对资产评估机构从事证券业务实行行政许可,由财政部和证监会共同实施。2005年5月11日,财政部发布《资产评估机构审批管理办法》(财政部令第22号),对资产评估机构及其分支机构的

设立、变更和终止等行为进行规范。人事部门与财政部门共同实施的注册资产评估师执业资格许可(含珠宝评估专业),注册资产评估师的注册由中国资产评估协会管理。

2009年12月,财政部发布《关于推动评估机构做大做强做优的指导意见》(财企[2009]453号),明确提出了要加快培养一批与我国经济发展水平相适应、具有较大规模、较强实力和较高水平的评估机构,推动评估行业科学发展。2010年11月,财政部发布《关于评估机构母子公司试点有关问题的通知》,鼓励证券评估机构集团化发展,采用母子公司经营模式。

2011年8月11日,财政部发布《资产评估机构审批和监督管理办法》(财政部令第64号),进一步规范了资产评估机构审批行为。

2014年8月12日,国务院发布《关于取消和调整一批行政审批项目等事项的决定》(国发[2014]27号),取消了注册资产评估师等11项职业资格许可和认定事项。2014年8月13日,人力资源和社会保障部印发《关于做好国务院取消部分准入类职业资格相关后续工作的通知》(人社部函[2014]44号),将资产评估师职业资格调整为水平评价类职业资格。

> 【小贴士】 四川省资产评估协会介绍
>
> 四川省资产评估协会是全省性资产评估行业组织,于1994年3月7日经四川省民政厅批准成立,具有社团法人资格。协会的业务主管部门是四川省财政厅,同时接受四川省民政厅的监督管理。
>
> 四川省资产评估协会的主要职责是:研究制定全省资产评估行业发展目标和规划,并负责组织实施;贯彻资产评估执业准则、规则和行业自律管理规范,并负责组织监督和检查;参与组织注册资产评估师全国统一考试四川考区工作;负责注册资产评估师注册和会员登记管理;协助省财政厅做好资产评估机构的审批管理及监督检查;负责对会员执业资格、执业情况进行检查、监督,实施自律性惩戒,规范执业秩序等。

2016年7月2日,十二届全国人大常委会第二十一次会议审议通过《中华人民共和国资产评估法》(以下简称《资产评估法》),自2016年12月1日起施行。《资产评估法》对资产评估机构和资产评估专业人员开展资产评估业务、资产评估行业行政监督和行业自律管理、资产评估相关各方的权利义务责任等一系列重大问题作出了明确规定,全面确立了资产评估行业的法律地位,对促进资产评估行业发展具有重大历史和现实意义。

2017年4月21日,财政部出台《资产评估行业财政监督管理办法》(财政部令第86号),建立了资产评估行业行政监管、行业自律和机构自主管理相结合的管理原则,明确了对资产评估专业人员、资产评估机构和资产评估协会的监管内容和监管要求,划分了各级财政部门的行政监管分工和职能,细化了资产评估法律责任的相关规定。为在财政部门实施监督管理的资产评估行业落实《资产评估法》的管理要求提供了依据。2017年8月23日,财政部发布《资产评估基本准则》,同年9月8日,中国资产评估协会发布修订后的25项资产评估执业准则和职业道德准则,实现了资产评估准则的与时俱进。

1.1.2 我国资产评估法律规范及制度体系

2016年,《资产评估法》颁布施行后,相关部门和评估行业积极推进相关配套制度建设,加上以往颁布的与资产评估有关的法律法规,形成了以《资产评估法》为统领,由相关法律、行政法规、部门规章、规范性文件以及自律管理制度共同组成的全面、系统、完备的资产评估法律规范及制度体系。

1. 资产评估法及相关法律

2016年7月2日,第十二届全国人大常委会第二十一次会议审议通过了《资产评估法》,

国家主席习近平签署第 46 号主席令予以公布,自 2016 年 12 月 1 日起施行。《资产评估法》共 8 章 55 条,涉及以下主要内容:法律调整范围、评估业务类型、评估专业人员、评估机构、评估程序、评估行业协会、监督管理、法律责任等。

目前,我国涉及资产评估相关内容的法律有 8 部,包括《公司法》《证券法》《刑法》《公路法》《企业国有资产法》《城市房地产管理法》《拍卖法》《政府采购法》,主要规定了涉及国有资产产权转让、抵押、股东出资、股票和债券发行、房地产交易等的业务必须要进行评估,并明确了其相关法律责任。

2. 行政法规

我国涉及资产评估的行政法规有 16 部,包括《国有土地上房屋征收与补偿条例》《国有资产评估管理办法》《社会救助暂行办法》《全民所有制工业企业转换经营机制条例》《土地增值税暂行条例》《森林防火条例》《证券公司监督管理条例》《民办教育促进法实施条例》《金融机构撤销条例》《矿产资源勘查区块登记管理办法》《探矿权采矿权转让管理办法》《国务院关于股份有限公司境内上市外资股的规定》《中外合作经营企业法实施细则》《股权发行与交易管理暂行条例》《全民所有制小型工业企业租赁经营暂行条例》,主要规定对涉及房屋征收补偿、矿产资源开采、金融机构抵押贷款、金融机构撤销等多种业务,必须要进行评估。

3. 财政部门规章、规范性文件

按照《资产评估法》的要求,2017 年 4 月 21 日,财政部出台了《资产评估行业财政监督管理办法》(财政部令第 86 号),明确了行业监管的对象和内容,规定了行业监管的手段和法律责任。2017 年 5 月,人力资源和社会保障部、财政部修订发布了《资产评估师职业资格制度暂行规定》和《资产评估师职业资格考试实施办法》(人社部规〔2017〕7 号),规定中国资产评估协会负责资产评估师职业资格考试组织和实施工作,同时放宽了报考条件,优化了考试科目,建立了适合行业发展和行业特点的资产评估师考试制度。2017 年 7 月,财政部发布了《关于做好资产评估机构备案管理工作的通知》,细化了资产评估机构的备案管理。2017 年 8 月,财政部正式印发了《资产评估基本准则》,对资产评估的基本要求、基本遵循以及资产评估程序、资产评估报告、资产评估档案等作出了明确规定。

4. 资产评估行业自律管理制度

2016 年 12 月,经资产评估行业第五次会员代表大会审议通过,并报财政部审查同意、民政部核准,新的《中国资产评估协会章程》正式生效,进一步完善了协会的职责定位,优化了协会的组织体系,规范了会员管理和理事会的运作机制。随后,中国资产评估协会修订发布了会员管理办法,组织修订发布了 25 项执业准则和职业道德准则等一系列自律管理制度。

1.1.3 我国资产评估准则体系

1. 我国资产评估准则概述

(1) 资产评估准则简介

评估准则是评估行业规范发展的重要基础。随着社会主义市场经济体制的发展完善,我国评估行业得到快速发展,对评估准则建设提出了迫切要求。2001 年,国务院办公厅转发财政部《关于改革国有资产评估行政管理方式加强资产评估监督管理工作的意见》。2003 年,国务院办公厅转发财政部《关于加强和规范评估行业管理的意见》。两个文件都指出我国评估行业执业技术规范和职业道德标准建设滞后,不能满足评估业务发展的客观需要,要求尽快建立健全评估准则体系。2016 年 12 月,《中华人民共和国资产评估法》(简称《资产评估法》)颁布实施。《资产评估法》规定评估机构及其评估专业人员开展业务应当遵守法律、行政法规和评估准则,评估机构和评估专业人员违反评估准则需要承担相应的法律责任。《资产评估法》进一步明确了评估准则在评估业务的履行、监管和使用中的基础地位,为评估准则建设提供了坚实的法律保障。

财政部门管理的资产评估行业的评估准则称为资产评估准则。资产评估准则是资产评估机构和资产评估专业人员开展资产评估业务的行为标准,是监管部门评价资产评估业务质量的重要尺度,是资产评估报告使用人理解资产评估结论的重要依据。本教材所称资产评估准则,是指财政部制定的《资产评估基本准则》和中国资产评估协会根据《资产评估基本准则》制定的《资产评估执业准则》和《资产评估职业道德准则》。

20多年来,财政部和中国资产评估协会借鉴国际评估行业经验,大力推动我国资产评估准则建设,已经建成较为完善的资产评估准则体系。这些准则规定了评估执业行为和职业道德行为的要求,覆盖了主要市场领域和主要执业流程,实现了与国际评估准则在基本专业理念、主要技术方法、重要专业术语等方面的趋同。这些准则在提升行业公信力、规范执业行为、加强行业监管、促进评估结论使用、增进行业国际交流等方面发挥了重要作用,促进了资产评估行业健康规范发展。

(2)我国资产评估准则的发展

我国资产评估行业产生之初,财政部、原国资局、中国资产评估协会等先后制定并发布了许多资产评估管理方面的制度、规定和办法,对推动我国资产评估行业的健康发展发挥了重要作用。但由于这些制度、规定和办法都是对某一项业务和工作作出规定或提出要求,缺乏系统性和完整性,大多未以准则的形式发布。

2001年,财政部发布《资产评估准则——无形资产》,这是我国资产评估行业的第一项准则,标志着我国资产评估准则建设迈出了第一步。

2004年,财政部发布《资产评估准则——基本准则》和《资产评估职业道德准则——基本准则》。两项基本准则确立了我国资产评估准则的基本理念和基本要求,奠定了整个资产评估准则体系的基础。

2007年,涉及主要评估程序和主要执业领域的资产评估准则基本建成,初步构建了资产评估准则体系。2007年11月,财政部发布了中国资产评估准则体系。

此后,在资产评估准则体系规划下,我国资产评估准则体系建设继续紧跟市场和执业需要,有序、协调发展。截至2016年,资产评估准则体系包括业务准则和职业道德准则两部分,共计28项准则。

2016年,《资产评估法》规定了评估准则的制定和实施方式,并对资产评估准则的规范主体、重要术语、评估程序、评估方法以及评估报告等内容作出了规定。为贯彻落实《资产评估法》,财政部和中国资产评估协会于2017年对资产评估准则进行了全面修订后重新发布,构建了包括1项基本准则、1项职业道德准则和25项执业准则在内的新的资产评估准则体系。

2018年,中国资产评估协会对资产评估报告、资产评估程序、资产评估档案及企业价值四项执业准则进行了进一步的修订和完善,并重新发布。

目前,我国资产评估准则体系已进一步得到了完善,适应了资产评估执业、监管和使用需求,与国际主要评估准则体系实现了趋同。

（3）我国资产评估准则的制定机制

1）制定主体

《资产评估法》规定国务院有关评估行政管理部门组织制定评估基本准则和评估行业监督管理办法；评估行业协会依据评估基本准则制定评估执业准则和职业道德准则。

财政部作为资产评估行业的行政管理部门，负责组织制定资产评估基本准则。中国资产评估协会作为资产评估行业的自律管理组织，负责依据资产评估基本准则制定资产评估执业准则和资产评估职业道德准则。

2）咨询组织

为充分调动各方力量参与，保证资产评估准则制定工作的顺利进行，财政部组织成立了资产评估准则委员会，中国资产评估协会组织成立资产评估准则技术委员会。两个委员会的委员都来自资产评估行政管理部门、资产评估业务监管部门、资产评估行业协会、资产评估执业界、企业界和科研院校。两个委员会主要职能包括：审议拟发布的资产评估准则，对资产评估准则的体系、体例、结构、立项等提供咨询意见，对资产评估准则涉及的重大或专业性问题提供咨询意见，对资产评估准则的具体实施提供咨询意见，组织资产评估准则相关专题研究，推动资产评估准则国际交流等。

3）制定程序

为保证资产评估准则质量，增强资产评估准则制定透明度，中国资产评估协会对资产评估准则制定程序作出了规定。资产评估准则的制定过程分为立项、起草、公开征求意见、审议和发布五个阶段。

中国资产评估协会根据资产评估业务需要，提出资产评估准则立项意见。立项完成后，由中国资产评估协会组织成立项目起草组开展研究起草工作，在研究、调研等工作基础上，形成征求意见稿。资产评估基本准则由财政部组织公开征求意见，资产评估执业准则和资产评估职业道德准则由中国资产评估协会向相关行政管理部门、业务监督部门、评估机构、资产评估师、评估报告使用人和社会其他各方公开征求意见。项目起草组根据反馈意见对征求意见稿进行修改，形成审议稿。中国资产评估协会将审议稿提交相关准则委员会审议，并根据委员会审议意见修改形成拟发稿。资产评估基本准则报财政部审定后，由财政部发布。资产评估执业准则和资产评估职业道德准则由中国资产评估协会发布。

4）更新机制

为保证资产评估准则的质量，提高资产评估准则的适用性和可操作性，财政部和中国资产评估协会对我国资产评估准则进行了多次修订。目前，已经初步建立了资产评估准则动态更新机制，由中国资产评估协会在财政部的指导下，结合执业需求和监管需求，及时制定新的资产评估准则项目，对已发布的资产评估准则不定期进行修订。

2. 我国资产评估准则体系介绍

（1）我国资产评估准则体系的框架

1）资产评估基本准则

资产评估基本准则是财政部依据《资产评估法》《资产评估行业财政监督管理办法》等制定的资产评估机构及其资产评估专业人员执行各种资产类型、各种评估目的的资产评估业务应当共同遵循的基本规范。

资产评估基本准则是中国资产评估协会制定资产评估执业准则和资产评估职业道德准则

的依据。

2) 资产评估执业准则

资产评估执业准则是中国资产评估协会依据资产评估基本准则制定的资产评估机构及其资产评估专业人员在执行资产评估业务过程中应当遵循的程序规范和技术规范,包括具体准则、评估指南和指导意见三个层次。

第一层次为资产评估具体准则。资产评估具体准则分为程序性准则和实体性准则两个部分。程序性准则是关于资产评估机构及其资产评估专业人员通过履行一定的专业程序完成评估业务、保证评估质量的规范。实体性准则是针对不同资产类别的特点,分别对不同类别资产评估业务中的资产评估机构及其资产评估专业人员的技术操作提供指导。

第二层次为资产评估指南。资产评估指南是针对出资、抵押、财务报告、保险等特定评估目的的评估业务,以及某些重要事项制定的规范。

第三层次为资产评估指导意见。该层次较为灵活,已在具体准则层次设置了准则的资产,其细类资产的评估规范,采用指导意见形式;资产评估业务中某些具体问题的指导性文件,采用指导意见形式。

3) 资产评估职业道德准则

资产评估职业道德准则从专业能力、独立性、与委托人和其他相关当事人的关系、与其他资产评估机构及资产评估专业人员的关系等方面对资产评估机构及其资产评估专业人员应当具备的道德品质和体现的道德行为进行了规范。

我国现行资产评估准则体系框架如图1-1所示。

(2) 我国资产评估准则体系的特点

① 我国的资产评估准则体系是综合性体系。根据《资产评估行业财政监督管理办法》,资产评估机构及其资产评估专业人员从事资产评估业务,评估对象包括单项资产、资产组合、企业价值、金融权益、资产损失或者其他经济权益。适应资产评估行业的业务特点,我国资产评估准则体系涵盖企业价值、无形资产、不动产、机器设备以及其他动产等各主要类别资产和经济权益的评估,体现了综合性的特点。

② 我国资产评估准则体系专业性准则和程序性准则并重。资产评估准则体系中,包括针对主要类别资产特点而进行规范的专业性准则,如企业价值评估准则、机器设备评估准则和不动产评估准则等。同时,根据资产评估专业服务的特点,资产评估准则体系对评估程序的履行也非常重视,对重要评估程序设置了相应的准则项目,如评估报告、评估档案、评估程序等,通过履行适当的评估程序,保证资产评估结论的合理性。

3. 资产评估基本准则介绍

(1) 资产评估准则规范主体

基本准则的规范主体包括资产评估机构、资产评估师和其他资产评估专业人员。资产评估机构是指在财政部门备案的评估机构。资产评估师是指通过中国资产评估协会组织实施的资产评估师资格全国统一考试,取得《资产评估师职业资格证书》的资产评估专业人员。其他资产评估专业人员是指未取得《资产评估师职业资格证书》的其他具有评估专业知识及实践经验的资产评估从业人员。

(2) 资产评估准则适用范围

《资产评估法》规定,评估机构及其评估专业人员开展业务应当遵守法律、行政法规和评估

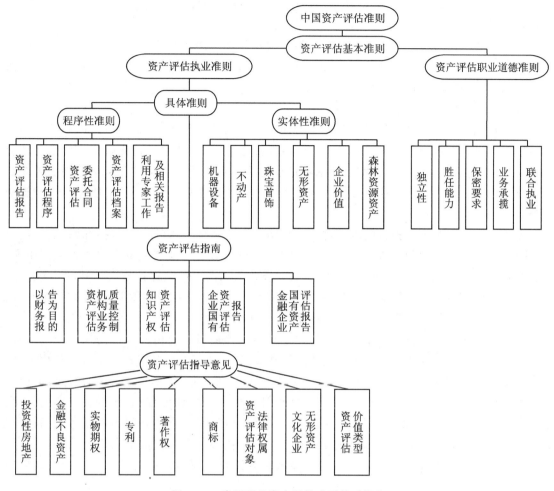

图 1-1 我国现行资产评估准则体系框架

准则。与此相适应,《资产评估基本准则》明确指出,该准则适用于所有资产评估机构及其资产评估专业人员开展的出具资产评估报告的资产评估业务。

法律、行政法规和国务院规定由其他评估行政管理部门管理,应当执行其他准则的,从其规定。

(3) 资产评估业务的基本遵循

《资产评估基本准则》规定资产评估机构及其资产评估专业人员开展资产评估业务应当遵守法律、行政法规和资产评估准则,遵循独立、客观、公正的原则;遵守职业道德规范,维护职业形象;对所出具的资产评估报告依法承担责任;能够胜任所执行的资产评估业务,并且能够独立执业,不受委托人或相关当事人的非法干预。

(4) 资产评估基本程序

资产评估程序是资产评估机构及其资产评估专业人员在执行资产评估业务时为形成资产评估结论所履行的系统性工作步骤。《资产评估基本准则》要求资产评估机构及其资产评估专业人员开展资产评估业务,应当根据资产评估业务具体情况履行必要的资产评估程序。

资产评估基本程序涵盖了资产评估业务的全过程,共有八项,分别为明确业务基本事项、签订业务委托合同、编制资产评估计划、进行资产评估现场调查、收集整理评估资料、评定估算形成结论、编制出具评估报告和整理归集评估档案。

对评估程序的规定有利于规范资产评估机构及其资产评估专业人员的执业行为，切实保证评估业务质量。同时，恰当履行资产评估程序也是资产评估机构及其资产评估专业人员防范执业风险，合理保护自身权益的重要手段。

（5）资产评估报告的基本内容

资产评估报告是资产评估机构及其资产评估专业人员在完成评估项目后，向委托人出具的反映资产评估过程及其结果等基本内容的专业报告，是资产评估机构履行资产评估委托合同的成果，也是资产评估机构为资产评估项目承担法律责任的证明文件。基本准则要求在资产评估机构及其资产评估专业人员完成规定的资产评估程序后，由资产评估机构出具并提交资产评估报告。

基本准则对资产评估报告的内容进行了规定。资产评估报告的内容包括标题及文号、目录、声明、摘要、正文、附件。资产评估报告正文应当包括委托人及其他资产评估报告使用人、评估目的、评估对象和评估范围、价值类型、评估基准日、评估依据、评估方法、评估程序实施过程和情况、评估假设、评估结论、特别事项说明、资产评估报告使用限制说明、资产评估报告日、资产评估专业人员签名和资产评估机构印章。

基本准则还进一步对报告正文内容作出了规定。评估报告使用人包括委托人、资产评估委托合同中约定的其他资产评估报告使用人和法律、行政法规规定的资产评估报告使用人；资产评估报告载明的评估目的应当唯一；评估基准日可以是过去、现在或者未来的时点，但应当与委托合同中约定的评估基准日保持一致；资产评估中采用的评估依据，包括法律依据、准则依据、权属依据及取价依据等；评估结论应当以文字和数字形式表述并明确使用有效期；资产评估报告应当由至少两名承办该项业务的资产评估专业人员签名并加盖资产评估机构印章，法定评估业务评估报告应当由至少两名承办该业务的资产评估师签名并加盖资产评估机构印章。

（6）资产评估档案的内容和管理

资产评估档案是开展资产评估业务形成的，反映资产评估程序实施情况、支持评估结论的工作底稿、资产评估报告和其他相关资料。建立和完善资产评估档案的编制和管理制度，有利于指导和规范资产评估机构操作流程，强化资产评估程序的控制和实施；有利于明确参与资产评估业务的有关人员的责任，树立责任意识，培养专业精神。同时，资产评估档案对于规避和防范资产评估机构及其资产评估专业人员的执业风险，保障各方合法权益有着重要作用。基本准则要求资产评估机构及其资产评估专业人员执行资产评估业务，应当形成评估档案。评估档案由所在资产评估机构按照国家有关法律、行政法规和评估准则规定妥善管理，保存期限不少于15年属于法定评估业务的，不少于30年。

《资产评估法》规定资产评估专业人员应当对评估活动中知悉的国家秘密、商业秘密和个人隐私予以保密。《资产评估基本准则》依法对评估档案的管理和对外提供作出了明确规定。基本准则规定资产评估档案的管理应当严格执行保密制度。除财政部门依法调阅、资产评估协会依法依规调阅、其他依法依规查阅情形外，资产评估档案不得对外提供。

（7）资产评估报告的内部审核

资产评估专业人员应当在评定、估算形成评估结论后，编制初步资产评估报告。资产评估机构应当履行严格的内部审核程序对初步资产评估报告进行审核,出具正式的资产评估报告。

(8) 资产评估业务受理要求

《资产评估基本准则》规定,资产评估机构受理资产评估业务应当满足专业能力、独立性和业务风险控制要求,否则不得受理相关业务。如果资产评估机构执行某项特定业务时缺乏特定的专业知识和经验,应当采取弥补措施,包括利用专家工作和相关报告等。

(9) 评估计划的内容

《资产评估基本准则》规定,资产评估机构及其资产评估专业人员受理某项业务签订委托合同后,在开始现场调查之前,应当根据资产评估业务具体情况编制资产评估计划,并合理确定资产评估计划的繁简程度。资产评估计划包括资产评估业务实施的主要过程及时间进度、人员安排等。

(10) 相关当事人对评估资料的责任

《资产评估法》规定,资产评估专业人员有权利要求委托人提供相关的权属证明、财务会计信息和其他资料,有权依法向有关国家机关或者其他组织查阅从事业务所需的文件、证明和资料。相应地,委托人有义务向资产评估专业人员提供执行评估所需的相关资料,并对提供的相关资料的真实性、完整性和合法性负责;委托人拒绝或者不如实提供的,评估机构有权依法拒绝其履行合同的要求。同时,资产评估专业人员也有义务对评估活动中使用的有关文件、证明和资料的真实性、准确性、完整性进行核查和验证。

《资产评估基本准则》依据《资产评估法》的规定,对相关当事人对评估资料的责任和义务进行了规定。基本准则规定资产评估专业人员在执行业务时应当获取资产评估业务需要的资料并对资料进行核查和验证;同时,也强调了委托人或者其他相关当事人应当依法提供相关资料并保证资料的真实性、完整性、合法性。

(11) 评估方法的选择

《资产评估基本准则》规定,确定资产价值的评估方法包括市场法、收益法和成本法三种基本方法及其衍生方法。资产评估专业人员应当根据评估目的、评估对象、价值类型、资料收集等情况,分析三种基本方法的适用性,依法选择评估方法。除依据评估执业准则只能选择一种评估方法的情况之外,应当选择两种以上的评估方法,经综合分析,形成评估结论,编制评估报告。

任务演练：资产评估相关法律法规应用

背景资料

负责国有资产管理的佛山市公盈投资控股有限公司(以下称佛山公投),在给该市国资委的一份函件中透露:华侨总公司2000年申请改制时进行了改制评估。以2000年2月29日为基准日,华侨总公司资产总额为16 648万元,负债总额为10 471万元,净资产额为6 177万元。2001年2月7日,建交公司批复改制时,剥离不良资产5 907万元,确认列入改制的净资产为270万元。净资产按八折转让给内部职工,职工一次性付款再给予八折优惠,即173万元。

汕头市中级人民法院查明:华侨总公司原总经理冼某明知公司部分未出售的商品房、安置房、单车房和旧区改造剩余的车位、商铺等房产均须列入评估范围,却采用隐瞒不报或以公司安置自用等虚假理由或更换报表等手段,致使价值1 079.3万元的房产没有被列入评估。1 000余万元的国有资产,如果不是职工逐级上访,可能就变成了冼某的个人资产。

在盈溢公司（华侨总公司改制后的名称），记者采访了多名员工，对于冼某侵吞国有资产的操作手法有了初步了解。

① 排挤职工。记者获得的一份华侨总公司 2000 年 1 月至 2001 年 4 月的职工名单显示，2000 年 1 月，华侨总公司职工有 41 人，而到 2001 年 4 月，职工只有 26 人，离职者达 15 人。"这些走的人大多是总公司的老员工，是公司精英和骨干，清楚公司家底。"原华侨总公司一名中层领导告诉记者。除了防止老员工透露家底，冼某排挤走更多的人，也是为了在改制时获得更多股权。

② 做账瞒骗。"冼某之所以能顺利侵吞国有资产，与当时华侨总公司主管单位变化有一定的关系。"该公司负责人告诉记者，华侨总公司酝酿转制时，主管单位由佛山侨办换成了建交公司，而建交公司对于华侨总公司的真正家底并不清楚。到了 2000 年公司改制评估时，华侨总公司委托了佛山市德众资产评估有限公司（以下称德众）进行评估，后因德众是华侨总公司的做账单位，在建交公司要求下，华侨总公司另委托佛山市禅山会计师事务所进行资产评估。而冼某以时间紧迫无法重新提供资料为由，要求德众直接将已瞒报资产的资料提交禅山会计师事务所，导致禅山会计师事务所做出错误评估。

③ 国资购股。"冼某不但隐瞒资产，侵吞国资，就连他买公司股权的钱都不是自己的，不过他的手法真是'精彩'。"华侨总公司一名职工对冼某的行为表示愤慨。据其透露，冼某曾在私下场合表示，一些人认为每股 5 万元太高，他认为 10 万元一股更好；而在公开场合，冼某多次宣称公司在香港的投资亏了几千万元。"这实际就是为了吓唬和阻止其他人购买股份。"这名职工说，"冼某为了自己多购股份，就让公司财务以工程款名义划走 410 万元给一个包工头，包工头再把钱借给冼某用于购买股权。""转制购股时，两名副总都不愿意购股，实际是对改制安排不满意，但冼某为了避免形成员工以无声的行动抗议的局面，就做副总的工作，并自己出钱以两个副总名义购股。"盈溢公司有关负责人介绍，冼某购股 66.6%，加上两个副总购股 16%，冼某个人实际持股达到了 82.6%。

④ 卖房套现。2001 年 2 月，建交公司同意华侨总公司改制，由华侨总公司员工以净资产评估额的 64% 出资收购。2001 年 4 月 6 日，佛山市工商局向冼某等股东发放了盈溢公司工商营业执照。改制初步完成后，冼某就指令公司员工将评估中隐瞒的房产清理，定价出售了 340.74 平方米，套取现金 71 万多元。

资料来源：2006 年 05 月 30 日　法治日报

演练方法

① 文案调查与演示法。

② 案例分析法。

③ 讨论法。

演练要求

① 将学生分成若干小组，以小组为单位，收集现行国有企业改制、国有资产管理及资产评估方面的相关法律法规，全面了解我国目前资产评估法律法规体系以及相关法律法规条文在本案件中的适用。

② 将学生分成若干小组，以小组为单位，收集现已出台的资产评估基本准则、具体准则、评估指南、评估指导意见，全面了解我国目前资产评估准则体系以及相关准则条款在本案件中的适用。

③ 将学生分成若干小组，以小组为单位，针对国有资产管理单位、改制单位及其责任人、评估机构及其评估人员在本案件中的法律责任进行讨论，在此基础上，进行小组交流，形成分析评价报告。

演练条件
① 教师事先对学生按照5～6人进行分组。
② 具有一定数量的计算机设备及上网条件。
③ 具有多媒体教室或模拟实训室。

学习任务1.2　资产评估职业认知

知识储备

工作成果：旧机动车鉴定估价

20世纪80年代，资产评估主要服务于国有企业转制过程中国有资产的产权交易。随着土地有偿转让、房屋买卖、矿产资源开发等产权交易种类的扩大，在不同行业和领域里针对特定资产的评估制度逐步建立和发展起来，目前已经形成了包括资产评估、房地产估价、土地估价、矿业权评估、旧机动车鉴定估价和保险公估在内的六大类评估专业，分别设置注册资产评估师、注册房地产估价师、土地估价师、矿业权评估师、旧机动车鉴定估价师、保险公估师等评估资格，由财政部、住房和城乡建设部、国土资源部、商务部和中国保险监督管理委员会五个部门管理。现以注册资产评估师为例，简单介绍其如何注册与管理、应该具备哪些职业素质与职业能力。

1.2.1　注册与管理

1. 注　册

《注册资产评估师注册管理办法》中的有关条文如下：

第六条　注册申请人应当具备以下条件：

（一）注册资产评估师全国统一考试全科成绩合格或者经依法认定；

（二）年龄在65周岁以下；

（三）专职在资产评估机构从事资产评估业务；

（四）初次申请注册之日前5年内在资产评估机构专职从事资产评估工作累计24个月以上，重新申请注册不受此限；

（五）已接受中评协或地方协会组织的注册资产评估师岗前培训，并考核合格。

第七条　注册申请人有下列情形之一的，不予注册：

（一）不具有完全民事行为能力的；

（二）因受刑事处罚，刑罚执行期满未逾5年的；

（三）被认定为终身禁入资产评估行业的；

> **【小贴士】** 资产评估师资格考试报考条件及考试科目
>
> 一、报考条件
>
> 同时符合下列条件的中国公民（含港澳台居民），可以报名参加资产评估师资格考试：
>
> （一）具有完全民事行为能力；
>
> （二）具有高等院校专科以上（含专科）学历。
>
> 暂未取得学历（学位）的大学生可报名参加考试。
>
> 二、考试科目
>
> 《资产评估基础》《资产评估相关知识》《资产评估实务（一）》《资产评估实务（二）》共4科。

（四）因在财务、会计、审计、资产评估、企业管理或者其他经济管理工作中受行政处罚,自被行政处罚之日起不满2年的;

（五）被吊销注册资产评估师证书的,自吊销注册资产评估师证书之日起不满3年的(不含受刑事处罚情形);

（六）在申报注册过程中有弄虚作假行为未被批准注册或被撤销注册的,自不予批准注册或撤销注册之日起不满3年的;

（七）不履行《中国资产评估协会章程》规定的义务的;

（八）其他不予注册的情形。

同时,该办法明确规定:中国资产评估协会负责注册资产评估师注册管理,并授权各省、自治区、直辖市资产评估协会对本地区注册资产评估师进行日常管理。

截至2018年底,全国资产评估机构有4 270多家,执业资产评估师约有36 235人。行业收入由2010年的51亿元增长到2016年的120亿元,年均增长率超过15%,资产评估行业已成为市场经济中一个非常重要的社会中介服务行业。

2. 管 理

《注册资产评估师注册管理办法》明确规定:各省、自治区、直辖市资产评估协会对本地区注册资产评估师的注册变更登记、办证、撤销注册等进行日常管理。有关条文如下:

第十一条　注册资产评估师以下注册登记项目发生变更的,应当在30日内将变更的信息向所在地地方协会备案:

（一）姓名;

（二）身份证号;

（三）政治面貌;

（四）职称;

（五）学历、学位。

第十二条　注册资产评估师办理变更备案,通过互联网自助填写有关信息,同时将本人填写的注册资产评估师变更登记申请表、本人注册资产评估师证书复印件及变更项目证明材料报送所在地地方协会。

第十三条　注册资产评估师发生本办法第十一条第（一）、（二）项变更的,地方协会应当将有关资料提交中评协办理变更手续并换发注册资产评估师证书。注册资产评估师发生本办法第十一条第（三）、（四）、（五）项变更的,地方协会可以在资产评估注册管理系统中进行变更操作。

第十四条　注册资产评估师证书发生毁损或者遗失的,可以向地方协会申请补办。地方协会应当将有关情况上报中评协,并报请中评协为申请人制发证书。

第十五条　取得注册资产评估师证书的人员,有下列情形之一的,由中评协撤销注册:

（一）不具有完全民事行为能力;

（二）不在资产评估机构专职执业(符合本办法第二十二条规定的除外);

（三）停止执行资产评估业务连续满12个月;

（四）不履行《中国资产评估协会章程》规定的义务;

（五）年龄超过70周岁;

（六）自愿申请撤销注册;

（七）被撤销会员资格;

（八）在申报注册过程中有弄虚作假行为；

（九）死亡或被依法宣告死亡；

（十）中评协规定的其他情形。

第十六条　撤销注册应当按下列程序办理：

（一）地方协会应当对本辖区内出现的符合本办法第十五条规定情形的注册资产评估师的有关情况进行调查，并将调查情况及相关证明材料上报中评协；

（二）中评协对地方协会上报的材料予以审核，对符合本办法第十五条规定情形的注册资产评估师，予以撤销注册，并公告；

（三）地方协会按规定收回被撤销注册资产评估师证书和印鉴；

（四）被撤销注册的人员，对撤销决定不服的，可以向中评协提出申诉。

中评协发现符合本办法第十五条规定情形的，可直接处理或者转地方协会按照前款规定程序处理。

1.2.2 职业素质与职业能力

1. 职业素质

注册资产评估师是指依法取得资格、经过执业注册并从事资产评估业务的专业人员；为委托人提供专业服务行业。因此，除了具有较高的业务素质之外，还应该具备较高的职业道德素质。这些职业道德素质包括职业理想、职业态度、专业胜任能力、职业良知、职业职责、职业荣誉和职业纪律等内涵，也是从事资产评估业务的职业要求。

① 良好的执业态度，珍惜自己选择的工作岗位和职业，热爱本职工作，恪尽职守，这是注册资产评估师职业道德的首要前提，也是做好注册资产评估师工作的基础和出发点。要树立全心全意为人民服务的思想，正确处理国家、企业、个人三者之间责、权、利关系；杜绝玩忽职守、失职、渎职、出具虚假评估报告等不良行为。

② 熟悉法律法规，依法办事。注册资产评估师不仅要遵纪守法，更重要的是熟悉法规、依法办事。这是注册资产评估师职业道德规范的基础，也是注册资产评估师职业道德规范的重中之重。由于注册资产评估师工作涉及面广，处处涉及执法守规方面的问题，故更要在执业过程中提高法治观念，依法办事。

③ 诚实守信。诚实守信作为注册资产评估师职业道德的一个重要内容，是一切道德的基础和根本。一个言而无信、背信弃义的注册资产评估师，很难做到依法办事、客观公正办理评估业务。建立健全注册资产评估师的职业道德规范，培养注册资产评估师的诚信品德是事关注册资产评估师事业和社会主义市场经济能否顺利推进的重大问题。

④ 恪守独立、客观、公正的原则。这是注册资产评估师职业道德的灵魂，也是注册资产评估师工作最主要的职业行为要求。注册资产评估师的工作是接受资产占有单位或当事人的委托，按照特定的目的，遵循资产评估的基本原则，选择适宜的评估方法，在综合分析影响资产估价多种因素的基础上，对委托评估资产在评估基准日表现的合理价值进行估算和判断。为此，就要求注册资产评估师恪守独立、客观、公正的原则。

⑤ 努力学习，提高技能。这是注册资产评估师专业胜任能力内容的具体要求。注册资产评估师必须具备必要的专业知识和实践经验，才能正确处理资产评估业务。注册资产评估师工作具有政策性强、技术要求高、知识全面等特征，涉及经济、财会、工程技术等多个专业领域知识。这就决定了注册资产评估师必须熟悉经济法律、法规、制度，掌握注册资产评估师所要

求的基本理论和专业知识。

⑥ 保守秘密，提升服务。注册资产评估师在执业过程中直接或间接地获悉资产占有单位和国家秘密、商业秘密，对国家秘密和商业秘密负有保密义务。

2. 职业能力

评估实践活动是一个复杂的过程，评估师在执业过程中会受到各种因素的干扰。除了应具备相应的专业知识外，评估师还应具备能把这些专业知识运用到评估实践活动中的职业技能和保持形式、实质的独立不受外界干扰的职业品质。

资产评估业务不同于会计业务、审计业务，其突出特点是涉及的业务范围较广。在我国，将资产评估业务分为不动产评估、动产评估、无形资产评估、企业价值评估和其他经济权益的评估。注册资产评估师为了完成不同的评估任务，就需要具备相应的职业知识和职业技能。

概括来讲，结合资产评估行业的实际特点，可以将注册资产评估师的职业能力分为基础能力群和专业能力群两方面。基础能力群是指一名注册资产评估师所必须具备的能力和品质，如职业品质、基础职业知识、基础职业技能等；专业能力群是指一名注册资产评估师在完成特定评估任务时所具备的能力和品质，如专业知识、专业技能等。

任务演练：资产评估从业人员职业素质与职业能力

背景资料

A评估有限公司拟招聘8名资产评估从业人员，职位描述如下：

① 土建、安装、预算相关专业并具有相关经验的人员；
② 机械设计、设备制造相关专业并具有相关经验的人员；
③ 通过注册评估师考试或者中级技术职称的人员优先；
④ 有志于从事资产评估事业的人员；
⑤ 沟通和协调能力强，工作积极主动，责任心强，能吃苦耐劳，具备较强的学习能力；
⑥ 具有高度敬业精神和良好的团队合作能力；
⑦ 能熟练运用计算机及办公软件。

有意者请与本公司联系，并提交个人简历、身份证、学历证、资格证、职称证等复印件资料。

公司待遇：

① 按国家规定缴纳五险一金；
② 收入＝各级底薪＋中餐补贴＋电话补贴＋出差补贴＋工龄补贴＋业绩工资 ＋节日补贴；
③ 实行双休；
④ 参加各类业务培训。

实际上，A评估有限公司的职位描述已经隐含着大量对资产评估从业人员的职业素质与职业能力要求。

演练方法

① 访谈与观摩见习法。
② 模拟招聘法。
③ 文案演示法。

演练要求

① 每名学生调查了解资产评估从业人员的职业能力和岗位要求，并针对招聘岗位制作相

应的应聘简历,为参与模拟招聘现场答辩做好充分准备。

② 将学生分成若干小组,以小组为单位,抽签决定扮演招聘人员、应聘者和观众,进行模拟招聘,检测自己作为一名资产评估从业人员的职业素质与能力,学生之间相互评价,总结经验,取长补短,提高学生的职业能力。

演练条件

① 教师帮助学生或学生自行选择某一资产评估机构(最好是学校的专业实训基地),前往该单位访谈、观摩见习。

② 教师事先对学生按照10人进行分组,按组分岗位实施。

③ 具有模拟实训室。

学习任务1.3 资产评估前导知识

知识储备

工作成果:如何进行资产评估

1.3.1 资产评估及其特点

1. 资产评估及基本要素

资产评估是市场经济的产物,其业务涉及企业间的产权转让、资产重组、破产清算、资产抵押以及财产保险、财产纳税等经济行为。资产评估人员应准确把握资产评估的定义和与之相关的若干概念及术语。

(1) **资产评估(Valuation)的概念**

资产评估属于价值判断的范畴,价值判断是商品交换过程中不可回避的问题。资产评估是使用专业的理论和方法对资产的价值进行定量的估计和判断,其概念可以从一般意义、专业角度和法律角度三个层次进行表述。

一般意义上的资产评估是指估计和判断资产的价值。当进行市场交易时,所有的市场参与者大都会依据自己所掌握的知识和信息,对交易对象进行价值判断,从而确定其交易价格。在此过程中人们可能会自觉地或不自觉地运用资产评估的理论、方法。

作为一种专业服务,资产评估是由资产评估专业人员和评估机构依据一定的执业标准对资产的价值进行评定估算的专业化活动。

《中华人民共和国资产评估法》所定义的资产评估为"评估机构及其评估专业人员根据委托对不动产、动产、无形资产、企业价值、资产损失或者其他经济权益进行评定、估算,并出具评估报告的专业服务行为。"

(2) **资产评估基本要素**

资产评估作为一种评价过程,要经历若干步骤和程序,同时也会涉及以下基本要素(见图1-2):

① 评估主体,即从事资产评估的机构和人员,他们是资产评估工作的主导者。

② 评估客体,即被评估标的物,是资产评估的具体对象,也称为评估对象。它通常包括单项资产、资产组合、企业价值、金融权益、资产损失或者其他经济权益。

③ 评估依据,也就是资产评估工作所遵循的法律、法规、经济行为文件、重大合同协议以及取费标准和其他参考依据。

④ 评估目的,即资产评估引起的经济行为对资产评估结果的要求,或资产评估结果的具

体用途。它直接或间接地决定和制约着资产评估的条件,以及价值类型的选择。

⑤ 评估原则,即资产评估的行为规范,是调节评估当事人各方关系、处理评估业务的行为准则。

⑥ 评估程序,即资产评估工作从开始准备到最后结束的工作顺序。

⑦ 评估价值类型,即对评估价值质的规定,它对资产评估参数的选择具有约束性。

⑧ 评估方法,即资产评估所运用的特定技术,是分析和判断资产评估价值的手段和途径。

⑨ 评估假设,即资产评估得以进行的前提条件、假设等。

⑩ 评估基准日,即资产评估的时间基准。

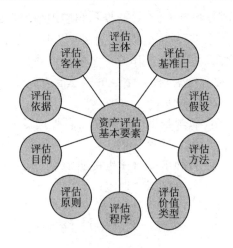

图 1-2 资产评估基本要素图

值得注意的是:以上资产评估的基本要素是一个有机整体,它们之间相互依托,相辅相成,缺一不可,而且它们也是保证资产评估价值的合理性和科学性的重要条件。

(3) 评估客体(对象)及其特征

资产是评估客体(对象)中最重要的组成部分,是一个内涵丰富,具有多角度、多层面的概念,如经济学中的资产概念、会计学中的资产概念等。这些关于资产的概念是评估人员理解资产评估中的资产或评估对象的基础。

资产评估中的资产或作为资产评估客体的资产,其内涵更接近经济学中的资产,即特定权利主体拥有或控制的,并能给特定权利主体带来未来经济利益的经济资源;而其外延则包括了具有内在经济价值以及市场交换价值的所有实物和无形的权利。作为资产评估客体的资产具有以下基本特征:

① 资产必须是经济主体拥有或者控制的。依法取得财产权利是经济主体拥有并支配资产的前提条件。由于市场经济的深化,财产所有权基本权能形成不同的排列与组合不仅成为必要,而且成为可能。如果将这些排列与组合称之为产权,那么在资产评估中应了解被评估资产的产权构成。例如,对于一些以特殊方式形成的资产,经济主体虽然对其不拥有完全的所有权,但依据合法程序能够实际控制的,如融资租入固定资产、土地使用权等,按照实质重于形式原则的要求也应当将其作为经济主体资产予以确认。

② 资产是能够给经济主体带来经济利益的资源,即具有能够带来未来利益的潜在能力。如果被恰当使用,资产的获利潜力就能够实现,进而使资产具有使用价值和交换价值,并能给经济主体带来未来效益的经济资源,才能作为资产确认。

③ 资产必须能以货币计量。也就是说,资产价值能够运用货币进行计量,否则就不能作为资产予以确认。

2. 评估资产的分类

作为资产评估客体的资产,其存在形式是多种多样的。为了科学地进行资产评估,可对评估资产进行适当分类:

① 按资产存在形态,可以分为有形资产和无形资产。有形资产是指那些具有实体形态的资产,包括机器设备、房屋建筑物、流动资产等。无形资产是指特定主体所拥有或者控制的,不

具有实物形态,能持续发挥作用且能带来经济利益的资源。这类资产主要包括土地使用权、专利权、商标权、专营权、非专利技术、商誉等。

② 按资产与生产经营过程的关系,可以分为经营性资产和非经营性资产。经营性资产是指处于生产经营过程中的资产,如企业中的机器设备、厂房、交通工具等。经营性资产按照是否对盈利产生贡献分为有效资产和无效资产。非经营性资产是指处于生产经营过程以外的资产。

③ 按资产能否独立存在,可以分为可确指的资产和不可确指的资产。可确指的资产,是指独立存在的资产,前述的有形资产和无形资产,除商誉以外都是可确指的资产;不可确指的资产,是指不能脱离企业有形资产而单独存在的资产,如商誉。

【小贴士】 什么是商誉?

商誉,是指企业基于地理位置优越、信誉卓著、生产经营出色、劳动效率高、历史悠久、经验丰富、技术先进等原因所获得的投资收益率高于一般正常投资收益率所形成的超额收益资本化的结果。因为它不能脱离企业的有形资产而单独存在,所以属于不可确指的资产。

④ 按资产的构成和是否具有综合获利能力,可以分为单项资产和整体资产。单项资产是指单台、单件的资产;整体资产是指由一组单项资产组成的具有获利能力的资产综合体。二者之间的关系是:企业的整体资产不是企业各单项可确指资产的汇集,其价值也不等于各单项可确指的资产价值的总额。因为企业整体资产评估所考虑的是它作为一个整体的生产能力或获利能力,所以其评估价值除了包括各单项可确指的资产价值以外,还包括不可确指的资产,即商誉的价值。

3. 评估资产的价格和价值

从资产评估的角度看,价格是指在特定的交易行为中,特定的买方或卖方对商品或服务的交换价值的认可,以及提供或支付的货币数额。价格是一个历史数据或事实,是特定的交易行为中特定买方和卖方对商品或服务实际支付或收到的货币数额。

价值是指一个交换价值范畴,它反映了可供交易的商品、服务与其买方、卖方之间的货币数量关系。资产评估中的价值不是一个历史数据或事实,它是专业人士根据特定的价值定义在特定的时间内对商品、服务价值的估计。

在各个资产评估项目中,资产评估的目标是判断评估对象的价值,而不是判断评估对象的实际成交价格。

1.3.2 资产评估价值类型

1. 资产评估价值类型的概念

资产评估价值类型是指资产评估结果的价值属性及其表现形式。不同的价值类型从不同的角度反映资产评估价值的属性和特征。不同的价值类型所代表的资产评估价值不仅在性质上是不同的,在数量上往往也存在较大差异。

2. 资产评估价值类型的作用

资产评估价值类型在资产评估中的作用主要表现如下:

① 价值类型是影响和决定资产评估价值的重要因素;

② 价值类型对资产评估方法的选择具有一定的影响,价值类型实际上是评估价值的一个具体标准;

③ 明确价值类型,可以更清楚地表达评估结论,可以避免评估委托人和其他报告使用人

误用评估结论。

3. 资产评估价值类型的种类

目前,国际和国内评估界对资产评估价值类型有不同的分类,但是一般认为最主要的价值类型包括以下几种。

(1) 市场价值

市场价值是在适当的市场条件下,自愿买方和自愿卖方在各自理性行事且未受到任何强迫的情况下,评估对象在评估基准日进行公平交易的价值估计数额。

市场价值主要受到两个方面因素的影响。其一是交易标的因素。交易标的是指不同的资产,其预期可以获得的收益是不同的,不同获利能力的资产自然会有不同的市场价值。其二是交易市场因素。交易市场是指该标的资产将要进行交易的市场,不同的市场可能存在不同的供求关系等因素,对交易标的市场价值产生影响。总之,影响市场价值的因素都具有客观性,不会受到个别市场参与者个人因素的影响。

《国际评估准则2017》对市场价值的以下规定有助于拓展对市场价值概念的理解:

① 资产的市场价值将反映其最高最佳用途。

② 市场价值是以最适当的方式在市场上展示且能合理取得的最佳价格,展示期发生在评估基准日之前。

③ 为出售资产展示的市场是理论上该资产通常被交换的市场,交易方之间没有特点的或特殊的关系。

④ 市场价值既是卖方能够合理获取的最好售价,也是买方能够合理取得的最有利价格。

(2) 投资价值

投资价值是指评估对象对于具有明确投资目标的特定投资者或者某一类投资者所具有的价值估计数额,亦称特定投资者价值。

投资价值是针对特殊的市场参与者,即"特定投资者或者某一类投资者"。这类特定的投资者不是主要的市场参与者,或者其数量不足以达到市场参与者的多数。

明确的投资目标,是指特殊的市场参与者一般追求协同效应,或者因追求其他特定目的而可以接受不同的投资回报。

如果交易当事人仅仅有特定的身份,比如股权的受让方为该企业股东,并不必然要求评估时选择投资价值。投资价值是一项资产对于特定所有者或预期的所有者针对个人投资或运营目标的价值。投资价值所考虑的"协同",是仅适用于某一特定买方的协同。

投资价值与市场价值相比,除受到交易标的因素和交易市场因素影响外,其最为重要的差异是投资价值还受到特定交易者的投资偏好或追求协同因素的影响。

(3) 在用价值

根据资产评估价值类型指导意见的规定,在用价值是指将评估对象作为企业、资产组成部分或者要素资产按其正在使用方式和程度及其对所属企业、资产组的贡献的价值估计数额。

在用价值实质就是使用资产所能创造的价值,因此在用价值也称为"使用价值"。

(4) 清算价值

清算价值是指在评估对象处于被迫出售、快速变现等非正常市场条件下的价值估计数额。

清算价值与市场价值相比,主要差异是:①清算价值是一个资产拥有者需要变现资产的价值,是一个退出价,不是购买资产的进入价;而市场价值没有规定必须是退出价。②清算价值的退出变现是在被迫出售、快速变现等非正常市场条件下进行的,这一点与市场价值所对应的市场条件相比也是明显不同的。

因此,清算价值的特点主要是:第一,该价值是退出价;第二,这个退出是受外力胁迫情况的退出,不是正常的退出。

(5) 残余价值

残余价值是指机器设备、房屋建筑物或者其他有形资产等的拆零变现价值估计数额。

所谓残余价值,实际是将一项资产拆除成零件进行变现的价值。这种资产从整体角度而言,实际已经没有使用价值,也就是其已经不能再作为企业或业务资产组的有效组成部分发挥在用价值,而只能变现。由于其整体使用价值已经没有,因此整体变现也不可能,只能改变状态变现,也就是拆除零部件变现。

(6) 其他价值类型

《资产评估价值类型指导意见》规定,执行资产评估业务应当合理考虑该指导意见与其他有关准则的协调。评估专业人员采用本指导意见规定之外的价值类型时,应当确信其符合该指导意见的基本要求,并在评估报告中披露。

上述规定实际允许评估专业人员根据特定业务需求,选择其他价值类型,但是需要在评估报告中进行充分披露。

现实评估实务中的确存在其他价值类型,比较常见的是会计准则中的公允价值。

《企业会计准则第39号——公允价值计量》中的公允价值是指市场参与者在计量日发生的有序交易中出售一项资产所能收到或者转移一项负债所需支付的价格。

在公允价值的概念中:

① 有序交易,是指在计量日前一段时期内相关资产或负债具有惯常市场活动的交易。清算等被迫交易不属于有序交易。

② 公允价值是出售该项资产所能收到或者转移该项负债所需支付的价格(即脱手价格,也称退出价格)。

根据《企业会计准则第39号——公允价值计量》的规定:

① 企业以公允价值计量相关资产或负债,应当假定出售资产或者转移负债的有序交易在相关资产或负债的主要市场进行。不存在主要市场的,企业应当假定该交易在相关资产或负债的最有利市场进行。其中,主要市场是指相关资产或负债交易量最大和交易活跃程度最高的市场。最有利市场,是指在考虑交易费用和运输费用后,能够以最高金额出售相关资产或者以最低金额转移相关负债的市场。

主要市场(或最有利市场)应当是企业在计量日能够进入的交易市场。由于不同企业可以进入的市场不同,对于不同企业,相同资产或负债可能具有不同的主要市场(或最有利市场)。

② 企业以公允价值计量相关资产或负债,应当采用市场参与者在对该资产或负债定价时为实现其经济利益最大化所使用的假设。

③ 企业以公允价值计量非金融资产,应当考虑市场参与者将该资产用于最佳用途产生经济利益的能力,或者将该资产出售给能够用于最佳用途的其他市场参与者产生经济利益的能力。

评估实务中还存在一些抵押、质押目的的评估和保险赔偿目的的评估等。这些目的的评估可能会需要其他价值类型,评估专业人员只要确信其符合价值类型指导意见的基本要求,并在评估报告中披露就可以采用。

1.3.3 资产评估目的

资产评估总是为满足特定经济行为的需要进行的。资产评估为企业改制、上市、合资、合作经营、股权转让、资产买卖、置换、出资、债转股、担保融资、破产清算、保险赔偿、损失补偿、税收、司法诉讼、会计计量等众多经济行为提供了广泛的评估专业服务。委托人计划实施的经济行为决定了资产评估目的。

1. 资产评估目的的概念和作用

（1）资产评估目的的概念

资产评估目的，是指资产评估业务对应的经济行为对资产评估结果的使用要求，或资产评估结论的具体用途。

（2）资产评估目的的作用

评估目的直接或间接地决定和制约着资产评估的条件以及价值类型的选择。不同评估目的可能会对评估对象的确定、评估范围的界定、价值类型的选择以及潜在交易市场的确定等方面产生影响。

例如，对于一个企业的评估，如果评估目的是有限责任公司变更设立股份有限公司，评估结论用于核实股份有限公司设立时依据审计后净资产确定的注册资本是否不低于市场价值，涉及的评估对象和评估范围是该企业根据公司法的规定，可以用于出资的资产及相关负债形成的净资产，且应该与审计后净资产的口径一致，价值类型需要选择市场价值，潜在交易市场需要选择经营注册地资产交易的有效市场；如果评估目的是股权转让，评估对象就应该是企业的股权，涉及的资产范围就是企业的全部资产和负债（包括公司法规定不能用于出资的资产，如商誉），价值类型则需要根据交易双方的实际情况选择市场价值或投资价值等，潜在交易市场则需要根据可能的交易地点选择主要的或最有利的股权交易市场等。

总之，资产评估目的是委托人对资产评估结论的使用要求，或是委托人或资产评估报告使用人对资产评估结论的具体用途，在整个资产评估过程中具有十分重要的作用。

2. 常见的资产评估目的

资产评估目的根据评估所服务经济行为的要求确定。资产评估目的对应的经济行为通常可以分为转让、抵（质）押、公司设立与增资、企业（公司）制改建、财务报告、税收与司法等。资产评估专业人员在承接资产评估业务时应与委托人沟通确定资产评估目的，确定评估目的是委托人的责任，评估目的应当在资产评估委托合同中明确约定。

（1）转　让

转让经济行为所对应的评估目的是确定转让标的资产的价值，为转让定价提供参考。

引发资产评估的转让行为主要包括资产的收购、转让、置换、抵债等。转让行为的标的资产可以是股权等出资人权益，也可以是单位或个人拥有的能够依法转让的有形资产、无形资产等。转让评估目的是最常见的评估目的。这类评估业务有些是国家法律法规规定的法定评估，还有一些是市场参与者自愿委托的非法定评估。

依据转让行为参与主体的特点，我国资产或产权转让评估可分为涉及国有资产的转让评估与不涉及国有资产的转让评估；涉及上市公司的转让评估和不涉及上市公司的转让评估。

① 国有产权转让、资产转让、资产置换、以非货币资产偿还债务，以及收购非国有资产等都是国有资产管理法规规定的涉及国有资产的转让经济行为。涉及国有资产的转让行为中，

由国有资产当事主体委托的资产评估需要满足国有资产评估的监管要求,在资产评估报告内容及披露方面除要满足《资产评估执业准则——资产评估报告》的要求外,还应当符合《企业国有资产评估报告指南》或《金融企业国有资产评估报告指南》的规定。

② 涉及上市公司的转让评估,包括转让上市公司股权,上市公司法人资产的转让、置换、抵债以及上市公司收购股权或其他资产等行为涉及的资产评估业务。涉及上市公司的转让行为以及由上市公司委托的资产评估需要满足资本市场的监管规定和信息披露要求,执行相关资产评估业务的机构应当取得证券期货资产评估业务许可。

（2）抵（质）押

对抵（质）押的评估需求,主要包括以下三种情形。

1）贷款发放前设定抵（质）押权的评估

单位或个人在向金融机构或者其他非金融机构进行融资时,金融机构或非金融机构要求借款人或担保人提供其用于抵押或者质押资产的评估报告,评估目的是了解用于抵押或者质押资产的价值,作为确定发放贷款的参考依据。

实务中最为常见的这类评估包括房地产抵押、知识产权质押、珠宝质押目的等评估。

2）实现抵（质）押权的评估

当借款人到期不能偿还贷款时,贷款提供方作为抵（质）押权人可以依法要求将抵（质）押品拍卖或折价清偿债务,以实现抵（质）押权。这个环节的资产评估的目的是确定抵（质）押品的价值,为抵（质）押品折现或变现提供参考。

资产评估机构的评估,为提高抵（质）押担保质量、保障银行等机构的债权安全、及时量化和化解风险提供了有效的专业支持。

（3）公司设立、增资

根据《公司法》及国家工商行政管理部门颁布的相关法规的规定,以下经济行为需要评估。

1）非货币资产出资行为

① 非货币资产出资评估。以非货币资产出资设立公司是投资企业较为常见的形式,对出资资产进行资产评估是较为常见的资产评估业务。非货币资产出资行为的评估目的是为确定可出资资产的价值提供参考。资产评估的评估结论用于揭示出资财产的市场价值,可以保障企业的股东、债权人以及社会公众的利益。

《公司法》规定,"对作为出资的非货币财产应当评估作价,核实财产,不得高估或者低估作价"。

公司成立后"发现作为设立公司出资的非货币财产的实际价额显著低于公司章程所定价额的,应当由交付该出资的股东补足其差额;公司设立时的其他股东承担连带责任"。

对于可以用于出资的资产,《公司法》规定,"股东可以用货币出资,也可以用实物、知识产权、土地使用权等可以用货币估价并可以依法转让的非货币财产作价出资"。符合国家工商行政管理总局第64号令《公司注册资本登记管理规定》规定的股权、债权可分别用于出资或转为公司股权。

商誉作为不可确指的无形资产只能依附于企业整体存在,不可独立转让。目前我国公司法没有将商誉列为股东可用于出资的资产。国家工商行政管理总局《公司注册资本登记管理规定》第五条明确规定"股东或者发起人不得以劳务、信用、自然人姓名、商誉、特许经营权或者设定担保的财产等作价出资"。

② 企业增资扩股中确定股东出资金额和股权比例的评估。以货币或非货币资产对公司

进行增资扩股时需要对被增资企业的股权价值进行评估,作为确定新老股东股权比例的依据。评估目的是为了确定股东出资金额和股权比例提供参考。

按照国有资产管理规定,非上市公司国有股东的股权比例发生变动时应当对该非上市公司的股东权益进行资产评估。

在2014年3月《公司法》修订前,办理公司设立或增资登记时需要向市场监督管理部门提交用于出资的非货币资产的资产评估报告和验资证明。《公司法》修订后实行资本认缴制的公司,在办理与出资相关的公司登记时,市场监督管理部门不再要求其提交资产评估报告和验资证明,资产评估报告成为由被出资企业留存的备查文件。对仍有实收资本要求的企业,例如以募集方式设立的股份有限公司,公司登记时还需要提交由依法设立的验资机构出具的验资证明,涉及非货币资产出资的还应当出具资产评估报告。

2) 发行股份购买资产

发行股份购买资产是指上市公司通过增发股份的方式购买相关资产。这种行为的实质是采用非货币资产对股份公司进行增资的行为。

此种经济行为的评估目的是评估标的资产的价值,为上市公司确定资产购买价格和股票发行方案。

3) 债权转股权

根据《公司注册资本登记管理规定》,"债权人可以将其依法享有的对在中国境内设立的公司的债权,转为公司股权"。"债权转为公司股权的,公司应当增加注册资本"。因此,这种行为实质是债权人采用非货币资产对其享有债权的公司进行增资。根据《公司注册资本登记管理规定》的规定,应当对拟转为股权的债权进行评估。被转股企业为国有非上市公司的,还应当按规定对其股权价值进行评估。

此种经济行为的评估目的是为了确定债权转股金额和股份数额提供价值参考。

(4) 企业整体或部分改建为有限公司或股份公司

企业进行公司制改建,或者由有限责任公司变更为股份有限公司,需要对改建、变更所涉及的整体或部分资产进行资产评估。

1) 公司制改建

公司制改建属于企业改制行为,是按照《公司法》要求将非公司制企业改建为有限责任公司或股份有限公司。

我国通常所说的企业改制主要指国有企业的改制,要求通过资产评估合理确定国有资本金的价值。改制企业以企业的实物、知识产权、土地使用权等非货币财产折算为国有资本出资或者股份的,资产评估的目的是为确定国有资本出资额或者股份数额提供参考依据。

2) 有限责任公司变更为股份有限公司

企业由有限责任公司变更为股份有限公司是公司依法变更其组织形式,变更后的公司与变更前的公司具有前后的一致性。

按照《公司法》的规定,有限责任公司变更为股份有限公司的,公司变更前的债权、债务由变更后的公司承继。有限责任公司变更为股份有限公司时,折合的实收股本总额不得高于公司净资产额。

企业采用有限责任公司经审计的净资产账面价值折股变更为股份有限公司时,需要对用于折股的净资产进行评估。这个评估的实质是评估有限责任公司用于折股的资产的市场价值扣除负债价值后是否不低于其对应的审计后的净资产账面价值。评估目的是核实企业用于折股的审计后净资产的账面价值是否不低于其市场价值,防止虚折股权/股份的情况发生。

如果有限责任公司改建股份有限公司过程中,发生引进战略投资者等导致拟改建公司的国有股东股权比例发生变化的情况,还应根据国有资产监管要求,在上述股权比例变化的环节对拟改建公司的股东权益价值进行评估。评估目的是为确定股东出资金额和股权比例提供参考。

(5) 财务报告

企业在编制财务报告时,可能需要对某些资产进行评估,这类资产评估属于服务于会计计量和财务报告编制的评估业务。服务于合并对价分摊、资产减值测试、投资性房地产和金融工具等资产的公允价值计量等评估业务,形成了我国资产评估行业为会计计量和财务报告编制服务的主要业务内容。

会计准则中《企业会计准则第 3 号——投资性房地产》《企业会计准则第 8 号——资产减值》《企业会计准则第 11 号——股份支付》《企业会计准则第 20 号——企业合并》《企业会计准则第 22 号——金融工具确认和计量》以及《企业会计准则第 1 号——存货》《企业会计准则第 9 号——职工薪酬》《企业会计准则第 10 号——企业年金基金》《企业会计准则第 21 号——租赁》等都可能涉及财务报告目的的评估。

公允价值计量方式被引入会计系统,为越来越多国家的会计准则所采用,引发了对利用评估技术解决公允价值计量的需求。我国 2006 年颁布的《企业会计准则》在部分准则中直接或间接采用了公允价值的概念或计量方法。2014 年公布的《企业会计准则第 39 号——公允价值计量》,2007 年中国资产评估协会发布的《以财务报告为目的的评估指南(试行)》,有力推动了我国会计计量领域资产评估实践的发展。

企业合并对价分摊是根据《企业会计准则第 20 号——企业合并》要求,为对非同一控制下企业合并的购买方在企业购买日所发生的企业合并成本进行分配,确定所取得的被购买方各项可辨认资产、负债及或有负债的公允价值,将购买方合并成本大于合并中取得的被购买方可辨认净资产公允价值份额的差额确认为商誉。

资产减值测试包括适用《企业会计准则第 8 号——资产减值》资产的减值测试和适用其他会计准则资产的减值测试。根据《企业会计准则第 8 号——资产减值》的要求,对资产负债表日存在减值迹象的单项资产和资产组,以及因企业合并所形成的商誉和使用寿命不确定的无形资产,估计其可收回金额,并与其账面价值进行比较,当可收回金额低于其账面价值时确认资产减值损失、同时计提相应的减值准备。不适用《企业会计准则第 8 号——资产减值》的资产主要有存货、采用公允价值模式后续计量的投资性房地产、消耗性生物资产、建造合同形成的资产、递延所得税资产、融资租赁中出租人未担保余值、金融资产、未探明石油天然气矿区权益,以及持有待售、待处置的非流动资产、处置组。对这些资产进行减值测试需要根据相关会计准则的要求估算相应的比对参数,例如,可变现净值、公允价值、(未来可获得的)应纳税所得额、预期信用损失等。

在服务于会计计量和财务报告编制的资产评估中,评估目的是为会计核算和财务报表编制提供相关资产、资产组等评估对象的公允价值或可收回金额等特定价值的专业意见。

(6) 税　收

我国在核定税基、确定计税价格、关联交易转让定价等税收领域都对资产评估产生了需求。

1）确定非货币资产投资的计税价值

按照税法规定，以非货币性资产对外出资，应当确认非货币性资产转让所得的，税收征管部门要求"企业应将股权投资合同或协议、对外投资的非货币性资产（明细）公允价值评估确认报告、非货币性资产（明细）计税基础的情况说明、被投资企业设立或变更的工商部门证明材料等资料留存备查"。这实际是要求企业取得用于投资的非货币性资产的资产评估报告。评估目的是为核定非货币资产计税申报价值的公允性提供资产价值参考。

2）确定非货币资产持有或流转环节所涉税种的税基

根据持有或流转的情形，非货币性资产的持有或流转可能会涉及流转税、所得税、财产税和土地增值税等税种。对纳税申报不合理、未制定计税价格标准且价值不易按照通常方法确定的非货币性资产，税收征管部门会要求提供资产评估报告。评估目的是根据涉税情形，确定相关非货币性资产的应税流转或所得额、财产价值或增值额，为税收征管部门确定相关计税基准提供参考。

与税务领域相关的业务还有抵税财物处置环节的资产评估。如对抵税财物的拍卖，按照规定，除有市场价或可依照通常方法确定价格之外的拍卖对象应当委托评估，评估目的是确定相关财物的价值，为确定拍卖保留价提供参考。

资产评估的独立、专业地位可以为税收的征管提供公允的价值尺度，为税收征管部门依法治税、提高税基核定权威性和税收征管效率提供专业技术保障。

（7）司　法

资产评估可以为涉案标的提供价值评估服务，评估结论是司法立案、审判、执行的重要依据。

资产评估提供的司法服务内容主要包括：

① 司法审判中揭示与诉讼标的相关的财产（权益）价值及侵权（损害）损失数额等。

这类业务主要包括刑事案件定罪量刑中对相关损失的估算和民事诉讼中对诉讼标的财产（资产）价值、侵权损害损失额的评估。评估目的是揭示相关财产（权益）价值及侵权（损害）损失金额，为司法审判提供参考依据。

② 民事判决执行中帮助确定拟拍卖、变卖执行标的物的处置价值。

2018年8月28日发布的《最高人民法院关于人民法院确定财产处置参考价若干问题的规定》（法释[2018]15号）规定，人民法院确定财产处置参考价，可以采取当事人议价、定向询价、网络询价、委托评估等方式。法律、行政法规规定必须委托评估，双方当事人要求委托评估或者网络询价不能或不成的，人民法院应当委托评估机构进行评估。该行为资产评估的目的就是确定涉案执行财产的价值，为人民法院在司法执行中确定财产处置参考价提供专业意见。

对于应当委托资产评估的情形，2018年12月10日发布的《人民法院委托评估工作规范》明确规定：具有下列情形之一，人民法院应当委托评估机构进行评估。

- 涉及国有资产或者公共利益等事项的；
- 《企业国有资产法》《公司法》《合伙企业法》《证券法》《拍卖法》《公路法》等法律、行政法规规定必须委托评估的；
- 双方当事人要求委托评估的；
- 司法网络询价平台不能或者在期限内均未出具网络询价结果的；

- 法律、法规有明确规定的。

对于资产评估结果的使用,《最高人民法院关于人民法院确定财产处置参考价若干问题的规定》要求:
- 当事人、利害关系人对评估报告未提出异议、所提异议被驳回或者评估机构已作出补正的,人民法院应当以评估结果或者补正结果为参考价。
- 人民法院应当在参考价确定后十日内启动财产变价程序。拍卖的,参照参考价确定起拍价;直接变卖的,参照参考价确定变卖价。

资产评估提供专业支持,有助于提高司法审判的权威性,提升案件处理的公正性,维护社会公平正义。

1.3.4 资产评估假设

1. 资产评估假设的概念和作用

(1) 资产评估假设的概念

资产评估假设是依据现有知识和有限事实,通过逻辑推理,对资产评估所依托的事实或前提条件作出的合乎情理的推断或假定。资产评估假设也是资产评估结论成立的前提条件。

由于人类认识客体的无限变化和认识主体有限能力的矛盾,人们需要依据已经掌握的数据资料对某一事物的某些特征或者全部事实作出合乎逻辑的推断。

资产评估业务实际上也是一种模拟市场交易以判断资产价值的行为。面对不断变化的市场环境,为了进行资产评估,评估专业人员就需要把市场条件及影响资产价值的各种因素设定在某种状态下,以便对标的资产进行价值分析和判断。

(2) 资产评估假设的作用

任何一门学科的建立都离不开假设前提,相应的理论体系和方法体系也都是建立在一系列假设前提基础之上的。资产评估作为一门学科,与其他学科一样,其理论体系和方法体系的确立也是建立在一系列假设基础上的。

资产的价值受到客观因素和主观因素的影响,有些因素的影响十分重要,还有一些因素影响不是很重要;有些因素靠目前人们的认识能力是可以认识的,有些因素则暂时无法完全认识。因此,在实际操作中评估专业人员需要抓住影响资产价值的主要因素,有意识地忽略一些次要因素,这样可以"化繁为简",在可以控制相关差异的前提下提高评估工作的效率。

评估假设实际发挥的正是这种"化繁为简"抓住主要矛盾的作用,即将一项资产交易价格的主要影响因素从实际中抽象出来,研究这些因素对交易价格的影响,忽略一些不必要的因素,提高评估的效率。

2. 主要资产评估假设

资产评估所使用的评估假设涉及不同的方面,主要包括评估前提性假设、评估外部环境假设、评估具体假设。

评估前提性假设包括评估的交易及市场条件假设、评估对象存续或使用状态假设。交易及市场条件假设主要有交易假设、公开市场假设等。评估对象存续及使用状态方面的评估假设,针对企业等经营主体主要包括持续经营假设、清算假设等;针对单项资产主要包括原地使用假设、移地使用假设、最佳使用假设和现状利用假设等。

评估外部环境假设主要包括评估所依托的国家宏观环境、行业及地区环境条件假设。国家宏观环境假设主要包括有关宏观政治、经济、社会、法律、文化等环境条件变化趋势、稳定性,以及不可抗力影响等条件的假设,通常会涉及对汇率、利率、税赋、物价或通货膨胀等因素影响的判断。行业及地区环境假设主要包括有关产业政策、行业准入及竞争、行业规划等行业条件,以及受国家和行业条件影响的地区相关环境条件的假设。

评估具体假设是按照评估目的及评估操作要求针对评估对象的特点所具体使用的评估假设。对于企业等经营主体可能涉及经营范围及方式、经营管理水平、会计政策、税赋基准及税率、补贴及优惠政策、企业守法合规、管理团队的稳定性及尽责履职、关联交易定价等方面的假设。对于单项资产则可能涉及评估对象的物理、法律、经济状况,未来的管理及运营等方面的假设。

美国《专业评估执行统一准则》还为满足评估分析及披露的特殊需要从一般意义的评估假设中分离出"非真实条件(假设)"和"特别假设"。这种特定的评估假设形式也被《国际评估准则》等评估准则或执业规范所采用。

以下主要对评估前提性假设、非真实性假设和特别假设的内涵及应用进行介绍。

(1) 交易假设

交易假设是资产评估得以进行的一个最基本的前提假设。它是假定所有评估标的已经处于交易过程中,评估专业人员根据被评估资产的交易条件等模拟市场进行评估。为了发挥资产评估在资产实际交易之前为委托人提供资产价值参考的专业支持作用,同时又能够使资产评估得以进行,利用交易假设将被评估资产置于"交易"当中,模拟市场进行评估是十分必要的。

交易假设一方面为资产评估得以进行"创造"了条件,另一方面它明确限定了资产评估的外部环境,即资产是被置于市场交易之中,资产评估不能脱离市场条件而孤立地进行。

(2) 公开市场假设

公开市场假设是指资产可以在充分竞争的市场上自由买卖,其价格高低取决于一定市场的供给状况下独立的买卖双方对资产的价值判断。

公开市场假设是对拟进入的市场条件,以及资产在较为完善市场条件下接受何种影响的一种假定说明或限定。

所谓公开市场,是指一个有众多买者和卖者的充分竞争性的市场。在这个市场上,买者和卖者的地位是平等的。资产交易双方都有获取足够市场信息的机会和时间,买卖双方的交易行为都是自愿的、理智的,而非在强制或受限制的条件下进行。买卖双方都能对资产的功能、用途及其交易价格等作出理智的判断。

公开市场假设就是假定较为完善的公开市场存在,被评估资产将要在这样一种公开市场上进行交易。事实上,现实中的市场条件未必真能达到上述公开市场的完善程度。当然,公开市场假设也是基于市场客观存在的现实,即以资产在市场上可以公开买卖这样一种客观事实为基础的。

公开市场假设旨在说明一种充分竞争的市场环境。在这种环境下,资产的交换价值受市场机制的制约并由市场行情决定,而不是由个别交易案例决定。

(3) 持续经营假设

持续经营假设实际是一项针对经营主体(企业或业务资产组)的假设。该项假设一般不适用于单项资产。

持续经营假设是假设一个经营主体的经营活动可以连续下去,在未来可预测的时间内该主体的经营活动不会中止或终止。

假设一个经营主体是由部分资产和负债按照特定目的组成,并且需要完成某种功能,持续经营假设就是假设该经营主体在未来可预测的时间内继续按照这个特定目的,完成该特定功能。

该假设不但是一项评估假设,同时也是一项会计假设。企业会计之所以要对会计主体的持续经营作出假定,一个主要原因是,如果缺乏这项假设,会计核算的许多原则,如权责发生制、划分收益性支出与资本性支出等将不能够应用。另一个原因是企业在持续经营状态下和处于清算状态时所采取的会计处理方式是不同的,如对固定资产持续经营下可以采用实际成本法,在清算状态下则只能采取公允价值或可变现价值等。

对一个会计主体或经营主体的评估,也需要对其未来的持续经营状况作出假设。因为经营主体是否可以持续经营,其价值表现是完全不一样的。

通常持续经营假设是采用收益法评估企业等经营主体价值的基础。

(4) 有序清算假设

与持续经营假设相对应的假设就是不能持续经营。如果一个经营主体不能持续经营就需要清算这个经营主体,也就是需要使用清算假设。与清算有关的假设包括有序清算假设和强制清算假设。

所谓有序清算假设,就是经营主体在其所有者有序控制下实施清算,即清算在一个有计划、有秩序的前提下进行。

(5) 强制清算假设

强制清算是经营主体的清算不在其所有者控制之下,而是在外部势力的控制下,按照法定的或者由控制人自主设定的程序进行,该清算经营主体的所有者无法干预。因此,所谓强制清算假设,是假设经营主体在外部力量控制下进行清算。

(6) 原地使用假设

原地使用是指一项资产在原来的安装地继续被使用,其使用方式和目的可能不变,也可能会改变。例如一台机床是用来加工汽车零部件的,但是现在该机床仍在原地继续被使用,但是已经改为加工摩托车零部件了。

原地使用的价值构成要素一般包括设备的购置价格、设备运输费、安装调试费等。

如果涉及使用方式与目的变化,还要根据委托条件确定是否考虑变更使用方式而发生的成本费用。

(7) 移地使用假设

移地使用是指一项资产不在原来的安装地继续被使用,而是要被转移到另外一个地方继续使用,当然使用方式和目的可能会改变,也可能不改变。例如一台二手机床要出售,购买方要将其移至另外一个地方重新安装使用,资产的这种使用状态就称为移地使用。

移地使用涉及设备的拆除、迁移和重新安装调试等环节。除了设备本体价值,还需要根据买卖双方约定的资产交割及费用承担条件,确定其价值要素是否还包括设备的拆除费用、运输到新地址的费用和重新安装调试的费用等。

(8) 最佳使用假设

最佳使用是指一项资产在法律上允许、技术上可能、经济上可行的前提下,经过充分合理的论证,实现其最高价值的使用。

最佳使用通常是对一项存在多种不同用途或利用方式的资产进行评估时，选择最佳的用途或利用方式。会计准则就明确规定公允价值是资产在最佳用途下的价值。

（9）现状利用假设

现状利用假设要求对一项资产按照其目前的利用状态及利用方式进行价值评估。当然，现状利用方式可能不是最佳使用方式。

（10）非真实性假设

非真实性假设是指为进行分析所作出的与现实情况相反的假设条件。非真实性假设所假定的评估对象的物理、法律和经济特征、市场条件或趋势等资产外部条件以及分析中使用的数据与已知的实际情况相反。

按照《专业评估执行统一准则》非真实性假设仅在以下情形才可以使用：

① 基于法律规定、合理分析或进行比较的需要；

② 使用非真实性假设后能够进行可信的分析；

③ 评估师遵守《专业评估执行统一准则》中关于非真实性假设的披露要求。

（11）特别假设

特别假设是指直接与某项特定业务相关、如果不成立将会改变评估结论的假设。特别假设是就评估对象的物理、法律和经济特征、市场条件或趋势等资产外部条件以及分析中所使用数据的真实性等不确定性事项予以假定。

对某项条件所做出的假设究竟属于特别假设还是非真实性假设，取决于评估师对这个条件的了解程度。如果评估师不知道该条件的状况而且可以合理相信该条件是真实的，所作出的相关假设就是特别假设。与此相反，评估师已知晓该条件并不真实，但出于评估分析的需要所作出的相关假设就是非真实性假设。

使用特别假设会对评估结论形成重大影响。

按照《专业评估执行统一准则》特别假设仅在以下情形才可以使用：

① 基于恰当评估、形成可信评估结论的需要；

② 评估师有合理的理由使用特别假设；

③ 使用特别假设后能够进行可信的分析；

④ 评估师遵守《专业评估执行统一准则》中关于特别假设的披露要求。

1.3.5 资产评估原则

资产评估原则是规范资产评估行为和业务执行的规则或标准。资产评估原则包括工作原则和经济技术原则两个层面。

1. 资产评估工作原则

资产评估的工作原则就是独立、客观、公正。

《资产评估法》第四条要求"评估机构及其评估专业人员开展资产评估业务应当遵守法律、行政法规和评估准则，遵循独立、客观、公正的原则"。《资产评估基本准则》也将该内容写入资产评估机构及其资产评估专业人员的"基本遵循"中。

《资产评估法》和《资产评估基本准则》作出这些规定，是由资产评估工作的性质决定的。资产评估机构及其资产评估专业人员是以专业知识和技能为社会提供资产评估服务的，专业性强，需要从专业和职业道德角度规范其从业行为，保障委托人的合法权益、保护公共利益。另一方面，坚持独立、客观、公正原则有利于资产评估机构及其资产评估专业人员维护专业形象,赢得社会信任,得到健康可持续的发展。

因此,独立、客观、公正既是资产评估机构及其资产评估专业人员开展资产评估业务应当遵守的工作原则,也是对他们从事资产评估的职业道德要求。

2. 资产评估经济技术原则

资产评估经济技术原则,是指在开展资产评估业务过程中的一些技术规范和业务准则,为资产评估专业人员在执行资产评估业务过程中的专业判断提供技术依据。

(1) 供求原则

供求原则是经济学中关于供求关系影响商品价格原理的概括。假定在其他条件不变的前提下,商品的价格随着需求的增长而上升,随着供给的增加而下降。尽管商品价格随供求关系变化并不成固定比例变化,但变化的方向带有规律性。供求规律对商品价格所形成的作用同样适用于资产价值的评估。资产评估专业人员在判断资产价值时应充分考虑和依据供求原则。

由于均衡价格是由需求和供给共同作用的结果,在均衡价格中,生产费用和效用是影响价格的两个均等因素,所以资产评估既需要考虑资产的购建成本,又需要考虑资产的效用。

(2) 最高最佳使用原则

该原则依据价值理论原理,强调商品在交换时,应以最佳用途及利用方式实现其价值。

由于商品,特别是资产的使用受到市场条件的制约,因此最高最佳用途的确定,一般需要考虑以下几个因素:

① 确定该用途法律上是否许可,必须考虑该项资产使用的法律限制。

② 确定该用途技术上是否可能,必须是市场参与者认为合理的用途。

③ 确定该用途财务上是否可行,必须考虑在法律上允许且技术上可能的情况下,使用该资产能否产生足够的收益或现金流量,从而在补偿资产用于该用途所发生的成本后,仍然能够满足市场参与者所要求的投资回报。

(3) 替代原则

任何理性的投资者对具有相同效用的物品,必定选择价格较低的;在价格相同时,必定选择效用较大的。替代原则是指价格最低的同质商品对其他同质商品具有替代性,即相同效能的资产,最低价格的资产需求最大。作为一种市场规律,在同一市场上,具有相同使用价值和质量的商品,应有大致相同的交换价格。如果具有相同使用价值和质量的商品,具有不同的交换价值或价格,买者会选择价格较低的。当然,作为卖方,如果可以将商品卖到更高的价格水平,他会在较高的价位出售商品。正确运用替代原则是资产评估公正性的重要保证。

(4) 预期收益原则

资产之所以有价值,是因为它能够为其拥有或控制者带来未来经济利益。因此在资产评估过程中,资产的价值不在于过去的生产成本或销售价格,而是应当基于其对未来收益的预期加以决定。预期收益原则是资产评估专业人员判断资产价值的一个最基本的依据。

(5) 贡献原则

根据经济学边际收益原理,各生产要素价值的大小可依据其对总收益的贡献来衡量。从一定意义上来看,贡献原则是预期收益原则在某种情况下的具体应用。它主要是指某一资产或资产某一构成部分的价值,取决于它对所在资产组合或完整资产整体价值的贡献,或者根据当缺少它时对整体价值的影响程度来确定。贡献原则主要适用于确定构成整体资产的各组成要素资产的贡献，或者当整体资产缺少该要素资产将蒙受的损失。

(6) 评估时点原则

资产评估具有动态性特点，资产的价值会随着时间因素的变化而变化，因此必须选取一个评估基准日。为了使资产评估得以操作，同时又能保证资产评估结论可以被市场检验，在资产评估时，必须假定市场条件固定在某一时点，这一时点就是评估基准日。它为资产评估提供了一个时间基准。评估时点原则也是对交易假设和公开市场假设的一个反映。市场是变化的，资产的价值会随着市场条件的变化而不断改变。从理论上说，资产评估是对动态资产价格的现实静态反映。这种反映越准确，评估结果越科学。评估基准日为"特定的时间点"，资产评估专业人员的价值意见为该时点的价值意见，价值标准是该时间点适用的价值标准。

(7) 外在性原则

资产评估中的外在性原则，是指"外在性"会对相关权利主体带来自身因素之外的额外收益或损失，从而影响资产的价值，对资产的交易价格产生直接的影响。资产评估应该充分关注"外在性"给被评估资产带来的损失或收益以及这种损失或收益对资产价值的影响。

例如，在对房屋建筑物进行评估时，一个重要的价格影响因素就是环境因素。房屋周边开发程度、环境状况等因素与房屋本身的所有权无关，但对房屋价格有重要影响。有时环境因素影响的权重，甚至不亚于房屋本身的造价。环境因素对房屋建筑物评估价值的影响实际上就是"外在性"对房屋建筑物价值影响的体现。优良的环境会对房屋使用功能产生溢出效应，增加房屋的转让价值或使用收益；恶劣的环境则会对房屋使用功能产生波及效用，减损房屋的转让或持有价值。

任务演练：资产评估的假设与原则

背景资料

浙江罗蒙集团商标价值26亿元，以商标权质押，成功贷款7.8亿元。

位于浙江宁波奉化江口镇的罗蒙集团始创于1984年，是国家工商总局核准的全国性、无区域、跨行业、现代化的著名大型服装企业集团。罗蒙西服年销量居全国第一，西服国内市场综合占有率排名第二。2002年销售15亿元，突破利税1.2亿元，罗蒙集团还是我国西服出口量最大企业，已累计出口西服500多万套（件），出口量国内名列第一。集团现拥有固定资产10亿元，拥有当今世界一流高新科技服装生产设备比重为98%，高素质从业人员万余名，公司通过ISO9002国际质量体系认证和ISO14001国际环境管理体系认证。"罗蒙"现为美国、法国、意大利、俄罗斯、日本等20多个国家的注册商标，为中国驰名商标、中国名牌、浙江名牌。

2007年9月，经国家权威评估机构北京北方亚事资产评估有限责任公司评估，其商标价值高达26亿元，成功在中国农业银行抵押贷款7.8亿元，开创了国内无形资产抵押贷款之最。

演练方法

① 调查法。

② 文案演示法。

③ 讨论法。

演练要求

① 将学生分成若干小组,以小组为单位,从评估机构的角度,详细调查了解浙江罗蒙集团的经营情况及其商标权使用情况,讨论商标权评估的假设与原则。

② 将学生分成若干小组,以小组为单位,从中国农业银行的角度,讨论列举中国农业银行抵押贷款 7.8 亿元给浙江罗蒙集团的主要理由。

演练条件

① 教师事先对学生按照 5 人进行分组,按组分岗位实施。

② 具有足够的计算机和上网条件。

③ 具有模拟实训室或多媒体教室。

重点回顾

能 力 训 练

1. 专项能力训练:房地产评估原则

背景资料

某房地产地处繁华商业区内,占地 900 m²,地上 200 m² 建筑物为一栋旧式住宅。委托人要求评估该房地产的现时交换价值。评估人员经过调查了解到,现该区域商业用途土地价格为 4 万元每平方米,该区域的商品房价格为 1 万元每平方米,城市规划中该区域的容积率为 5。该房地产的现时价值大约是 3 600 万元。

训练要求

① 试说明上述案例评估时的依据和理由。

② 结合案例情况,以房地产评估原则为主题,分组形成《案例分析报告》。

训练路径

① 教师事先对学生按照 5 人进行分组,每组拟出《案例分析提纲》。

② 小组讨论,形成小组《案例分析报告》。

③ 班级交流,教师对各组《案例分析报告》进行点评。

2. 综合能力训练:资产评估工作流程训练

训练目标

引导学生参加资产评估工作流程实践训练;在实践训练中切实体验资产评估工作人员应具备的职业能力和职业素养,培养相应的专业能力与核心能力;通过践行职业道德规范,促进健全人格的塑造。

训练内容

在学校所在地选择一家资产评估公司作为实训基地,通过见习或实操,让学生熟悉资产评估岗位所涉及的典型工作任务及工作流程,了解资产评估工作过程及其内容,体会资产评估人员具备的职业能力、职业素养与知识储备对资产评估项目的重要性。通过调查研究后完成表 1-2。

表 1-2 资产评估工作过程及内容调查表

工作岗位	典型工作任务	工作过程及内容	标准分值	分项成绩
资产评估	1. 明确评估业务基本事项,签订资产评估委托合同		15	
	2. 编制评估计划		15	
	3. 现场调查		15	
	4. 收集评估资料		15	
	5. 评定估算		20	
	6. 编制和提交评估报告,评估工作底稿档案管理		20	
总成绩			100	
教师评语				

签名：
年　月　日

训练步骤

① 聘用实训基地 1~2 名注册资产评估师为本课程的兼职教师,结合资产评估项目,引导学生进行见习或实操。

② 将班级每 5~6 位同学分成一组,每组指定 1 名组长,每组对见习或实操过程情况进行详细记录。

③ 归纳总结,撰写资产评估工作流程训练报告。

④ 各组在班级进行交流、讨论。

训练成果

见习或实操;资产评估工作过程及内容调查表;资产评估工作流程训练报告。

思考与练习

一、名词解释
资产评估； 资产评估客体； 资产评估的价值类型； 评估假设； 评估原则。

二、单项选择题
1. 完全按照评估准则及规定程序和要求进行的资产评估称为（　　）。
   A. 限制评估　　　B. 完全评估　　　C. 整体评估　　　D. 评估复核
2. （　　）是资产评估得以进行的一个最基本的前提假设。
   A. 公开市场假设　　B. 交易假设　　C. 清算假设　　D. 在用续用假设
3. 资产评估值的高低主要取决于（　　）。
   A. 资产的历史收益　　　　　　B. 资产的社会必要劳动时间
   C. 资产的效用　　　　　　　　D. 资产的购置成本
4. 在同一市场上具有相同使用价值和质量的商品,应该有大致相同的交换价值,以此确立的评估原则是（　　）。
   A. 贡献原则　　　　　　　　　B. 资产评估时点原则
   C. 预期收益原则　　　　　　　D. 替代原则
5. 下列不属于资产评估工作原则的是（　　）。
   A. 独立性原则　　B. 客观性原则　　C. 专业性原则　　D. 公正性原则
6. 下列价值类型中属于从资产评估假设角度表达的价值类型是（　　）。
   A. 收益现值　　B. 市场以外价值　　C. 公开市场价值　　D. 投资价值
7. 下列关于资产评估价值类型的有关说法不正确的是（　　）。
   A. 评估目的是决定价值类型的一个重要因素,但不是唯一的因素
   B. 市场价值以外的价值类型有在用价值、投资价值、持续经营价值、课税价值、清算价值和保险价值
   C. 投资价值是以投资获利为依据衡量价值的,是从产出角度评估资产价值,而重置成本价值类型是从投入角度评估资产的价值
   D. 公允价值是指市场价值
8. 资产评估中的持续经营价值是指企业的（　　）。
   A. 各个组成部分资产的在用价值之和　　B. 各个组成部分资产的市场价值之和
   C. 市场价值　　　　　　　　　　　　　D. 最佳使用价值
9. 资产评估中的价值类型选择与许多因素密切相关,其中包括（　　）。
   A. 评估方法　　　　　　　　　B. 评估原则
   C. 评估程序　　　　　　　　　D. 评估依据的市场条件
10. 对评估结果价值类型的选择必须要考虑（　　）因素。
    A. 评估方法　　B. 评估计划　　C. 评估目的　　D. 行业管理
11. 甲设备作为被评估企业中的一个要素资产,在持续使用前提下,其评估价值应该是（　　）。
    A. 它的最佳使用价值　　　　　B. 它的正常变现价值
    C. 它对企业的贡献价值　　　　D. 它的快速变现价值
12. 从本质上讲,资产评估是一种（　　）活动。

A. 事实判断估算　　B. 价值分析估算　　C. 价格分析确定　　D. 资产保值估算
13. 从理论上讲,资产评估结果只是评估师对被评估资产在评估基准日的(　　)。
　　　A. 价值估计数额　B. 价值计算数额　C. 价格估计数额　D. 价格计算数额
14. 以被评估资产对所在企业的贡献为依据评估其价值,该评估价值在资产评估中被称为(　　)。
　　　A. 市场价值　　　B. 投资价值　　　C. 在用价值　　　D. 剩余价值
15. 下列选项中不属于资产评估的基本作用的是(　　)。
　　　A. 评价和估值　　B. 咨询　　　　　C. 管理　　　　　D. 鉴证
16. 在资产评估实务中使用频率较高的市场价值以外的价值是(　　)。
　　　A. 以税收为目的的资产评估　　　　B. 以保险为目的的资产评估业务
　　　C. 以财务报告为目的的资产评估业务　D. 投资价值
17. 不可确指的资产是指(　　)。
　　　A. 没有实物载体的资产　　　　　　B. 具有综合获利能力的资产
　　　C. 不能脱离有形资产而单独存在的资产　D. 经营性盈利的资产
18. 从性质上讲,资产的评估价值是注册资产评估师对被评估资产在评估基准日的(　　)估计值。
　　　A. 成交价格　　　B. 重建成本　　　C. 交换价值　　　D. 劳动价值
19. 资产评估中确认资产的基本标准之一是看其是否具有(　　)。
　　　A. 历史成本　　　B. 历史收益　　　C. 预期成本　　　D. 预期收益
20. 资产评估值与资产交易中的实际成交价格存在下列关系(　　)。
　　　A. 前者必须高于后者　　　　　　　B. 前者必须低于后者
　　　C. 前者必须等于后者　　　　　　　D. 前者可以高于、低于或等于后者

三、简述题

1. 简述中国资产评估准则体系的构成。
2. 注册资产评估师应具备哪些职业素质与职业能力?
3. 如何理解资产评估的涵义?
4. 资产评估价值类型包括哪些?
5. 请列举常见的资产评估目的。
6. 资产评估假设包括哪些?
7. 资产评估原则包括哪些?

工作过程 2
承接资产评估业务

能力目标
1. 培养资产评估业务分析、判断能力,合理降低资产评估项目风险。
2. 培养较高法律意识,依法办理资产评估业务和执业的能力。
3. 培养较高信息采集与处理能力。

知识目标
1. 熟悉合同的基础知识,懂得合同订立的基本程序与技巧。
2. 掌握承接资产评估业务时应该明确的评估业务基本事项。
3. 掌握承接资产评估业务时产生资产评估项目风险的主要因素。
4. 掌握资产评估委托合同及其订立技巧。

教学设计
1. 收集、查阅《中华人民共和国民法典》第三编《合同》相关条款。
2. 开展典型案例分析与讨论。
3. 分组讨论与评价。
4. 演示训练。
5. 情境模拟。
6. 纠错练习。

学习任务 2.1　明确评估业务基本事项

知识储备

工作成果:评估机构对评估、验资不实具有过错应承担补充赔偿责任

2.1.1　评估业务基本事项的内涵

资产评估的实质是在一定时点上对资产本身的计价。从实践来说,资产评估活动涉及领域广,具有市场性、预测性等特点,从承接资产评估业务到收集信息资料,从委托资产勘验、评定估算到出具评估报告,是一个调查、分析、计算,主观见之于客观的过程,容易发生主观与客观相悖,评估价值区间与资产客观价值偏离。控制与管理评估风险应贯穿于评估活动的始终。评估人员在承接评估业务之前,经过广泛的调查研究,明确资产评估业务基本事项,是一项非常重要的工作。

明确资产评估业务基本事项,是资产评估程序的第一个环节。其内涵是指在订立资产评估委托合同之前所进行的一系列基础性工作,对资产评估项目风险的考量、项目承接以及资产评估项目的顺利实施具有重要意义。资产评估机构和注册资产评估师在接受资产评估业务委托之前,应当采取与委托人等相关当事人讨论、阅读基础资料、进行必要的初步调查等方式,与委托人等相关当事人共同明确资产评估业务所涉及的基本事项。

1. 委托方和相关当事方基本状况

注册资产评估师应当了解委托方、产权持有者等相关当事方的基本状况。在不同的资产评估项目中，相关当事方有所不同，主要包括产权持有者、资产评估报告使用方、其他利益关联方等。委托人与相关当事方之间的关系也应当作为重要基础资料予以充分了解，这对于全面理解评估目的、相关经济行为以及防范恶意委托等十分重要。注册资产评估师还应要求委托人明确资产评估报告的使用人或使用人范围，以及资产评估报告的使用方式。明确资产评估报告使用人范围不但有利于资产评估机构和注册资产评估师更好地根据使用人的需求提供良好服务，同时也有利于降低评估风险。

2. 资产评估目的

注册资产评估师应当与委托方就资产评估目的达成明确、清晰的共识，并尽可能细化资产评估目的，说明资产评估业务的具体目的和用途。

3. 评估对象和评估范围

注册资产评估师应当了解评估对象及其权益基本状况，包括其法律、经济和物理状况，例如资产类型、规格型号、结构、数量、购置（生产）年代、生产（工艺）流程、地理位置、使用状况；企业名称、住所、注册资本、所属行业、在行业中的地位和影响、经营范围、财务和经营状况等。注册资产评估师应当特别了解有关评估对象的权利受限状况。

【案例一】　　　　　　　资产评估常见错误案例——评估范围的界定

上海××厂是××集团公司下属的一家国有企业，成立于1957年，是一家真空应用设备的专业制造厂，为适应集团"主辅分离"的要求，拟将企业经资产剥离后转让，受让的对象为两名自然人。

企业拟定了以2004年8月31日为基准日的改制方案，后经集团审核，将基准日调整为2004年10月31日，并将部分与新企业无关或不需要的资产和负债进行剥离，具体情况如表2-1所列。

表2-1　资产剥离情况表　　　　　　　　　　金额单位：万元

项　目	原账面数（8.31）	审计数（8.31）	剥离数	剥离后账面数	审计数（10.31）	评估值（10.31）
资产合计	5 721.10	5 711.80	1 780.60	3 931.20	4 068.10	7 198.20
货币资金	1 132.20	1 190.00	312.30	877.80	909.80	909.80
应收账款	275.80	265.80	251.30	14.50	14.50	14.50
预付账款	161.90	161.90	71.30	90.60	90.60	90.60
其他应收款	408.00	390.90	313.50	77.40	77.40	77.40
存货	1 589.00	1 576.20	594.20	982.00	982.00	1 070.20
待摊费用	19.20	7.20	4.40	2.80	2.80	2.80
设备	347.00	330.90	211.10	119.80	210.40	339.00
建筑物	1 788.00	1 788.80	1 788.80	0	1 780.50	1 804.80
其他无形资产						994.90
土地						1 894.00
负债	5 248.80	3 463.80	−121.40	3 585.20	2 649.10	2 640.70
净资产	472.30	2 248.00	1 902.00	346.00	1 419.00	4 557.50

由表2-1可见，企业将应收款、存货等资产和相关负债进行了剥离，按照集团批复，房地产也应予以剥离，但在评估时房地产却又进入了评估范围。据评估机构反映，房地产之所以纳入评估范围是应集团要求，要了解企业所属的房地产的市场价值，只起咨询作用，交易时会将之剔除。

评估机构这样处理欠妥，既然是集团要了解房地产的市场价值，评估机构应该另行出具相关的评估咨询报告，而不应将房地产并入本次评估范围。评估范围应该与集团批复保持一致，范围的不一致极有可能造成交易时的国有资产流失。

建议从评估政策上规范评估范围的确定，评估范围应与纳入改制资产范围、交易资产范围一致。

4. 价值类型及定义

注册资产评估师应当在明确资产评估目的的基础上，恰当确定价值类型，确信所选择的价值类型适用于资产评估目的，并就所选择价值类型的定义与委托方进行沟通，避免出现歧义、误导。

5. 资产评估基准日

注册资产评估师应当通过与委托方的沟通，了解并明确资产评估基准日。资产评估基准日是评估业务中极为重要的基础，也是评估基本原则之一的时点原则在评估实务中的具体体现。资产评估基准日的选择应当有利于资产评估结论有效地服务于资产评估目的，减少和避免不必要的资产评估基准日期后事项。注册资产评估师应当根据专业知识和经验，建议委托方根据评估目的、资产和市场的变化情况等因素合理选择评估基准日。

6. 资产评估限制条件和重要假设

资产评估机构和注册资产评估师应当在承接评估业务前，充分了解所有对资产评估业务可能构成影响的限制条件和重要假设，以便进行必要的风险评价，并更好地为客户服务。

7. 评估报告提交时间及方式

注册资产评估师应当通过与委托方的协商，明确评估报告提交的具体时间和方式，了解评估报告形成程序与关键细节，便于资产评估机构合理安排时间，配备评估人员，保证评估报告的质量与使用时间。

8. 评估服务费总额、支付时间和方式

由于资产评估业务是一种有偿服务，在国家制定的评估服务收费参照标准指导下，资产评估机构和注册资产评估师应当通过与委托方的谈判与磋商，明确评估服务费总额、支付时间和方式，为订立资产评估委托合同做好准备工作。

9. 其他需要明确的重要事项

根据具体评估业务的不同，注册资产评估师应当在了解上述基本事项的基础上，了解其他对评估业务的执行可能具有影响的相关事项，例如委托方与注册资产评估师工作配合和协助、违约方所承担的法律责任等重要事项。

在实际评估工作中，可以采用以下工作底稿表格进行。

评估项目基本情况调查表详见表2-2。

表2-2 评估项目基本情况调查表

委托单位：_____ 项目类型：_____

被评估单位：_____ 经办：_____ 日期：_____ 索引号：_____

拟定基准日：_____ 审批：_____ 日期：_____ 页　次：_____

一、项目情况：（包括项目背景、资产规模、评估范围、时间要求等）

　　1. 委托方基本情况（一般包括名称、住所、法定代表人、注册资本及主要经营范围等，与被评估单位的关系）

　　　联系人：　　　　　　　联系电话：　　　　　　　地址：

　　2. 被评估单位基本情况（见被评估单位基本情况表）

　　基准日总资产：　　　　总负债：　　　　净资产：　　　（附前三年及基准日报表）

　　3. 相关经济行为的背景情况

　　4. 评估目的

　　5. 评估报告的使用方式、使用者

　　6. 价值类型

　　7. 评估对象和范围

　　8. 客户的要求（时间要求、其他要求）

二、洽谈人初步意见：（包括评估方法及须关注的事项）

评估项目基本情况调查表(调查记录)详见表2-3。

表2-3 评估项目基本情况调查表(调查记录)

委托单位：_____ 项目类型：_____
被评估单位：_____ 经办：_____ 日期：_____ 索引号：_____
拟定基准日：_____ 审批：_____ 日期：_____ 页 次：_____

参加洽谈人： 单位： 职务： 联系方式：	
评估人员：	
洽谈地点： 洽谈时间：	

被评估单位基本情况表详见表2-4。

表2-4 被评估单位基本情况表

评估基准日：_____ 索引号：_____

资产占有单位名称		（盖章）	主管机关（集团）	
法定代表人		联系电话	手机	
财务负责人		联系电话	手机	
联系人		联系电话	手机	
法定住所			邮编	
注册资本			企业性质	
企业成立日期			所属行业	
营业执照号码	（ 年 月 日）字 号		职工人数	
主要经营范围				

主要附件附后：验资报告（ ）、企业章程（ ）、营业执照（ ）、基准日会计报表（ ）、前_____年（审计后）会计报表（ ）、公司组织结构图（ ）、其他：

企业基本情况介绍(要求按下列提纲撰写，文稿附本表后，并加盖公章)
1. 企业概况
   企业的名称(中、英文)、隶属关系、企业性质、批准成立的有关文件文号、成立时间、注册地址、注册资本、法人代表、核定经营范围、资产规模、职工人数、机构设置、下属部门或单位情况等。
2. 历史沿革
   企业最初成立至今的发展历程，主要描述企业性质、隶属关系、投资单位、资本结构等的变化及工商变更登记的时间和内容，按时间顺序描述，并提供有关变更情况资料。

续表 2-3

3. 目前生产经营情况
　　企业的主要产品、生产规模、关键设备名称及数量。目前企业主要经营内容、经营方式、市场情况、收入及业绩情况,目前企业的盈亏数据及主要盈亏原因分析,生产经营方面的计划、中长期计划及经营策略等。
4. 其他方面
　　有关政策对企业的支持程度(包括税收、信贷、资源、经营权等方面的优惠政策);企业在资产结构、资产质量、财务核算等方面有别于一般企业的独特性等。
5. 与本次评估目的相关的经济行为背景情况介绍

股权结构				
股东名称	注册资本		实收资本	
	金额/万元	持股比例/%	金额/万元	持股比例/%

子公司情况					
被投资单位名称	所在地	投资日期	投资金额/万元	持股比例/%	总资产/万元	应收股利/元

需要特别说明的事项:

2.1.2　承接资产评估项目的考量

评估风险控制始于资产评估项目委托之前。决定是否承接评估项目,就要对资产所有者或控制者的背景、资产情况等进行仔细了解。实践中,有的资产评估委托方向评估人员提供伪造的产权证明文件及虚假的会计资料,以期望达到高估或低估资产价值,获取额外经济利益的目的。评估人员如未能识别这些行为,极易对不确定的利害关系人造成损失,潜藏了较大的评估风险。因此,在接受委托业务前,必须尽可能了解相关情况,如了解委托方的评估目的,所有者性质、经营规模和业务范围,产权是否清晰,资产有无大幅度异常变化,业务增长是否正常,会计核算是否符合制度要求等,对风险进行综合考量。对风险较大的项目,要考虑承受力,审慎决定是否承接业务,对明知有欺诈风险的项目,应坚决予以拒绝。承接业务时,要重视评估项目合同,协议的签订以《中华人民共和国民法典》第三编合同为依据,对评估项目所涉及的主要问题和特殊情况,尽量列明双方的权利与义务,切实防范风险。具体而言,注册资产评估师至少应当分析以下因素,以确定是否承接资产评估项目。

1. 专业胜任能力

《资产评估职业道德准则》第三章对注册资产评估师专业胜任能力进行了明确规定:"注册资产评估师应当经过专门教育和培训,具备相应的专业知识和经验,能够胜任所执行的评估业务。""注册资产评估师应当接受后续教育,保持和提高专业胜任能力。""注册资产评估师应当如实声明其具有的专业胜任能力和执业经验,不得对其专业胜任能力和执业经验进行夸张、虚假和误导性宣传。"因此,注册资产评估师应当根据所了解的评估业务的基础情况和复杂性,分析资产评估机构和注册资产评估师是否具有与该项目相适应的专业胜任能力及相关经验。同时,注册资产评估师执行资产评估业务,可以聘请专家协助工作,但应当采取必要措施确信专家工作的合理性。

【案例二】 <center>王先生的"尴尬"</center>

最近,王先生的"一次车损、两种评估"让他烦恼不已。王先生的车辆发生交通事故,某评估机构对车损出具评估报告,认定车损为4.5万余元。车修好后,王先生欠修车行4.5万余元。随后,王先生向法院提起诉讼状告了肇事方,要求对方承担损失。法院委托另一家评估机构对车损进行鉴定,鉴定结果认定车损为3万余元。

两种评估结果发生冲突,王先生认定,第二家评估机构的报告已明确指出前一家评估机构的报告存在虚假鉴定的情形,所以他不应该按4.5万余元支付修车费,应该按3万余元来支付,但修车行并不答应,将王先生告上法庭。第一起诉讼案没结束,王先生又陷入了第二起诉讼案。

近年来,随着资产评估工作的不断开展,类似的诉讼案件不断发生。"诉讼案的发生是资产评估风险发生的表现形式之一。如果评估价值与客观价值的差值超越了正常范围,风险就发生了。"辽宁国友大正资产评估有限公司董事长张秋虹在接受《中国会计报》记者采访时说道。

那么,又是什么导致了"一次车损、两种评估"类似案件的发生呢?

资料来源:2011年02月25日 中国会计报

2. 评估业务风险

注册资产评估师应当根据初步掌握的有关评估业务的基础情况,具体分析资产评估项目的风险,以判断该项目的风险是否超出合理的范围。若评估业务风险已超出合理范围时,应当根据职业道德要求和国家相关法规的规定放弃承接该项资产评估业务。

在实际评估工作中,可以采用以下工作底稿表格进行。项目风险初步评价及审批表详见表2-5。

表2-5 项目风险初步评价及审批表

被评估单位:_____	经办:_____	日期:_____	索引号:_____
拟定基准日:_____	审批:_____	日期:_____	页 次:_____

一、项目情况
委托方:
被评估单位:
评估目的:
评估基准日:
评估报告性质:1. 法定评估　　2. 非法定评估　　3. 证券相关业务　　4. 咨询类
评估使用范围:
委托方对评估项目的期望或要求:

续表 2-5

二、来自委托方的风险评价	
1. 评估目的是否明确	是___ 否___ 不详___
2. 经济行为是否取得批准文件	是___ 否___ 不详___
3. 能否满足委托方的时间要求	是___ 否___ 不详___
4. 是否影响与客户的关系	是___ 否___ 不详___
5. 客户主要负责人员是否正直诚信	是___ 否___ 不详___
6. 委托人对评估结果是否有特殊要求	是___ 否___ 不详___
7. 委托人与资产占有方的关系是否正常	是___ 否___ 不详___
8. 项目经济行为各方对本次交易的关注度是否很高	是___ 否___ 不详___
来自委托方的风险说明及防范措施：	风险评价：高___ 中___ 低___

三、来自被评估单位的风险	
1. 被评估单位主要负责人员是否正直、诚实	是___ 否___ 不详___
2. 被评估单位负责人和其他相关人员对评估工作是否积极配合	是___ 否___ 不详___
3. 被评估单位所处的行业环境是否稳定	是___ 否___ 不详___
4. 被评估单位内部组织机构是否稳定	是___ 否___ 不详___
5. 被评估单位内部管理和控制是否健全、有效	是___ 否___ 不详___
6. 被评估单位的财务状况是否稳定	是___ 否___ 不详___
7. 被评估单位（企业）的产权关系是否明晰	是___ 否___ 不详___
8. 被评估单位所提供的有关资料是否真实可靠	是___ 否___ 不详___
9. 被评估单位所提供的有关资料是否完整有效	是___ 否___ 不详___
10. 被评估单位所提供的待估资产产权证明文件是否齐全	是___ 否___ 不详___
11. 被评估单位审计报告类型是否影响评估	是___ 否___ 不详___
来自被评估单位的风险说明及防范措施：	风险评价：高___ 中___ 低___

四、评估专业人员的行为和职业道德风险	
1. 是否不符合法律法规及有关资质要求	是___ 否___ 不详___
2. 是否影响本评估公司其他业务的独立性	是___ 否___ 不详___
3. 是否会产生与本评估公司现有的服务及客户的利益矛盾	是___ 否___ 不详___
评估专业人员的行为和职业道德风险说明及防范措施：	风险评价：高___ 中___ 低___

续表 2-5

五、评估专业人员的专业知识和技能风险
1. 本项目是否不在我们的业务范围内　　　　　　　　　　　　　　　是___否___不详___
2. 本项目是否超出了我们的专业经验范围　　　　　　　　　　　　　是___否___不详___
3. 是否需要本公司其他部门的合作　　　　　　　　　　　　　　　　是___否___不详___
4. 是否需要聘请公司以外的其他专家　　　　　　　　　　　　　　　是___否___不详___
5. 是否需要与其他评估机构进行合作　　　　　　　　　　　　　　　是___否___不详___
6. 是否需要引用其他机构的工作结论　　　　　　　　　　　　　　　是___否___不详___
评估专业人员的专业知识和技能风险说明及防范措施：　　　　风险评价：高___中___低___
六、评估人员在执行评估程序中产生的评估风险
1. 是否需要公司负责人大量参与项目的管理与监督指导　　　　　　是___否___不详___
2. 资料收集是否存在难度　　　　　　　　　　　　　　　　　　　　是___否___不详___
3. 所收集的主要参数数据是否需要引述其他第三方材料　　　　　　是___否___不详___
4. 项目成本是否无法控制在预算范围之内　　　　　　　　　　　　　是___否___不详___
评估人员在执行评估程序中产生的评估风险说明及防范措施：　风险评价：高___中___低___
七、来自评估报告的作用与使用的风险
1. 评估报告是否提交国有资产管理部门确认　　　　　　　　　　　是___否___不详___
2. 评估报告是否会披露于公开媒体或文件中　　　　　　　　　　　是___否___不详___
3. 评估报告是否会被其他第三方引述或借鉴　　　　　　　　　　　是___否___不详___
4. 是否会使本公司引起公众的关注　　　　　　　　　　　　　　　是___否___不详___
5. 是否存在两个或两个以上利益对立的评估报告使用人　　　　　　是___否___不详___
来自评估报告的作用与使用的风险说明及防范措施：　　　　　风险评价：高___中___低___
八、其他风险及其他特殊说明的事项
九、项目风险综合评价 　　　　高___　　　　中___　　　　低___

续表 2-5

十、项目风险评价及是否承接的审核意见
1. 部门负责人意见 签字： 日期：
2. 最终审核 签字： 日期：

说明：本表由项目洽谈人员填制，按规定并逐级上报审批。

3. 独立性

《资产评估职业道德准则》第四章对注册资产评估师与委托方和相关当事方的关系专门进行明确规定："注册资产评估师与委托方或相关当事方之间存在可能影响注册资产评估师公正执业的利害关系时，应当予以回避。""注册资产评估师不得向委托方或相关当事方索取约定服务费之外的不正当利益。"保持资产评估执业应有的独立性，是注册资产评估师的职业生命。注册资产评估师应当根据职业道德要求和国家相关法规的规定，结合评估业务具体情况分析独立性，确认与委托方或相关当事方是否存在现实或潜在利害关系后，决定是否承接资产评估项目。

任务演练：资产评估师的职业道德

背景资料

庆云集团公司拟将一全资所有的旅行社转让给一上市公司，特聘请大力资产评估事务所对这项资产进行估价，同时双方约定大约作价为 800 万元人民币。大力资产评估事务所指定本所执业的注册评估师张三和李四负责此业务。一周以后，李四被安排去处理另一项目，张三随即从自己执业的另一家资产评估事务所请来注册评估师王五协助完成项目的中后期工作。最终他们按时完成了这项业务，张三和李四共同在评估报告上签字。之后，有媒体来采访张三，在经过李四的哥哥——庆云集团公司法人代表的口头许可下，张三讲述了这次评估业务的主要细节。

演练要求

① 试找出上述事件中违反注册资产评估师职业道德规范之处。

② 学习《资产评估职业道德准则》全文，熟悉注册资产评估师在执业过程中应注意的主要职业道德条款。

③ 结合案例情况，分组形成《案例分析报告》。

演练路径

① 教师事先对学生按照 5 人进行分组，每组拟出《案例分析提纲》。

② 小组讨论，形成小组《案例分析报告》。

③ 班级交流，教师对各组《案例分析报告》进行点评。

④ 在班级展出附有"教师点评"的各小组《案例分析报告》,供学生比较研究。

学习任务2.2 订立资产评估委托合同

知识储备

工作成果:资产评估委托合同

2.2.1 合同及其订立

1. 合同的概念

《中华人民共和国民法典》第三编合同规定:合同是平等主体的自然人、法律人、其他组织之间设立、变更、终止民事权利义务关系的协议。在现实经济生活中,合同(或称"契约""协议""约定")的种类繁多,涉及买卖合同,供用电、水、气、热力合同,赠与合同,借款合同,租赁合同,融资租赁合同,承揽合同,建设工程合同,运输合同,技术合同,保管合同,仓储合同,委托合同,行纪合同,居间合同等。

2. 合同的特征

① 合同是一种双方民事法律行为,即当事人双方的意思表示一致才可以成立的法律行为。这一特征使合同区别于订立遗嘱、追认无权代理、免除债务等单方法律行为。

② 合同产生于平等主体之间。合同的主体包括自然人、法人和其他组织。无论双方当事人的经济条件、社会地位等有何区别,其在订立合同时均处于平等的法律地位。行政合同等不平等主体之间所订立的合同,即使名为"合同",也不是《中华人民共和国民法典》意义上的合同。

③ 合同的目的在于产生具体的财产性权利义务。为此,经济生活中的一些基本原则,诸如平等自愿、等价有偿、诚实信用等,成为指导合同订立、履行的基本原则。

3. 合同的内容

合同的内容通过合同条款表现出来,合同条款是确定当事人权利义务的依据。《中华人民共和国民法典》第三编合同规定,合同的内容由当事人约定,一般包括以下条款。

① 当事人的名称或者姓名和住所。

② 标的。如果合同标的不具体、明确,合同不能成立。合同标的不合法,合同也不能生效。

③ 数量与质量。指标的物的数量与质量。

④ 价款或者报酬。价款或者报酬条款除约定价金的数额外,有时还需要约定价金的币种、支付方式,以及保险费、运费等费用的支付问题。

⑤ 履行期限、地点和方式。

⑥ 违约责任。违约责任,是指合同当事人不履行或者不完全履行合同约定的义务引起的法律后果。违约责任是促使当事人履行债务,使守约方免受或者少受损失的法律措施。

⑦ 解决争议的方法。当事人可以在合同中约定选择仲裁或诉讼方式解决合同争议,也可选择解决其争议所适用的法律及管辖地等,法律另有规定的除外。

4. 合同的订立

合同的订立又称为缔约,是当事人为设立、变更、终止财产性权利义务关系而进行协商、达成协议的过程。合同订立的过程一般包括要约和承诺两个阶段。当事人意思表示真实一致时,合同即可成立。

(1) 要约

① 要约的概念。要约是指希望和他人订立合同的意思表示。要约可以向特定人发出,也可以向非特定人发出。根据《中华人民共和国民法典》第三编合同规定,该意思表示应当符合下列规定:内容具体确定,此项条件要求该意思表示已经具备了未来合同的必要内容;表明经受要约人承诺,要约人即受该意思表示约束。

② 要约邀请。要约邀请是希望他人向自己发出要约的意思表示。寄送的价目表、拍卖公告、招标公告、招股说明书、商业广告等,性质为要约邀请。但若商业广告的内容符合要约的规定,如悬赏广告,则视为要约。在实践中要注意要约与要约邀请的区分,如根据《最高人民法院关于审理商品房买卖合同纠纷案件适用法律若干问题的解释》规定,商品房的销售广告和宣传资料为要约邀请,但是出卖人就商品房开发规划范围内的房屋及相关设施所做的说明和允诺具体确定,并对商品房买卖合同的订立以及房屋价格的确定有重大影响的,应当视为要约。该说明和允诺即使未载入商品房买卖合同,亦应当视为合同内容,当事人若违反则应当承担违约责任。

③ 要约的生效时间。要约到达受要约人时生效。采用数据电文形式订立合同,收件人指定特定系统接收数据电文的,该数据电文进入该特定系统的时间,视为到达时间;未指定特定系统的,该数据电文进入收件人的任何系统的首次时间,视为到达时间。

④ 要约的撤回。要约可以撤回。撤回要约的通知应当在要约到达受要约人之前或者与要约同时到达受要约人。撤回要约是在要约尚未生效的情形下发生的。如果要约已经生效,则非要约的撤回,而是要约的撤销。

⑤ 要约的撤销。要约可以撤销。撤销要约的通知应当在受要约人发出承诺通知之前到达受要约人。但下列情形下的要约不得撤销:要约人确定了承诺期限的;以其他形式明示要约不可撤销的;受要约人有理由认为要约是不可撤销的,并已经为履行合同做了准备工作。

⑥ 要约的失效。有下列情形之一的,要约失效:拒绝要约的通知到达要约人;要约人依法撤销要约;承诺期限届满,受要约人未做出承诺;受要约人对要约的内容做出实质性变更。

【案例三】　　　　　　　　广告是要约还是要约邀请?

下面是生活中常见的事例,可以帮助我们理解要约与要约邀请。

例如:夏天,街边卖冰棍的小贩为了招揽顾客会叫卖,如果他吆喝"冰棍!清凉解暑的冰棍!",这就只是一个要约邀请,他是为了吸引人们来向他询价;如果他吆喝"冰棍、红豆冰棍,五毛一根!",这就可以构成要约了。

又如:一旦出现了购房纠纷,如果法院认定房屋销售广告属于要约,消费者据其购买了房屋,其内容就应该构成房屋买卖合同的一个组成部分,如果开发商没有实现广告中的承诺,则应视为开发商违约;如果法院认定房屋销售广告属于要约邀请,则广告的内容就不能当然地作为合同的一部分,仅能作为一种参考,并不具有约束力,如果开发商没有实现销售广告中的承诺,即使消费者确实是因为相信广告内容而购买的房屋,也不能因此主张开发商的行为构成违约。

广告到底是要约邀请还是要约,对消费者而言至关重要。通常情况下,广告被认为是一种要约邀请。但是在特定的情况下,广告也可被视为要约,从而对广告发布者具有约束力。

由此可见,要约和要约邀请的区别如下:

① 要约是当事人希望和他人订立合同的意思表示,以订立合同为直接目的;要约邀请是希望对方向自己发出要约的意思表示。

② 要约大多数是针对特定的相对人的,往往采用对话和信函的方式;而要约邀请一般是针对不特定的相对人的,故往往通过电视、报刊等媒介手段。

③ 要约的内容必须具备足以使合同成立的主要条件,如明确的标的额、标的物数量、质量、价款报酬、履行期限等;而要约邀请则不具备这些条件。

(2) 承诺

① 承诺的概念。承诺是受要约人同意要约的意思表示。承诺应当由受要约人向要约人做出。

② 承诺期限。承诺应当在要约确定的期限内到达要约人。要约没有确定承诺期限的,承诺应当依照下列规定到达:要约以对话方式做出的,应当即时做出承诺,但当事人另有约定的除外;要约以非对话方式做出的,承诺应当在合理期限内到达。所谓合理期限,是指依通常情形可期待承诺到达的期间,一般包括要约到达受要约人的期间、受要约人做出承诺的期间、承诺通知到达要约人的期间。要约以信件或者电报做出的,承诺期限自信件载明的日期或者电报交发之日开始计算。信件未载明日期的,自投寄该信件的邮戳日期开始计算。要约以电话、传真等快速通信方式做出的,承诺期限自要约到达受要约人时开始计算。

③ 承诺的生效时间。承诺自通知到达要约人时生效。承诺不需要通知的,自根据交易习惯或者要约的要求做出承诺的行为时生效。采用数据电文形式订立合同,收件人指定特定系统接收数据电文的,该数据电文进入该特定系统的时间,视为承诺到达时间;未指定特定系统的,该数据电文进入收件人的任何系统的首次时间,视为承诺到达时间。承诺生效时合同成立。

④ 承诺的撤回。承诺人发出承诺后反悔的,可以撤回承诺,其条件是撤回承诺的通知应当在承诺通知到达要约人之前或者与承诺通知同时到达要约人,即在承诺生效前到达要约人。

⑤ 承诺的迟延与迟到。受要约人超过承诺期限发出承诺的,为迟延承诺,除要约人及时通知受要约人该承诺有效的以外,迟延的承诺应视为新要约。受要约人在承诺期限内发出承诺,按照通常情形能够及时到达要约人,但因其他原因使承诺到达要约人时超过承诺期限的,为迟到承诺,除要约人及时通知受要约人因承诺超过期限不接受该承诺的以外,迟到的承诺为有效承诺。

⑥ 承诺的内容。承诺的内容应当与要约的内容一致。这在学理上称为镜像规则。但严格执行镜像规则不能适应市场发展的需要。在实践中,受要约人可能对要约的文字乃至内容做出某些修改,此时承诺是否具有法律效力须根据具体情况予以确认。《中华人民共和国民法典》第三编合同规定,受要约人对要约的内容做出实质性变更的,为新要约。有关合同标的、数量、质量、价款或者报酬、履行期限、履行地点和方式、违约责任和解决争议方法等内容的变更,是对要约内容的实质性变更。承诺对要约的内容做出非实质性变更的,除要约人及时表示反对或者要约表明承诺不得对要约的内容做出任何变更的以外,该承诺有效,合同的内容以承诺的内容为准。

2.2.2 资产评估委托合同

1. 资产评估委托合同的内涵

《资产评估执业准则——资产评估委托合同》第二条规定:资产评估委托合同,是指资产评估机构与委托人订立的,明确资产评估业务基本事项,约定资产评估机构和委托人权利、义务、违约责任和争议解决等内容的书面合同。

资产评估机构开展资产评估业务应当与委托人订立资产评估委托合同。资产评估委托合同是资产评估机构与委托方订立的一种具有服务性质的委托合同,属于众多合同的一种。同时,又具鲜明的行业特点。因此,资产评估委托合同应当按照《中华人民共和国民法典》第三编合同和资产评估行业相关规定订立。

根据我国资产评估行业的现行规定,注册资产评估师承办资产评估业务或者执行与价值估算相关的其他业务,应当由其所在的资产评估机构统一受理,并由资产评估机构与委托人订立书面资产评估委托合同,注册资产评估师不得以个人名义订立资产评估委托合同。资产评估委托合同应当由资产评估机构和委托方的法定代表人或其授权代表订立。

2. 资产评估委托合同的内容

资产评估委托合同应当内容全面、具体,含义清晰准确,符合国家法律、法规和资产评估行业的管理规定。《资产评估执业准则——资产评估委托合同》第六条对其内容有明确规定,资产评估委托合同通常包括下列内容:

① 资产评估机构和委托人的名称、住所、联系人及联系方式;
② 评估目的;
③ 评估对象和评估范围;
④ 评估基准日;
⑤ 评估报告使用范围;
⑥ 评估报告提交期限和方式;
⑦ 评估服务费总额或者支付标准、支付时间及支付方式;
⑧ 资产评估机构和委托人的其他权利和义务;
⑨ 违约责任和争议解决;
⑩ 合同当事人签字或者盖章的时间;
⑪ 合同当事人签字或者盖章的地点。

订立资产评估委托合同时未明确的内容,资产评估委托合同当事人可以采取订立补充合同或者法律允许的其他形式做出后续约定。

3. 资产评估委托合同的订立要求

资产评估委托合同既是一种书面合同,又具有一定的行业特点,应当符合以下基本要求。

① 资产评估委托合同载明的评估目的应当唯一,表述应当明确、清晰。
② 注册资产评估师应当与委托方进行沟通,根据评估业务的要求和特点,在资产评估委托合同中以适当方式表述评估对象和评估范围。
③ 资产评估委托合同载明的评估基准日应当唯一,以年月日表示。
④ 资产评估委托合同应当明确资产评估报告的使用范围。使用范围包括资产评估报告使用人、用途、评估结论的使用有效期及资产评估报告的摘抄、引用或者披露。

- 资产评估委托合同应当明确资产评估报告使用人。如果存在委托人以外的其他使用人,资产评估委托合同应当明确约定。

资产评估委托合同应当约定,资产评估报告仅供资产评估委托合同约定的和法律、行政法规规定的使用人使用,其他任何机构和个人不能成为资产评估报告的使用人。

- 资产评估委托合同应当约定,委托人或者其他资产评估报告使用人应当按照法律、行政法规规定和资产评估报告载明的使用目的及用途使用资产评估报告。

委托人或者其他资产评估报告使用人违反前述约定使用资产评估报告的,资产评估机构及其资产评估专业人员不承担责任。

- 资产评估委托合同应当约定在载明的评估结论使用有效期内使用资产评估报告。
- 资产评估委托合同应当约定,未经委托人书面许可,资产评估机构及其资产评估专业人员不得将资产评估报告的内容向第三方提供或者公开,法律、行政法规另有规定的除外。
- 资产评估委托合同应当约定,未征得资产评估机构同意,资产评估报告的内容不得被摘抄、引用或者披露于公开媒体,法律、行政法规规定以及相关当事人另有约定的除外。

⑤ 资产评估委托合同应当约定完成资产评估业务并提交资产评估报告的期限和方式。

⑥ 资产评估委托合同应当明确资产评估服务费总额或者支付标准、计价货币种类、支付时间及支付方式,并明确资产评估服务费未包括的与资产评估服务相关的其他费用的内容及承担方式。

【案例四】 计算资产评估服务费

表2-6所列资产评估收费标准为最高限标准。各省、自治区、直辖市应根据当地实际情况制定具体收费标准,经济特区可适当高于上述标准,但整体资产评估、无形资产评估收费在原收费标准上增加50%,最多不能超过100%,最少不能少于30%。

表2-6 资产评估收费标准

档次	计费额度/万元	差额计费率/‰
1	小于或等于100	6
2	大于100,小于或等于1 000	2.5
3	大于1 000,小于或等于5 000	0.8
4	大于5 000,小于或等于10 000	0.5
5	大于10 000	0.1

计算举例:某项资产账面价值40 000万元,计算评估收费额。

100万元×6‰=0.6万元

(1 000-100)万元×2.5‰=900万元×2.5‰=2.25万元

(5 000-1 000)万元×0.8‰=4 000万元×0.8‰=3.2万元

(10 000-5 000)万元×0.5‰=5 000万元×0.5‰=2.5万元

(40 000-10 000)万元×0.1‰=30 000万元×0.1‰=3万元

合计收费:0.6万元+2.25万元+3.2万元+2.5万元+3万元=11.55万元

⑦ 资产评估委托合同应当约定,委托人应当为资产评估机构及其资产评估专业人员开展资产评估业务提供必要的工作条件和协助;委托人应当根据资产评估业务需要,负责资产评估机构及其资产评估专业人员与其他相关当事人之间的协调。

⑧ 资产评估委托合同应当约定,遵守相关法律、行政法规和资产评估准则,对评估对象在

评估基准日特定目的下的价值进行分析和估算并出具资产评估报告,是资产评估机构及其资产评估专业人员的责任。

⑨资产评估委托合同应当约定,依法提供资产评估业务需要的资料并保证资料的真实性、完整性、合法性,恰当使用资产评估报告是委托人和其他相关当事人的责任;委托人或者其他相关当事人应当对其提供的资产评估明细表及其他重要资料的真实性、完整性、合法性进行确认,确认方式包括签字、盖章或者法律允许的其他方式;委托人和其他相关当事人如果拒绝提供或者不如实提供开展资产评估业务所需的权属证明、财务会计信息或者其他相关资料的,资产评估机构有权拒绝履行资产评估委托合同。

⑩资产评估委托合同应当约定,委托人提前终止资产评估业务、解除资产评估委托合同的,委托人应当按照已经开展资产评估业务的时间、进度,或者已经完成的工作量支付相应的评估服务费。

委托人要求出具虚假资产评估报告或者有其他非法干预评估结论情形的,资产评估机构有权单方解除资产评估委托合同。资产评估委托合同当事人可以约定由委托人按照已经开展资产评估业务的时间、进度,或者已经完成的工作量支付相应的评估服务费。

因委托人或者其他相关当事人原因导致资产评估程序受限,资产评估机构无法履行资产评估委托合同,资产评估机构可以单方解除资产评估委托合同;当事人可以在资产评估委托合同中约定由委托人按照已经开展资产评估业务的时间、进度,或者已经完成的工作量支付相应的评估服务费。

⑪资产评估委托合同应当约定当事人的违约责任。资产评估委托合同当事人因不可抗力无法履行资产评估委托合同的,根据不可抗力的影响,部分或者全部免除责任,法律另有规定的除外。

⑫资产评估委托合同应当约定资产评估委托合同履行过程中产生争议时争议解决的方式和地点。

⑬资产评估委托合同订立后发现相关事项存在遗漏、约定不明确,或者在合同履行中约定内容发生变化的,资产评估机构可以要求与委托人订立补充合同或者重新订立资产评估委托合同,或者以法律允许的其他方式对资产评估委托合同的相关条款进行变更。

资产评估委托合同示范文本如下:

资产评估委托合同

_____[ ]_____号

委托方(甲方):_____
  住所:_____
  联系人:_____　　联系电话:_____
评估机构(乙方):
  住所:_____
  联系人:_____　　联系电话:_____

甲方委托乙方对其提出的资产进行评估。经双方协商,达成以下条款:

一、评估目的

甲方拟_____,本次资产评估结果作为该经济行为计算相关资产价值的参考。

二、评估对象和范围

甲方拟_____,本次资产评估结果作为该经济行为计算相关资产价值的参考。

根据资产评估目的,本次评估对象是_____;评估范围是_____。具体清单详见甲方提交乙方的资产清查评估明细表。

三、评估基准日

评估基准日由甲方确定为_____年_____月_____日。

四、评估价值类型

本次评估采用_____类型。

五、资产评估报告提交期限

在甲方充分配合的基础上,乙方必须保证组织足够的评估力量按照甲方的进度安排在合理的工作时间内完成评估工作,提交资产评估报告。

在甲方提供齐备有关评估资料并协助乙方勘查现场后,乙方于_____年_____月_____日前向甲方提交资产评估报告。

六、资产评估报告提交方式

(1) 乙方完成资产评估报告有关程序后,向甲方提交经乙方和经办专业评估人员的签章的纸质版资产评估报告书。

(2) 乙方向甲方提交正式资产评估报告书一式_____份。

七、资产评估服务费用

根据项目的特点、工作量等情况,结合行业收费惯例,经双方协商确定本次评估费为:人民币_____整(_____元)。甲方须在提交评估报告后十个工作日内通过转账方式将上述评估费支付到乙方账户内(户名:_____,开户行:_____,账号:_____);如甲方支付现金,须通知乙方财务部(联系电话:_____),否则所造成的经济损失,由甲方负责。

八、甲方的责任与义务

1. 甲方的责任

(1) 对评估目的所涉及相关经济行为的合法性、可行性负责;

(2) 提供评估对象法律权属等资料,并对所提供评估对象法律权属资料的真实性、合法性和完整性承担负责;

(3) 提供评估必要的资料,并对提供给乙方的会计账册、评估明细表、资产清查及使用情况等评估数据、资料和其他有关文件、材料的真实性、合法性、完整性负责;

(4) 根据评估目的对应经济行为的需要恰当地使用评估报告。

2. 甲方的义务

(1) 及时按资产评估的要求向乙方提供真实、充分、合法的资料,法律权属证明文件及其他相关法律文件;

根据资产评估的要求,对各项资产进行全面清查、盘点;

(2) 认真填写各项清查明细报表,在乙方要求的时间内报送乙方;对提供的清查明细报表及相关证明材料以签字、盖章或者其他方式进行确认;

(3) 在评估过程中组织人力、物力协助乙方,以及为乙方的评估人员提供必要的工作条件和配合;

(4) 根据评估业务的需要,负责资产评估师与评估项目相关当事方之间的协调和沟通;

(5) 除法律、法规规定以及甲、乙双方另有约定之外,未征得乙方同意,对乙方提供的包括评估报告、补充说明、解释、建议等文件和材料在内的各项内容不得被摘抄、引用或者披露于公开媒体;

(6) 按照约定条款及时足额支付评估服务费用。

九、乙方的责任与义务

1. 乙方的责任

(1) 遵守国家有关法律、法规和资产评估准则要求,对评估对象在评估基准日特定目的下的价值进行分析、估算并发表专业意见;

(2) 维护所发表专业意见的独立性、客观性、公正性;

(3) 对甲方或被评估单位所提供的有关文件资料和执业过程中获知的商业秘密,应妥善保管并负保密责任。除法律、法规另有规定之外,未经甲方书面许可,乙方和资产评估师不得将评估报告内容,以及甲方或被评估单位所提供的有关文件资料和执业过程中获知的商业秘密向第三方提供或者公开。

2. 乙方的义务

(1) 遵守相关资产评估的有关法规和规范要求,及时拟定资产评估工作方案和工作计划,确定评估途径和方法;

(2) 在收到符合评估要求的各项报表、资料后,及时组织相关的专业评估人员做好评估对象现场勘察工作;

(3) 配合甲方相关经济行为的实施进度,在合理的工作时间内完成评估分析、估算,并将问题及时反馈甲方;

(4) 在甲方和相关当事方的协助下,根据资产评估工作方案和计划如期完成资产评估工作;

(5) 按照相关资产评估规范中对评估质量和评估报告的要求发表专业意见和出具评估报告;

(6) 督促执行评估业务的人员遵守职业道德,诚实正直,勤勉尽责,恪守独立、客观、公正的原则。

十、资产评估报告使用者和使用责任

(1) 乙方提供的资产评估报告使用者是甲方和国家法律、法规规定的评估报告使用者。

(2) 除法律、法规另有规定之外,资产评估报告由本合同约定的评估报告使用者于约定的资产评估目的、评估结论使用有效期内合法使用。

(3) 乙方和评估专业人员不对因甲方和其他评估报告使用者不当使用评估报告所造成的

后果承担责任。

（4）除本合同约定的评估报告使用者之外，如需要增加其他评估报告使用者，甲方应以书面形式向乙方提出，并得到乙方的书面同意。否则，评估报告将失效，乙方亦不对其他报告使用者承担任何责任；同时，乙方拥有追索甲方和其他报告使用者不当使用评估报告对乙方造成损失的权利。

（5）除法律、法规规定以及甲方和乙方另有约定之外，报告使用者未征得乙方同意，对乙方提交的包括资产评估报告、补充说明、解释、建议等文件和材料在内的各项内容不得被摘抄、引用或者披露于公开媒体。

十一、委托合同的有效期限

（1）本合同一式_____份，甲方执_____份，乙方执_____份，具有同等法律效力。

（2）本合同自双方签字盖章后生效。

十二、委托合同事项的变更

（1）本合同签订后，签约各方若发现相关事项约定不明确，或者履行评估程序受到限制需要增加、调整约定事项的，可通过友好协商对相关条款进行变更，并签订补充协议或者重新签订资产评估委托合同。

（2）本合同签订后，评估目的、评估对象、评估基准日发生变化，或者评估范围发生重大变化，签约各方应签订补充协议或者重新签订资产评估委托合同。

十三、违约责任和争议解决

（1）如乙方无故终止履行本合同，所收评估费应退还甲方，并赔偿由此造成甲方的相关损失。

（2）如因甲方原因终止履行本合同，而且乙方已实施了相应评估程序，乙方所收评估费不予退还。若乙方已完成的工作量所对应的应收评估费超过乙方已收取的评估费，乙方可以要求甲方按照已完成的工作量支付相应的评估费。

（3）当执行评估程序所受限制对与评估目的相对应的评估结论构成重大影响时，乙方可以中止履行合同，并将所收评估费扣除已完成工作量所对应的应收评估费后的余额退还甲方；相关限制无法排除时，乙方可以单方解除合同而不承担违约责任。

（4）因甲方要求出具虚假资产评估报告或者有其他非法干预评估结论情形的，乙方有权单方解除资产评估委托合同。

（5）执行本合同如发生争议，甲、乙双方选择方式处理：①提交双方认可的仲裁委员会仲裁；②提交有管辖权的人民法院审理。

委托方(甲方)：_____　　　评估机构(乙方)：_____
签约人：(法定代表人或授权代理人)　签约人：(法定代表人或授权代理人)
签订日期：____年____月____日　　签订日期：____年____月____日

合同签订地点：_____

任务演练:合同订立的程序——要约和承诺

背景资料

建华公司因工程急等钢材,向前进公司、清华金刚厂和大成钢厂发出通知,在通知中说明:"我公司需要标号为××的钢材1000 t,如贵公司有货,请速与我公司联系。我公司希望购买此类钢材。"建华公司同一天收到三家钢材公司的复函,都说自己公司备有建华公司所需的钢材并将价格一并通知了建华公司。前进公司在发出复函的第二天,派本公司车队先行运载200 t钢材送往建华公司。建华公司在收到三家公司的复函后,认为大成钢厂提出的价格更为合理,且其质量信得过,所以当天下午即去函称将向其购买1000 t钢材,请其速备货。大成钢厂随即复函建华公司,说其有现货,并于第三天将钢材运往建华公司。在建华公司收到大成钢厂复函的第二天,前进公司的车队运送钢材到了建华公司,要求建华公司收货并支付货款。建华公司当即函电大成钢厂,请其仅运送800 t钢材。大成钢厂复电说,全部1000 t钢材已经发往建华公司。建华公司收到大成钢厂的复电后,就告知前进公司,为照顾其损失,只收下其100 t钢材,其余的不收。前进公司对此不服,认为建华公司应当收取其全部钢材。建华公司再次向大成钢厂发函称,本公司仅收其中的900 t钢材,对此造成的损失,如大成公司多运送钢材而造成的损失,由大成钢厂自行承担。第三天,大成钢厂的1000 t钢材运到建华公司,建华公司仅收取了其中的900 t,剩余的100 t不予收货,为此双方发生纠纷。

演练方法

① 调查法。
② 文案演示法。
③ 讨论法。

演练要求

① 将学生分成若干小组,以小组为单位,组织学习现行《中华人民共和国民法典》第三编合同相关条款,详细了解合同订立的过程。
② 将学生分成若干小组,以小组为单位,结合本案例的背景资料,讨论产生法律纠纷的主要原因,各当事人所应当承担的法律责任。

演练条件

① 教师事先对学生按照5~6人进行分组。
② 具有足够的计算机和上网条件。
③ 具有模拟实训室或多媒体教室。

重点回顾

能力训练

1. 专项能力训练:订立资产评估委托合同

背景资料

2002年底,国内某乳品公司为了快速发展,与一国际投资银行签订了融资协议,具体内容包括:2003年1月1日,该投资银行出资2亿元人民币,其中1亿元以2元/股的价格认购乳品公司的普通股股票,另外1亿元购买乳品公司的特种债券,该债券期限为6年,年利率2%,不计复利、每年付息,到期还本。同时投资银行与乳品公司签订了有关企业经营的协议:融资开始后的三年中的每一年,乳品企业的净利润要比上一年增长15%,每一个不能达到增长要求的年份，投资银行都会将20%的特种债券以对应2元/股的价格转换为普通股股票。2006年年初，该投资银行计划将其持有的乳品公司的所有权益（包括股权和债权）一次性转让，委托某评估机构对这部分权益进行了评估，为其转让行为做参考。评估机构收集和测算的部分数据如下：

① 评估基准日：2006年1月1日，评估基准日之前产生的股权及债权收益已经结清。

② 乳品公司2002—2005年的净利润分别为5 000万元、6 000万元、7 000万元、8 000万元，2005年的每股收益是0.8元。

③ 预测评估基准日后前3年每股收益保持每年10%的增长，之后进入平稳发展时期，每股年金收益为评估基准日后第三年的每股收益。

④ 考虑风险报酬率的差异，债权和股权使用折现率分别为5%和10%。

训练要求

① 请代表资产评估机构对本项目进行调研，明确评估业务基本事项，对评估项目风险进行考量。

② 以小组为单位，分别扮演委托方与资产评估机构进行合同磋商，订立一份资产评估委托合同。

③ 结合训练项目情况，分组形成《训练项目报告》。

训练路径

① 教师事先对学生按照5~6人进行分组，每组指定一名组长。

② 小组分工合作，形成小组《评估项目调研报告》，为合同磋商做好准备工作。

③ 每两组分别扮演合同双方当事人，完成合同磋商，订立一份资产评估委托合同。

④ 班级交流，教师对各组订立的《资产评估委托合同》进行点评。

⑤ 在班级展出附有"教师点评"的各小组《资产评估委托合同》，供学生比较研究。

2. 综合能力训练：资产评估调查问卷工作训练

训练目标

引导学生参加资产评估调查研究实践训练；在实践训练中切实体验资产评估工作人员应具备的职业能力和职业素养，培养相应的分析判断能力与沟通协调能力；通过工作岗位训练，建立健全职业人格。

训练内容

选择一家企业作为资产评估委托合同的当事人，让学生代表资产评估机构进行调查问卷，全面了解当事人的主要会计政策与会计估计，对资产评估风险进行分析评估，体会资产评估人员具备的职业能力、职业素养与知识储备对资产评估项目的重要性。通过调查研究后完成调查问卷，调查问卷格式如下：

主要会计政策与会计估计

1. 会计制度

□企业会计准则　　　　　□企业会计制度　　　　　□小企业会计制度
□事业单位会计制度　　　□民营非盈利组织会计制度
□金融企业会计制度　　　□旅游、饮食服务企业会计制度
□其他会计制度＿＿＿＿＿＿＿＿＿＿＿

2. 会计期间　　□公历1月1日至12月31日　　　□其他＿＿＿＿＿＿＿＿＿＿

3. 合并会计报表的编制
□企业对其他单位的投资达到其注册资本的50%或具有实质控制权时，按比例合并资产、负债、收入、费用、利润后编制合并报表。
　□其他＿＿＿＿＿＿＿＿＿＿＿＿＿＿＿＿＿＿＿＿＿＿＿＿＿＿＿＿＿＿

4. 记账原则	□权责发生制	□收付实现制
5. 计价基础	□历史成本法	□实际成本法
6. 记账本位币及外币换算	□人民币	□外币＿＿＿＿＿＿＿＿
(1) 外币汇率的确定	□外币业务发生时的汇率	□外币业务发生初期的汇率

(2) 汇兑损益计入方法：按照期末汇率折合的记账本位币与账面记账本位币的差额分别处理

□计入当期损益	□借款费用资本化	□属于筹建期间计入长期待摊费用

7. 现金等价物的确定标准
□企业持有的期限短、流动性强、易于转换为已知金额现金、价值变动风险很小的投资，确认为现金等价物
　□其他＿＿＿＿＿＿＿＿＿＿＿＿＿＿＿＿＿＿＿＿＿＿＿＿＿＿＿＿＿＿

8. 短期投资
(1) 短期投资计价方法

□成本与市价孰低法	□成本法	□市价法

(2) 短期投资跌价准备的计提方法

□按投资总体计提	□按投资类别计提	□按单项投资计提

9. 应收款项
(1) 坏账的确认标准
□债务单位撤销、破产、资不抵债、现金流严重不足，或因严重的自然灾害等导致停产而无法短期内偿付的款项
□债务人破产或死亡，以其破产财产或遗产清偿后，仍不能收回的款项
□债务人逾期未履行偿债义务超过三年并有相关证据表明确实不能收回的款项
□其他＿＿＿＿＿＿＿＿＿＿＿＿＿＿＿＿＿＿＿＿＿＿＿＿＿＿＿＿＿＿

(2) 坏账准备的计提范围	□应收账款	□其他应收款
(3) 坏账核算方法	□备抵法	□直接转销法

(4) 坏账准备的提取方法
□余额百分比法，提取比例＿＿＿＿％
□销售百分比法，提取比例＿＿＿＿％
□账龄分析法
　　1年以内提取比例＿＿＿＿％　　1～2年提取比例＿＿＿＿％
　　2～3年提取比例＿＿＿＿％　　3年以上提取比例＿＿＿＿％
□个别认定法＿＿＿＿＿＿＿＿＿＿＿＿＿＿＿＿＿＿＿＿＿＿＿＿＿＿＿＿
□其他＿＿＿＿＿＿＿＿＿＿＿＿＿＿＿＿＿＿＿＿＿＿＿＿＿＿＿＿＿＿

10. 存货
(1) 存货核算范围

□原材料	□库存商品	□在产品	□半成品	□包装物

□委托代销商品 □受托代销商品 □低值易耗品 □分期收款发出商品
(2) 存货核算方法　　□实际成本法　　□计划成本法
(3) 存货发出的计价方法
□个别计价法　　　　□先进先出法　　　　□加权平均法
□移动平均法　　　　□后进先出法　　　　□计划成本法
□定额成本法　　　　□售价法
(4) 材料成本差异分摊方法　　□全部计入完工产品成本　　□在产品与完工产品分摊
(5) 存货盘存制度　　　　□定期盘存制　　　　□永续盘存制
(6) 存货跌价准备:期末对可变现净值低于存货成本部分按下列方法计提存货跌价准备
□单个存货项目　　　□合并计量　　　　□存货按类别计量
(7) 低值易耗品的确定范围
□不能作为固定资产,单位价值在＿＿＿＿元(含＿＿＿＿元)以上的各种用具物品
□其他＿＿＿＿＿＿＿＿＿＿＿＿＿＿＿＿＿＿＿＿＿＿＿＿＿＿＿＿＿＿＿＿
(8) 低值易耗品、周转包装物领用的摊销方法
□一次摊销法　　　　□五五摊销法　　　　□其他＿＿＿＿＿＿＿＿＿＿

11. 长期投资
(1) 长期股权投资的计价方法　　　□成本法　　　　□权益法
(2) 股权投资差额的摊销方法　　　□按投资期限摊销　　□不超过10年摊销
(3) 长期债权投资的计价方法
□取得时的实际成本作为初始投资成本
□初始投资成本减去已到期尚未领取的利息及手续费等相关费用后,与债券面值的差额作为债券的溢折价
□其他＿＿＿＿＿＿＿＿＿＿＿＿＿＿＿＿＿＿＿＿＿＿＿＿＿＿＿＿＿＿
(4) 长期债权投资溢折价的摊销方法　　□直线法　　　□利率法
(5) 长期投资减值准备的计提方法
□期末对长期投资逐项检查,对由于市价持续下跌或被投资单位经营状况恶化等原因导致其可收回金额低于账面价值的计提长期投资减值准备
□其他＿＿＿＿＿＿＿＿＿＿＿＿＿＿＿＿＿＿＿＿＿＿＿＿＿＿＿＿＿＿

12. 委托贷款风险准备金的计提
□期末当委托贷款本金有迹象表明高于可收回金额时,提取风险准备金,提取比例为委托贷款本金的＿＿＿＿％
□其他＿＿＿＿＿＿＿＿＿＿＿＿＿＿＿＿＿＿＿＿＿＿＿＿＿＿＿＿＿＿

13. 固定资产
(1) 固定资产标准:使用年限＿＿＿＿年以上,单位价值＿＿＿＿元以上的并在使用过程中保持原有物质形态的资产,包括:
□房屋、建筑物　　　□机器、机械　　　　□运输工具
□单位价值2 000元以上,使用期限超过2年的物品　□其他＿＿＿＿＿＿＿＿＿＿
(2) 折旧方法　　□分类折旧　　□个别折旧　　　□综合折旧
(3) 折旧计算方法

☐ 平均年限法(直线法)   ☐ 双倍余额递减法   ☐ 工作量法
☐ 年数总和法   ☐ 余额递减法   ☐ 递减折旧率法
☐ 其他_____

(4) 折旧年限、年折旧率、残值率

固定资产类别	折旧年限(年)	年折旧率/%	残值率/%
房屋、建筑物			
通用设备			
专用设备			
运输工具			
其他设备			

(5) 固定资产减值准备的计提方法   ☐ 单项计提   ☐ 其他_____

14. 在建工程

(1) 核算方法

☐ 在建工程按实际成本核算并于资产达到预定可使用状态时转入固定资产
☐ 其他_____

(2) 在建工程减值准备的计提方法

☐ 期末对在建工程可收回金额低于账面价值的差额,计提在建工程减值准备
☐ 其他_____

15. 无形资产

(1) 无形资产的范围

☐ 专利权   ☐ 非专利技术   ☐ 商标权   ☐ 土地使用权
☐ 著作权   ☐ 商誉   ☐ 其他_____

(2) 无形资产的计价

☐ 按取得时的实际成本作为入账价值
☐ 自行开发并依法取得的无形资产,以取得时的注册费、律师费作为实际成本,研发过程中的材料费、人工费等计入当期损益
☐ 其他_____

(3) 无形资产减值准备的计提

☐ 期末对单项无形资产预计给企业带来未来经济利益的能力,对可收回金额低于账面价值部分计提无形资产减值准备
☐ 其他_____

16. 长期待摊费用的摊销方法

☐ 开办费在开始生产经营当月一次计入损益
☐ 固定资产大修理支出在大修理间隔期内平均摊销
☐ 租入固定资产改良支出在租赁期限与尚可使用年限两者孰短期限内平均摊销
☐ 股票委托发行手续费在不超过 2 年内摊销
☐ 在受益期内平均摊销

17. 应付债券的核算方法
(1) 入账价值的确定
□以实际收到款项确定入账价值,分别计入债券面值、债券溢折价
□其他_____
(2) 溢、折价的摊销方法　　　□直线法　　　　□实际利率法
18. 各类税项、税率(包括优惠税率)
(1) 增值税_____%　(2)营业税_____%
(3) 所得税_____%　(4)消费税_____%
(5) 城建税_____%(按应缴流转税额计缴)
(6) 教育附加费_____%(按应缴流转税额计缴)
(7) 地方教育费附加_____%(按应缴流转税额计缴)
(8) 价格调节基金_____%(按收入额计缴)
(9) 房产税_____%　(10)土地使用税_____%
(11) 资源税、矿产资源补偿费、石油特别收益金等_____
19. 收入确认原则
□执行_____会计制度对销售商品收入的确认条件
□执行_____会计制度对对外提供劳务收入的确认条件
□执行_____会计制度对计渡资产使用权收入的确认条件
□执行_____会计制度对建造合同收入的确认条件
□其他_____
20. 所得税会计处理方法　　　□债务法　　　　□纳税影响会计法
21. 利润分配方法
□提取法定公积金_____%
□提取法定公益金_____%
□提取任意盈余公积金_____%
□其他_____
□支付股东红利_____
22. 关联方关系及其交易
(1) 存在控制关系的关联方

企业名称	主营业务	与本企业关系	经济类型	法定代表人

(2) 不存在控制关系的关联方关系的性质

企业名称	与本企业关系	备注

(3) 关联方交易
属于关联方交易的金额 _____
关联方交易未结算的金额 _____
关联方交易价格的确定
□市价　　　□象征性价格　　　□没有价格　　　□其他_____
(4) 关联方往来余额
□关联方债权期末余额
_____
_____
_____

□关联方债务期末余额
_____
_____
_____

23. 或有事项
□已贴现商业汇票形成的或有负债
_____

□未决诉讼、仲裁形成的或有负债
_____

□为其他单位提供债务担保形成的或有负债
_____

□其他或有负债
_____

24. 资产负债表日后事项
□股票或债券的发行
_____

□对其他企业的巨额投资
_____

□自然灾害导致的资产损失
_____

☐外汇汇率发生较大变动

☐其他重大事项

25. 其他须特别说明的事项

填制单位：（公章）
填制人：（签字）
填制时间：

训练步骤

① 聘用实训基地 1～2 名注册资产评估师为本课程的兼职教师，结合资产评估项目，引导学生完成调查问卷。
② 将班级每 5～6 位同学分成一组，每组指定 1 名组长，每组对调研过程进行详细记录。
③ 归纳总结，撰写资产评估调查问卷工作训练报告。
④ 各组在班级进行交流、讨论。

训练成果

见习或实操；资产评估调查问卷；资产评估调查问卷工作训练报告。

思考与练习

一、名词解释

合同； 合同订立； 要约； 承诺； 资产评估委托合同。

二、单项选择题

1. 我国合同法调整的关系有（　　）。
　　A. 婚姻关系　　　B. 收养关系　　　C. 监护关系　　　D. 财产关系
2. 下列合同中，应当采取书面形式的是（　　）。
　　A. 技术转让合同　B. 买卖合同　　　C. 租赁合同　　　D. 保管合同
3. 我国《合同法》规定属于实践合同的有（　　）。
　　A. 买卖合同　　　B. 委托合同　　　C. 保管合同　　　D. 借贷合同
4. 合同是平等主体的自然人、法人、其他组织之间设立、变更、终止（　　）关系的协议。
　　A. 行政权利义务　B. 经济权利义务　C. 刑事权利义务　D. 民事权利义务
5. 合同的订立必须经过（　　）两个法定阶段。
　　A. 起草和抄写　　B. 意思和表示　　C. 要约和承诺　　D. 协商和谈判
6. 合同成立的根本标志即在于当事人的意思表示一致，它是指（　　）。
　　A. 合同当事人完全相同的缔约目的
　　B. 合同的当事人必须就合同的主要条款业已做出了一致的意思表示
　　C. 虽未合意但已有协议
　　D. 当事人对合同的次要条款或者非必要条款业已达成协议

7. 违约责任是一种（　　）法律责任。
   A. 合同　　　　B. 侵权　　　　C. 欺诈　　　　D. 不正当竞争
8. 违约行为是当事人（　　）。
   A. 违反法律规定的行为
   B. 违反合同约定的行为
   C. 应当对合同不能成立负有责任的行为
   D. 给对方当事人造成人身和其他财产损失的行为
9. 资产评估程序的第一个环节是（　　）。
   A. 编制资产评估计划
   B. 明确资产评估业务基本事项
   C. 签订资产评估委托合同
   D. 资产勘察
10. 资产评估基本程序中的（　　）环节，完全体现了资产评估服务的专业性和特殊性。
    A. 评定估算
    B. 编制和提交资产评估报告书
    C. 编制资产评估计划书
    D. 资产评估工作档案归档
11. 对照各个事物，以确定其差异点和共同点的逻辑方法是（　　）。
    A. 比较　　　　B. 分析　　　　C. 综合　　　　D. 推理
12. 与委托人订立资产评估委托合同的应当是（　　）。
    A. 注册资产评估师　　　　　　　　B. 资产评估机构
    C. 注册资产评估师和评估机构　　　D. 均不可

三、多项选择题

1. 下列有关资产评估委托合同的说法中，正确的是（　　）。
   A. 注册资产评估师承办资产评估业务，可以以个人名义订立资产评估委托合同
   B. 注册资产评估师承办资产评估业务，不得以个人名义订立资产评估委托合同
   C. 注册资产评估师承办资产评估业务，应当由其所在的资产评估机构统一受理并与委托人订立书面资产评估委托合同
   D. 资产评估委托合同应当由资产评估机构和委托人双方的法定代表人或其授权代表订立
   E. 注册资产评估师承办资产评估业务，无须订立书面资产评估委托合同
2. 承办资产评估业务须明确的基本事项有（　　）。
   A. 评估目的　　　B. 评估委托方基本情况　　　C. 评估计划
   D. 资产评估委托合同　E. 评估基准日
3. 资产评估委托合同的基本内容有（　　）。
   A. 评估目的　　B. 评估基准日　　C. 评估计划　　D. 评估收费　　E. 评估假设
4. 资产评估机构和人员在明确资产评估基本事项的基础上，确定是否承接资产评估项目，还应当考虑（　　）。
   A. 项目风险　　　B. 专业胜任能力　　　C. 独立性分析

D. 政府政策　　　　E. 被评估单位行业趋势

四、简述题

1. 简述资产评估程序。
2. 确定是否承接资产评估项目时,注册资产评估师至少应当考虑哪些因素?
3. 在接受资产评估业务委托之前,注册资产评估师应当与委托人等相关当事人共同明确哪些资产评估业务基本事项?
4. 合同具有哪些特征?
5. 合同的内容包括哪些主要条款?
6. 资产评估委托合同应包括哪些内容?
7. 简述资产评估委托合同订立要求。

工作过程 3
编制资产评估计划

能力目标
1. 培养资产评估业务计划及组织协调能力,有效降低资产评估项目风险。
2. 培养对资产评估方法的分析、判断能力,恰当选择资产评估方法。
3. 培养计算能力。

知识目标
1. 熟悉资产评估计划的基础知识。
2. 掌握资产评估计划的编制方法。
3. 掌握成本法、市场法、收益法等资产评估方法的基本原理与运用。
4. 掌握不同资产评估方法的选择。

教学设计
1. 开展典型案例分析与讨论。
2. 分组讨论与评价。
3. 演示训练。
4. 情境模拟。
5. 纠错练习。

学习任务 3.1 资产评估计划

知识储备

3.1.1 资产评估计划的基本内容

为了保证评估质量,规避评估风险,高效完成资产评估(咨询)业务,注册资产评估师在执行评估(咨询)业务之前,应当编制资产评估计划,对工作进行合理安排保证在预计时间内完成评估项目。作为资产评估工作底稿的一部分,资产评估计划应当涵盖评估工作的全过程,注册资产评估师及项目小组成员在接受评估委托至评估项目完成的整个过程中,都应按照资产评估计划执行。

工作成果:编制资产评估计划(工作方案)

1. 资产评估计划的编制准备

在编制资产评估计划之前,注册资产评估师应通过讨论、实地观察、阅读资料等各种方式,了解评估项目的情况,具体了解的内容包括:

① 与评估目的相关的经济行为的法律依据、交易特点及有关的经济关系;
② 委托人对评估报告的使用范围;
③ 评估基准日的会计报表;
④ 产权归属证明文件;

⑤ 生产工艺和技术；
⑥ 实物或无形资产的状况；
⑦ 行业的简要情况；
⑧ 其他与编制评估计划相关的重大情况。

编制评估计划时，注册资产评估师应当重点考虑以下因素：
① 评估目的、评估对象、范围和评估的价值类型；
② 评估风险、评估项目的规模和业务复杂程度；
③ 相关法律、法规政策及宏观经济近期发展变化对评估对象的影响；
④ 评估项目的行业特点、发展趋势及存在问题；
⑤ 评估项目所涉及资产的结构、类别、数量及分布状况；
⑥ 与评估有关的资料的齐备情况及其收集的难易程度；
⑦ 委托人或资产占有方过去委托资产评估的经历、诚信程度及其所提供资产数据的可靠程度；
⑧ 评估小组成员的业务能力、评估经验及其优化组合；
⑨ 对专家及其他评估人员的合理使用。

2. 资产评估计划的编制内容

资产评估计划，是指注册资产评估师为履行评估合同拟定的评估工作思路和实施方案，包括评估综合计划和程序计划。

评估综合计划是注册资产评估师对评估项目的工作范围和实施方式所做的整体规划，是完成评估项目的基本工作思路，也是编制评估程序计划的指导性文件。综合计划的主要内容应当包括但不限于：
① 评估项目的背景；
② 评估目的、评估对象和范围、评估的价值类型及评估基准日；
③ 重要评估对象、评估程序及主要评估方法；
④ 评估小组成员及人员分工；
⑤ 评估进度、各阶段的费用预算；
⑥ 评估资料的搜集和准备以及委托人所提供的协助和配合；
⑦ 对专家和其他评估人员的合理使用；
⑧ 对评估风险的评价；
⑨ 报告撰写的组织、完成时间以及委托人制定的特别分类或披露要求；
⑩ 评估工作协调会议安排；

【小贴士】 资产评估计划编制的注意事项

为了保证资产评估计划得到良好落实，在编制资产评估计划过程，还应注意如下问题：

（1）评估计划应经评估机构负责人审核并批准后才能付诸实施，评估计划修改补充时亦同。

（2）评估计划的繁简程度取决于评估项目的规模、复杂程度、评估目的等。

（3）在编制评估计划时，注册资产评估师应当考虑评估风险。

（4）注册资产评估师应同委托人就评估计划的要点和某些重要程序进行洽商，使评估程序计划的实施与委托人的有关工作相协调。

（5）注册资产评估师在编制评估计划时，应考虑是否需要专家或其他评估人员的帮助，如需要，应就有关事项同专家或其他评估人员提前沟通。

（6）注册资产评估师应在评估计划具体实施前将其传达至项目小组全体成员。

（7）注册资产评估师应采取适当的措施，监控评估计划的实施情况及其结果。如有必要，应对评估计划的内容进行修改和补充。

（8）评估计划及补充修改计划（包括对评估计划重大修改的原因）以及有关的审核批准意见，应该作为评估工作底稿的一部分存档保管。

⑪ 其他。

同时,注册资产评估师应当制订评估程序计划,提出具体的评估操作要求。评估程序由盘点、函证、现场勘察、市场询价、专家鉴定、数据分析、计算、汇总等具体内容组成。评估程序旨在向评估小组成员提供操作指导,帮助注册资产评估师及评估小组成员实现对评估过程的质量控制。

评估程序计划是注册资产评估师依照评估综合计划确立的基本思路,对评估程序的目标、时间、应用范围以及操作要求所做的详细计划和说明。评估程序计划的主要内容包括但不限于:

① 评估工作目标;
② 工作内容、方法、步骤;
③ 执行人;
④ 执行时间;
⑤ 评估工作底稿的索引;
⑥ 其他。

3.1.2 资产评估计划的范例

由于资产评估项目千差万别,资产评估计划也不尽相同,其详略程度取决于资产评估业务的规模和复杂程度。注册资产评估师应当根据所承接的具体资产评估项目情况,编制合理的资产评估计划,并根据执行资产评估过程中的具体情况,及时修改、补充资产评估计划。在实际评估工作中,可以参照以下资产评估计划格式。评估综合计划格式详见表3-1。

表3-1 评估综合计划

被评估单位:_____	经办:_____	日期:_____	索引号:_____
拟定基准日:_____	审批:_____	日期:_____	页次:_____

评估项目的整体规划(包括评估项目的背景、目的、评估对象、范围、评估的价值类型及评估基准日,重要评估对象、评估程序及主要评估方法,评估小组成员及人员分工,评估进度、各阶段的费用预算,评估资料的搜集和准备以及委托人所应提供的协助和配合,对评估风险的评价,报告撰写的组织、完成时间以及委托人制定的特别分类或披露要求,评估工作协调会议安排等。)

评估程序计划格式详见表 3-2。

表 3-2　评估程序计划

被评估单位：_____　　经办：_____　　日期：_____　　索引号：_____
拟定基准日：_____　　审批：_____　　日期：_____　　页　次：_____

一、委托单位、被评估单位(资产占有单位)的概况及关系、其他报告使用者

二、评估目的

三、评估对象和评估范围

四、价值类型及其定义、确定理由

五、被评估单位采用的主要会计政策(见附件)

六、被评估单位主要财务状况、经营业绩

七、评估范围资产主要分布、权属状况

八、被评估单位的内部控制及管理水平

九、评估工作主要困难及对策

十、评估方案：(包括但不限于评估程序、方法选用、重点难点处置措施等简要分析，详细方案另附)

十一、评估工作计划时间
　　1. 工作布置　　　　　　　　　年　月　日
　　2. 清查资产　　　　　　　　　年　月　日至　　年　月　日
　　3. 现场勘察　　　　　　　　　年　月　日至　　年　月　日
　　4. 评定估算　　　　　　　　　年　月　日至　　年　月　日
　　5. 汇总并形成初稿　　　　　　年　月　日至　　年　月　日
　　6. 征求意见　　　　　　　　　年　月　日至　　年　月　日
　　7. 最终审核并出具报告　　　　年　月　日至　　年　月　日
　　8. 工作底稿归档　　　　　　　年　月　日至　　年　月　日
　　十二、项目组组成及人员分工

工作内容	评估人员	计划工作时间

批准人：　　　　　　　　　　　　　　　　　　　日期：

计划调整情况：

批准人：　　　　　　　　　　　　　　　　　　　日期：

说明：评估计划由项目负责人编制，实行分级审批。

3.1.3 资产评估计划的审核

1. 资产评估综合计划的审核

① 审核评估目的、评估对象的确定是否恰当；
② 审核评估的价值类型是否与评估目的相吻合；
③ 审核评估程序和评估方法的确定是否恰当；
④ 审核评估人员（包括专家和其他评估人员）的选派与分工是否恰当；
⑤ 审核时间进度安排及各阶段费用预算是否合理；
⑥ 审核对评估风险的评估是否恰当，控制手段是否合理。

2. 资产评估程序计划的审核

① 审核评估总体程序能否达到评估工作目标；
② 审核重要评估对象的评估程序是否恰当；
③ 审核重要评估程序的执行人是否恰当；
④ 审核重要计价依据、参数和原始数据选取过程及来源是否恰当。

任务演练：编制资产评估计划

背景资料

某资产评估事务所接受中国××银行××市××区分行的委托，根据国家有关资产评估的规定，本着客观、独立、公正、科学的原则，按照公认的资产评估方法，对快乐之城·丽都雅苑4栋5楼C户型毛坯房进行了资产评估工作。本所评估人员按照必要的评估程序对委托评估的资产实施了市场调查与询证，对委估资产在2××7年1月7日所表现的市场价值做出了公允反映。现将资产评估情况及评估结果报告如下：

评估标的物在评估基准日2××7年1月7日的房地产现值，为该房地产分期付款失败进行资产处置拍卖变现提供客观、公正、合理的拍卖底价依据。

评估范围根据现行市价法包括：房地产所处位置、面积、套型、建筑结构、交付标准、建成年月、成交价格和交易时间等因素。

评估对象是快乐之城·丽都雅苑4栋5楼C户型5楼毛坯房，套型为三室二厅二卫，建筑面积116.78平方米，客厅、主卧、一间小卧室和阳台面朝南面，另有一偏卧、厨房和卫生间朝北，布局合理。

A先生通过办理抵押合同贷款手续已成为快乐之城·丽都雅苑4栋5楼C户型的户主，但尚未办理房屋所有权证。评估委托方是中国××银行××市××区分行，该行主要从事存取款、商业信用贷款等业务。

丽都雅苑是奥林地产开发的快乐之城项目的一期。快乐之城项目建筑面积共38万平方米，其中丽都雅苑占地面积5万平方米，建筑面积8万平方米；项目临近未来浦口经济、文化中心，地段绝佳。周边分布着许多自然景观，如朱家山河、浦口公园、省级珍珠泉风景区、老山风景区等。小区生活配套完善，并有多条公交线路直达主城区。

快乐之城·丽都雅苑建筑风格极富现代个性，户型方正、南北通透、采光充足。简洁大方，大开间，小进深，减少了无效空间造成的浪费。小区由著名设计院规划、设计，以高得房率（90%左右）、高绿化率（40.4%）、大楼间距（大于22 m）、低容积率、人车分流为设计思想。采用高品质、高标准的建材设备，达到甚至超过市区许多高档楼盘的品质。并配有红外线周界报警系统、闭路电视监控系统、一卡通车辆准入系统、单元可视对讲、双层中空玻璃、宽带及有线电视预留接口。小区以简洁优美的立面、舒适的环境、以人为本的规划,得到了业主的肯定和社会各界的广泛的赞誉。

买主A先生于2006年2月28日向南京模范置业有限公司通过银行抵押贷款一次性购买该资产,总成交价为328 004.4元,首付款约30%(10万元),贷款额度约70%,贷款期限为10年。自2006年2月抵押以来A先生陆续支付本金6期(一期一月),金额为12 180.22元,支付利息609.00元,至2007年1月7日,尚未按规定履行贷款合同中每月还本付息的责任。

本资产评估基准日是2007年1月7日。本次评估基准日是由评估机构与委托方中国××银行××市××区分行协商确定。选定这一评估基准日,有利于保证评估结果有效地服务于评估目的,准确划定评估范围,合理选取作价依据,使评估基准日尽可能与评估目的的实现接近。

评估对象位于南京市浦口区浦珠中路,地属江北板块,是江北中心区域的外围住宅商品房。此地区同类楼盘有多处,交易案例众多,市场资料丰富,适宜于现行市价法进行评价,即将评价对象与在评估基准日近期发生交易的类似房地产进行比较,并对这些类似房地产的已知价格作适当修正,以此估算评估对象的合理价格。现行市价法的原理可表示为:房地产评估价值=交易实例价格×各差异因素调整系数。

演练要求

① 代表资产评估事务所撰写一份资产评估综合计划,对本次评估工作进行布置。

② 结合本资产项目的具体情况,学习资产评估综合计划的编制内容、格式要求,熟悉资产评估计划编制的注意事项。

演练路径

① 教师事先对学生按照5人进行分组,每组广泛查阅资料的基础上,拟订资产评估综合计划编写大纲。

② 分组讨论资产评估综合计划编写大纲,细化内容,每小组撰写完成一份资产评估综合计划。

③ 班级交流,教师对各组资产评估综合计划进行点评。

④ 在班级展出附有"教师点评"的各小组资产评估综合计划,供学生比较研究。

学习任务3.2 资产评估的基本方法

知识储备

资产评估方法是实现评定估算资产价值的技术手段,是在工程技术、数理统计、财务管理、会计、决策科学等学科中的技术方法的基础上,结合自身特点形成的一整套方法体系。资产评估方法按分析原理和技术路线的不同可以归纳为三类基本模式,或称为三类基本方法,即成本法、市场法和收益法。

工作成果:司法评估案例

3.2.1 成本法

成本法是指首先估测被评估资产的重置成本,然后估测被评估资产已经存在的各种贬值因素,并将其从重置成本中予以扣除而得到被评估资产价值的各种评估方法的总称。

(1) 采用成本法对资产进行评估的理论依据和基本思路

① 资产的价值取决于资产的成本。资产的原始成本越高,其原始价值越大;反之则小,二者在质与量的内涵上是一致的。根据这一原理,采用成本法对资产进行评估,必须首先确定资产的重置成本。重置成本是指在现行市场条件下重新购建一项全新资产所支付的全部货币总额,重置成本与原始成本的内容构成是相同的,而二者反映的物价水平是不同的,前者反映的是资产评估日的市场物价水平,后者反映的是当初购建资产时的物价水平。资产的重置成本越高,其重置价值越大。

② 资产的价值是一个变量,随着资产本身的运动和其他因素的变化而变化。影响资产价值量变化的因素,除了市场价格以外,还有:

- 实体性贬值,即资产投入使用后,由于使用磨损和自然力的作用,造成其物理性能不断下降,价值逐渐减少。
- 功能性贬值,指新技术的推广和运用,使企业原有资产与社会上普遍推广和运用的资产相比较,技术明显落后,性能降低,其价值也就相应减少。
- 经济性贬值,指由于资产本身以外的外部条件变化引起的资产价值降低。这些外部条件包括政治因素、宏观政策因素等。一般来讲,政府实施新的经济政策或发布新的法规限制了某些资产的使用,引起资产闲置、收益下降等而造成资产价值损失。

成本法的基本思路是重建或重置被评估资产。在条件允许的情况下,任何潜在的投资者在决定投资某项资产时,所愿意支付的价格不会超过购建该项资产的现行成本。如果投资对象并非全新,投资者所愿支付的价格会在投资对象全新的购建成本的基础上扣除各种贬值。即:

资产评估价值=资产的重置成本-资产实体性贬值-资产功能性贬值-资产经济性贬值

(2) 成本法的基本前提

成本法从再取得资产的角度反映资产价值,即通过资产的重置成本扣减各种贬值来反映资产价值。只有当被评估资产处于继续使用状态下,再取得被评估资产的全部费用才能构成其价值的内容。这不仅只是物理上的概念,还包含有效使用资产的经济意义,即在持续使用中为潜在投资者和市场所承认和接受。从这个意义上讲,成本法主要适用继续使用前提下的资产评估。对于非继续使用前提下的资产,如果运用成本法进行评估,需要对成本法的基本要素做必要的调整。从相对准确合理,减少风险和提高评估效率的角度,把继续使用作为运用成本法的前提是有重要意义的。采用成本法评估资产的前提条件是

① 被评估资产处于继续使用状态或被假定处于继续使用状态。

② 被评估资产的预期收益能够支持其重置及其投入价值。

(3) 成本法的基本程序

运用成本法评估资产一般按照下列基本程序进行:

第一步,确定被评估资产,并估算重置成本;

第二步,确定被评估资产的使用年限;

第三步,估算被评估资产的损耗或贬值;

第四步,计算确定被评估资产价值。

(4) 成本法的评估模型及其各项参数的估算

根据成本法的含义,成本法的评估模型可以表述为

资产评估价值＝资产的重置成本－资产实体性贬值－资产功能性贬值－资产经济性贬值

资产评估价值＝资产的重置成本×成新率

在实际评估过程中,最为关键的是依此思路如何估算确定评估模型中各项参数(经济技术指标)。下面重点剖析上述评估模型中各项参数的内涵及其估算方法。

1) 资产的重置成本及其估算

资产的重置成本是指资产的现行再取得成本,包含了取得资产耗费的合理必要费用及资金成本和利润,这是一个价格范畴。一般分为复原重置成本和更新重置成本两种。

选择重置成本时,在同时可获得复原重置成本和更新重置成本的情况下,应该选择更新重置成本;在无更新重置成本时可采用复原重置成本。一般来说,复原重置成本大于更新重置成本,但由此导致的功能性损耗也大。之所以要选择更新重置成本,一方面随着科学技术的进步、劳动生产率的提高,新工艺、新设计的采用被社会普遍接受;另一方面,新型设计、工艺制造的资产无论从其使用性能,还是成本耗用方面,都会优于旧的资产。

【小贴士】 复原重置成本和更新重置成本

复原重置成本是指采用与评估对象相同的材料、建筑或制造标准、设计、规格及技术等,以现时价格水平复原购建与评估对象相同的全新资产所发生的费用。

更新重置成本是指采用与评估对象并不完全相同的材料、建筑或制造标准、设计、规格及技术等,以现时价格水平复原购建与评估对象具有同等功能的全新资产所需的费用。

更新重置成本和复原重置成本采用的都是资产的现时价格,它们的不同之处在于资产在技术、设计、标准方面的差异,而对于设计、耗费、规格几十年一贯的某些资产,其更新重置成本和复原重置成本是一样的。应当注意的是,无论是更新重置成本和复原重置成本,资产本身的功能不变。例如,评估一台 386 型电子计算机,就不能以 486 型电子计算机作为更新重置成本。

资产的重置成本可以通过若干种方法估算,在评估实务中应用较为广泛的方法如下:

- 重置核算法。亦称细节分析法、核算法等,是利用成本核算的原理,根据重新取得资产所需的费用项目,逐项计算后累加得到资产重置成本的一种方法。其实际测算过程又具体划分为购买型和自建型两种。购买型是以购买资产的方式作为资产的重置过程,购买的结果一般是资产的购置价,如果被评估资产不需要运输和安装,购置价就是资产的重置成本;需要运输、安装的资产,资产的重置成本则由资产的现行购买价格、运杂费、安装调试费以及其他必要费用构成,将上述取得资产的必需费用累加起来,便可计算出资产的重置成本。自建型是把自建资产作为资产重置方式,根据重新建造资产所需的料、工、费及必要的资金成本和开发者的合理收益等分析和计算出资产的重置成本。资产重置成本中收益部分的确定,应以开发者或制造商所在行业平均资产收益水平为依据。

【例 3-1】 重置购建设备一台,现行市场价格每台 50 000 元,运杂费 1 000 元,直接安装成本 1 800 元,其中原材料 800 元,人工成本 1 000 元。根据统计分析,计算求得安装成本中的间接成本为每人成本 0.8 元。该机器设备重置成本为

直接成本＝50 000＋1 000＋1 800＝52 800(元)

间接成本(间接安装成本)＝1 000×0.8＝800(元)

重置成本合计 52 800＋800＝53 600(元)。

- 价格指数法。指利用与资产有关的价格变动指数,将被评估资产的历史成本(账面价

值)调整为重置成本的一种方法。计算公式:

$$重置成本 = 资产的历史成本 \times 价格指数$$
$$= 资产的历史成本 \times (1 + 价格变动指数)$$

式中,价格指数可以是定基价格指数或环比价格指数。

定基价格指数是评估基准日的价格指数与资产购建时点的价格指数之比,即

$$定基价格指数 = \frac{评估基准日价格指数}{资产购建时点的价格指数} \times 100\%$$

环比价格指数可以考虑按如下公式求得:

$$X = (1 + a_1) \times (1 + a_2) \times \cdots \times (1 + a_n) \times 100\%$$

式中,a_n 为第 n 年环比价格变动指数,$i = 1, 2, 3 \cdots n$。

【例 3-2】 某被评估资产购建于 2008 年,账面原值为 950 000 元,当时该类资产的(定基)价格指数为 95%,评估基准日该类资产的定基价格指数为 160%,则有

$$被评估资产的重置成本 = 950\,000 \times \frac{160\%}{95\%} \times 100\% = 1\,600\,000(元)$$

【例 3-3】 某被评估资产历史成本(账面价值)为 200 000 元,2007 年建成,2012 年进行评估,经调查已知同类资产环比价格(变动)指数 2008 年为 11.7%,2009 年为 17%,2010 年为 30.5%,2011 年为 6.9%,2012 年为 4.8%,则有

$$\begin{aligned}
被估资产的重置成本 &= 200\,000 \times (1 + 11.7\%) \times (1 + 17\%) \times (1 + 30.5\%)(1 + 6.9\%) \\
&\quad \times (1 + 4.8\%) \times 100\% \\
&= 200\,000 \times 191\% \\
&= 382\,000(元)
\end{aligned}$$

在资产评估实务中,价格指数法与重置核算法是估算重置成本较常用的方法,但二者具有显著区别:

① 价格指数法估算的重置成本仅考虑了价格变动因素,评估结果是复原重置成本;而重置核算法既考虑了价格因素,也(可以)考虑生产技术进步和劳动生产率的变化因素,因而评估结果可以估算复原重置成本和更新重置成本。

② 价格指数法建立在不同时期的某一种或某类甚至全部资产的物价变动水平上;而重置核算法建立在现行价格水平与购建成本费用核算的基础上。

③ 一般情况下,价格指数法和重置核算法相比,核算的结果可能有误差,其准确度没有后者的高。

明确价格指数法和重置核算法的区别,有助于在重置成本估算中判断和选择合适的方法。一项科学技术进步较快的资产,采用价格指数法估算的重置成本往往偏高。当然,价格指数法和重置核算法也有其相同点,即都是建立在利用历史资料的基础之上。因此,注意判断、分析资产评估时重置成本口径与委托方提供历史资料(如财务资料)的口径差异,是上述两种方法应用时须注意的共同问题。

● 生产能力比例法。也称为功能价值类比法,是指寻找一个与被评估资产相同或相似的资产为参照物,根据参照资产的重置成本及参照物与被评估资产生产能力的比例,估算被评估资产重置成本的一种方法。计算公式为

$$被评估资产的重置成本 = 参照物重置成本 \times \frac{被评估资产年产量}{参照物年产量}$$

【例 3-4】 某台重置全新的机器设备价格为 500 000 元,年产量为 5 000 台。现调查得知被评估资产年产量为 4 000 台。故有

$$被评估资产的重置成本 = 500\,000 \times \frac{4\,000}{5\,000} = 400\,000(元)$$

这种方法运用的前提条件和假设是资产的成本与其生产能力呈线性关系,生产能力越大,成本越高,且是成正比例变化。应用这种方法估算重置成本时,首先应分析资产的成本与生产能力之间是否存在线性关系,如果不存在这种关系,就不可以采用这种方法。

- 规模经济效益指数法。通过不同资产的生产能力与其成本之间的分析可以发现,许多资产的成本与其生产能力之间不存在线性关系。当资产甲的生产能力比资产乙的生产能力大 1 倍时,其成本却不一定大 1 倍,也就是说,资产的生产能力和成本之间只呈同方向变化,而不是等比例变化,这是由于规模经济作用的结果。两项资产的重置成本与生产能力相比较,其关系可用如下公式表示:

$$\frac{被评估资产重置成本}{参照物资产重置成本} = \left(\frac{被评估资产的产量}{参照物资产的产量}\right)^x$$

推导可得:

$$被评估资产重置成本 = 参照物资产重置成本 \times \left(\frac{被评估资产的产量}{参照物资产的产量}\right)^x$$

公式中的 x 被称为规模经济效益指数,它的取得是靠统计分析得到的。目前在我国,这样的统计分析并不多见,实践中通常采用的是一个经验数据,在评估实务中要谨慎使用这种方法。在美国,这个经验数据一般在 0.4~1.2 范围内,这些数据也会随着社会经济的发展和行业发展等而产生变化,如加工工业一般为 0.7,房地产行业一般为 0.9。同时,公式中的参照物一般可选择同类资产中的标准资产。

【例 3-5】 某机器设备的重置成本为 500 000 元,其用途为加工行业,生产能力为 30 000 件/年;被评估资产的生产能力 60 000 件/年,经统计分析,该设备的规模经济效益指数为 0.7。则有

$$被评估资产重置成本 = 500\,000 \times \left(\frac{60\,000}{30\,000}\right)^{0.7} \approx 812\,252(元)$$

上述四种方法均可用于估算成本法中的重置成本(但并不局限于上述几种方法)。在资产评估实务中,选用哪种方法,应根据具体的评估对象和可以收集到的资料确定。

- 统计分析法。是确定企业整体资产及某一相同类型资产重置成本的评估方法,可以简化评估业务、节省评估时间,这种方法运用的步骤为

第一步:在核实资产数量的基础上,把全部资产按照适当标准划分为若干类型。例如,房屋建筑物按结构划分为钢结构、钢筋混凝土结构等;机器设备按有关规定划分为专用设备、通用设备、运输设备、仪器仪表等。

第二步:在各类资产中抽样选择适量具有代表性的资产,应用生产能力比例法、价格指数法、重置核算法等方法估算其重置成本。

第三步:依据分类抽样估算资产的重置成本与历史成本(账面价值)计算出分类资产的调整系数,其计算公式为

$$K = R'/R$$

式中,K 为资产重置成本与历史成本的调整系数;R' 为某类抽样资产的重置成本;R 为某类

抽样资产的历史成本。

根据调整系数 K 估算被评估资产的重置成本,计算公式为

被评估资产的重置成本 $=\sum$ 某类资产历史成本(账面价值)$\times K$

某类资产历史成本(账面价值)可以从财务会计记录中取得。

【例 3-6】 评估某企业某类通用设备。经抽样选择具有代表性的通用设备 7 台,估算其重置成本之和为 80 万元,而该 7 台具有代表性的通用设备历史成本之和为 50 万元。该类通用设备历史成本(账面价值)之和为 800 万元。故有

$$K = R'/R = 80/50 = 1.6$$

该类通用设备的重置成本 $=\sum$ 某类资产历史成本(账面价值)$\times K = 800 \times 1.6 = 1280$(万元)

2) 资产的实体性贬值及其估算

资产的实体性贬值是资产由于使用和自然力作用形成的贬值。资产实体性贬值的估算一般可以选择以下几种方法:

- 观察法。又称为成新率法,是指由具有专业知识和丰富经验的工程技术人员对被评估资产的实体各主要部位进行技术鉴定,并综合分析资产的设计、制造、使用、磨损、维护、修理、大修理、改造情况和物理寿命等因素,将评估对象与其全新状态相比较,考察由于使用磨损和自然损耗对资产的功能、使用效率带来的影响,判断被评估资产的成新率,从而估算资产的实体性贬值。计算公式为

资产实体性贬值 = 重置成本 $\times$ 实体性贬值率

或者 资产实体性贬值 = 重置成本 $\times$(1 - 实体性成新率)

【例 3-7】 某企业欲出售一台数控机床,该机床购置于 2005 年 10 月 1 日。经技术人员对该机床的鉴定,确定该机床的成新率为 85%,重置成本为 500 000 元。故有

该机床的实体性贬值 $= 500\,000 \times (1 - 85\%) = 75\,000$(元)

- 使用年限法。简称为年限法,是利用被评估资产的实际已使用年限与其总使用年限的比值来判断其实体贬值率(程度),进而估算资产的实体性贬值。其计算公式为

$$资产实体性贬值率 = \frac{实际已使用年限}{总使用年限} \times 100\%$$

资产实体性贬值 =(重置成本 - 预计残值)$\times$ 资产实体性贬值率

或者

$$资产实体性贬值 = \frac{重置成本 - 预计残值}{总使用年限} \times 实际已使用年限$$

式中,预计残值是指被评估资产在清理报废时收回的净额。在资产评估中,通常只考虑数额较大的残值,残值数额较小可以忽略不计。总使用年限是指实际已使用年限与尚可使用年限之和。其计算公式为

总使用年限 = 实际已使用年限 + 尚可使用年限

实际已使用年限 = 名义已使用年限 $\times$ 资产利用率

由于资产在使用中受负荷程度的影响,必须将资产的名义已使用年限调整为实际已使用年限。名义已使用年限是指资产从购进使用到评估时的年限,可以通过会计记录、资产登记簿、登记卡片查询获取。实际已使用年限是指资产在使用中实际损耗的年限。实际已使用年限与名义已使用年限的差异可以通过资产利用率来调整。资产利用率计算公式为

$$资产利用率=\frac{截至评估日资产累计实际利用时间}{截至评估日资产累计法定利用时间}\times100\%$$

当资产利用率>1时,表示资产超负荷运转,资产实际已使用年限大于名义已使用年限;
当资产利用率=1时,表示资产满负荷运转,资产实际已使用年限等于名义已使用年限;
当资产利用率<1时,表示开工不足,资产实际已使用年限小于名义已使用年限。

【例3-8】 某资产于1995年2月购进,2005年2月评估时,名义已使用年限是10年。根据该资产技术指标,在正常使用情况下,每天应工作8小时,该资产实际每天工作7.5小时。由此可以计算该资产利用率:

$$资产利用率=\frac{10\times360\times7.5}{10\times360\times8}\times100\%=93.75\%$$

由此可确定其实际已使用年限为9.4(10×93.75%)年。

在实际评估过程中,由于企业基础管理工作较差及资产运转中的复杂性,资产利用率的指标往往很难确定。因此,评估人员应综合分析资产的运转状态,诸如资产开工情况、大修间隔期、原材料供应情况、电力供应情况、是否季节性生产等各方面因素分析确定。

【例3-9】 某机器设备购建于2003年10月30日,根据其技术经济指标,规定正常使用强度下每天的运转时间为8小时,由于其生产的产品自2003年初至2007年末期间在市场上供不应求,企业主在此期间一直超负荷使用该设备,每天实际运转时间为10小时,自2008年初恢复正常使用,现以2009年10月30日为评估基准日,该设备的名义已使用年限为6年。故有

$$资产利用率=\frac{50月\times30天/月\times10小时/天+22月\times30天/月\times8小时/天}{72月\times30天/月\times8小时/天}\times100\%\approx117\%$$

$$实际已使用年限=6\times117\%\approx7(年)$$

使用年限法是一种应用较为广泛的评估技术,在实际工作中,评估人员还可以依据使用年限法的原理,使用被评估资产设计的总的工作量和评估对象已经完成的工作量、评估对象设计行驶里程和已经行驶的里程等指标。因此,使用年限法可以利用许多指标评估资产的实体性贬值。

- 修复费用法。是利用恢复资产功能所支出的费用金额来直接估算资产实体性贬值的一种方法。所谓修复费用包括资产主要零部件的更换或者修复、改造、停工损失等费用支出。如果资产可以通过修复恢复到其全新状态,可以认为资产的实体性损耗等于其修复费用。

3) 资产的功能性贬值及其估算

资产的功能性贬值是由于技术落后造成的贬值,包括一次性功能性贬值和运营性功能性贬值两种。资产的功能性贬值主要是根据资产的效用、生产加工能力、工耗、物耗、能耗水平等功能方面的差异造成的成本增加或效益降低,相应确定功能性贬值额。同时,还要重视技术进步因素,注意替代设备、替代技术、替代产品的影响,以及行业技术装备水平现状和资产更新换代速度。

通常情况下,资产的功能性贬值的估算可以按下列步骤进行:

第一步:将被评估资产的投资成本、年运营成本分别与功能相同但性能更好的新资产的投资成本、年运营成本进行比较。

第二步:分析、判断二者的差异,计算、确定超额投资成本(一次性功能性贬值)和净超额运

营成本(运营性功能性贬值)。超额投资成本是指被评估资产与当前新资产建造成本相比,因建造技术、工艺、材料和设计上的差别而导致的贬值。它是由于科学技术进步使得新的同样功能的资产价格降低而引起的原有资产价值的贬值。因此,一次性功能性贬值的估算可以通过超额投资成本的估算进行,其计算公式为

超额投资成本(一次性功能性贬值)=复原重置成本-更新重置成本

【例3-10】 待评估资产为一栋层高为4米的住宅,其复原重置成本为1 600元/m²,而在评估基准日建造具有相同效用的层高为3米的住宅,更新重置成本为1 500元/m²,就此可以计算、确定其单位建筑面积超额投资成本额为:1 600-1 500=100(元/m²)

在实际评估工作中,计算超额投资成本时应该注意:

① 如果评估某资产时所用的重置成本为更新重置成本,则不必考虑因超额投资成本造成的功能性贬值。

② 如果评估对象功能明显优于参照资产功能时,评估对象则表现为功能性溢价,实际评估时应该考虑功能性溢价。

净超额运营成本是指被评估资产与全新状态的资产相比,由于资产的效用、生产加工能力、工耗、物耗、能耗水平等功能方面的差异造成的成本增加和效益降低。由于企业支付的运营成本是在税前扣除的,企业支付的超额运营成本会导致税前利润额下降,所得税额降低,使得企业负担的运营成本低于其实际支付额。因此,运营性功能性贬值的估算可以通过净超额运营成本的估算进行,其计算公式为

年净超额运营成本=年超额运营成本×(1-所得税税率)

第三步:估计被评估资产的剩余寿命。

第四步:以适当的折现率将被评估资产在剩余寿命内每年的超额运营成本折现,这些折现值之和就是被评估资产的运营性功能性贬值,其计算公式为

被评估资产运营性功能性贬值=$\sum$(被评估资产年净超额运营成本×折现系数)

【例3-11】 评估某种机器设备,技术先进的设备比被评估设备生产效率高,节约工资费用,评估基准日为2012年1月1日,评估有关资料及计算结果见表3-3。

表3-3 某设备的技术资料

项 目	技术先进设备 (参照资产)	技术陈旧设备 (待估资产)
月产量	10 000件	10 000件
单件工资	0.80元	1.20元
月工资成本	8 000元	12 000元
月差异额		12 000-8 000=4 000元
年工资成本超支额		4 000×12=48 000元
减:所得税(税率为25%)		48 000×25%=12 000元
扣除所得税后年净超额工资		36 000元
资产剩余使用年限		5年
假定折现率为10%,5年年金折现系数		3.790 8
运营性功能性贬值		136 468.8元

应当指出,新老技术设备的对比,除生产效率影响工资成本超额支出外,还可对原材料消耗、能源消耗以及产品质量等指标进行对比计算其运营性功能性贬值。

4) 资产的经济性贬值及其估算

资产的经济性贬值是由于外部环境变化造成资产的贬值。主要表现为运营中的资产利用率下降,甚至闲置,并由此引起资产的运营收益减少。当有确切证据表明资产已经存在经济性贬值时,可参考下面方法估算资产的经济性贬值率或经济性贬值额。

- 间接计算法:适用于生产能力相对过剩引起的经济性贬值。

$$经济性贬值率 = \left[1 - \left(\frac{资产预计可被利用的生产能力}{资产原设计的生产能力}\right)^x\right] \times 100\%$$

式中,x 为规模经济效益指数(功能价值指数),实践中多采用经验数据,数值一般取 0.6~0.7。

经济性贬值额的计算应以评估对象的重置成本为基数,按确定的经济性贬值率估算,其计算公式为

$$经济性贬值额 = 被评估资产的重置成本 \times 经济性贬值率$$

【例 3-12】 某被评估生产线的重置成本为 500 万元,设计生产能力为年产 20 000 台产品,因市场需求结构发生变化,在未来可使用年限内,每年产量估计要减少 6 000 台左右,假定规模经济效益指数为 0.6。根据上述条件,该生产线的经济性贬值率大约在以下水平:

$$经济性贬值率 = \left[1 - \left(\frac{20\,000 - 6\,000}{20\,000}\right)^{0.6}\right] \times 100\%$$
$$= (1 - 0.81) \times 100\%$$
$$= 19\%$$

$$经济性贬值额 = 500 \times 19\% = 95(万元)$$

- 直接计算法:适用于生产要素提价,产品售价没有提高引起的经济性贬值。

$$经济性贬值额 = 资产年收益损失额 \times (1 - 所得税税率) \times (P/A, r, n)$$

式中,$(P/A, r, n)$ 为年金现值系数。

【例 3-13】 数据承例 3-12,假定每年产量减少 6 000 台,每台产品损失利润 1 000 元,该生产线尚可继续使用 5 年,企业所在行业的投资回报率为 10%,所得税税率为 25%,则该生产线的经济性贬值额大约为

$$经济性贬值额 = (6\,000 \times 1\,000) \times (1 - 25\%) \times (P/A, 10\%, 5)$$
$$= 4\,500\,000 \times 3.790\,8$$
$$= 17\,058\,600(元)$$

在实际评估工作中也有经济性溢价的情况,即当评估对象及其产品有良好的市场及市场前景,或有重大政策利好时,评估对象就有可能存在着经济性溢价。

5) 资产的成新率及其估算

资产的成新率是反映评估对象的现行价值与其全新状态重置价值的比率,是指成本法评估模型第二个公式(资产评估价值 = 资产的重置成本 × 成新率)中的成新率,它是综合考虑资产使用中各类损耗(贬值)以后确定的。因此,在成新率分析计算过程中,应充分注意资产的设计、制造、实际使用、修理、大修理、改造情况,以及设计使用年限、物理寿命、现有性能、运行状态和技术进步等因素的影响。通常,成新率的估算方法有以下几种:

- 观察法。由具有专业知识和丰富经验的工程技术人员对被评估资产实体各主要部位

进行技术鉴定,以判断确定被评估资产的成新率。与前述实体性贬值计算方法中所称实体性成新率不同,这一成新率是在全面考虑资产实体性贬值、功能性贬值和经济性贬值等基础上确定的综合成新率,而不只是考虑使用磨损和自然损耗的影响。

- 使用年限法。即根据资产预计尚可使用年限与其总使用年限的比率确定成新率,计算公式为

$$成新率 = \frac{预计尚可使用年限}{实际已使用年限 + 预计尚可使用年限} \times 100\%$$

- 修复费用法。即通过估算资产恢复原有全新功能所需要的修复费用占该资产的重置成本的百分比确定的,计算公式为

$$成新率 = 1 - \frac{修复费用}{重置成本} \times 100\%$$

需要特别说明的是,在评估实务中,有些评估人员直接按照会计学中的折旧年限估算成新率,这种做法是不正确的,必须摒弃。其主要原因在于:

第一,折旧是由损耗决定的,但折旧并不就是损耗,折旧是一种高度政策(制度)化了的损耗。资产使用过程中,价值的运动依次经过价值损耗、价值转移和价值补偿。折旧作为价值转移,是在损耗基础上确定的。但会计学上确定的折旧率或折旧年限,是对某一类资产作出的会计处理的统一标准,是一种高度集中的理论系数或常数,对于该类资产中的每一项资产虽然具有普遍性、同一性和法定性,但不具有实际磨损意义上的个别性或特殊性。

第二,资产的维修是以为了保证资产正常运转为前提的,修理作为追加劳动支出,不增加资产效用和价值。但实际上,每一项资产在使用过程中,由于运转条件、保养、维修条件不同,其损耗以及实际运作功能也不相同,评估中通常所讲的完全相同的资产是很少见的。许多资产提前报废或超龄服役,无不与其保养、修理和运转状况有关。可见,资产的维修在保证资产正常运转的同时,具有更新的性质,可以增加资产的效用和功能,资产评估更注重资产运转的实际效能。需要说明的是,尽管维修费用的发生会增大资产价值,延长资产使用寿命,从而影响其成新率,但成新率确定不是资产运转中费用增减的反映,并非发生修理费用越多,成新率就越高,而是运转过程中更新、修理费用的发生在资产性能、使用期限等方面结果的体现。

第三,折旧年限的确定基础与评估中成新率的确定基础——损耗本身,具有差异性。确定折旧年限的损耗包括有形损耗(实体性贬值)和无形损耗;而评估中确定成新率的损耗包括实体性贬值、功能性贬值和经济性贬值。

(5) *成本法的优缺点*

采用成本法评估资产的优点有:

① 比较充分地考虑了资产的损耗,评估结果更趋于公平合理;
② 有利于单项资产和特定用途资产的评估;
③ 在不易计算资产未来收益或者难以取得市场参照物条件下可广泛地使用;
④ 有利于企业资产保值。

采用成本法的缺点是工作量大。而且,成本法是以历史成本资料为依据确定目前价值,必须充分分析这种假设的可行性。另外,经济性贬值也不易全面准确计算。

任务演练：评估基本方法——成本法的运用

基础资料

机器设备的评估

B厂因资产重组,拟将锻压车间的一台设备转让,现委托某评估机构对该设备的价值进行评估,评估基准日为2002年8月31日。评估人员根据掌握的资料,经调查分析后,决定采用成本法评估。

设备名称:双盘摩擦压力机
规格型号:J53-300
制造厂家:A机械厂
启用日期:1997年8月
账面原值:180 000元
账面净值:100 000元

一、概况介绍

1. 用途及特点

该设备是普通多用途锻压设备,用于B厂(被评估设备所属厂家)锻压车间手术器械成型模锻、挤压、精压、切边、弯曲、校正等作业。该设备结构紧凑,动力大,刚性强,精度高,万能性强,采用液压操纵装置,可进行单次打击和连续自动打击。

2. 结构及主要技术参数

(1)结构主要包括:机架、滑块、飞轮与主轴(其上安装两个大摩擦轮)四个部分;液压操纵、刹紧、退料及缓冲四个装置;还有电气设备(主机电和油泵电机)。

(2)主要技术参数

公称压力:3 000 kN
打击能量:2 000 kJ
最大行程:400 mm
最小封闭高度:不得小于300 mm
液压系统工作油压:2～3 MPa

二、估算重置价值

1. 估算购置价格

经向原制造厂家——A机械厂询价得知,相同规格型号的J53-300型双盘摩擦压力机报价(2002年8月31日,即评估基准日)为人民币188 000元。

2. 估算重置价值

(1)购置价格188 000元;
(2)运杂费5%;
(3)基础费5%;
(4)安装调试费:根据生产厂家承诺该项费用免收;
(5)资金成本:因该机可在不到一个月时间内完成安装调试工作,故资金成本不计。

重置价值＝购置价格＋运杂费＋基础费＋安装调试费＋资金成本

＝ _____

三、确定综合成新率

1. 确定经七项调整因素修正使用年限法的成新率

(1) 根据《全国资产评估价格信息》1999年第一期刊出的《机器设备参考寿命年限专栏》，取锻压设备规定使用(经济)年限为17年；

(2) 确定已使用(实际)年限为5年(启用日期1997年8月—评估基准日2002年8月)；

(3) 确定七项调整因素综合修正系数 $a=0.99$，其中：

① 制造质量 a_1——1.10(A机械厂制造,质量优良)；
② 利用程度 a_2——1.00(2班/日作业,利用程度正常)；
③ 维护保养 a_3——1.00(正常)；
④ 修理改造 a_4——1.00(无修理改造)；
⑤ 故障情况 a_5——1.00(无故障)；
⑥ 运行状态 a_6——1.00(正常)；
⑦ 工作环境 a_7——0.90(高温、灰尘、振动)；

(4) 确定已使用(经济)年限5.05(即5÷0.99)年；

(5) 确定尚可使用(经济)年限为11.95(即17-5.05)年；

(6) 确定经七项调整因素修正使用年限法的实际成新率。

实际成新率＝尚可使用(经济)年限/规定使用(经济)年限×100％
＝_____

2. 确定现场勘查综合技术鉴定成新率(见表3-4)

表3-4 鉴定项目及分值

序号	项目	标准权重分值/%	细目	技术鉴定分值/%
1	机架部分	(20)		
		8	(1) 机身、横梁无变形裂纹	8
		4	(2) 机身、横梁拉紧螺栓、横梁中部螺母及下部法兰盘均紧固	3
		6	(3) 压力机的四导轨面有轻度磨损	3
		2	(4) 表面漆皮全部脱落	0
2	滑块、飞轮部分	(18)		
		4	(1) 螺杆与飞轮切向键连接牢固	4
		6	(2) 飞轮轮缘摩擦块有中度磨损	4
		8	(3) 螺杆下端踵片与滑块内推力轴承有中度磨损与疲劳点蚀	6
3	主轴部分	(10)		
		5	(1) 主轴轴承轻度磨损	4
		5	(2) 主轴上两摩擦轮与飞轮接触处有轻度磨损	4

续表 3-4

序号	项目	标准权重分值/%	细目	技术鉴定分值/%
4	液压操纵装置	(18)		
		2	(1) 操纵轻便、灵活可靠	2
		7	(2) 因该机已工作五年,故驱动滑块上下运动与主轴左右运动的油缸与活塞有轻度磨损,溢流阀阀体与阀芯也有磨损	5
		7	(3) 油压系统工作油压尚可保证在 2~3MPa 范围内	6
		2	(4) 个别部分管子或管子接头处有渗漏油现象	1
5	刹紧装置	(10)		
		3	(1) 制动拉紧钢带上的摩擦带中度磨损	1.5
		3	(2) 螺杆上的刹紧轮表面中度磨损	1.5
		4	(3) 刹紧操纵机构制动板、推动杆及杠杆铰接处轻度磨损	3
6	退料装置	(5)		
		3	(1) 两根与滑块连接的拉杆完好	3
		2	(2) 退料装置座上的顶杆稍有变形,基本完好	2
7	缓冲装置	(4)		
		4	硬质耐油橡胶缓冲圈局部撞击破损,但尚未失效	3
8	电气润滑设备	(15)		
		7	(1) 主电机与油泵电机运转正常但轴承轻度磨损	5
		5	(2) 电器元件与接线轻度老化	4
		3	(3) 润滑管道有轻度积污堵塞	2
	合计	100		

经现场观测技术鉴定,其成新率为_____。

3. 确定综合成新率

综合成新率＝七项调整因素系数修正使用年限法成新率×40%＋现场勘查技术鉴定成新率×60%＝_____

四、确定评估价值

评估价值＝重置价值×综合成新率

＝_____

训练要求

① 根据基础资料提供的信息,运用成本法分析、计算评估对象的重置价值、成新率及评估价值。

② 结合上述评估案例,学习成本法的评估思路,熟悉成本法的评估程序、评估模型及其各项参数的估算。

训练路径

① 每名学生在查阅资料的基础上,计算、填充基础资料中的相关数据。

② 每名学生在分析上述评估案例的基础上,撰写一份资产评估方法——成本法的学习体会。

③ 班级交流,教师对每名学生的表现进行点评。

3.2.2 市场法

市场法也称市场价格比较法、现行市价法,是指利用市场上同样或类似资产的近期交易价格,经过直接比较或类比分析以估测资产价值的各种评估技术方法的总称。"类似资产"是指在用途、结构、位置等方面与被评估资产相同或类似的资产。

(1) 采用市场法对资产进行评估的理论依据和基本思路

市场法的理论依据是替代原则。根据替代原则,市场法是采用比较和类比的思路及其方法判断资产价值的评估技术规程。任何一个正常的投资者在购置某项资产时,所愿意支付的价格不会高于市场上具有相同用途的替代品的现行市价。

运用市场法要求充分利用类似资产成交价格的信息,并以此为基础来评估资产。运用已被市场检验了的结论来评估被评估对象,容易被资产业务各方当事人所接受。因此,市场法是资产评估业务中最为直接、最具说服力、最为常见的评估方法之一。它具有简便易行、便于操作的特点。随着我国市场经济发展和国有企业改革的深入,市场在资源配置中越来越发挥着主导作用,资产交易市场愈加活跃,市场法在评估业务中发挥的作用将更大。

市场法的基本思路是,按照对比的思想,选择一个或几个与被评估对象相同或类似的资产作为参照物,将被评估资产和选择的近期内已经成交的资产进行比较,找出两者的差别及差别在价格上所反映的差额,通过多种因素的修正,计算出被评估资产的价格。

(2) 市场法的基本前提

通过市场法进行资产评估需要满足两个最基本的前提条件:

① 要有一个活跃的公开市场;

② 公开市场上要有可比的资产及其交易活动。

公开市场是一个充分的市场,市场上有自愿的买者和卖者,他们之间进行平等交易。这就排除了个别交易的偶然性,市场成交价格基本上可以反映市场行情。按市场行情估测被评估资产价值,评估结果会更贴近市场,更容易被资产交易各方所接受。

资产及其交易的可比性,是指选择的可比资产及其交易活动在近期公开市场上已经发生过,且与被评估资产及资产业务相同或相似。这些已经完成交易的资产就可以作为被评估资产的参照物,其交易数据是进行比较分析的主要依据。

参照物与评估对象的可比性是运用市场法评估资产价值的重要前提。把握住参照物与评估对象功能上的一致性,可以避免张冠李戴;把握住参照物与评估对象所面临的市场条件,可以明确评估结果的价值类型;选择近期交易的参照物,可以减少调整时间因素对资产价值影响的难度。

（3）市场法的基本程序

运用市场法进行评估，其基本程序如下：

第一步：选择参照物。

不论评估对象是单项资产还是整体资产，对于参照物的选择关键是一个可比性问题，包括功能、市场条件及成交时间等。另外就是参照物的数量问题。不论参照物与评估对象如何相似，通常参照物应选择三个以上。

第二步：在评估对象与参照物之间选择比较因素。

从理论上讲，影响资产价值的基本因素大致相同，如资产性质、市场条件等。但具体到每一种资产时，影响资产价值的因素又各有侧重。如影响房地产价值的主要是地理位置因素，而技术水平则在机器设备评估中起主导作用。所以，应根据不同种类资产价值形成的特点，选择对资产价值影响较大的因素作为对比指标，在参照物与评估对象之间进行比较。

第三步：指标对比、量化差异。

根据前面所选定的对比指标，在参照物及评估对象之间进行比较，并将两者的差异进行量化。例如资产功能指标，尽管参照物与评估对象功能相同或相似，但在生产能力、产品质量，以及在资产运营过程中的损耗、料耗和工耗等方面都可能有不同程度的差异。运用市场法的一个重要环节就是将参照物与评估对象对比指标之间的上述差异数量化和货币化。

第四步：在各参照物成交价格的基础上，分析、调整已经量化的对比指标差异。

市场法是以参照物的成交价格作为评定估算评估对象价值的基础。在这个基础上将已经量化的参照物与评估对象对比指标差异进行调增或调减，就可以得到以每个参照物为基础的评估对象的初步评估结果。初步评估结果与所选择的参照物个数密切相关。

第五步：综合分析确定评估结果。

按照一般要求，运用市场法通常应选择三个以上参照物。所以，在一般情况下，运用市场法评估的初步结果也在三个以上。根据资产评估的一般惯例要求，正式的评估结果只能是一个，这就需要评估人员对若干评估初步结果进行综合分析，以确定最终的评估值。确定最终的评估值，主要是取决于评估人员对参照物的把握和对评估对象的认识。当然，如果参照物与评估对象的可比性都很好，评估过程中没有明显的遗漏或疏忽，采用算术平均法或加权平均法等方法将初步结果转换成最终评估结果也是可以的。

（4）市场法的可比性因素

运用市场法评估单项资产时，需要分析、比较参照物与评估对象之间的差异因素，从而计算功能性、地域性、时间性等一系列调整指标。资产评估实务中，评估人员应考虑的可比性因素主要有：

① 资产的功能。资产的功能是资产使用价值的主体，是影响资产价值的重要因素之一。在资产评估中，强调资产的使用价值或功能，要与社会需求相结合，从资产实际发挥效用的角度来考虑。也就是说，在社会需要的前提下，资产的功能越好，其价值越高，反之亦然。

② 资产的实体特征和质量。资产的实体特征主要是指资产的外观、结构、役龄和规格型号等。资产的质量主要是指资产本身的建造或制造工艺水平。

③ 市场条件。主要是考虑参照物成交时与评估时的市场条件及供求关系的变化情况。一般情况下，供不应求时，价格偏高；供过于求时，价格偏低。

④ 交易条件。主要包括交易批量、交易动机、交易时间等。交易批量不同，交易对象的价格就可能不同。交易动机也对资产交易价格有影响。在不同时间交易，资产的交易价格也会有差别。因此，这三者在参照物与评估对象之间的差异必然也会带来价格上的差异，如招投标式的交易价格一般会高于协议式的交易价格。

以上各因素是运用市场法经常涉及的一些可比性因素。在具体运用市场法进行评估时，还应根据评估对象的具体情况考虑相应的可比性因素。

(5) 市场法中的具体评估方法

市场法实际上是指在一种评估思路下的若干具体评估方法的集合。运用市场法进行资产评估，如果能在市场上找到与评估对象完全相同的参照物，可把参照物近期的交易价格直接作为评估对象的评估值。但是，在资产评估实务中，与评估对象完全相同的参照物几乎是不存在的，更多的是只能获得类似物的价格，评估值需要按照不同的评估方法调整差异才能得到。

按照参照物与评估对象的相近相似程度，市场法中的具体评估方法分为直接比较法和间接比较法两大类。

1) 直接比较法

直接比较法，是指利用参照物的交易价格，以评估对象的某一或者若干基本特征与参照物的同一或者若干基本特征直接进行比较，得到两者的基本特征修正系数或基本特征差额，在参照物交易价格的基础上进行修正从而得到评估对象价值的一类方法。其基本计算公式为

如果评估对象与参照物之间可比因素完全一致，则有

$$评估对象价值 = 参照物合理成交价格$$

如果评估对象与参照物之间可比因素不一致，则有

$$评估对象价值 = 参照物成交价格 \times 修正系数_1 \times 修正系数_2 \times \cdots \times 修正系数_n$$

式中，$修正系数_i = \dfrac{评估对象第 i 个可比因素特征值}{参照物第 i 个可比因素特征值}$ $(i = 1, 2, \cdots, n)$；

或者

$$评估对象价值 = 参照物成交价格 \pm 基本特征差额_1 \pm 基本特征差额_2 \pm \cdots \pm 基本特征差额_n$$

直接比较法直观简洁、便于操作。但通常对评估对象与参照物之间的可比性要求较高。评估对象与参照物要达到相同或者基本相同的程度，或者评估对象与参照物的差异主要体现在某几项明显的因素上，例如评估对象与参照物的新旧程度或交易时间先后等因素。

如果当评估对象与参照物的差异仅仅体现在某一基本特征上时，直接比较法可以演化成一系列具体评估方法，如现行市价法、市价折扣法、功能价值类比法、价格指数法和成新率价格调整法等。

- 现行市价法。当评估对象本身具有现行市场价格或与评估对象基本相同的参照物具有现行市场价格时，可以直接利用评估对象或参照物在评估基准日的现行市场价格作为评估对象的评估价值。例如，可上市流通的股票和债券可按其在评估基准日的收盘价作为评估价值；批量生产的设备、汽车等可按同品牌、同型号、同规格、同厂家、同批量的设备、汽车等的现行市场价格作为评估价值。
- 市价折扣法。以参照物成交价格为基础，考虑到评估对象在销售条件、销售时限等方面的不利因素，凭评估人员的经验或有关部门的规定，设定一个价格折扣率来估算评估对象价值的方法。其计算公式为

$$资产评估价值=参照物成交价格\times(1-价格折扣率)$$

此方法一般只适用于评估对象与参照物之间仅存在交易条件方面差异的情况。

【例3-14】 评估某拟快速变现资产,在评估基准日与其完全相同的正常变现价为20万元,经注册评估师综合分析,认为快速变现的折扣率应为50%,则有:

$$资产评估价值=20\times(1-50\%)=10(万元)$$

即拟快速变现资产价值接近于10万元。

- 功能价值类比法。亦称类比估价法,是以参照物的成交价格为基础,考虑参照物与评估对象之间的功能差异进行调整来估算评估对象价值的方法。根据资产的功能与其价值之间的关系可分为线性关系和指数关系两种情况。
- ◆ 资产价值与其功能呈线性关系的情况,通常被称作生产能力比例法,其计算公式为

$$资产评估价值=参照物成交价格\times\frac{评估对象生产能力}{参照物生产能力}$$

通常情况下,功能指的是生产能力,生产能力越大,则价值就越大。当然,功能价值类比法不仅仅表现在资产的生产能力这一项指标上,还可以通过对参照物与评估对象的其他功能指标的对比,利用参照物成交价格推算出评估对象价值。

【例3-15】 被评估资产年生产能力为90 t,参照资产的年生产能力为120 t,评估基准日参照资产的市场价格为40万元。故有

$$资产评估价值=40\times\frac{90}{120}=30(万元)$$

即被评估资产价值接近于30万元。

- ◆ 资产价值与其功能呈指数关系的情况,通常被称作规模经济效益指数法,其计算公式为

$$资产评估价值=参照物成交价格\times\left(\frac{评估对象生产能力}{参照物生产能力}\right)^x$$

式中的 x 被称为规模经济效益指数,在0.4~1.2范围内,一般是靠统计分析得到的。

【例3-16】 被评估资产年生产能力为90 t,参照资产的年生产能力为120 t,评估基准日参照资产的市场价格为20万元,该类资产的功能价值指数为0.8。则有:

$$资产评估价值=20\times\left(\frac{90}{120}\right)^{0.8}=15.88(万元)$$

即被评估资产价值接近于15.88万元。

- 价格指数法。亦称物价指数法,是以参照物成交价格为基础,考虑参照物的成交时间与评估对象的评估基准日之间的时间间隔对资产价值的影响,利用价格指数调整估算评估对象价值的方法。其计算公式为
- ◆ 资产评估价值=参照物成交价格×(1+价格变动指数)

$$资产评估价值=参照物资产交易价格\times\frac{1+评估基准日同类资产定基价格变动指数}{1+参照物交易期日同类资产定基价格变动指数}$$

或者

资产评估价值 = 参照物成交价格 × 参照物交易期日至评估基准日各期(1+环比价格变动指数)乘积

- ◆ 资产评估价值=参照物成交价格×价格指数

式中,价格指数可以是定基价格指数或环比价格指数。

◆ 定基价格指数评估。如果能够获得参照物和评估对象的定基价格指数或定基价格变动指数,价格指数法的公式可以概括为

$$资产评估价值 = 参照物资产交易价格 \times \frac{评估基准日资产定基价格指数}{参照物交易期日资产定基价格指数}$$

定基价格指数是以固定时期为基期的价格指数,通常用百分比来表示,实际运用中往往省略百分号。以100%为基础,当价格指数大于100%,表明物价上涨;价格指数在100%以下,表明物价下跌。例如,经过统计得到某类设备的市场均价,定基价格指数与定基价格变动指数计算过程见表3-5。

表3-5 定基价格指数与定基价格变动指数计算过程

年 份	该类设备市场均价	定基价格指数 =当年价格指数/基年价格指数	定基价格变动指数 =(当年价格指数-基年价格指数)/基年价格指数
1999(基年)	50	100%	
2000	51.5	103%=51.5/50×100%	3%=(51.5-50)/50×100%
2001	53	106%=53/50×100%	6%=(53-50)/50×100%
2002	54	108%=54/50×100%	8%=(54-50)/50×100%
2003	55	110%=55/50×100%	10%=(55-50)/50×100%
2004	56	112%=56/50×100%	12%=(56-50)/50×100%
2005	57.5	115%=57.5/50×100%	15%=(57.5-50)/50×100%

◆ 环比价格指数评估。如果能够获得参照物和评估对象的环比价格指数或环比价格变动指数,价格指数法的公式可以概括为

$$资产评估价值 = 参照物成交价格 \times 参照物交易期日至评估基准日各期环比价格指数乘积$$

例如,根据表3-5中的数据资料,环比价格指数与环比价格变动指数计算过程见表3-6。

表3-6 环比价格指数与环比价格变动指数计算过程

年 份	定基价格指数/%	环比价格指数/%	环比价格变动指数
1999	100		
2000	103	103=103/100	3%=(103-100)/100
2001	106	102.9=106/103	2.91%=(106-103)/103
2002	108	101.9=108/106	1.89%=(108-106)/106
2003	110	101.9=110/108	1.85%=(110-108)/108
2004	112	101.8=112/110	1.82%=(112-110)/110
2005	115	102.7=115/112	2.68%=(115-112)/112

价格指数法一般只运用于评估对象与参照物之间仅有时间因素存在差异的情况,且时间差异不能过长。当然,此方法稍做调整可作为市场售价类比法中估测时间差异系数或时间差异值的方法。

【例3-17】 与评估对象完全相同的参照资产6个月前的成交价格为10万元,半年间该

类资产的价格上升了10%。故评估对象的评估价值接近于

$$10\times(1+10\%)=11(万元)$$

【例3-18】 被评估房地产于2012年6月30日进行评估,该类房地产2012年上半年各月月末的价格同2011年底相比,分别上涨了2.5%、5.7%、6.8%、7.3%、9.6%和10.5%。其中参照房地产在2012年3月底的价格为8000元/m²。故评估对象于2012年6月30日的价值接近于

$$8\,000\times\frac{1+10.5\%}{1+6.8\%}\approx8\,277(元/m^2)$$

【例3-19】 已知某资产在2012年1月的交易价格为300万元,该种资产已不再生产,但该类资产的价格变化情况如下:2012年1—5月的环比价格指数分别为103.6%、98.3%、103.5%和104.7%。故评估对象于2012年5月的评估价值最接近于

$$300\times103.6\%\times98.3\%\times103.5\%\times104.7\%=331.1(万元)$$

● 成新率价格调整法。是以参照物的成交价格为基础,考虑参照物与评估对象新旧程度上的差异,通过成新率调整估算出评估对象价值的方法。其计算公式为

$$资产评估价值=参照物成交价格\times\frac{评估对象成新率}{参照物成新率}$$

式中,

$$成新率=\frac{预计尚可使用年限}{实际已使用年限+预计尚可使用年限}\times100\%$$

此方法一般只运用于评估对象与参照物之间仅有成新程度差异的情况。略加改造后也可以作为计算评估对象与参照物成新程度差异调整率和差异调整值的方法。

如果当评估对象与参照物的差异不仅仅体现在某一基本特征上时,上述评估方法,如现行市价法、市价折扣法、功能价值类比法、价格指数法和成新率价格调整法等的运用可以演变为评估对象与参照物各个基本特征修正系数的计算,如交易情况修正系数(正常交易情况÷参照物交易情况)、功能价值修正系数(评估对象生产能力÷参照物生产能力)、交易时间修正系数(评估对象的定基价格指数÷参照物的定基价格指数)和成新程度修正系数(评估对象成新率÷参照物成新率)等。

直接比较法具有适用性强、应用广泛的特点。但该法对信息资料的数量和质量要求较高,而且要求评估人员要有较丰富的评估经验、市场阅历和评估技巧。

在具体操作过程中,直接比较法使用频率较高的具体评估方法包括市场售价类比法和价值比率法两种。

● 市场售价类比法。市场售价类比法是以参照物的成交价格为基础,考虑评估对象与参照物在功能、市场条件和销售时间等方面的差异,通过对比分析和量化差异,调整估算出评估对象价值的各种方法。其计算公式为

$$资产评估价值=参照物售价\times功能差异修正系数\times$$
$$时间差异修正系数\times\cdots\times交易情况差异修正系数$$

或者

$$资产评估价值=参照物售价\pm功能差异值\pm时间差异值\pm\cdots\pm交易情况差异值$$

【例3-20】 评估一宗土地的价值。

(1) 估价对象概况。待估地块在城市规划上属于住宅区的一块空地,面积为 500 m²,地形为长方形。

(2) 评估要求。评估该宗地块 2007 年 10 月 3 日的公平市场交易价格。

(3) 评估过程:

① 选择评估方法。该种类型的土地有较多的交易实例,故采用市场法进行评估。

② 收集有关的评估资料:

A. 收集待估土地资料(略)。

B. 收集交易实例资料。选择 4 个交易实例作为参照物,具体情况见表 3-7。

表 3-7 交易实例情况表

项 目		估价对象	交易实例 A	交易实例 B	交易实例 C	交易实例 D
坐落		略	略	略	略	略
所处地区		一般市区	临近	类似	类似	类似
用地性质		住宅	住宅	住宅	住宅	住宅
土地类型		空地	空地	空地	空地	空地
交易日期		2007年10月3日	2007年4月2日	2007年3月3日	2006年10月4日	2006年12月5日
价格	总价/万元		19.6	31.2	27.4	37.8
	单价/(元·m⁻²)		870	820	855	840
面积/m²		500	225	380	320	450
形状		长方形	长方形	长方形	长方形	略正方形
地势		平坦	平坦	平坦	平坦	平坦
地质		普通	普通	普通	普通	普通
基础设施		很好	完备	很好	很好	很好
交通状况		很好	很好	很好	很好	很好
正面路宽/m		8	8	6	8	8
容积率		6	6	5	6	6
剩余使用年限/年		30	35	30	35	30

③ 进行交易情况修正。经分析交易实例 A、D 为正常买卖,无须进行交易情况修正;交易实例 B 较正常买卖价格偏低 2%;交易实例 C 较正常买卖价格偏低 3%。故各交易实例的交易情况修正率为

交易实例 A:0%;交易实例 B:2%;交易实例 C:3%;交易实例 D:0%。

④ 进行交易日期修正。根据调查,2004 年 10 月 4 日以来土地价格平均每月上涨 1%。故各参照物交易实例的交易日期修正率为

交易实例 A:6%;交易实例 B:7%;交易实例 C:12%;交易实例 D:10%。

⑤ 进行区域因素修正。交易实例 A 与待估土地处于同一地区,无须进行区域因素修正。交易实例 B、C、D 的区域因素修正情况见表 3-8。

表 3-8 区域因素比较表

区域因素 \ 类似地区	估价对象	交易实例B	交易实例C	交易实例D
自然条件	10	(相同)10	(相同)10	(相同)10
社会环境	10	(较差)7	(相同)10	(相同)10
街道条件	10	(相同)10	(相同)10	(相同)10
交通便捷度	10	(稍差)8	(稍好)12	(相同)10
离交通车站点距离	10	(较远)7	(稍近)12	(相同)10
离市中心距离	10	(相同)10	(稍近)12	(相同)10
基础设施状况	10	(稍差)8	(相同)10	(稍好)12
公共设施完备状况	10	(相同)10	(较好)12	(相同)10
水、大气、噪声污染状况	10	(相同)10	(相同)10	(相同)10
周围环境及景观	10	(稍差)8	(相同)10	(稍差)8
综合打分（∑）	100	88	108	100

本次评估假设待估地块的区域因素值为100，则根据表3-7中各种区域因素的对比分析，经综合判定打分，交易实例B所属地区为88，交易实例C所属地区为108，交易实例D所属地区为100。

⑥ 进行个别因素修正。

A. 经比较分析，待估土地的面积较大，有利于充分利用，另外环境条件也比较好，故判定比各交易实例土地价格高2%。

B. 土地使用年限因素的修正。交易实例B、D与待估土地的剩余使用年限相同无须修正。交易实例A、C均须作使用年限因素的调整，其调整系数测算如下（假定折现率为8%）：

$$\text{年限修正系数} = \left[1 - \frac{1}{(1+8\%)^{30}}\right] \div \left[1 - \frac{1}{(1+8\%)^{35}}\right]$$
$$= (1 - 0.0994) \div (1 - 0.0676)$$
$$= 0.9006 \div 0.9324$$
$$= 0.9659$$

⑦ 计算待估土地的初步价格。

交易实例A修正后的单价为

$$870 \times \frac{100}{100} \times \frac{106}{100} \times \frac{100}{100} \times \frac{102}{100} \times 0.9659 \approx 909 (\text{元}/\text{m}^2)$$

交易实例B修正后的单价为

$$820 \times \frac{100}{98} \times \frac{107}{100} \times \frac{100}{88} \times \frac{102}{100} \approx 1\,038 (\text{元}/\text{m}^2)$$

交易实例C修正后的单价为

$$855 \times \frac{100}{97} \times \frac{112}{100} \times \frac{100}{108} \times \frac{102}{100} \times 0.9659 \approx 901 (\text{元}/\text{m}^2)$$

交易实例D修正后的单价为

$$840 \times \frac{100}{100} \times \frac{110}{100} \times \frac{100}{100} \times \frac{102}{100} \approx 942(元/m^2)$$

⑧ 采用简单算术平均法求取评估结果。

$$待估土地单价 = \frac{909+1\,038+901+942}{4} \approx 948(元/m^2)$$

待估土地总价 $= 500 \times 948 = 474\,000$(元)

- 价值比率法。指利用参照物的市场交易价格,与其某一经济参数或经济指标相比较形成的价值比率作为乘数或倍数,乘以评估对象的同一经济参数或经济指标,从而得到评估对象价值的一种具体评估方法。价值比率法中的价值比率种类非常多,这里介绍两种简单的价值比率。

Ⅰ 成本市价法。以评估对象的现行合理成本为基础,利用参照物的成本市价比率来估算评估对象价值的方法。其计算公式为

资产评估价值 = 评估对象的现行合理成本 × 参照物的成本市价率

或者

$$资产评估价值 = 评估对象的现行合理成本 \times \frac{参照物的成交价格}{参照物的现行合理成本}$$

【例 3-21】 评估基准日某市商品住宅的成本市价率为 180%,已知被估全新住宅的现行合理成本为 40 万元,则其市价接近于 72 万元。其计算公式如下:

$$资产评估价值 = 40 \times 180\% = 72(万元)$$

Ⅱ 市盈率倍数法。是以参照物(企业)的市盈率作为乘数(倍数),以此乘数(倍数)与评估对象(企业)相同口径的财务指标(如收益额)相乘估算评估对象价值的方法。它主要适用于企业价值的评估。其计算公式为

企业评估价值 = 评估对象(企业)相同口径收益额 × 参照物(企业)市盈率

【例 3-22】 某被评估企业的年净利润为 1 000 万元,评估基准日资产市场上同类企业平均市盈率为 20 倍,则有

$$该企业的评估价值 = 1\,000 \times 20 = 20\,000(万元)$$

2) 间接比较法

间接比较法也是市场法中最基本的评估方法。该法是利用资产的国家标准、行业标准或者市场标准(标准可以是综合标准,也可以是分项标准)作为依据,分别将评估对象与参照物整体或者分项与其对比打分从而得到评估对象和参照物各自的分值,再利用参照物的市场交易价格,以及评估对象的分值与参照物的分值的比值(系数)求得评估对象价值的一类评估方法。它并不要求参照物与评估对象必须一样或者基本一样,只要求参照物与评估对象在大的方面基本相同或者相似,通过评估对象和参照物与国家、行业或市场标准的对比分析,掌握评估对象与参照物之间的差异,在参照物成交价格的基础上调整估算评估对象的价值。

由于间接比较法需要利用国家标准、行业标准或者市场标准,应用起来有较多的局限,在资产评估实践中应用并不广泛。

值得注意的是,以上具体方法还可能成为或可以成为成本法的具体方法。但是作为市场法中的具体方法,它的使用必须满足两个最基本的条件:①利用参照物进行评估,且评估对象与参照物必须相同或相似,即具有可比性;②参照物的交易时间与评估基准日间隔不能过长。

注意,作为市场法中与作为成本法中的具体方法的使用前提是有显著区别的。

(6) 市场法的优缺点

市场法是资产评估中最简单、最有效的方法,其优点表现为

① 能够客观反映资产目前的市场情况,其评估的参数、指标直接从市场获得,评估值更能反映市场现实价格;

② 评估结果易于被各方面理解和接受。

市场法的缺点表现为

① 需要有公开及活跃的市场作为基础,有时因缺少可对比数据而难以应用;

② 不适用于专用机器、设备、大部分无形资产,以及受地区、环境等严格限制的一些资产的价值评估。

任务演练:评估基本方法——市场法的运用

基础资料

商品房的评估

一、待估物业为位于上海浦东新区的楼盘 LY 广场的一套商品房 4 号楼 1201 室。

二、选取比较对象

A:2 号楼 701 室;

B:2 号楼 802 室;

C:邻近相似楼盘浦东 HQ 花园 5 号楼 601 室。

交易实例情况见表 3-9。

表 3-9 交易实例情况表

交易实例 比较项目	A	B	C	待估物业
坐落	浦东新区 FD 路 300 号	浦东新区 FD 路 300 号	浦东新区 JX 路 300 号	浦东新区 FD 路 300 号
内/中/外环	内环以内	内环以内	内环以内	内环以内
价格/(元·m^{-2})	10 500	10 000	9 500	
交易日期	2005 年 6 月	2005 年 9 月	2005 年 11 月	2005 年 11 月
面积/m^2	114	114	120	114

三、进行个别因素修正

个别因素修正评分表见表 3-10。

表 3-10 个别因素修正评分表

交易实例 个别因素	A	B	C
交通便捷度	10	10	10
自然环境	10	10	10
噪声及各种干扰	8	8	8

续表 3-10

个别因素\交易实例	A	B	C
物业管理	10	10	9
社区环境	10	10	9
楼层	8	8	7
房型布局	10	10	10
房屋朝向	10	7	10
房龄	10	10	9
装修情况	10	10	8

计算交易实例的个别因素修正系数如下：

交易实例 A 个别因素修正系数＝_____

交易实例 B 个别因素修正系数＝_____

交易实例 C 个别因素修正系数＝_____

四、进行交易时间修正

由于受到国家对房地产市场调控的影响，6月份上海楼市陷入低谷，许多人持币观望，房地产市场有价无市，交易量萎缩。9月份上海楼市进入了传统意义上的"金九银十"期，房屋的交易量开始缓慢回升，楼市出现复苏迹象。此外，上海市秋季房屋展销会的成功举办，对于活跃市场也起到了不小的作用。根据对上海市房地产市场的调查，进入九月份，房屋均价比六月份上涨了2%，9月以来，房屋均价平均每个月上涨1%。

计算交易实例的交易时间修正系数如下：

交易实例 A 交易时间修正系数＝_____

交易实例 B 交易时间修正系数＝_____

交易实例 C 交易时间修正系数＝_____

五、计算待估物业的初步价格

交易实例 A 的初步价格＝_____

交易实例 B 的初步价格＝_____

交易实例 C 的初步价格＝_____

六、采用算术平均法求的待估物业的评估值

待估物业的评估单价＝_____

待估物业的评估总价＝_____

训练要求

① 根据基础资料提供的信息，运用市场法比较、分析、计算各个交易实例的个别因素修正系数、交易时间修正系数、初步价格及评估对象的评估值（单价和总价）。

② 结合上述评估案例，学习市场法的评估思路，熟悉市场法的评估程序、评估模型及其各项参数的估算。

训练路径

① 每名学生在查阅资料的基础上,填充基础资料中的相关数据。
② 每名学生在分析上述评估案例的基础上,撰写资产评估方法——市场法的学习体会。
③ 班级交流,教师对每名学生的表现进行点评。

3.2.3 收益法

收益法是指通过估测被评估资产未来预期收益的现值,据以估测资产价值的各种评估方法的总称。它服从资产评估中"将利求本"的技术思路,即采用资本化和折现的途径及其方法判断和估算资产价值。其基本数学模型为

$$P = \sum_{i=1}^{n} \frac{R_i}{(1+r)^i}$$

模型中:P 为评估值;R_i 为未来第 i 年期的预期收益;r 为折现率或资本化率;i 为年期序号;n 为收益年期。

【例 3-23】 某企业尚能继续经营,3 年的营业收益全部用于充抵负债,现评估其 3 年经营收益的折现额。经预测得出 3 年内各年预期收益与折现值数据见表 3-11。

表 3-11 某企业未来 3 年的预期收益与折现值

金额单位:万元

收益年期 n	预期收益 R_i	折现率 r	折现系数	预期收益折现值 P
第 1 年	300	6%	0.9434	283
第 2 年	400	6%	0.8900	356
第 3 年	200	6%	0.8369	167.9
评估值(Σ)				806.9

采用收益法的基本数学模型计算如下:

$$P = \sum_{i=1}^{n} \frac{R_i}{(1+r)^i} = \frac{300}{(1+6\%)} + \frac{400}{(1+6\%)^2} + \frac{200}{(1+6\%)^3} = 806.9(万元)$$

(1)收益法的理论依据和技术思路

收益法认为,任何一个理智的投资者在购置或投资于某一资产时,所愿意支付或投资的货币数额不会高于所购置或投资的资产在未来能给其带来的回报,即收益额。收益法利用投资回报和收益折现等技术手段,把评估对象的预期产出能力和获利能力作为评估标的来估测评估对象的价值,容易被资产业务各方所接受。因此,从理论上讲,收益法是资产评估中较为科学合理的评估方法之一。但是,运用收益法评估资产价值尚需要满足一些基本条件。

(2)收益法的基本前提

收益法是根据资产未来预期收益经折现或本金化处理来估测资产价值的评估方法,其基本数学模型中涉及三个基本要素:被评估资产的预期收益(R_i);折现率或本金化率(r);被评估资产取得预期收益的持续时间(n)。因此,能否清晰地把握基本数学模型中上述三个基本要素成为能否运用收益法的基本前提。从这个意义上讲,应用收益法必须具备的基本前提:

① 被评估资产的未来预期收益可以可靠预测并可以用货币衡量;
② 资产拥有者获得预期收益所承担的风险也可以预测并可以用货币衡量;
③ 被评估资产预期获利年限(期限)可以预测。

上述前提条件表明,首先,评估对象的预期收益必须能够合理地估测,这就要求被评估资产价值与其经营收益之间存在着较为稳定的比例关系。同时,影响资产预期收益的主要因素,包括主观因素和客观因素也应该是比较明确的,评估人员可以据此分析和测算出被评估资产的预期收益。其次,评估对象所具有的行业风险、地区风险及企业风险是可以比较和测算的,这是测算折现率或资本化率的基本前提。评估对象所处的行业不同、地区不同和企业差别都会不同程度地体现在资产拥有者的获利风险上。对于投资者来说,投资风险越大,要求的回报率越高;投资风险越小,要求的回报率越低。最后,评估对象获利期限的长短,即评估对象的寿命,也是影响其价值和评估值的重要因素之一。

(3) 收益法的基本程序

采用收益法进行资产评估,其基本程序如下:

第一步,收集并验证与评估对象未来预期收益有关的数据资料,包括经营前景、财务状况、市场形势以及经营风险等;

第二步,分析测算评估对象的未来预期收益;

第三步,分析测算折现率或资本化率;

第四步,分析测算评估对象的未来预期收益持续的时间;

第五步,用折现率或资本化率将评估对象的未来预期收益折算成现值;

第六步,分析确定评估结果。

(4) 收益法的基本参数

运用收益法进行资产评估会涉及许多经济技术参数,其中最为关键的参数有三个:收益额、折现率、收益期限。

1) 收益额

收益额是适用收益法评估资产价值的基本参数之一。在资产评估中,资产的收益额是指根据投资回报的原理,在正常情况下能得到的归其产权主体的所得额。资产评估中的收益额有两个比较显著的特点:一是收益额是资产未来预期收益额,而不是资产的历史收益额或现实收益额;二是用于资产评估的收益额通常是资产的客观收益,而不一定是资产的实际收益。客观收益是指根据各种变量、因素合理估计被评估资产的收益;而实际收益中可能包括不合理的因素。

收益额的上述两个特点是非常重要的,评估人员在执业过程中应切实关注收益额的特点,以便合理运用收益法估测资产的价值。因资产种类较多,不同种类资产的收益额表现形式亦不完全相同,如企业的收益额通常表现为净利润或现金流量净额,而房地产则通常表现为纯收益等。

2) 折现率

从本质上讲,折现率是一个期望的投资报酬率,是投资者在投资风险一定的情况下,对投资所期望的回报率。由无风险报酬率和风险报酬率所构成,即

$$折现率 = 无风险报酬率 + 风险报酬率$$

无风险报酬率亦称安全利率,是指没有投资限制和障碍,任何投资者都可以投资并能够获得(事实上,就是没有风险)的投资报酬率。在具体实践中,无风险报酬率可以参照同期国库券利率或者银行利率。风险报酬率是对风险投资的一种补偿,在数量上是指超过无风险报酬率之上的那部分投资回报率。在资产评估中,因资产的行业分布、种类、市场条件等的不同,其折

现率亦不相同。

折现率与资本化率在本质上是相同的,二者适用场合不同。习惯上,人们把将未来有限期的预期收益折算成现值的比率称为折现率,用于有限期预期收益折现;资本化率则是将未来永续性预期收益折算成现值的比率。二者在量上是否相等,主要取决于同一资产在未来长短不同的时期所面临的风险是否相同。

计算、确定折现率这一基本参数,首先应该明确折现的内涵。折现作为一个时间优先的概念,认为将来的收益或利益应低于现在的收益或利益,并且随着收益时间向将来推迟的程度而有序地降低价值。同时,折现作为一个算术过程,是把一个特定比率应用于预期收益,从而计算得出当前的资产价值。

3) 收益期限

收益期是指被评估资产具有获利能力的持续时间,通常以年为时间单位,可以是 1 年、2 年、5 年、……;可以是有期限,也可以是永续无期限。具体评估实践中,它由评估人员根据被评估资产自身效能及相关条件,以及有关法律、法规、契约、合同等加以测定。

(5) 收益法中的主要技术方法

收益法实际上是在预期收益还原思路下若干具体方法的集合。收益法中的具体方法可以分为若干类:针对评估对象未来预期收益有无限期的情况划分,可分为有限期和无限期的评估方法;针对评估对象预期收益额的情况划分,又可分为等额收益评估方法、非等额收益评估方法等。为了便于学习收益法中的具体方法,先对这些具体方法中所用的字符含义做统一的定义。P 为评估值;i 为年期序号;P_n 为未来第 n 年的预计变现值;R_i 为未来第 i 年期的预期收益;r 为折现率或资本化率;n 为收益年期;t 为收益年期;A 为年金。

1) 纯收益不变

● 在收益永续、各因素不变的条件下,有以下计算公式:

$$P = \frac{A}{r}$$

其成立条件是:①纯收益每年不变;②资本化率固定且大于零;③收益年期无限。

● 在收益年期有限,资本化率大于零的条件下,有以下计算公式:

$$P = \frac{A}{r}\left[1 - \frac{1}{(1+r)^n}\right]$$

这是一个在估价实务中经常运用的计算公式,其成立条件是:①纯收益每年不变;②资本化率固定且大于零;③收益年期有限为 n。

【例 3-24】 某企业从国外引进一条包装生产线。经测算,该生产线可使用 10 年,使用期间每年可给公司带来 5 000 万元的净收益,行业平均投资收益率为 12%。请评估这条生产线的价值。

$$P = \frac{5\,000}{12\%}\left[1 - \frac{1}{(1+12\%)^{10}}\right] = 5\,000 \times 5.650\,2 = 28\,251(万元)$$

即这条生产线的评估值为 28 251 万元。

● 在收益年期有限,资本化率等于零的条件下,有以下计算公式:

$$P = A \times n$$

其成立条件是:①纯收益每年不变;②资本化率为零;③收益年期有限为 n。

2) 纯收益在若干年后保持不变
- 无限年期收益。其计算公式为

$$P = \sum_{i=1}^{n} \frac{R_i}{(1+r)^i} + \frac{A}{r(1+r)^n}$$

其成立条件是：①纯收益在 n 年（含第 n 年）以前有变化；②纯收益在 n 年（不含第 n 年）以后保持不变；③收益年期无限；④r 大于零。

【例 3-25】 某收益性资产预计未来 5 年的收益额分别为 12 万元、15 万元、13 万元、11 万元和 14 万元。假设从第 6 年开始，以后各年收益均为 14 万元，确定的折现率和资本化率均为 10%。请计算该收益性资产在持续经营条件下的评估值。利用公式计算如下：

$$P = \left[\frac{12}{1+10\%} + \frac{15}{(1+10\%)^2} + \frac{13}{(1+10\%)^3} + \frac{11}{(1+10\%)^4} + \frac{14}{(1+10\%)^5} \right]$$
$$+ \frac{14}{10\% \times (1+10\%)^5} = (12 \times 0.9091 + 15 \times 0.8264 + 13 \times 0.7513$$
$$+ 11 \times 0.6830 + 14 \times 0.6209) + 140 \times 0.6209$$
$$= 49.2777 + 86.926$$
$$\approx 136.20 (万元)$$

计算中的现值系数，可从复利现值表中查得。

经测算，该收益性资产在持续经营条件下的评估值接近于 136.20 万元。

- 有限年期收益。其计算公式为

$$P = \sum_{i=1}^{t} \frac{R_i}{(1+r)^i} + \frac{A}{r(1+r)^t}\left[1 - \frac{1}{(1+r)^{n-t}} \right]$$

其成立条件是：①纯收益在 t 年（含第 t 年）以前有变化；②纯收益在 t 年（不含第 t 年）以后保持不变；③收益年期有限为 n；④r 大于零。

这里需要注意的是，纯收益 A 的收益年期有限为 $(n-t)$ 而不是 n。

【例 3-26】 承前例 3-25 的数据资料。请计算该收益性资产在 50 年收益年期条件下的评估值。利用公式计算如下：

$$P = \left[\frac{12}{1+10\%} + \frac{15}{(1+10\%)^2} + \frac{13}{(1+10\%)^3} + \frac{11}{(1+10\%)^4} + \frac{14}{(1+10\%)^5} \right]$$
$$+ \frac{14}{10\% \times (1+10\%)^5} \times \left[1 - \frac{1}{(1+10\%)^{50-5}} \right]$$
$$= (12 \times 0.9091 + 15 \times 0.8264 + 13 \times 0.7513 + 11 \times 0.6830 + 14 \times 0.6209)$$
$$+ 140 \times 0.6209 \times (1 - 0.0137)$$
$$= 49.2777 + 85.7351$$
$$\approx 135.01 (万元)$$

计算中的现值系数，可从复利现值表中查得。

经测算，该收益性资产在 50 年收益年期条件下的评估值接近于 135.01 万元。

3) 纯收益按等差级数变化
- 在纯收益按等差级数递增，收益年限无限的条件下，有以下计算公式：

$$P = \frac{A}{r} + \frac{B}{r^2}$$

其成立条件是:①纯收益按等差级数递增;②纯收益逐年递增额为 B;③收益年期无限;④r 大于零。

● 在纯收益按等差级数递增,收益年限有限的条件下,有以下计算公式:

$$P = \left(\frac{A}{r} + \frac{B}{r^2}\right)\left[1 - \frac{1}{(1+r)^n}\right] - \frac{B}{r} \times \frac{n}{(1+r)^n}$$

其成立条件是:①纯收益按等差级数递增;②纯收益逐年递增额为 B;③收益年期有限为 n;④r 大于零。

【例 3-27】 某收益性资产,效益一直良好,经专业评估人员预测,评估基准日后第一年预期收益为 100 万元,以后每年递增 10 万元,假设折现率为 10%,收益期为 20 年,该资产的评估价值最接近于 1 400 万元。利用公式计算如下:

$$P = \left(\frac{100}{10\%} + \frac{10}{10\%^2}\right)\left[1 - \frac{1}{(1+10\%)^{20}}\right] - \frac{10}{10\%} \times \frac{20}{(1+10\%)^{20}} \approx 1\,400(万元)$$

计算中的现值系数,可从复利现值表中查得。

● 在纯收益按等差级数递减,收益年限无限的条件下,有以下计算公式:

$$P = \frac{A}{r} - \frac{B}{r^2}$$

其成立条件是:①纯收益按等差级数递减;②纯收益逐年递减额为 B;③收益年期无限;④r 大于零⑤收益递减至零为止。

值得注意的是,从理论上讲,以上数学计算公式是成立的,但是在资产评估实务中,完全、机械套用该公式是不合适的。这是因为资产产权主体会根据替代原则,在资产收益递减为零之前停止使用该资产或变现资产,不会无限期地永续使用下去。

● 在纯收益按等差级数递减,收益年限有限的条件下,有以下计算公式:

$$P = \left(\frac{A}{r} - \frac{B}{r^2}\right)\left[1 - \frac{1}{(1+r)^n}\right] - \frac{B}{r} \times \frac{n}{(1+r)^n}$$

其成立条件是:①纯收益按等差级数递减;②纯收益逐年递减额为 B;③收益年期有限为 n;④r 大于零。

【例 3-28】 某收益性资产,经专业评估人员预测,评估基准日后第一年预期收益为 100 万元,以后每年递减 10 万元,假设折现率为 5%,该资产的评估价值最接近 456 万元。利用公式计算如下:

$$收益年期\ n = \frac{100}{10} = 10(年)$$

$$P = \left(\frac{100}{5\%} - \frac{10}{5\%^2}\right)\left[1 - \frac{1}{(1+5\%)^{10}}\right] - \frac{10}{5\%} \times \frac{10}{(1+5\%)^{10}} \approx 456(万元)$$

计算中的现值系数,可从复利现值表中查得。

④ 纯收益按等比级数变化

● 在纯收益按等比级数递增,收益年限无限的条件下,有以下计算公式:

$$P = \frac{A}{r-s}$$

其成立条件是:①纯收益按等比级数递增;②纯收益逐年递增比率为 s;③收益年期无限;④$r > s > 0$。

- 在纯收益按等比级数递增,收益年限有限的条件下,有以下计算公式:

$$P = \frac{A}{r-s}\left[1-\left(\frac{1+s}{1+r}\right)^n\right]$$

其成立条件是:①纯收益按等比级数递增;②纯收益逐年递增比率为 s;③收益年期有限为 n;④$r>s>0$。

在纯收益按等比级数递减,收益年限无限的条件下,有以下计算公式:

$$P = \frac{A}{r+s}$$

其成立条件是:①纯收益按等比级数递减;②纯收益逐年递减比率为 s;③收益年期无限;④$r>s>0$。

在纯收益按等比级数递减,收益年限有限的条件下,有以下计算公式:

$$P = \frac{A}{r+s}\left[1-\left(\frac{1-s}{1+r}\right)^n\right]$$

其成立条件是:①纯收益按等比级数递减;②纯收益逐年递减比率为 s;③收益年期有限为 n;④r 大于零;⑤$0<s\leqslant 1$。

⑤ 已知未来若干年后资产价格(P_n)的条件下,有以下计算公式:

$$P = \frac{A}{r}\left[1-\frac{1}{(1+r)^n}\right] + \frac{P_n}{(1+r)^n}$$

其成立条件是:①纯收益在 n 年(含第 n 年)以前保持不变;②预知第 n 年的资产价格为 P_n;③ r 大于零。

(6)收益法的优缺点

1)收益法的优点

- 能够真实和较准确地反映企业资本化的价值;
- 与投资决策相结合,评估结果容易为买卖双方所接受。

2)收益法的缺点

- 预期收益额预测难度较大,受较强的主观判断和未来不可预见因素的影响;
- 在评估中适用范围较小,一般适用于企业整体资产(价值)和可预测未来收益的单项资产评估。

任务演练:评估基本方法——收益法的运用

基础资料

商标权评估案例

F公司拟将公司拥有的H系列注册商标转让给S公司,现委托某评估公司进行评估。

一、被评估资产概况

本次评估的对象是F公司拥有的H系列注册商标,共20件。本次评估目的是资产转让,评估基准日为2001年3月31日。

F公司是一家国有独资公司,其主要产品是H牌和M牌家用缝纫机。其中H系列注册商标由F公司拥有,M系列注册商标由M公司授权F公司使用。

F公司拥有的H系列注册商标是老牌的国产名牌,有着悠久的历史。F公司的前身F厂始建于1919年,专业生产缝纫机已80余年。早在1951年,该厂就向商标主管当局申请注册了H商标。1985年,再次在缝纫设备及零部件上注册了H商标。H牌缝纫机以其卓越的产品质量为广大消费者所熟悉和喜爱,在中国市场上占有极高的声誉。

自1956年起,F厂向包括印度尼西亚在内的一百多个国家和地区出口H牌缝纫机,赢得外商和客户的喜爱。F厂还先后在美国、英国、马来西亚、泰国、中国香港等四十几个国家和地区注册了H商标,使之得到了广泛的国际保护。长期的商业使用,优良的产品品质和广泛的国际注册,已使H商标在国内外建立了良好的信誉。1991年12月,H商标被国家市场监督管理局商标局认定为驰名商标,给予特殊的保护。

H系列注册商标作为市著名商标,曾多次被评为国家级、部级、市级的优秀产品,享有极高的声誉和知名度。例如:1987年H牌缝纫机被评为市优质出口商品;1992年H商标被评为市著名商标。

H系列注册商标在其长期的发展中,积累形成了牢固而扎实的竞争优势。在技术上,从五六十年代起,F厂一直掌握着产品的核心优势,通过不断的工艺改革、技术创新和设备的更新改造,保持着行业中技术领先的竞争优势。如:为解决机壳表面的质量问题,采取了使用喷枪喷涂腻子和静电喷涂技术,淘汰了手工刮腻子和手工喷涂的工艺;对易变形的零件采用了碳氮共渗,软氮化热处理工艺,保证了零件经热处理后不变形和少变形,提高了产品的合格率。

近年来,随着人民生活水平不断提高,家用缝纫机在国内市场上销量大幅度缩减,再加上假冒产品的冲击,F公司效益开始下降,并出现连续亏损。由于大量民营企业采取假冒手段谋取品牌价值,H品牌价值受到严重影响。要使品牌价值持续发展,必须立足于产品的更新,开发中高档多功能家用缝纫机,以提高产品的技术含量,并借助现有品牌优势,开发内销市场,拓展外贸出口。但由于F公司缺乏资金实力,已无能力谋求这一发展。而S公司有意在不断发展工业缝纫机的同时发展中高档多功能缝纫机,结合工业缝纫机行业的资金实力与家用缝纫机行业的品牌优势,进一步做大品牌。同时为振兴本地缝纫机制造业,根据国际上缝纫机的发展趋势和政府的战略发展目标,市政府准备将家用缝纫机和工业缝纫机行业整合为一体,以充分发挥这两个行业各自的优势。因此,经董事会决议,F公司拟将公司拥有的H系列注册商标转让给S公司。

经清查核实,除注册号为××××××××的商标注册证已遗失外,其余19件商标均有商标注册证,注册人为F公司。因此,F公司委托评估的H系列注册商标为F公司合法拥有的注册商标,享有国家规定的注册商标专用权。这些商标均无账面记录,无账面价值。委托评估的商标为正常使用中的商标,曾向并正向多家企业提供使用许可。

二、评估依据

本次评估主要依据以下资料进行:

(1) F公司营业执照;

(2) 企业1999年、2000年和2001年3月的财务报表(资产负债表、利润表);

(3) 企业1999年和2000年的审计报告;

(4) F公司国有资产占有产权登记表;

(5) H牌商标评估董事会决议;

(6) 企业会计制度及有关情况一览表;

(7) 企业概况简介和历史沿革;

(8) 企业各类资质证书(F公司及H牌缝纫机荣誉证书);

(9) H系列商标注册证,共19件;

(10) 许可外发定牌生产合同;

(11) 机头定牌收购合同;

(12) 机架定牌配套合同;

(13) 台板定牌配套合同;

(14) 有关假冒产品对本市家用缝纫机行业的影响;

(15) 其他与被评估资产相关的资料。

三、评估方法

本次评估采用收益法进行。收益法是指通过预测被评估无形资产经济寿命期内各年的预期收益,并用适当的折现率折现求和,得出评估基准日的现值,以此确定被评估无形资产价格的一种方法。收益法的基本原理是资产的购买者为购买资产而愿意支付的货币量不会超过该项资产未来所能带来的期望收益的折现值。收益法的适用前提条件为:(1)被评估资产必须是能够用货币衡量其未来期望收益的单项或整体资产;(2)产权所有者所承担的风险也必须是能用货币来衡量的。

收益法的计算公式为

$$P = \sum_{i=1}^{n} \frac{R_i}{(1+r)^i}$$

式中,P 为被评估资产的评估值;R_i 为未来第 i 年资产的预期收益;r 为折现率;n 为预期收益年限。

四、评估过程

由收益法公式可知,重点在于确定收益期限、预期收益和折现率三个参数。

(一) 收益期限的确定

商标权具有时间性、地域性,在有效期内,商标权受法律保护。我国商标法规定,注册商标的保护期限为核准注册日起的10年,注册商标有效期满,需要继续使用的,可以在期满前6个月内申请续展注册。按照上述规定,通常认为商标专用权的寿命期限是无限年期。

(二) 预期收益的确定

1. 考虑的因素和假定前提

本次评估中对商标未来收益的预测考虑了下列因素:

(1) 被评估商标的应用历史;

(2) 被评估商标企业曾收取过的使用权费;

(3) 家用和工业机械市场对H系列注册商标的认识程度和在社会上的知名度;

(4) 商标原持有人F公司从事有关产品生产的历史、水平、业绩以及在行业中的知名度;

(5) S公司受让商标所有权后对其利润的影响;

(6) 商标所有权按约定的条件转让后,原持有人F公司将停止在家用缝纫机产品上使用该商标。

本次评估还作了如下的假定:

(1) 被评估商标按现时用途继续使用;

(2) 商标受让方具有与原商标持有人相当的技术力量,能持续有效地保证使用受让商标

的产品达到或超过原产品的质量水平;

(3) 商标受让方具有与原商标持有人相当的营销能力,市场销售情况符合正常的发展趋势。

2. 商标使用费的确定

H 系列和 M 系列注册商标曾经或现在正在收取的商标使用费情况如下:

(1) 外贸出口

为了满足 H 牌家用缝纫机出口的需要,稳定和拓展国外市场,不断提高产品的市场竞争力。F 公司与 H 进出口公司在认可和遵循 F 公司《关于进出口公司向外收购家用缝纫机机头的实施意见》的基础上,协商后签订协议规定:F 公司按 H 进出口公司实际收购 H 牌家用缝纫机数量,以每台 5 元标准收取牌誉费。H 进出口公司确保全年向 F 公司下达 H 牌家用缝纫机要货订单 40 万台,若全年要货数量不足 40 万台,不足部分按每台 5 元标准向 F 公司进行赔偿;若全年超过 40 万台,超出部分 F 公司免收牌誉费,同时再按每台 5 元的标准向 H 进出口公司返还牌誉费。

F 公司与甲厂等五家企业签订家用缝纫机机架配套协议书,规定每件收取商标使用费 0.50 元。

F 公司与乙厂等六家企业签订家用缝纫机台板配套协议书,规定每件收取商标使用费 0.50 元。

(2) 内贸销售

F 公司与甲厂等六家企业签订家用缝纫机机架配套协议书,规定每户每年提供一定数量的 H 和 M 品牌的机架配套,每户每年一次性收取商标使用费 5 万元。

F 公司与乙厂等六家企业签订家用缝纫机台板配套协议书,规定每户每年提供一定数量的 H 和 M 品牌的台板配套,每户每年一次性收取商标使用费 5 万元。

F 公司 1999 年下半年开始进行大力度的调整。2000 年 F 公司产销 H 牌和 M 牌家用缝纫机 95.6 万台,其中内贸销售 44.2 万台,外贸出口 51.4 万台。2001 年起,F 公司以新的经营思路调整经营计划,即公司所属工厂只生产 40 万台,人员从 1 200 人压缩到 300 人,并通过转制形成独立的法人实体,要求扭亏为盈,自负盈亏。同时选择和部署了五个定牌生产收购点,通过技术工艺监督、质量标准把关等,每个点收购 13 万台左右家用缝纫机,共计 65 万台左右。连同转制后的生产工厂的生产量,全年计划产量 105 万台,从而形成以自身生产基地为基础和依托、充分利用商标价值和效应、进行品牌运作和经营的格局。

据此可预测 2001 年 F 公司计划生产收购总量 105 万台家用缝纫机,其中用于内贸销售 45 万台,外贸出口 60 万台。H 品牌产品主要用于出口,在国际市场上知名度高于 M 品牌,而 M 品牌产品则主要用于国内市场销售。根据有关资料的分析,可以估计 H 品牌产品占 F 公司外贸出口的 2/3,内贸销售的 1/3。

在外贸出口方面,根据 F 公司与 H 进出口有限公司签订的协议,可以将 H 品牌产品的外贸出口定为 40 万台,则外贸出口的年 H 商标牌誉费=_____。

在内贸销售方面,F 公司每年向配套厂家每户一次性收取商标使用费 5 万元,这是配套厂家使用 H 商标和 M 商标的费用,应在 H 商标和 M 商标之间分配。因此,内贸销售的年 H 商标牌誉费=_____。

年 H 商标牌誉费总计=_____。

（三）折现率的选取

1. 与折现率有关的统计平均数字

全国上市公司1999年度平均净资产收益率	8.2355%
全国工业类上市公司1999年度平均净资产收益率	8.1409%
1年期定期存款利率	2.25%
1年期短期贷款利率	5.85%

2. 折现率

根据最近公布的上市公司的财务数据统计，1999年度全国所有上市公司平均净资产收益率为8.2355%，其中工业企业的平均净资产收益率为8.1409%。

在确定折现率时，不仅要考虑普遍意义上的投资风险，还应当考虑具体企业所存在的个别风险，例如经营风险（产品适销情况、企业之间的竞争等）、财务风险。此外，还应适当考虑买卖双方的利益分配。所以将其他风险报酬率定为7%。

但是，H系列注册商标还有一种风险，那就是受到假冒伪劣产品的冲击。自1998年以来，假冒H牌家用缝纫机开始进入市场，且愈演愈烈。目前市场上的假冒产品已超过了F公司正宗产品的总产销量，致使F公司产品近年来不断萎缩，短短三年内，内销产品从140万台左右跌落到40余万台，出口产品从80万台以上跌落到50余万台。尽管公司组织了专门人员，投入大量经费，严厉打假，但治标不治本，收效甚微。考虑到这一点，再增加3%的企业特有风险报酬率。

本次评估中，考虑了上述诸多因素后，以全国工业类企业的平均净资产收益率8.1409%为基础，再加上10%的风险报酬率作为折现率，也即所确定的折现率为18.14%，取整后为18%。

（四）收益现值的计算

综上所述，F公司的H系列注册商标权价值计算如下：

$$V = \underline{\qquad\qquad\qquad\qquad\qquad\qquad\qquad\qquad\qquad\qquad}。$$

训练要求

① 根据基础资料提供的信息，运用收益法分析、计算收益法模型中各个参数值及评估对象的评估值。

② 结合上述评估案例，学习收益法的评估思路，熟悉收益法的评估程序、评估模型及其各项参数的估算。

训练路径

① 每名学生在查阅资料的基础上，填充基础资料中的相关数据。

② 每名学生在分析上述评估案例的基础上，撰写资产评估方法——收益法的学习体会。

③ 班级交流，教师对每名学生的表现进行点评。

3.2.4 资产评估方法的比较与选择

资产评估的成本法、市场法和收益法，以及由以上三条基本评估思路衍生出来的其他评估思路共同构成了资产评估的方法体系。资产评估的专业性质决定了构成资产评估方法体系的各种评估方法之间存在着内在联系，而各种评估方法的独立存在又说明它们各有特点。正确认识资产评估方法之间的内在联系以及各自的特点，对于合理地选择评估方法、高效地进行资产评估是至关重要的。

1. 资产评估方法的比较

(1) 资产评估方法的联系

从整体上来说,资产评估方法是由互相关联的、内在相关的、不可分割的技巧和程序组成的,其共同目标就是获得令人信服的可靠的资产评估价值。成本和市场销售数据的收集、分析通常是收益法运用中不可缺少的部分;同样地,收益法中的折现和资本化也时常运用于市场法和成本法之中。例如,市场法中,分析和调整参照物价格与评估对象价格的差异,会运用到折现和资本化的技巧;成本法中,对功能性贬值等的确定也要采用折现和资本化的方法。一般来说,成本法、收益法的运用都是建立在现行市价基础上,只是不如市场法表现得那么直接而已。

正因如此,由于资产评估工作基本目标的一致性,在同一资产的评估中,可以采用多种方法,如果使用这些方法的基本前提同时具备,而且评估人员也具备相应的专业判断能力,运用多种方法所得出评估结果应该趋同。如果采用多种方法得出的评估结果出现较大差异,可能的原因如下:

① 某些方法的应用基本前提不具备;
② 分析过程有缺陷;
③ 结构分析有问题;
④ 某些支撑评估结果的信息依据出现失真;
⑤ 评估人员的专业判断有误。

资产评估实务中,如果出现上述情况,建议评估人员为不同的评估方法建立逻辑分析框图,通过对比分析,有利于发现问题。在此基础上,除了对评估方法做出取舍外,还应该分析问题产生的原因,并据此研究解决问题的对策,以便最后确定评估价值。

(2) 资产评估方法的区别

各种评估方法独立存在本身就说明了各种评估方法之间存在差异。归纳起来,资产评估方法的主要区别有:

① 各种评估方法是从不同基本前提下表现资产的价值;
② 各种评估方法都有其自成一体的运用过程,评估结论也是从某一角度反映资产的价值;
③ 由于评估条件和各个方法的自身特点决定了各种方法的评估效率不同。

2. 资产评估方法的选择

《资产评估法》第二十六条规定:"评估专业人员应当恰当选择评估方法,除依据评估执业准则只能选择一种评估方法的外,应当选择两种以上评估方法,经综合分析,形成评估结论,编制评估报告。"评估专业人员恰当选择资产评估方法已上升为法律的要求。恰当选择资产评估方法是资产评估程序中必不可少的一个关键步骤,资产评估程序准则对资产评估方法的选择和运用作出了原则性规定。资产评估执业准则进一步细化和落实《资产评估法》相关规定的要求。

资产评估方法的多样性,为评估人员选择适当的评估方法,有效地完成评估任务提供了现实可能。资产评估方法的选择和运用是从事资产评估业务的重要环节,也是影响资产评估结论和资产评估报告质量的重要因素。规范资产评估方法的选择、运用和披露,有利于促进资产评估机构和资产评估专业人员在资产评估执业实践中合理使用资产评估方法,提高资产评估执业质量。

(1) 资产评估方法选择的要求

资产评估专业人员在选择资产评估方法时,应当充分考虑影响评估方法选择的因素。所考虑的因素主要包括:评估目的和价值类型;评估对象及预期用途;可行的评估方法的优势和劣势;评估方法应用所依据数据的质量和数量等。

当满足采用不同评估方法的条件时,资产评估专业人员应当选择两种以上评估方法,通过综合分析形成评估结论。

1) 评估方法应当与评估目的和评估价值类型相适应

评估价值类型的确定首先取决于评估目的,评估目的是根本,资产评估方法作为获得特定资产价值的技术方法,需要与价值类型相适应。例如,对一项以成本模式进行后续计量的投资性房地产进行评估,为减值测试提供价值参考,评估目的为财务报告目的,价值类型应当为会计准则所要求的特定价值(可收回金额),在确定预计未来现金流量的现值时应当选择收益法;在确定公允价值减处置费用时,估算公允价值时可以选择市场法。

2) 评估方法的选取应当与评估对象的类型和现实状态相适应

不同的评估方法有不同的条件要求和程序要求,比如收益法主要适用于持续使用前提下的资产评估,并且评估对象具有预期获利能力;而市场法要求在公开市场上有可比的交易案例,并且评估对象与案例的价值影响因素差异可以合理比较和量化。这就要求资产评估专业人员充分分析评估对象的类型和现实状态,考虑各种评估方法的适用性和局限性,恰当选择评估方法,避免在评估对象不具备合理条件的情况下滥用评估方法。

3) 评估方法的选取应当与资料收集情况相适应

评估方法的应用会涉及特定的数据、参数,只有评估过程中所收集的资料和确定的依据可靠、合理、有效、充分,才能保证评估结果的合理性。在评估实践中,由于条件的制约往往会导致某种评估方法所需资料的数量和质量达不到要求,那么评估专业人员应当考虑采用其他替代的评估方法进行评估。

在实际评估工作中,可以采用以下工作底稿表格形式进行适用性分析。评估方法适用性分析表详见表3-12。

表3-12 评估方法适用性分析表

被评估单位:_____ 经办:_____ 日期:_____ 索引号:_____
拟定基准日:_____ 审批:_____ 日期:_____ 页次:_____

	项目名称	
	评估目的	
	评估对象	
	价值类型	
市场法	相关资料收集情况	
	适用性分析	
收益法	相关资料收集情况	
	适用性分析	
成本法	相关资料收集情况	
	适用性分析	

(2) 可以采用一种资产评估方法的特殊情形

资产评估专业人员在评估实践中,当存在下列特殊情形时,可以采用一种评估方法。

① 基于相关法律、行政法规、规章的要求或者限制而采用一种评估方法。

② 由于评估对象仅满足一种评估方法的适用条件而采用一种评估方法。例如:交易不活跃、无法单独产生收益的非标准工业建筑或专用设备等,一般选择成本法。

③ 因操作条件限制而采用一种评估方法。因评估方法的适用性或操作限制导致无法采用两种以上评估方法进行评估的,资产评估专业人员可以采用一种方法进行评估,但需要在评估报告中说明理由。操作条件限制应当是资产评估行业通常的执业方式普遍无法排除的,而不应以个别资产评估机构或者个别资产评估专业人员的操作能力及条件作为判断标准。

④ 依据资产评估执业准则,经分析现有评估方法的适用性,只能选择一种评估方法的,应当在资产评估报告中说明理由。

(3) 资产评估方法选择的披露

资产评估专业人员应该在资产评估报告中对资产评估方法的选择及其理由进行披露。因适用性受限而选择一种评估方法的,应当在资产评估报告中披露其他基本评估方法不适用的原因;因操作条件受限而选择一种评估方法的,应当对所受的操作条件限制进行分析、说明和披露。

任务演练:资产评估方法的比较与选择

背景资料

承租权的评估

××购物广场有限公司拟转让其租赁的××地下商业建筑的承租权。

一、租赁权价格形成的特点及评估技术思路

1. 租赁权价格形成的特点

租赁权作为一项权利,在评估中必须充分了解其价格形成的过程,才能通过科学的估价途径得到其合理的价格。

当承租人与房地产的权属人签订了房地产租赁合同,便拥有租赁房地产一定时间内的使用、收益等权利,同时承担按照租赁合同约定支付租金的义务。

当预计剩余租赁期内,房地产市场租金价格高于租赁合同约定的租金的时候,如果承租人将租赁合同进行转让会获得收入,如果出租方收回出租房地产需要对承租人进行补偿,承租人转让租赁合同所获得的收入(或出租方收回出租房地产对承租人进行的补偿)金额就是租赁权价格,采用收益法进行评估时为剩余租赁期内赢利租金(即房地产市场租金价格与租赁合同约定租金的差额)的现值。当预计剩余租赁期内,房地产市场租金价格低于租赁合同约定的租金的时候,租赁权便没有价值。但是,一般情况下由于房地产具有资源稀缺性、位置固定性、独一无二性、保值增值性等特性。随着时间的推移,人口和收入增加,需求增加导致稀缺性增加以及外部经济或相互影响会引起房地产市场租金价格上涨。

2. 租赁权评估的技术思路

采用收益法,将剩余租赁期内的赢利租金采用一定的还原利率还原求取待估房地产承租权的价格。

二、市场租金的确定

采用市场比较法测算××地下商业建筑估价时点市场租金的价格。

1. 计算公式

估价对象市场价格＝比较案例价格×交易情况修正×交易期日修正×区域因素修正×个别因素修正

2. 比较案例选择

根据评估人员进行的市场调查和公司所掌握的市场信息，通过对周边地区近期发生过交易的物业进行收集整理分析，挑选出三个交易案例作为比较案例。

案例 A：××路 180 号

该房屋位于××路西首，临××路，总建筑面积 20 000 m^2，共四层，使用用途为商场，有电梯、中央空调系统、上下水、消防系统等配套设施齐全。租金单价为 2.33 元/m^2·天。

案例 B：××路 147 号

该房屋位于××路中段，临××路，总建筑面积 31 200 m^2，共四层，使用用途为商场，有电梯、中央空调系统、上下水、消防系统等配套设施齐全。租金单价为 2 元/m^2·天。

案例 C：××路××商业广场

该房屋位于××路西首，临××路，租赁建筑面积 17 000 m^2，位于该房屋的第二层和第三层，使用用途为商场，有电梯、中央空调系统、上下水、消防系统等配套设施齐全。租金单价为 1.97 元/m^2·天。

3. 房地产价格影响因素说明

房地产价格影响因素说明如表 3-13 所列。

表 3-13 房地产价格影响因素说明

项　　目		待估房产	实例 A	实例 B	实例 C
交易单价（元/m^2·天）		待估	2.33	2	1.97
交易情况		正常	正常	正常	正常
交易日期		2003 年 12 月	2003 年 10 月	2002 年 8 月	2003 年 9 月
租赁期限/年		16	15	20	15
区域因素	商业繁华度	××市市级商业中心之一，商业繁华度很好	××市市级商业中心之一，商业繁华度很好	××市市级商业中心之一，商业繁华度很好	××市市级商业中心之一，商业繁华度很好
	人流量	为××市主要商业区，人流量很大	为××市主要商业区，人流量很大	为××市主要商业区，人流量很大	为××市主要商业区，人流量很大
	基础设施	基础设施达到七通	基础设施达到七通	基础设施达到七通	基础设施达到七通
	公共配套设施	区域内主要分布有商业设施，还分布有银行、学校、医院等其他公共配套设施	区域内主要分布有商业设施，还分布有银行、学校、医院等其他公共配套设施	区域内主要分布有商业设施，还分布有银行、学校、医院等其他公共配套设施	区域内主要分布有商业设施，还分布有银行、学校、医院等其他公共配套设施

续表 3-13

	项　目	待估房产	实例 A	实例 B	实例 C
区域因素	交通便捷度	区域内有城市主干道洑源大街和泉城路穿过。有多路公交路线通过。距离××机场 35 km，××火车站 2.5 km	区域内有城市主干道洑源大街和泉城路穿过。有多路公交路线通过。距离××机场 35 km，××火车站 2.5 km	区域内有城市主干道洑源大街和泉城路穿过。有多路公交路线通过。距离××机场 35 km，××火车站 2.5 km	区域内有城市主干道洑源大街和泉城路穿过。有多路公交路线通过。距离××机场 35 km，××火车站 2.5 km
	离市商服中心距离/公里	0	0	0	0
	环境景观	位于××广场的地下一层，和护城河毗邻	距离××广场和护城河约 200 m	距离××广场和护城河约 200 m	距离××广场和护城河约 200 m
	周围物业利用类型	商场和办公	商场	商场	商场
个别因素	临街状况	临××大街	临××路	临××路	临××路
	临街道级别	主干道	主干道	主干道	主干道
	使用功能	商场	商场	商场	商场
	装修情况	地面花岗岩、顶棚矿棉板吊顶和黑色网格、墙面刷乳胶漆	地面花岗岩、顶棚矿棉板吊顶、墙面刷乳胶漆	地面花岗岩、顶棚矿棉板吊顶、墙面刷乳胶漆	地面花岗岩、顶棚矿棉板吊顶、墙面刷乳胶漆
	设施设备	中央空调系统、送排风系统、消防系统、楼宇自控系统、综合布线系统等,设备比较陈旧	电梯、中央空调系统、送排风系统、消防系统、楼宇自控系统、综合布线系统等,设备比较陈旧	电梯、中央空调系统、送排风系统、消防系统、楼宇自控系统、综合布线系统等,设备很新	电梯、中央空调系统、送排风系统、消防系统、楼宇自控系统、综合布线系统等,设备很新
	新旧程度	1999 年建成并装修	1996 年建成,2003 年 9 月部分装修改造	2002 年建成并装修	2003 年建成并装修
	平面布置	适合商场使用	适合商场使用	适合商场使用	适合商场使用
	建筑结构	钢混	钢混	钢混	钢混
	建筑面积/m²	31 696.97	20 000	31 200	17 000
	停车位	地下汽车停车位 134 个	无地下停车位,地上有少量停车位置	无地下停车位,地上有少量停车位置	无地下停车位,地上有少量停车位置
	楼层	地下一层。地上没有房屋建筑物,为××广场	地上一至四层	地上一至五层	地上二至三层

4．房地产价格影响因素修正系数的确定

设定估价对象的各项影响因素比较系数为 100,以估价对象的各项影响因素与评估实例进行比较,得出房地产价格比较因素修正系数表和比较因素修正指数如表 3-14 和表 3-15 所列。

表 3-14 比较因素修正系数

项 目		待估房产	实例 A	实例 B	实例 C
交易单价(元/m²·天)		待估	2.33	2	1.97
交易情况		100	100	100	100
交易日期		100	100	100	100
租赁期限		100	100	99	100
区域因素	商业繁华度	100	100	100	100
	人流量	100	100	100	100
	基础设施	100	100	100	100
	公共配套设施	100	100	100	100
	交通便捷度	100	100	100	100
	离市商服中心距离	100	100	100	100
	环境景观	100	98	98	98
	周围物业利用类型	100	101	101	101
个别因素	临街状况	100	100	100	100
	临街级别	100	100	100	100
	使用功能	100	100	100	100
	装修情况	100	100	100	100
	设施设备	100	100	102	102
	新旧程度	100	99	101	102
	平面布置	100	100	100	100
	建筑结构	100	100	100	100
	建筑面积	100	98	100	98
	停车位置	100	96	96	96
	楼层	100	105	105	101

表 3-15 比较因素修正指数

项 目	待估房产	实例 A	实例 B	实例 C
交易单价(元/m²·天)	待估	2.33	2	1.97
交易情况	100/100	100/100	100/100	100/100
交易日期	100/100	100/100	100/100	100/100
租赁期限	100/100	100/100	100/99	100/100

续表 3-15

项目		待估房产	实例 A	实例 B	实例 C
区域因素	商业繁华度	100/100	100/100	100/100	100/100
	人流量	100/100	100/100	100/100	100/100
	基础设施	100/100	100/100	100/100	100/100
	公共配套设施	100/100	100/100	100/100	100/100
	交通便捷度	100/100	100/100	100/100	100/100
	离市商服中心距离	100/100	100/100	100/100	100/100
	环境景观	100/100	100/98	100/98	100/98
	周围物业利用类型	100/100	100/101	100/101	100/101
个别因素	临街状况	100/100	100/100	100/100	100/100
	临街级别	100/100	100/100	100/100	100/100
	使用功能	100/100	100/100	100/100	100/100
	装修情况	100/100	100/100	100/100	100/100
	设施设备	100/100	100/100	100/102	100/102
	新旧程度	100/100	100/99	100/101	100/102
	平面布置	100/100	100/100	100/100	100/100
	工程质量	100/100	100/100	100/100	100/100
	建筑结构	100/100	100/100	100/100	100/100
	建筑面积	100/100	100/98	100/100	100/98
	停车位	100/100	100/96	100/96	100/96
	楼层	100/100	100/105	100/105	100/101
比较结果			2.41	1.97	2.01

5. 计算结果

通过比较修正后,我们认为这三个比较结果都比较接近正常的市场价格,故对其采用算术平均法确定××地下商业建筑的租金价格,即为 2.13 元/m²·天。

估价时点市场租金(季度租金)=建筑面积×2.13×90
=31 696.97×2.13×90
=607.63 万元

根据××地下商业建筑租赁的自身特点,本次估价在剩余租赁年期内不考虑市场租金的变化,也不考虑通货膨胀的影响。所以,本次估价将估价时点市场租金作为估价时点以后至租赁合同截止日的市场租金。

二、租赁合同租金的确定

根据租赁协议,租赁合同租金应缴金额及时间如表 3-16 所列。

表 3-16　地下商业建筑应缴租金明细

金额单位：万元

时　　间	季度付款金额	付款期数
2004.1.1—2005.12.31	500	8
2006.1.1—2009.12.31	537.5	16
2010.1.1—2014.12.31	550	20
2015.1.1—2019.12.31	605	20
合　　计		64

四、市场租金与实际支付租金差额的确定

市场租金与实际支付租金的差额计算的详细情况如表 3-17 所列。

表 3-17　市场租金与实际支付租金的差额计算

金额单位：万元

时　　间	市场租金季度付款金额	合同租金季度付款金额	季度租金差额	付款期数
2004.1.1—2005.12.31	607.63	500	107.63	8
2006.1.1—2009.12.31	607.63	537.5	70.13	16
2010.1.1—2014.12.31	607.63	550	57.63	20
2015.1.1—2019.12.31	607.63	605	2.63	20
合计				64

五、还原利率的确定

资本化率的确定方式有市场提取法、安全利率加风险调整值、复合投资收益率法、投资收益率排序插入法等方法，本次评估采用市场提取法。

通过市场调查，选取××地下商业建筑附近若干个写字楼市场交易价格、相同楼层对应的市场租金、房屋重置成本，具体情况如表 3-18 所列。

表 3-18　参照案例交易情况

案例	坐落位置	市场交易价格 /(元·m^{-2})	市场租金 /(元·(天·m^2))$^{-1}$	房屋重置成本 /(元·m^{-2})
A	××大街与××大街交汇处	6 900	2.2	4 000
B	××大街229号	8 600	2.73	4 500
C	××路与××路交汇处	6 000	1.95	4 000
D	××路43号	7 300	2.66	4 500
E	××路201号	7 000	2.25	4 500

写字楼资本化率计算过程如表 3-19 所列。

表 3-19 资本化率计算

金额单位：元/m²

项目		A	B	C	D	E
年总收益		2.2×365=803	2.73×365=996	1.95×365=712	2.66×365=971	2.25×365=821
年总费用	营业税费（收益×5.55%）	44.17	54.78	39.16	53.41	45.16
	房产税（收益×12%）	96.36	119.52	85.44	116.52	98.52
	管理费（收益×3%）	24.09	29.88	21.36	29.13	24.63
	房屋维修费（重置成本×2%）	80	90	80	90	90
	保险费（重置成本×0.2%）	8	9	8	9	9
小计		252.62	303.18	233.96	298.06	267.31
年净收益（收益－费用）		550.38	692.82	478.04	672.94	553.69
市场交易价格		6 900	8 600	6 000	7 300	7 000
资本化率 年净收益/市场交易价格		7.98%	8.06%	7.97%	9.22%	7.91%

由表 3-19 可以看出，写字楼 A、B、C、E 的市场资本化率基本一致，写字楼 D 的市场资本化率偏离其他案例比较大，所以本次估价取写字楼 A、B、C、E 的市场资本化率算术平均值作为写字楼资本化率：

$$(7.98\%+8.06\%+7.97\%+7.91\%)/4=7.98\%$$

由于××地下商业建筑的用途为商场，考虑其资本化率要高于写字楼资本化率，本次估价取其资本化率为

$$7.98\%+1\%=8.98\%$$

六、租赁转让价格的确定

1. 计算公式

$$V=a_1+\frac{a_2}{1+R}+\frac{a_3}{(1+R)^2}+\cdots+\frac{a_{n-1}}{(1+R)^{n-1}}+\frac{a_n}{(1+R)^n}$$

式中，V 为转让价格；a_n 为市场租金与实际支付租金的差额；R 为房地产季度还原利率，为 8.98%÷4=2.25%；n 为房地产收益期数，本次评估按照季度付款考虑，$n=64$。

2. 根据上述公式计算，××地下商业建筑承租权转让价格为 2 164.13 万元。

演练方法

① 调查法。

② 文案演示法。

③ 讨论法。

演练要求

① 将学生分成若干小组,以小组为单位,讨论具体操作中如何选择恰当的资产评估方法。

② 将学生分成若干小组,以小组为单位,结合本案例的背景资料,梳理其评估思路以及各种评估方法的内在关系。

演练条件

① 教师事先对学生按照5~6人进行分组。

② 具有足够的计算机和上网条件。

③ 具有模拟实训室或多媒体教室。

重点回顾

能力训练

1. 专项能力训练:资产评估常见错误解析

背景资料

【案例一】　　　　　　　　　　存货的清查

上海XX汽车空调有限公司委托评估机构对上海S汽车空调有限公司进行评估,拟收购该公司另一股东日本S株式会社在该公司25%的股权。

经查,该公司有10 483.15万元的存货,其账面价值占总资产的34.11%,占净资产的92.91%,主要构成为原材料和产成品。该公司的产品主要为汽车空调用压缩机,每台售价约为1000元左右。对如此大量的存货,评估机构是否认真进行了清查核实?清查的数量和金额是否达到《资产评估操作规范意见(试行)》第二十五条中"存货抽查数量要占总量的40%以上,账面价值量要占总值60%以上"的要求?

带着这些疑问,评估管理机构到企业以及评估机构进行了调查。评估机构的答复是他们根据资产占有方提供的存货清单,核实了有关的采购和销售合同、购置和销售发票等会计凭证,并同该公司的存货负责人一起到存货存放地清查核实有关的存货,对各类存货进行了盘点,抽查数量和金额均达到要求。但在企业了解的情况是该公司的存货除少量在厂区内存放外,其余大部分都存放在外地,如长春、武汉和广州等地,以便随时向附近厂商供货。而本次评估时评估机构却未对异地存放的存货进行现场清查核实,而仅是从账面上进行了复核。由此看来,评估机构对存货的清查核实是未达到标准的。

存货作为企业重要的一项资产,对其清查核实的好坏,直接影响到整体的评估结果。评估机构在对账面价值占总资产34.11%的存货进行评估时,仅选取了小部分进行现场清查核实,而大部分采用账面核实这种会计的方式代替评估现场清查,这样是无法了解存货的真实情况的,自然也无法对存货的价值进行正确的评估。

【案例二】　　　　　　　　　　土地的评估

某评估机构分别出具了两份报告,评估对象分别为MD路417弄24号和XJ路144弄54~58号的土地使用权,土地性质均为工业用途,评估目的均为抵债评估。两块地属于同一区域(步行5分钟),然而,评估结论却大相径庭,MD路417弄24号的土地使用权评估价为5 250元/m²,XJ路144弄54~58号的土地使用权评估价为11 380元/m²。

在相同的背景下,同一区域的地价为何有如此大的偏差?

工作底稿没有反映这两块地的主要差异。

走访现场,发现这两块地的周边环境一致,均处在旧式里弄中间,两者处于同一区域,一是东为HP路,南为XJ路,西为MD路,北为JG路;另一是东为SC路,南为XJ路,西为HP路,北为YN路,大路为JG路。在现场勘察过程中,我们发现:XJ路144弄54~58号的门牌号不存在,XJ路144弄仅有"XJ路144弄过街楼"门牌,而该弄堂内再无其他XJ路144弄的门牌号码,其余均是HP路、SC路、YN路的有关弄堂号和门牌号码。该报告所反映的委估对象应为HP路885弄54~58号。在56号后门有一小木牌,上书"XX厂职工宿舍"。对于此类问题,无论是底稿还是评估报告均未做出说明。

经过抽查,我们很难判断评估人员实地勘察的真实性,最起码说明评估人员未履行尽职调查。根据抽查情况来看,该两块地的权证记载用途一致(工业用途)、规划用途(商住)一致,且保留现用途已是不可能的;周边环境一致;评估目的一致;评估方法一致(均为基准地价法);两份报告的评估基准日和出具报告的时间一致;出具报告的机构和评估师也一致,但评估机构为何会得出不同的结论呢?

评估过程的系数调整如表3-20所列。

表3-20 系数调整情况

项 目		XJ路144弄		MD路417弄	
		状况	修正系数	状况	修正系数
区域因素修正	街道条件	一般		较好	5
	距市中心路程	较好	5	较好	5
	交通设施	一般		稍差	-3
	市政设施	一般	5	一般	
	商业配置情况	较好	5	稍好	3
	社会环境	稍差	-3	稍好	3
	区域因素修正系数	100/100	112/100	100/100	113/100
个别因素修正	面积大小	较好	5	较差	-5
	形状	较好	5	稍差	-3
	临路状况	较好	5	较差	-5
	土地平整程度	一般		一般	
	规划限制条件	一般		一般	
	相邻房地产的合并交易	一般		较差	-5
	个别因素修正系数	100/100	115/100	100/100	82/100

从上表中我们可以看出:评估师在系数调整中有明显不合理之处;如区域因素修正中,对"市政设施"同样判断"一般",XJ路地块系数修正"5",而MD路地块却不作修正;对"社会环境"的判断,从现场来看是一致的,但评估师却对XJ路地块判断为稍差,系数修正"-3",而对MD路地块却判断为稍好,系数修正"3";又如个别因素修正中,两块地同是矩形,但XJ路地块对"形状"判断为"较好",系数修正"5",而MD路地块对"形状"判断为"稍差",系数修正"-3";对"临路状况"判断,XJ路地块的"临路状况"判断为"较好",系数修正"5",而对MD路

地块的"临路状况"判断为"较差",系数修正"-5",而实际上 XJ 路地块临路 30 米左右,MD 路地块临路 10 米左右,从系数修正来看不可能有如此大的差别,由此可见,评估师在运用基准地价系数修正法时,对系数(判断)修正比较随意,造成一致性如此相近的两块地出现截然不同的结果。

根据对周边市场的调查,该地段的土地使用权价格在 11 380 元/m^2 左右比较合理,而 MD 路 417 弄 24 号的土地使用权评估价为 5 250 元/m^2 明显偏低。

【案例三】   **评估参数的选择**

上海某置业有限公司成立于 1998 年,股东方为 Y 房产占 51% 和 Z 房产占 49%,根据 2004 年 7 月 19 日的股东会决议拟进行股权转让,受让方分别为:S 公司和 I 公司。上述四家公司中除 Z 房产外其余都是 XX 集团下属的全资国有企业。

该公司主要的资产是位于 KJ 路的房地产。通过现场调查我们了解到:该房产位于 KJ 路 2063 号的 W 大厦,于 1999 年 9 月竣工,该公司拥有的房产总面积为 7 736.84 m^2,分别为:办公用房 3 245.1 m^2、商业用房 3 529.79 m^2、地下车库 961.95 m^2。办公用房基本已出租;商业用房共三层,一、二层出租给某财务公司作营业用房,三层出租给某餐饮企业;地下车库共有 9 个停车位。

评估的结果是:十三、十四层的办公房评估价格为 3 800 元/m^2,十六、十七层的办公房评估价格为 4 500 元/m^2,商业用房评估价格为 5 800 元/m^2,地下车位为 140 000 元/个。从常规来看,这样的地段如此的价格似乎偏低,于是评估管理机构对周边房产市场进行了调查,通过查询周边房产公司的信息,发现周边住宅房的平均价格达到了 7 000 元/m^2 左右,通过电话查询该大厦招商办公室,该大厦办公房目前的招租价格为 1~1.2 元/m^2·天。

那么究竟是什么原因导致评估价格的偏低呢?

本次房地产评估运用收益现值法,其中最主要的估价指标是房产租金,评估人员采用的是目前与客户签订的协议租金而非市场租金,据租赁协议反映该房产的租金为 0.56 元/m^2·天,这与了解到的能反映市场租金价格的 1~1.2 元/m^2·天几乎便宜了一半。

重新用市场租金(以 1 元/m^2·天为标准)测算后的结果为:办公用房 7 500 元/m^2,办公用房的总价与评估报告的结果相差 11 041 910 元。商业用房没有现成的取价来源,后经咨询有经验的评估师得知,像此类地段的商业用房,大概在 8 000 元/m^2 左右,按此数据测算的总价与评估报告的结果相差 7 765 538 元。总计相差 18 807 448 元。

【案例四】   **无形资产的存在**

上海 B(集团)有限公司委托上海 A 资产评估有限公司对其投资的上海 C 船舶有限公司进行评估。C 公司于 1999 年 6 月 1 日正式改制运作,是由 B 和 D 散货运输有限公司各出资 5 000 万元(各占 50%)投资组建的航运企业(国内合资有限责任公司)。现经营范围有:大宗散货减载、国际运输、国内沿海及长江中下游各港间货物运输(含集装箱)、劳务服务、技术服务、旅游咨询服务、鱼类加工销售。现有海上减载平台、国际远洋、近洋、沿海运输等多艘船舶,经国家交通运输部水运司核准的运力为 21.95 万吨,具有国家海事局颁发的《符合证明》(DOD 安全管理证书)。船舶技术管理干部 86 人,其中持有 A 类证书的 41 人;船长、轮机长 20 人。

本次评估目的为股权转让。股权转让后,B 占 35%,D 散货占 5%,E 控股(香港)有限公司占 49%,上海 F 实业有限公司占 11%。

C公司2001—2003年三年利润为127.02万元、366.77万元、531.21万元;根据评估报告给出的数据测算得出三年的净资产收益率为1.27%、3.51%、4.93%。

该评估报告存在以下疑点:

1. 航运企业有可能有"岸线""水域"等无形资产,评估报告未作说明。
2. 航运企业的营运证、安全管理证等航运企业的特许权无形资产在评估报告中未提及。

经调查,该企业是租用其他企业的岸线,企业自身不存在岸线使用权。

该评估报告同时还存在以下几个问题:

1. 该企业明显存在营运证无形资产,评估师却视而不见,在评估报告中只字未提,抽查后,也仅让企业出具一份说明,以企业意见来替代评估师的职业判断(从经营范围看,"鱼类加工销售"实际上也涉及无形资产——食品生产许可类无形资产)。

2. 评估方法的选择上,按照评估价值定义和价值类型判断,该项目评估方法应选择收益法,而评估师以"C公司2003年度的净资产收益为4.93%,2003年度8家港口业上市公司的平均净资产收益率为13.12%,远远低于港口业上市公司的平均净资产收益率,不适用收益法评估C公司"为理由,未运用收益法进行评估(连起码的验证都不做),全然不顾被评估企业前三年逐年递增的净收益和净资产收益率;也不顾被评估对象为航运业,与分析对象为港口业上市公司,两者不属于同一行业,其净资产收益率没有可比性等事实。在尽职调查和执业判断上显然不够谨慎。

训练要求

① 请代表资产评估机构对以上各个项目进行调研,剖析每个项目存在的主要错误及其原因。

② 以小组为单位,结合训练项目情况进行讨论,撰写学习体会。

训练路径

① 教师事先对学生按照5~6人进行分组,每组指定一名组长。

② 小组分工合作,形成学习体会。

③ 班级交流,教师对各组成员的表现进行点评。

2. 综合能力训练:评估工作过程的训练

训练目标

引导学生进行编制资产评估计划及运用资产评估方法的实践训练;在实践训练中切实体验资产评估工作人员应具备的职业能力和职业素养,培养相应的分析判断能力与沟通协调能力;通过工作岗位训练,建立健全职业人格。

训练内容

选择一家评估机构,根据其承接的资产评估项目参与资产评估计划的编制,重点分析评估方法的选用、评估思路及其参数定义、计算等,让学生深入了解评估前期准备工作内容,规避资产评估风险,认识资产评估人员具备的职业能力、职业素养与知识储备对资产评估项目的重要性。

训练步骤

① 将班级每5~6位同学分成一组,每组指定1名组长,每组对学习过程进行详细记录。

② 聘用实训基地1~2名注册资产评估师为本课程的兼职教师,每组学生根据实际承接的资产评估项目,在教师指导下编制一份资产评估计划。

③ 针对资产评估项目,分析、确定评估思路与评估方法。
④ 归纳总结,撰写资产评估工作训练报告。
⑤ 各组在班级进行交流、讨论。

训练成果

实操;资产评估计划;评估方法分析报告;资产评估工作训练报告。

思考与练习

一、名词解释

资产评估计划; 成本法; 资产的重置成本; 资产实体性贬值; 资产功能性贬值; 资产经济性贬值; 资产的成新率; 市场法; 直接比较法; 间接比较法; 收益法。

二、单项选择题

1. 资产评估的基本方法是指( )。
   A. 一种具体方法
   B. 多种评估方法的集合
   C. 一条评估思路
   D. 一条评估思路与实现该思路的各种评估方法的总称

2. 从理论上讲,同一资产的重置成本、现行市价及收益现值具有( )关系。
   A. 独立　　　　B. 并列　　　　C. 替代　　　　D. 等同

3. 资产功能性贬值的计算公式为:被评估资产功能性贬值额=Σ(被评估资产年净超额运营成本×折现系数)。其中,净超额运营成本是( )。
   A. 超额运营成本乘折现系数所得的数额
   B. 超额运营成本扣除其抵减的所得税以后的余额
   C. 超额运营成本扣除其抵减的所得税以后的余额乘折现系数的所得额
   D. 超额运营成本加上其应抵减的所得税额

4. 对被评估的机器设备进行模拟重置,按现行技术条件下的设计、工艺、材料、标准、价格和费用水平进行核算,这样求得的成本称为( )。
   A. 更新重置成本　　B. 复原重置成本　　C. 完全重置成本　　D. 实际重置成本

5. 某评估机构采用收益法对一项长期股权投资进行评估,假定该投资每年纯收益为30万元且固定不变,资本化率为10%,则该项长期股权投资的评估值为( )万元。
   A. 200　　　　B. 280.5　　　　C. 300　　　　D. 350

6. 已知某类设备的价值与功能之间存在线性关系,重置类似全新机器设备一台,其价值为4万元,年产量为4 000件,现知被评估资产年产量为3 000件,则其重置成本为( )。
   A. 3万元　　　　B. 4万元　　　　C. 3万~4万元　　　　D. 无法确定

7. 评估机器设备一台,三年前购置,据了解该设备尚无替代产品。该设备账面原值10万元,其中买价8万元,运输费0.4万元,安装费用(包括材料)1万元,调试费用0.6万元。经调查,该设备现行价格9.5万元,运输费、安装费、调试费分别比三年前上涨40%、30%、20%。该设备的重置成本是( )万元。(保留两位小数)
   A. 12.08　　　　B. 10.58　　　　C. 12.58　　　　D. 9.5

8. 2005年1月评估设备一台,该设备于2001年12月购建,账面原值为20万元,2003年进行一次技术改造,改造费用(包括增加设备)2万元。若定基物价指数2001年为1.05,2003年为1.20,2005年为1.32,则该设备的重置成本是( )万元。
   A. 22   B. 27.34   C. 27.43   D. 29.04

9. 评估资产为一台年产量为8万件甲产品的生产线。经调查,市场现有类似生产线成本为25万元,年产量为15万件。当规模经济指数为0.7时,该设备的重置全价为( )万元。
   A. 19.2   B. 17.35   C. 24   D. 16.10

10. 某待估设备重置成本为27万元,经查阅,已使用4年,评估人员经分析后确定该设备尚可使用5年,那么它的实体性贬值额为( )万元。
    A. 10   B. 12   C. 15   D. 18

11. 某项专用技术预计可用5年,预测未来5年的收益分别为40万元、42万元、44万元、45万元、46万元,假定折现率为10%,则该技术的评估价值为( )万元。(保留两位小数)
    A. 217   B. 155.22   C. 150.22   D. 163.43

12. 假定某企业长期负债占全部投入资本的比重为20%,自有资金的比重为80%,长期负债的平均利息率为9%,社会无风险报酬率为4%,该企业风险报酬率为12%,则利用加权平均资本成本模型求得其资本化率为( )。(不考虑企业所得税的影响)
    A. 15%   B. 13.2%   C. 14.6%   D. 12.6%

13. 采用收益法评估资产时,收益法中的各个经济参数存在的关系是( )。
    A. 资本化率越高,收益现值越低   B. 资本化率越高,收益现值越高
    C. 资产未来收益期对收益现值没有影响   D. 资本化率与收益现值无关

14. 运用市场法时选择3个或者3个以上参照物的目的是( )。
    A. 使参照物具有可比性   B. 便于计算
    C. 排除参照物个别交易的偶然性   D. 避免张冠李戴

15. 某专利权的法律保护期为20年,经专业评估人员鉴定,评估基准日后第一年的收益为100万元,但是由于技术进步等原因,该专利的收益将受到影响,每年递10万元。假设折现率为10%,则该专利权的评估价值最接近于( )万元。
    A. 1700   B. 200   C. 210   D. 300

16. 评估某收益性资产,其评估基准日后第一年的预期收益为50万元,且经专业评估人员测定认为,其后各年该资产的收益将以2%的比例递增。假设折现率为10%,则该资产的评估值最接近于( )万元。
    A. 500   B. 555   C. 625   D. 650

三、多项选择题

1. 价格指数调整法通常是用于( )的机器设备的重置成本估测。
   A. 技术进步速度不快   B. 技术进步因素对设备价格影响不大
   C. 技术进步因素对设备价格影响很大   D. 单位价值较小的自制设备
   E. 价值量较大的设备

2. 资产评估中,不能采用会计学中的折旧年限来估算成新率是因为( )。

A. 会计计价是由企业会计进行,而资产评估是由企业以外的评估人员进行的

B. 会计学中的折旧年限是对某一类资产做出的会计处理的统一标准,对同一类资产具有普遍性和同一性,而资产评估中的成新率则具有特殊性和个别性

C. 会计学中修理费的增加不影响折旧年限,而资产评估中的修理费的增加要影响资产的成新率

D. 会计学中的折旧年限未考虑同一类资产中个别资产之间在使用频率、保养和维护等方面的差异

E. 会计学中的折旧年限是按照折旧政策确定的,而成新率反映了资产实际的新旧程度

3. 应用市场法必须具备的前提条件是( )。

   A. 需要有一个充分活跃的资产市场
   B. 必须具有与被评估资产相同或相类似的全新资产价格
   C. 可搜集到参照物及其与被评估资产可比较的指标、技术参数
   D. 被评估资产未来收益能以货币衡量
   E. 被估资产所面临的风险也能够衡量

4. 物价指数法中的物价指数可以是( )。

   A. 被评估资产的类别物价指数　　B. 被评估资产的个别物价指数
   C. 固定资产投资价格指数　　　　D. 商品零售价格指数
   E. 综合物价指数

5. 应用市场法估测被评估机组的重置成本时,参照物与被评估机组之间须调整的主要参数有( )。

   A. 交易时间的差异　　　　　　　B. 生产效率的差异
   C. 付款方式的差异　　　　　　　D. 新旧程度的差异
   E. 交易情况的差异

6. 市场法中交易情况的调整是指( )。

   A. 由于参照物的成交价高于或低于市场正常交易价格所须进行的调整
   B. 因融资条件差异所须进行的调整
   C. 因投资环境差异所须进行的调整
   D. 因销售情况不同所须进行的调整
   E. 因交易时间差异所须进行的调整

7. 以下对市场法的理解正确的有( )。

   A. 市场法是资产评估的基本方法之一
   B. 市场法的优点是能够反映资产目前的市场情况
   C. 市场法的优点是评估值较能直观反映市场现实价格
   D. 市场法的缺点是有时缺少可比较的数据
   E. 市场法是最具说服力的评估方法之一

8. 造成资产经济性贬值的主要原因有( )。

   A. 该项资产技术落后　　　　　　B. 该项资产生产的产品需求减少
   C. 社会劳动生产率提高　　　　　D. 政府公布淘汰该类资产的时间表

E. 市场对该项资产的需求下降
9. 收益法应用中预期收益额的界定应注意（　　）。
   A. 收益额是指被评估资产在未来正常使用中能产生的收益额
   B. 收益额是由被评估资产直接形成的
   C. 收益额必须是税后利润
   D. 收益额是一个确定的数据
   E. 对于不同的评估对象应该具有不同内涵的收益额
10. 下列有关收益法参数的说法中，正确的是（　　）。
    A. 运用收益法涉及的参数主要有三个：收益额、折现率和收益期限
    B. 收益额是资产的现实收益额
    C. 折现率是一种风险报酬率
    D. 收益期限是指资产具有获利能力持续的时间，通常以年为时间单位
    E. 收益额是资产未来的实际收益额
11. 运用市场法评估任何单项资产都应考虑的可比因素有（　　）。
    A. 资产的功能　　　　　　B. 市场条件　　　　C. 交易条件
    D. 资产的实体特征和质量　　E. 资产所处的地理位置
12. 从理论上讲，折现率的基本组成因素包括（　　）。
    A. 超额收益率　　　　　　B. 无风险报酬率　　C. 风险报酬率
    D. 价格变动率　　　　　　E. 平均收益率
13. 从理论上讲，成本法涉及的基本因素包括（　　）。
    A. 资产的重置成本　　　　B. 资产的有形损耗　　C. 资产的功能性贬值
    D. 资产的经济性贬值　　　E. 资产的获利年限
14. 一般情况下，资产的实体性贬值的估测方法通常有（　　）。
    A. 使用年限法　　　　　　B. 修复费用法　　　　C. 观察法
    D. 统计分析法　　　　　　E. 价格指数法
15. 一般情况下，重置成本的估测方法通常有（　　）。
    A. 重置核算法　　　　　　B. 价格指数法　　　　C. 市价比较法
    D. 收益折现法　　　　　　E. 功能价值法
16. 收益法中的具体方法（评估模型）通常可以按（　　）进行划分。
    A. 预期收益期限　　　　　B. 预期收益额的形式　C. 预期收益额数量
    D. 折现率的高低　　　　　E. 折现率的构成

四、判断题
1. 应用市场法评估资产需要满足三个前提条件。（　　）
2. 收益法中的收益是指评估基准日后若干年的平均收益。（　　）
3. 采用市场法评估资产价值时，需要以类似或相同的资产为参照物，选择的参照物应该是与被评估资产的成新率相同的资产。（　　）
4. 市场比较法中的个别因素修正的目的在于将可比交易实例价格转化为待估对象自身状况下的价格。（　　）
5. 政府实施新的经济政策或发布新的法规限制了某些资产的使用，造成资产价值的降

低,这是一种非评估考虑因素。(　　)

6. 对被评估的机器设备进行模拟重置,按现行技术条件下的设计、工艺、材料、标准、价格和费用水平进行核算,这样求得的成本称为复原重置成本。(　　)

7. 对于一项科学技术进步较快的资产,采用价格指数法往往会比采用重置核算法估算的重置成本高。(　　)

8. 收益法涉及的参数主要有三个:收益额、折现率和收益期限。(　　)

9. 收益年限是指资产从购置开始到报废为止所经历的全部时间,通常以年为时间单位。(　　)

10. 复原重置成本与更新重置成本相比较,设计差异、功能差异、技术差异和标准差异均是两者之间的主要差异。(　　)

11. 市场法是根据替代原则,采用比较和类比的思路及其方法估测资产价值的评估技术规程。任何一个理性的投资者在购置某项资产时,他所支付的价格不会高于市场上具有相同用途的替代品的现行市价。(　　)

12. 运用市场法进行评估时,为了减少评估人员的工作量,选择的参照物最好不要超过3个。(　　)

13. 折现率与资本化率从本质上讲是没有区别的。(　　)

14. 被评估土地被企业不合理地使用着,其收益水平很低,因此,该土地使用权的评估值也一定很低。(　　)

15. 资产评估中的成本法、市场法和收益法三大基本资产评估方法具有相互替代性。(　　)

五、简述题

1. 简述资产评估综合计划的内容。
2. 简述资产评估程序计划的内容。
3. 简述成本法的评估思路。
4. 简述市场法的评估思路。
5. 简述收益法的评估思路。
6. 评估人员在评估方法的选择过程中应考虑哪些因素?

六、计算题

1. 被评估机组为5年前购置,账面价值20万元人民币,评估时该类型机组已不再生产了,已经被新型机组所取代。经调查和咨询了解到,在评估时点,其他企业购置新型机组的取得价格为30万元人民币,专家认定被评估机组与新型机组的功能比为0.8,被评估机组尚可使用8年。假定其他费用可以忽略不计。

要求:

(1) 估测该机组的现时全新价格;

(2) 估算该机组的成新率;

(3) 估算该机组的评估值。

2. 某台机床须评估。企业提供的购建成本资料如下:该设备采购价5万元,运输费0.1万元,安装费0.3万元,调试费0.1万元,已服役2年。经市场调查得知,该机床在市场上仍很流行,且价格上升了20%;铁路运价近两年提高了1倍,安装的材料和人工费上涨幅度加权计算为40%,调试费用上涨了15%。试评估该机床原地续用的重置全价。

3. 现有一台与评估资产X设备生产能力相同的新设备Y,使用Y设备比X设备每年可节约材料、能源消耗和劳动力等约60万元。X设备的尚可使用年限为6年,假定年折现率为10%,该企业的所得税税率为25%。试计算X设备的功能性贬值。

4. 某上市公司欲收购一家企业,需对该企业的整体价值进行评估。已知该企业在今后保持持续经营,预计前5年的税前净收益分别为40万元,45万元,50万元,53万元和55万元;从第六年开始,企业进入稳定期,预计每年的税前净收益保持在55万元。折现率与资本化率均为10%,企业所得税税率为25%。试计算该企业的评估值。

5. 有一待估宗地A,与待估宗地条件类似的宗地B,有关对比资料如下表所列。

宗 地	成交价/万元	交易时间	交易情况	容积率	区域因素	个别因素	交易时间的价值数
A		2000.10	0	1.1	0	0	108
B	780	1999.02	+1%	1.2	-2%	0	102

表中百分比指标为参照物与待估宗地相比增减变动幅度。据调查,该市此类用地容积率每增加0.1,宗地单位地价比容积率为1时的地价增加5%。

要求:

(1) 计算参照物与待估宗地的容积率地价相关系数。

(2) 计算参照物修正系数:交易情况修正系数、交易时间修正系数、区域因素修正系数、个别因素修正系数、容积率修正系数。

(3) 计算参照物修正后的地价。

工作过程 4
调查、收集整理评估资料

能力目标
1. 培养进行资产评估相关业务调查的能力。
2. 培养收集整理资产评估相关资料的能力。

知识目标
1. 熟悉资产评估资料现场勘查和调查的方法与过程。
2. 懂得如何进行资产评估资料的收集、分析、归纳、整理。

教学设计
1. 以机器设备、房地产等评估为例,开展典型案例剖析。
2. 分组讨论与评价。
3. 演示训练。
4. 情境模拟。

学习任务 4.1　现场查勘取证

知识储备

4.1.1　现场勘察

工作成果:资产评估清查核实

现场查勘取证是核实监测评估对象,了解评估环境,掌握评估对象状态的唯一途径和不可省略的环节。资产评估机构和注册资产评估师执行资产评估业务,应当对评估对象进行必要的勘查,包括对不动产和其他实物资产进行必要的现场勘查,以及对无形资产等非实物性资产的具体情况进行必要的现场调查。进行资产勘查和现场调查工作不仅是基于注册资产评估师勤勉尽责义务的要求,同时也是资产评估程序和操作的必要环节,有利于资产评估机构和注册资产评估师全面、客观了解评估对象,核实委托方和资产占有方提供资料的可靠性,并通过在资产勘查过程中发现的问题、线索,有针对性地开展资料收集、分析工作。

1. 房地产的勘察

(1) 现场勘察工作程序

对于规模较大、房屋建筑物数量较多的企业,在实地查勘之前,先对被评估单位的房屋建筑物进行分类,以便明确重点,区别对待。可选择各类别的典型建筑和价值量大的重点建筑作为 A 类,选择老旧、零星建筑作为 C 类,其余建筑为 B 类。

(2) 现场勘察要点

对建筑物的现场勘察,参照《资产评估操作规范意见》的要求根据建筑物、构筑物评估结果申报表所列项目的项数、面积、结构类型、装饰及给排水、配电照明、采暖通风等设备情况,进行现场勘察核实,并结合现场了解的建筑物结构特征和部位完损状况逐项做现场记录,评估人员除核实建筑物、构筑物数量及内容是否与申报情况一致外,还要针对不同对象,查看其关键部分。

① 钢筋混凝土结构。

● 结构部分

地基基础:观察有无不均匀沉降,对上部结构是否产生影响。

承重构件:观察有无裂缝,混凝土是否剥落,是否露筋锈蚀。

屋面:观察是否局部漏雨,保温层、隔热层是否损坏。

楼地面:观察整体面层是否有裂缝、空鼓、起砂,硬木楼地面是否有腐朽、翘裂、松动、油漆老化现象。

● 装修:主要查看装修的新旧程度有无脱落、开裂、损坏。
● 设备:水暖电设施是否完好齐全,是否畅通,有无损坏和腐蚀,能否满足使用要求。
● 维护结构:如非承重墙、门、窗、隔断、散水、防水、保温等,查看有无损坏、丢失、腐烂、开裂等现象。
● 辅助工程:主要观察是否能够满足使用要求。

② 砖混结构:查看的主要内容是结构、装修、设备。

在实际评估工作中,可以采用以下工作底稿表格进行。房屋建筑物作业分析表——主要建筑物现场勘查表详见表 4-1。

表 4-1 房屋建筑物作业分析表——主要建筑物现场勘查表

被评估单位:_____ 编制人:_____ 日期:_____ 索引号:_____
评估基准日:_____ 复核人:_____ 日期:_____ 页　次:_____

建筑物名称			建筑面积		建造年份	
勘查内容	分部分项做法			完损成新状况		
结构特征						
屋楼地面						
内外墙面						

续表 4-1

建筑物名称		建筑面积		建造年份	
勘查内容	分部分项做法			完损成新状况	
门窗					
顶棚					
设施设备					
结论					

勘查人： 勘查日期：

注：1. 本表为采用成本法评估典型房屋建筑物所填写的工作底稿。

2. 一般房屋建筑物分部分项描述可简化；完损状况描述可分为：完好、基本完好、一般破损、严重破损和危险。

房屋建筑物清查评估明细表详见表 4-2。

表 4-2 房屋建筑物清查评估明细表

索引号：_____

被评估单位：_____ 评估基准日：_____ 金额单位：元

序号	建筑物名称	权证编号	结构	建成年月	建筑面积/m^2	成本单价/(元·m^{-2})	账面价值		评估价值			增值率 %	评估价格/(元·m^{-2})	交叉索引
							原值	净值	原值	成新率 %	净值			

2. 机器设备的查勘

(1) 机器设备的核查

评估人员要依据目的对机器设备进行核查,核查方式有逐项清查和抽样核查两种。

1) 逐项清查

评估人员要依据委托评估资产清单,逐台清点、核实所有被评估的机器设备,考察每台设备并确定实体性贬值、功能性贬值和经济型贬值的情况。一般机器设备单价大,评估时采用逐项清查方式,风险性较小,但工作量大。

2) 抽样核查

抽样核查是在满足核查要求的前提下随机抽样核查被评估的机器设备。在机器设备单价低、数量多、规格型号及使用条件相同或类似的特定情况下,评估人员用抽查的方式可提高效率。另外,有些客户在选择合资伙伴或投资对象时,在项目可行性研究阶段常需要评估师对某些资产提供初步估价意见,目的是了解资产规模、构成等概况,这种情况下也可采用抽样核查的方式。

抽样核查一般采用分层抽样(也称类型抽样)方法,基本步骤如下:

① 将规格型号、使用条件及环境、购置年代比较接近的机器设备归到一组,将全部机器设备分为若干组。

② 根据抽查要求确定抽样比例。

③ 确定抽样调查指标。

④ 随机抽样。

⑤ 分析抽样结果。

使用抽查方式核查资产,评估报告中必须对抽样方法、抽样比例、抽样误差等进行详细说明,并指出可能存在的抽样风险。

(2) 机器设备的鉴定

机器设备鉴定的目的是通过确定评估对象的存在状态,为价值判断提供依据。

设备价值与其存在状态如磨损程度、生产能力、加工精度、安装方式等密切相关。鉴定是搜集、分析各种影响价值的因素,量化这些因素与价值之间的关系,对评估对象做出估价。

评估师在进行鉴定之前,首先要明确评估对象的范围、评估目的、拟采用的评估方法,指定鉴定方案。不同型号的机器设备,需要采集的内容千差万别,使用的鉴定方法和手段也各不相同。按工作阶段鉴定分为统计性鉴定和判断性鉴定,统计性鉴定又包括宏观鉴定和微观鉴定。

1) 统计性鉴定

统计性鉴定是按资产类别预先设计一套能够反映资产现时及历史状况的项目或指标,如设备名称、型号、规格、设计生产能力、规定运转里程、实际生产能力等,然后根据账、卡、测试仪表等反映出的有关数据信息,进行逐项登记。统计性鉴定是资产评估的前期工作,可采取编制资产清册的方式,其又包括宏观鉴定和微观鉴定。

① 宏观鉴定是对机器设备在整个生产中的状况进行调查摸底,一般要搜集 3~5 年的下列数据资料:企业名称和地址;资产构建日期;产品名称及生产工序的简要说明;设备数量;生产能力,包括设计能力、额定及实际生产能力;设备维护状况、维修方式及维修费用,大修理间隔期及每次维修所需时间;日产能力和工作时间;原材料供应情况;产成品或半成品销售渠道

及市场需要情况;每台设备的燃料和动力消耗;自动化程度;役龄、账面年限和有效寿命;安全、环保及辅助设施情况;收益或亏损原因。

② 微观鉴定是辨别设备的个别特征,主要针对单台设备。鉴定项目一般包括:设备名称;设备型号;设备规格;生产厂家;出厂日期、投入使用日期;设备技术参数;传动类型及传动系统状况;动力系统状况;控制系统状况;工作装置状况;安装基础、供水、供电、供气状况和其他辅助设施及费用;设备设计生产能力和实际生产能力;设备精度;设备主要部件情况;设备工作负荷,班次;设备工作环境;设备维修保养情况;设备设计制造品质等。初次进行调查和记录时应注意观察细节,最后对上述信息进行整理。

2) 判断性鉴定

判断性鉴定是由专业工程技术人员在现场勘察的基础上,对机器设备的新旧程度、剩余经济寿命等指标进行分析、判断。一般在完成统计性鉴定后进行。

机器设备新旧程度的鉴定分为总体鉴定和分结构鉴定。总体鉴定是用观察法对不同状态条件下机器设备损耗率或成新率的确定。一台机器设备由若干结构或部件组成,运转过程中各部分损耗程度不同,对机器设备主体的影响也不同,因此,可先分结构鉴定新旧程度,再用加权平均法计算总体新旧程度。

单台机器设备评估大多采用成本法,从微观入手来确定每台设备的价值。整体资产通过单台设备的有机组合达到生产目的,影响评估值的因素除单台设备的价值外,还包括设备整体的匹配情况。有时单台设备良好,但整体性能不一定达到设计要求。因此,评估人员必须通过宏观鉴定确定整个车间或生产线是否存在整体性经济贬值和功能贬值。

在实际评估工作中,可以采用以下工作底稿表格进行。

机器设备评估——现场核实评估程序表详见表 4-3。

表 4-3 机器设备评估——现场核实评估程序表

被评估单位:_____ 经办:_____ 日期:_____ 索引号:_____
评估基准日:_____ 被评估单位陪同人员:_____ 日期:_____ 页次:_____

一、核实评估程序:	是	否	备 注
1. 获取机器设备清查评估明细表,检查是否填写完整、规范,并与明细账、卡片登记表核对相符。对于车辆,应取得其车辆情况调查表。对于以"套""项"为单位的,须取得其明细清单			
2. 对机器设备的权属相关资料进行必要的查验			附委托方或者相关当事方对机器设备的权属做出的书面承诺或权属资料
3. 了解被评估单位生产工艺流程,设备布置情况,设备管理情况,设备利用情况,主要设备技改大修情况,不完好设备情况,闲置设备情况,待报废设备情况,制定现场核实、勘查工作计划			附情况说明,工作计划
4. 对设备进行逐项调查或者抽样调查	逐项调查	抽样调查	若为抽样调查,则附抽样理由及方案

续表 4-3

5. 了解企业核心设备及生产工艺的先进性,悉知国家对该产业的宏观政策及相关规定				
6. 机器设备的预期用途	(1)继续使用(　)或者变现(　)			
	(2)原地使用(　)或者移地使用(　)			
	(3)现行用途使用(　)或者改变用途使用(　)			
7. 根据设备的情况,相应分类,确定核实评估重点			附评估重点清单	
8. 确定核查线路,核实机器设备。特别注意未进账机器设备、已摊销完设备、租入和租出设备,并将情况在"备注"栏作简要说明				
9. 向操作人员、技术人员、维修人员和管理人员调查设备的使用、维护、修理情况,并作相应记录。对评估重点设备和车辆应取得其历年技改、大修费用数据			附情况记录,或在评估明细表备注栏记录	
10. 了解设备的设计生产能力、实际生产能力等生产指标及能耗等经济性指标,对设备的技术经济性做出评价				
11. 现场工作中是否对评估明细表中名称、规格型号、数量与实际不符之处作修正			有作修正的,附修正记录	
12. 聘请专家协助工作				
二、情况、问题及处理:				

机器设备评估——评估方法表详见表 4-4。

表 4-4　机器设备评估——评估方法表

被评估单位:_____　经办:_____　日期:_____　索引号:_____
评估基准日:_____　复核:_____　日期:_____　页　次:_____

一、评估程序:	适用否	索引号
1. 对变电设备,进口设备,锅炉及其他高、精、尖重点设备按各自作业表,逐台进行必要的鉴定评估		
2. 对已计提完折旧、尚能正常使用的设备,按正常使用机器设备评估;对未计提完折旧但因实体性损耗、功能性损耗等不能使用或国家强制淘汰的设备以可变现净残值为其评估值		
3. 一般设备可逐台鉴定评估,也可通过分组,在组内进行全面推算,相应地确定多台设备的评估值		
4. 对待修理设备可按修好状况评估,再将预计修理费作为负债扣除,并做出记录说明		

续表 4-4

5. 按重置成本法评估的，重置价值的选取方法		
(1) 现行市场价格：电话询价或查找有关资料、厂家报价等得到，注意功能差异、时间差异，地区差异及其他个别因素差异		
(2) 重置核算价格：索取或取得有关如竣工决算资料。用现行价格标准调整得到，要考虑复原重置价格和更新重置价格的区别。优选更新重置价值		
(3) 规模系数法：按被评估设备的生产规模与已知现行价格的设备的生产规模相比的系数，得到被评设备的现行价格，系数可按有关公式计算或选用经验数据		
(4) 价格指数调整法：注意尽可能选用个别价格变动系数		
(5) 其他适当的方法，并做出有关说明		
6. 对于外购设备，还须考虑运输费、安装调试费用，大型设备一定期限内的资金成本，进口设备关税，其他必要的合理费用(如手续费等)；对于自制设备须考虑安装调试费、税金、适当利润等		
7. 对于运输车辆评估		
(1) 在产新车的评估方法，首选市场法，若市场挂牌信息不多，则可以选择成本法。成新率采用年限法与行驶里程法孰低原则确定，结合勘查成新率进行修正。车辆报废年限和可行驶里程的规定参照"机动车报废年限、行驶里程一览表"，但应关注评估结果与市场信息价的差异，以减少评估偏离度。		
(2) 对于一般老旧车辆，由于存在停产、产品升级或更新换代，一般难以获得其现行市场售价，应选用市场法评估。一般可参考当地二手车市场，根据车辆品牌和出厂年份获得该类车的市场平均价，在市场平均价的基础上，进行市场交易因素修正及根据被评估对象的具体情况进行个别因素修正。		
(3) 对于采用成本法评估，但车况不良的车辆，成新率的判定宜采用打分法确定。		
8. 车辆评估其他关注事项		
(1) 取得被评估单位对运输车辆不存在交通违章或事故未处理的声明；		
(2) 关注并披露车辆保险的品种及保险到期日；		
(3)在报告特别事项中说明："评估人员对被评估对象的勘察仅局限于一般性的表面查看，或简单测试，或未进行任何实质性的检测工作。""评估价值中未考虑保险余额对评估价值的影响。""至评估工作日，评估人员通过××交通信息网查询，未发现被评估车辆存在机动车违法未处理情况。但资产评估人员的此项工作不能作为此类事项的确认和保证。若存在未处理机动车违法事项和未处理交通事故事项，将对评估价值产生重大影响。"		
9. 成新率的选取		
(1) 重点设备的成新率，通过必要的检测手段，或利用原有的专业检测资料，分析其结构、功能，经济确定成新率。		
(2) 对于价值量中等的设备，以使用年限法为基础，综合分析设计、制造、维护、保养、修理、故障等情况确定综合成新率。		

续表 4-4

(3) 一般设备,用公式: 成新率=(总使用年限－已使用年限)/总使用年限×100%,计算得到。总使用年限指设备的经济寿命,当经济寿命无法确定时,可用技术寿命或自然寿命替代,已使用年限根据账面使用年限结合设备的实际情况调整。		
(4) 依据国家颁布的车辆报废标准,首先以车辆行驶里程和使用年限两种方法计算理论成新率,然后采用孰低法确定其理论成新率,最后对车辆进行现场勘察,如车辆技术状况与孰低法确定的成新率无大差异则成新率不加调整,若有差异则根据实际情况进行调整。 a. 勘察法成新率 A b. 年限法成新率 $B=$ 尚可使用年限/(尚可使用年限＋已使用年限)×100% c. 行驶里程成新率 $C=$ 尚可行驶里程/(尚可行驶里程＋已行驶里程)×100% d. 综合成新率$=\min\{A,B,C\}$		
10. 按公式,评估值＝重置价值×成新率,计算各自评估值,并汇总		
11. 有条件的可选用现行市价法或收益现值法评估,并做出说明		
12. 撰写机器设备评估具体说明		
二、情况、问题及其处理:		
三、评估依据:		
四、评估方法及过程:		

五、评估结果:							
	账面原值	账面净值	评估原值	评估净值	原值增加	净值增加	净值增加率
机器设备							
电子设备							
车辆							

4.1.2　现场调查

资产评估机构和评估专业人员对资产价值的评定和估算,应该建立在对资产状况全面了解的基础之上,如果缺乏对资产状况的必要了解,就不能对资产价值做出合理的判断。

现场调查是了解资产状况的重要方法,是其他方法不能替代的。现场调查针对评估对象,在法律允许的范围内,由评估专业人员通过勘查、询问、核对等手段,收集资产状况相关的信息,对影响资产价值的物理、技术、法律、经济等因素进行客观、全面的了解,为判断资产整体状况、估算资产价值提供合理依据。

1. 现场调查的内容

现场调查包括了解评估对象的现状和关注评估对象的法律权属两项内容。

(1) 了解评估对象现状

1) 核实评估对象的存在性和完整性

评估对象的存在性是指委托人委托评估的评估对象是否真实存在。对于存货、动产、不动产等实物资产,评估专业人员可通过实地查看、核查合同、盘点、函证等方式核实其存在性;对于知识产权类无形资产,可通过核查权属文件、申请登记材料、技术文件、第三方证明文件等核实其存在性;对于应收账款、股权或其他经济权益,可通过核查会计凭证记录、公司章程、权益证明、股权转让协议及函证等方式核实其存在性。

评估对象的完整性要求评估对象符合相关经济行为对资产范围的要求,能够有效实现其预定功能。评估专业人员核实资产的完整性时,既要关注资产物理意义上的完整性,也要关注资产功能上的完整性。

2)了解评估对象的现实状况

对于不同的资产,资产价值的影响因素是不同的。因此评估专业人员要根据评估对象的类型和特点,判断资产价值的影响因素,进而确定资产状况的现场调查内容。评估专业人员确定资产状况的调查内容,既要与资产价值的影响因素相关,支持资产价值的评定和估算,也要能系统、全面、充分反映资产价值影响因素的实际状况,没有遗漏。

对于整体企业,现场调查通常应该包括企业的历史沿革、主要股东及其持股比例、主要的产权和经营管理结构;企业的资产、财务、经营管理现状;企业的经营计划、发展规划;影响企业经营的宏观、区域经济因素;企业所在行业现状与发展前景等内容。

对于房屋建筑物,现场调查通常应了解取得方式、建筑物结构、建成时间、地址、用途、建筑面积、长度、宽度、层高、层数等;对于机器设备,现场调查通常应了解设备名称、生产厂家、规格型号、安装地点、规定使用年限、购置日期、启用日期、已经使用年限、设备使用状况、设备维修情况等;对于存货,现场调查通常应了解名称及规格型号、计量单位、存放地点、数量、单价等;对于应收账款等债权债务,现场调查通常应了解债权债务人名称、业务内容、发生日期、履约及回收情况等。

(2)关注评估对象的法律权属

评估对象的法律权属,包括所有权、使用权及其他财产权利。资产之所以能为其产权持有人带来价值,是因为资产产权持有人拥有对资产占有、使用、收益、处分的权利,从某种意义上讲,对资产的评估也就是对资产权利的评估。

资产的权属状态会影响资产的价值,资产的权属状态不同,资产的价值通常也不相同。例如:对于无形资产,企业拥有的和授权许可使用的价值不同;授权使用的无形资产中,独家许可和非独家许可的,价值也不同。因此,在现场调查中,评估专业人员要关注评估对象的权属状态,以保障评估结论的合理性。

评估专业人员在现场调查时,应当取得评估对象的权属证明,并根据《中华人民共和国资产评估法》的规定,对取得的权属证明进行核查验证,包括但不限于采用与原件核对、向有关登记管理部门查阅登记记录等方式。鉴于国家对不同资产的产权登记管理制度有所不同,不同类别资产的权属证明文件存在差异,评估专业人员应当针对不同类别的评估对象,取得相应的有效证明文件。对不动产、专利权、商标权、著作权、矿业权、车辆等实行产权登记制度的资产,其权属证明就是相应的产权登记文件,比如房地产权证、房屋所有权证、土地使用证、专利权证、著作权登记证书、采矿许可证、勘探许可证、车辆行驶证等;对于机器设备、存货等资产,其权属证明主要包括购置合同、购置发票、付款证明、出库入库记录等;对于企业价值评估涉及的股东全部权益和股东部分权益,其权属证明主要包括公司章程、工商登记材料、股东登记名册、出资证明、出资协议等,涉及国有资产的还包括国有资产产权登记证。

2. 现场调查的手段

现场调查的手段包括询问、访谈、核对、监盘、勘查等。

询问是最常用的调查方式,通常是指资产评估专业人员在阅读、分析评估申报资料的基础上,在评估对象的管理、使用、采购、营销等相关人员进行沟通,以了解资产规模、来源、使用现状、未来利用方式等基本情况,或者企业经营状况、历史经营业绩、行业地位、未来发展规划等企业整体相关信息。

访谈也是现场调查的重要方式之一,即针对无法通过书面资料说明或证明的、涉及多个专业或部门、具有较大不确定性的综合项目或有事项,如资产的来源、在建项目的进展、企业财务状况、企业经营计划等,通过对特定人员或者相关人员访谈,评估专业人员能够及时获得全面的、综合性的信息,以对评估对象的状况作出合理判断。

核对是对委托人申报评估的资产,进行账表核对、账实核实以及将申报内容与相关权证、文件载明的信息核对等,了解资产的存在及法律权属。如果存在盘盈盘亏等现象,还需调查原因。

监盘也是运用较多的核实方法,即参与企业组织的现金、存货等资产的清查核对工作,主要对清查实施方案、人员安排、清查方式(逐项清查或者抽样清查)、清查结果等进行了解,判断清查结果能否反映实际状况,并根据清查结果对资产数量、质量、金额等作出恰当的判断。

前及述及,勘查主要是指对实物资产的数量、质量、分布、运行和利用情况(经营情况)等所做的调查,对相关技术检测结果的收集、观察,对其运用记录和定期检测报告的收集和分析等。在评估实务中,对特殊资产实施勘查可以聘请行业专家协助开展工作,但应当采取必要措施确信专家工作的合理性。

3. 现场调查的方式

评估专业人员对评估对象进行现场调查时,采用的调查方式包括逐项调查或者抽样调查。

(1) 逐项调查

逐项调查是指对纳入评估范围的所有资产及负债进行逐项核实,并进行相应的勘查和法律权属资料核实。

当存在下列情形之一时,资产评估专业人员应当考虑进行逐项调查:

① 评估范围内资产数量少,单项资产的价值量大,比如不动产评估项目。

② 资产存在管理不善等风险,产权持有人或被评估单位提供的相关资料无法反映资产的实际状况,并且从其他途径也无法获取充分、恰当的评估证据,比如停产多年的企业资产评估项目、企业破产清算项目等。

(2) 抽样调查

无法或不宜对评估范围内所有资产、负债等有关内容进行逐项调查的,如资产项数庞大,可以采用抽样调查方式进行现场调查。

抽样调查是指按一定程序从研究对象的全体(总体)中抽取一部分单位(样本)进行调查或观察获取数据,并以此对总体的一定目标量作出推断。抽样调查的基本方法包括简单随机抽样、分层抽样、系统抽样、整群抽样、不等概率抽样、多阶段抽样、重点项目抽样等。重点项目抽样是对纳入评估范围内资产及负债,遵循重要性原则,对价值量大的、关键或重要的资产进行调查。

资产评估专业人员如果采用抽样调查方式进行现场调查,在制定评估计划时,要考虑到抽样风险,要保证由抽样调查形成的调查结论合理、能够基本反映资产的实际状况,抽样误差要适度。

选择抽样调查方式的理由要形成评估工作底稿。

4. 现场调查举例

在调查工作中,评估人员应该针对不同的资产性质、特点及实际情况,采取不同的调查方法。

(1)机器设备的现场调查

为保证评估结果的公允合理,根据被评估单位设备资产的构成特点及评估结果申报明细表的内容,向企业有关资产管理部门及使用部门下发主要设备状况调查表,并指导企业根据实际情况进行填报。

对于通用设备及其他办公设备则通过实盘核实,同时结合核对企业财务账的总账、各科目明细账、会计凭证及相关原始凭证等进行清查。

在实际评估工作中,可以采用以下工作底稿表格进行。

机器设备评估现场实施情况表详见表4-5。

表4-5 机器设备评估现场实施情况表

被评估单位:_____ 编制人:_____ 日期:_____ 索引号:_____
评估基准日:_____ 复核人:_____ 日期:_____ 页　次:_____

工作内容	评估人员	被评估单位协助人员	月份日期								
1. 获取机器设备清查评估明细表,检查是否填写完整、规范,并与明细账、卡片登记表核对相符。对于车辆,应取得其车辆情况调查表。对于以"套""项"为单位的,须取得其明细清单											
2. 对机器设备的权属相关资料进行必要的查验,获取权属资料,或取得委托方或者相关当事方对机器设备的权属做出的书面承诺											
3. 了解被评估单位生产工艺流程,设备布置情况,设备管理情况,设备利用情况,主要设备技改大修情况,不完好设备情况,闲置设备情况,待报废设备情况											

续表 4-5

工作内容	评估人员	被评估单位协助人员	月份日期									
4. 了解企业核心设备及生产工艺的先进性,请被评估单位协助提供国家对该产业的宏观政策及相关规定												
5. 机器设备的预期用途												
6. 确定核实评估重点												
7. 确定核查线路,核实机器设备,对评估明细表中名称、规格型号、数量与实际不符之处作修正												
8. 现场生产设备勘察												
9. 现场办公设备勘察												
10. 现场运输设备勘察												
11. 现场其他设备勘察												
12. 向操作人员、技术人员、维修人员和管理人员调查设备的使用、维护、修理情况,并作相应记录												
13. 了解设备的设计生产能力、实际生产能力等生产指标及能耗等经济性指标												
14. 向被评估单位设备管理人员了解是否存在设备评估调账情况												
15. 向被评估单位设备管理人员了解是否存在二手设备购入情况												
16. 对评估重点设备获取设备购置合同、安装合同、支付凭证、重大技术改造、保险等资料												
17. 根据职业判断,对账面价值偏离度大的设备获取入账依据												
18. 对于特种设备获取年度检验报告												
19. 对于已报废或盘亏固定资产已取得《固定资产报废、盘亏分项说明表》												
20. 提请被评估单位协助的其他事项												
计划现场勘察　　天,自　年　月　日至　年　月　日												

机器设备核实说明表详见表 4-6。

表 4-6 机器设备核实说明表

被评估单位：_____ 编制人：_____ 日期：_____ 索引号：_____

评估基准日：_____ 复核人：_____ 日期：_____ 页　次：_____

　　我们对列入评估范围的各项设备均经核实，以查明实物，落实评估对象，在此基础上进行必要的鉴定，包括对机器设备所在整个系统、生产环境和生产强度进行了必要的评价；对闲置设备、不完好设备、待报废设备及主要设备的大修、改造情况进行充分的了解；对价值量大的关键设备按评估清查明细表所列机器设备共_____台，包括车辆_____辆。核实中发现"无物"_____台，因"已报废"或"盘亏"，被评估单位未作账务处理；有_____台，已陈旧不能正常使用待报废；对于已报废或盘亏固定资产已取得《固定资产报废、盘亏分项说明表》；已取得委托方或者相关当事方对机器设备的权属做出的书面承诺。

1. 机器设备账面记录情况：

	数　量	账面原值	账面净值	备　注
机器设备：				
电子设备：				
车辆：				

2. 列入评估范围的机器设备主要内容：

3. 设备主要安装（存放）地、使用情况：

4. 账面价值形成的历史情况：

5. 清查中发现的主要问题：

附：公司生产工艺流程介绍

（2）流动资产的现场调查

评估专业人员对流动资产现场调查主要通过核对企业的总账、各科目明细账、会计凭证，对非实物性流动资产进行了核实，对货币资金科目进行盘点核实。

对现金进行实地盘点；对于银行存款及其他货币资金主要查阅了银行对账单；对于存货，通过查阅进出库单等原始单据以及现场勘察进行核实，等等。

在实际评估工作中，可以采用以下工作底稿表格进行。

出纳员声明书详见表 4-7。

表4-7 出纳员声明书

×××资产评估有限公司：
　　兹为你公司对本企业＿＿＿＿＿＿年＿月＿日进行资产评估的需要，谨就所知事项声明如下，此外并无隐瞒：
一、本人所管理的本企业现有银行账户及余额为：

开户行名称	账　号	账户性质	余额(元)
合　计			

二、本人已对上述银行账户的余额与本公司银行存款日记账余额进行了核对，并编制了银行余额调节表。
三、本公司除上述银行账户外，没有其他任何形式的银行存款。
四、本公司截至评估基准日的库存人民币现金为：＿＿＿＿＿＿元。
　　除上述库存现金以外，没有任何形式存放于他处的现金。
五、1. 本企业的银行账户至评估基准日未曾受到过任何限制(　)。
　　2. 本企业的银行账户至评估基准日曾受到过限制，并附情况于声明后(　)。
六、本公司截至评估基准日的有价证券列示如下：

有价证券名称	数　量	票面金额合计(元)	现值(元)	备　注

七、本公司截至评估基准日的其他货币资金列示如下：

项　目	账　户	票面金额合计(元)	备　注
1. 在途货币资金			
2. 外埠存款			
3. 银行汇票存款			
4. 银行本票存款			

八、本公司截至评估基准日本人签字的所有开立的银行账户预留印鉴均已向你公司评估人员出示核对。
九、上述内容已经本公司法定代表人及财务负责人查验并审核。
十、附件(有、无)：　　　　　；附件共＿＿＿＿＿份。

　　　　　　　　　　　　　　　　　　　　出　纳　员(签字)：＿＿＿＿＿＿
　　　　　　　　　　　　　　　　　　　　财务负责人(签字)：＿＿＿＿＿＿
　　　　　　　　　　　　　　　　　　　　法定代表人(签字)：＿＿＿＿＿＿

　　　　　　　　　　　　　　　　　　　　　　　＿＿＿年＿月＿日

库存现金盘点表详见表 4-8。

表 4-8 库存现金盘点表

被评估单位：_____ 编制人：_____ 日期：_____ 索引号：_____
评估基准日：_____ 复核人：_____ 日期：_____ 页　次：_____

检查核对记录					现金盘点记录			
项　目	行　次	币　种	币　种	面　额	币　种		币　种	
					数量	金额（元）	数量	金额（元）
盘点日账面库存结余额	1			100 元				
盘点日未记账凭证收入金额	2			50 元				
盘点日未记账凭证付出金额	3			20 元				
盘点日账面应存金额	4＝1＋2－3			10 元				
盘点实存金额	5			5 元				
应存金额与实存金额差异	6＝4－5			2 元				
追溯至报表日账面结存金额				1 元				
报表日至盘点日支出总额	7			其他				
报表日至盘点日收入总额	8			合计				
报表日应有账面金额	9＝1＋7－8			盘存地点：				
报表日账面汇率	10			盘点日期：				
合　计				盘点人：				
调整数				企业会计主管：				
				评估人员：				
审定数								
说明：								

货币资金——现金资产清查评估明细表详见表 4-9。

表 4-9 货币资金——现金资产清查评估明细表

被评估单位：_____ 评估基准日：_____ 索引号：_____ 金额单位：元

序号	存放部门（单位）	币　种	外币账面金额	评估基准日汇率	账面价值	调整数	调整后账面值	评估值	索引号	备注
	合　计									

现金评估表详见表 4-10。

表 4-10 现金评估表

被评估单位：_____ 编制人：_____ 日期：_____ 索引号：_____
评估基准日：_____ 复核人：_____ 日期：_____ 页　次：_____

	适用否	索引号
一、清查评估程序：		
1. 将现金日记账与总账余额核对相符。		
2. 会同主管会计人员盘点库存现金，编制库存现金盘点表（附表）。		
3. 经盘点推算核实的评估基准日实存金额与账面余额不一致，分清情况，确定评估值。		
4. 外币现金按基准日的国家外汇牌价折算为人民币。		
二、情况、问题、调整分录及其处理：		
三、评估依据：		
四、评估方法及过程：		
五、评估结果：		
账面价值：　　　　　元，	清查后账面值：　　　　　元，	
评估值：　　　　　元，	评估增减值：　　　　　元。	

银行存款余额调节表详见表 4-11。

表 4-11 银行存款余额调节表

银行及账号：＿＿＿＿＿＿＿ 编制人：＿＿＿＿＿＿＿ 日期：＿＿＿＿＿＿＿ 索引号：＿＿＿＿＿＿＿
评估基准日：＿＿＿＿＿＿＿ 复核人：＿＿＿＿＿＿＿ 日期：＿＿＿＿＿＿＿ 页　次：＿＿＿＿＿＿＿

项　目	笔　数	金　额	项　目	笔　数	金　额
本单位账面余额			银行对账余额		
加：1类银行已收本单位尚未收			加：3类本单位已收银行尚未付		
减：2类银行已付本单位尚未付			减：4类本单位已付银行尚未付		
调节后的存款余额			调节后的存款余额		
未达款项清单					
未达款项类型	银行凭证号码	摘　要	金　额	未达款项类型	银行凭证号码	摘　要	金　额

说明：

货币资金——银行存款清查评估明细表详见表4-12。

表 4-12 货币资金——银行存款清查评估明细表

被评估单位：_____　　评估基准日：_____　　索引号：_____
　　　　　　　　　　　　　　　　　　　　　　　　　　　　金额单位:元

序号	开户银行	账号	币种	外币账面金额	评估基准日汇率	账面价值	调整数	调整后账面值	评估值	是否调节相符	是否函证相符	索引号	备注
	合　计												

银行存款评估表详见表 4-13。

表 4-13 银行存款评估表

被评估单位：_____　　经办人：_____　　日期：_____　　索引号：_____
评估基准日：_____　　复核人：_____　　日期：_____　　页　次：_____

一、清查评估程序：	适用否	索引号
1. 核对明细表、总账是否相符。		
2. 银行存款:获取资产评估基准日的所有银行存款户的"对账单"和"银行存款余额调节表",并对银行存款进行函证,如不符应查明原因进行调整;如存在未达账项,查核分析未达账款影响净资产情况,并作相应调整。		
3. 检查各外币存款户的余额是否按评估基准日的市场汇价折合为人民币金额。		
4. 按核对无误后的账面价值作为评估价值。		

续表 4-13

二、情况、问题、调整分录及其处理：	
三、评估依据：	
四、评估方法及过程：	
五、评估结果：	
账面价值：　　　　　　元，　　　清查后账面值：　　　　　　元，	
评估值：　　　　　　　元，　　　评估增减值：　　　　　　　元。	

货币资金——其他货币资金清查明细表详见表 4-14。

表 4-14　货币资金——其他货币资金清查明细表

被评估单位：_____　　评估基准日：_____　　索引号：_____　　金额单位：元

序号	名称及内容	用途	币种	外币账面金额	评估基准日汇率	账面价值	调整数	调整后账面值	评估值	是否调节相符	是否函证相符	索引号	备注
	合　计												

其他货币资金评估表详见表 4-15。

表 4-15 其他货币资金评估表

被评估单位：_____ 经办人：_____ 日期：_____ 索引号：_____
评估基准日：_____ 复核人：_____ 日期：_____ 页　次：_____

一、清查评估程序：	适用否	索引号
1. 核对明细账与总账是否相符。		
2. 检查期末余额中有无较长时间未结清的款项,并函证。		
3. 按核对无误后的账面价值作为评估价值。		
4. 关注定期存款的利息计提情况,外币折算情况及评估处理。		
二、情况、问题、调整分录及其处理：		
三、评估依据：		
四、评估方法及过程：		
五、评估结果：		
账面价值：　　　　　　　　元,　　　　清查后账面值：　　　　　　　　元,		
评估值：　　　　　　　　　元,　　　　评估增减值：　　　　　　　　　元。		

交易性金融资产清查明细表详见表 4-16。

表 4-16 交易性金融资产清查明细表

被评估单位：_____ 评估基准日：_____ 索引号：_____ 金额单位:元

序号	金融资产名称	金融资产代码	投资日期	数量	比例%	账面价值	调整数	调整后账面值	盘点或期后处置情况	期末市价		评估值	索引号	备注
										单价	金额			
	合　计													

交易性金融资产评估表详见表4-17。

表4-17 交易性金融资产评估表

被评估单位：_____　　经办人：_____　　日期：_____　　索引号：_____
评估基准日：_____　　复核人：_____　　日期：_____　　页　次：_____

	适用否	索引号
一、清查评估程序：		
1. 取得明细表，复核加计正确，并与明细账、总账核对相符。		
2. 获取股票、债券及基金账户对账单与明细余额核对，需要时向证券公司函证，注意资金账户余额会计处理是否正确。		
3. 了解已到付息期但尚未领取的利息或已宣告但尚未发放的现金股利情况。		
4. 复核公允价值变动入账金额，并复核该变动金额对应的延递所得税计提情况。		
5. 查询基准日收盘价。		
6. 针对不同情况，确定评估值：		
(1) 按评估基准日的收盘价扣除相关税费计算评估价值。		
(2) 若相关税费金额较小，以账面价值为评估价值。		
7. 整理编制评估明细表。		
二、情况、问题、调整分录及其处理：		
三、评估依据：		
四、评估方法及过程：		
五、评估结果：		
账面价值：　　　　　元，	清查后账面值：　　　　　元，	
评估值：　　　　　元，	评估增减值：　　　　　元。	

股票和债券盘点(抽查)表详见表4-18。

表 4-18 股票和债券盘点(抽查)表

被评估单位：_____ 经办人：_____ 日期：_____ 索引号：_____
评估基准日：_____ 复核人：_____ 日期：_____ 页　次：_____

证券名称	账面结存数	加:抽查前减少数	减:抽查前增加数	应存数	实存数	差　异	原因分析

应收票据清查明细表详见表 4-19。

表 4-19 应收票据清查明细表

被评估单位：_____　　评估基准日：_____　　索引号：_____　　金额单位:元

序号	户名（结算对象）	出票日期	到期日期	票面利率%	账面价值	调整数		调整后账面价值	评估值	基准日是否质押	期后是否承兑或背书转让及日期	索引号	备注
						坏账	其他						
	合　计												

应收票据评估表详见表 4-20。

表 4－20　应收票据评估表

被评估单位：_____　　经办人：_____　　日期：_____　　索引号：_____

评估基准日：_____　　复核人：_____　　日期：_____　　页　次：_____

	适用否	索引号
一、清查评估程序：		
1. 取得或编制应收票据明细表，并将明细表合计数与资产负债表余额核对相符。		
2. 与现金盘点一起实地检视库存票据，检查是否属委托单位所有并与应收票据登记簿的有关内容核对，检查其有效性。		
3. 检查有疑问的商业汇票是否曾经转期，对逾期未兑现票据，应调整转入应收账款评估，若有风险，考虑坏账损失。		
4. 带息票据以票据面值加应计利息计算评估值。		
5. 不带息票据以核实的账面值为评估值。		
6. 核对期后已贴现的应收票据，其贴现额与利息额的计算是否准确。		
二、情况、问题、调整分录及其处理：		
三、评估依据：		
四、评估方法及过程：		
五、评估结果：		
账面价值： 元，	清查后账面值： 元，	
评估值： 元，	评估增减值： 元。	

应收账款清查评估明细表详见表 4－21。

表 4-21 应收账款清查评估明细表

被评估单位:_____   评估基准日:_____   索引号:_____   金额单位:元

序号	欠款单位名称	业务内容	发生日期	账面价值	清查调整数		调整后账面值	评估值	账龄分析				查证情况			索引号	备注
					其他	重分类			1年以内	一年	二年	三年	年以上	函证程序	替代程序	期后收付金额		
	合计																	

应收账款/坏账准备评估表详见表 4-22。

表 4-22 应收账款/坏账准备评估表

被评估单位:_____   经办人:_____   日期:_____   索引号:_____

评估基准日:_____   复核人:_____   日期:_____   页 次:_____

一、清查评估程序:	适用否	索引号
1. 取得明细表,复核加计正确,并与明细账、总账核对相符。		
2. 检查应收账款账龄分析是否正确,外币应收账款的折算是否正确,对有贷方余额的项目查明原因,做重分类调整。		
3. 选取账龄长、金额大、业务频繁以及关联企业的应收款向债务人函询,确定函询量、金额的比例,编制"函证结果汇总表",分析函询结果。		
4. 对回函不符或未收到回函的样本项目,采用替代程序判断确定债权的存在,审核该笔债权的相关文件资料(合同契约、定购单、销货发票、运货单据等),核实交易事项的真实性。		
5. 对未发函的一般应收账款项目,应选择样本,抽查有关原始凭证。		
6. 请被评估单位协助,标出期后已经收回的应收账款金额,并对金额较大的款项进行检查,注意凭证日期的合理性。		
7. 在核实应收款无误的基础上,对于应收账款的评估值确定,具体操作:		
(1) 对应收账款的账龄进行分析,分析账龄较长的应收账款分析长期挂账原因,并估计其损失的可能性;		
(2) 对可疑债权进行调查,向有关部门了解债务人信用状况,并编制可疑债权调查表;		
(3) 检查应收账款中有无债务人破产或者死亡的,或者债务人长期未履行偿债义务的,掌握无法收回款项的背景材料,确实无法收回的,评估值为零。		
(4) 调查以前若干年的坏账核销情况,并编制坏账核销记录查阅表,测算应收款中潜在的坏账损失率,并与坏账准备的数进行比较分析。		

续表 4－22

8.取得坏账准备计提的依据(股东大会决议),对坏账准备的计提情况进行核实,根据对应收账款评估的情况,具体操作:		
(1)对应收账款的损失进行逐项评估的,坏账准备评估值为零。		
(2)通过对应收账款中潜在坏账损失的测算,坏账准备计提基本合理的,以清查调整后的账面价值为评估价值。		
9.整理编制评估明细表。		
二、情况、问题、调整分录及其处理:		
三、评估依据:		
四、评估方法及过程:		
五、评估结果:		
账面价值:　　　　　　　　　元,	清查后账面值:　　　　　　元,	
评估值:　　　　　　　　　　元,	评估增减值:　　　　　　　元,	

其他应收款清查评估明细表详见表 4－23。

表 4－23　其他应收款清查评估明细表

被评估单位:_____　　评估基准日:_____　　索引号:_____　　金额单位:元

序号	欠款单位名称	业务内容	发生日期	账面价值	清查调整数		调整后账面值	评估值	账龄分析					查证情况			索引号	备注
					其他	重分类			1年以内	一年	二年	三年	年以上	函证程序	替代程序	期后收付金额		
合计																		

其他应收款评估表详见表 4-24。

表 4-24 其他应收款评估表

被评估单位：_____ 经办人：_____ 日期：_____ 索引号：_____
评估基准日：_____ 复核人：_____ 日期：_____ 页　次：_____

一、清查评估程序：	适用否	索引号
1. 取得明细表，复核加计正确，并与明细账、总账核对相符。		
2. 检查其他应收款账龄分析是否正确，外币折算是否正确，对有贷方余额的项目查明原因，做重分类调整。		
3. 选取账龄长、金额大、发生频繁以及关联企业的应收款向债务人函询，确定函询量、金额的比例，编制"函证结果汇总表"分析函证结果。		
4. 对回函不符或未收到回函的样本项目，采用替代程序判断确定债权的存在，审核该笔债权的相关文件资料，核实交易事项的真实性。		
5. 对未发函的一般其他应收款项目，应选择样本，抽查有关原始凭证。		
6. 请被评估单位协助，标出期后已经收回的其他应收款金额，并对金额较大的款项进行检查，注意凭证日期的合理性。		
7. 在核实无误的基础上，对其他应收款的评估值确定，具体操作：		
(1) 对只因发票未到，财务仍未处理的费用性质的款项，评估值为零；		
(2) 参照应收账款的评估方法。		
8. 对坏账准备的计提情况进行核实，具体操作参照应收账款—坏账准备的评估。		
9. 整理编制评估明细表。		
二、情况、问题、调整分录及其处理：		
三、评估依据：		
四、评估方法及过程：		
五、评估结果：		
账面价值：　　　　　　元，　　　清查后账面值：　　　　　　元，		
评估值：　　　　　　元，　　　评估增减值：　　　　　　元。		

_____款明细查证表详见表 4-25。

表 4-25 _____款明细查证表

被评估单位：_____ 经办人：_____ 日期：_____ 索引号：_____
评估基准日：_____ 复核人：_____ 日期：_____ 页　次：_____

检查内容						内　容	日　期	凭证号	金　额	检查内容					
1	2	3	4	5	6	三、本期贷方发生额合计	*	*		1	2	3	4	5	6
*	*	*	*	*	*										
						测试金额占合计的比例	*	*	%						
*	*	*	*	*	*	四、期末余额	*	*		*	*	*	*	*	*
*	*	*	*	*	*										

检查内容：
1. 发票金额（原始凭证）与记账凭证一致；　　　4. 与付款（收款）单位名称一致；
2. 发票金额（原始凭证）与账面记录一致；　　　5.
3. 会计处理正确；　　　　　　　　　　　　　　6.

函证结果汇总表详见表 4-26。

表 4-26　函证结果汇总表

被评估单位：_____ 经办人：_____ 日期：_____ 索引号：_____
评估基准日：_____ 复核人：_____ 日期：_____ 页　次：_____

序号	单位名称	地址	邮编	函证索引号	函证金额	回函确认金额（含调节相符）	回函不符金额	未回函金额	备注

样本金额合计：　　说明及评价：
总体金额合计：
样本占总体比重%：
回函率%：
回函相符率%：

会计凭证抽查记录详见表 4-27。

表 4-27 会计凭证抽查记录

被评估单位：_____ 经办人：_____ 日期：_____ 索引号：_____
评估基准日：_____ 复核人：_____ 日期：_____ 页　次：_____

日　期	凭证编号	单位或明细项目	业务内容	对应科目	金　额		备　注
					借方	贷方	

说明：

原材料结存数量抽查表详见表 4-28。

表 4-28 原材料结存数量抽查表

被评估单位：_____ 经办人：_____ 日期：_____ 索引号：_____
评估基准日：_____ 复核人：_____ 日期：_____ 页　次：_____

存货名称规格	计量单位	基准日账面余额		至盘点日收发数量		盘点日应存数量	实际盘存数量	盈亏	说　明
		数　量	金　额	入　库	发　出				

原材料评估——价格测试记录表详见表4-29。

表4-29 原材料评估——价格测试记录表

被评估单位：_____ 经办人：_____ 日期：_____ 索引号：_____
评估基准日：_____ 复核人：_____ 日期：_____ 页次：_____

存货名称、规格	计量单位	清查数		最近进(出)货情况		单价差异	总差异金额	备注
		数量	单价	时间	单价			
合　计								
原材料总额								
比　例								
说明：								

存货——原材料清查评估明细表详见表4-30。

表4-30 存货——原材料清查评估明细表

被评估单位：_____ 评估基准日：_____ 索引号：_____ 金额单位：元

序号	名称及规格型号	计量单位	账面价值			盘盈		报废		其他		调整后账面值			评估值			是否抽查核对相符	索引号	备注
			数量	单价	金额	数量	金额	数量	金额	数量	金额	数量	单价	金额	数量	单价	金额			
	合　计																			

存货——原材料评估表详见表 4-31。

表 4-31　存货——原材料评估表

被评估单位：_____　　经办人：_____　　日期：_____　　索引号：_____
评估基准日：_____　　复核人：_____　　日期：_____　　页　次：_____

一、清查评估程序：	适用否	索引号
1. 取得原材料(材料物资、燃料、包装物)明细表，并与明细账、总账核对相符。		
2. 根据重要性原则进行抽查盘点，作好盘点记录(附表)，确定盘点量及金额。		
3. 在抽查盘点过程中，注意对报废、报损、须削价和盘盈、盘亏原材料进行鉴定并做出记录，转列"待处理流动资产损益"项目处理或直接评估减值。		
4. 分别不同情况确定原材料的评估价值，具体计算如下：		
(1) 比重大、单价高的主要材料根据清查核实后的数量乘以现行市价，再加上合理的运杂费、损耗、整理入库费及其他合理费用(银行贷款利息、保险费、仓库租赁费等)得出其评估值；		
(2) 数量及价值比重小的原材料如账面价值与评估基准日市场价值接近，一般采用以核实的账面值确定评估价值；如价值变化很大，采用方法一进行评估；		
(3) 进口材料除按第一点确定评估值外，必须以基准日市场汇价(中间价)折算。		
5. 发现账面有红字情况，查明原因并调整。		
6. 整理编制评估明细表。		
二、情况、问题、调整分录及其处理：		
三、评估依据：		
四、评估方法及过程：		
五、评估结果：		
账面价值：_____元，	清查后账面值：_____元，	
评估值：_____元，	评估增减值：_____元。	

(3) 负债的现场调查

主要核实负债的内容、形成过程，审核是否为基准日实际存在的负债，是否有确定的债权人等，以确定评估价值。

在实际评估工作中,可以采用以下工作底稿表格进行。

短期借款清查评估明细表详见表4-32。

表4-32 短期借款清查评估明细表

被评估单位:_____ 评估基准日:_____ 索引号:_____

元

序号	放款银行或机构名称	发生日期	到期日	月利率‰	币种	外币金额	账面价值	调整数	调整后账面值	评估价值	借款条件	函证情况	合同索引	资金用途	索引号	备注
	合　计															

短期借款评估表详见表4-33。

表4-33 短期借款评估表

被评估单位:_____ 经办人:_____ 日期:_____ 索引号:_____
评估基准日:_____ 复核人:_____ 日期:_____ 页　次:_____

一、清查评估程序:	适用否	索引号
1. 取得明细表,复核加计正确,并与明细账、总账核对相符。		
2. 检查各借款项目的借款合同、协议或其他有关资料和收付款凭证,确认其余额的合法性、真实性,或直接向贷款机构函证。		
3. 检查至外勤工作日各项借款的偿还情况,有无到期未偿还的借款,逾期借款是否办理了延期手续。		
4. 检查利息计算的依据,复核应计利息的正确性,并与应付利息科目的相关内容进行核对,未预提利息或预提金额有误的,予以调整。		
5. 检查长期借款中一年内到期的部分,列为一年内到期的非流动负债评估。		
6. 检查以外币结算借款的换算汇率与评估基准日汇率是否一致。		
7. 借款条件是抵押和担保的,检查手续是否齐备。		
8. 以核实调整后的账面金额为评估值。		
9. 整理编制评估明细表。		
二、情况、问题、调整分录及其处理:		
三、评估依据:		

续表 4-33

四、评估方法及过程：			
五、评估结果：			
账面价值：	元，	清查后账面值：	元，
评估值：	元，	评估增减值：	元。

应付票据清查评估明细表详见表 4-34。

表 4-34 应付票据清查评估明细表

被评估单位：_____ 评估基准日：_____ 索引号：_____ 金额单位：元

序号	户名(结算对象)	出票日期	到期日期	票面利率%	账面价值	调整数	调整后账面值	评估值	期后是否承兑及承兑日期	索引号	备注
	合　计										

应付票据评估表详见表 4-35。

表 4-35 应付票据评估表

被评估单位：_____ 经办人：_____ 日期：_____ 索引号：_____
评估基准日：_____ 复核人：_____ 日期：_____ 页　次：_____

一、清查评估程序：	适用否	索引号
1. 取得应付票据明细表(附表)，并与明细账、总账逐项核对相符，择要抽查到原始凭证。		
2. 对外勤工作日止已偿付的应付票据抽查凭证、银行对账单、购货发票等，并注意这些凭证发生日期的合理性。		
3. 验明应付票据的利息支出和应计利息支出，并检查是否已正确入账，未预提利息或预提金额有误的，予以调整。		
4. 检查逾期未兑现的应付票据的原因，区别性质调整入短期借款、应付账款项目处理。		
5. 对以外币结算的应付票据，检查其换算汇率与评估基准日汇率是否一致。		
6. 以核实后的账面金额为评估价值。		

续表 4-35

	适用否	索引号
7. 整理编制应付票据清查评估明细表。		
二、情况、问题、调整分录及其处理：		
三、评估依据：		
四、评估方法及过程：		
五、评估结果：		
账面价值：　　　　　　元，　　　　清查后账面值：　　　　　　元，		
评估值：　　　　　　元，　　　　评估增减值：　　　　　　元。		

应付账款清查评估明细表详见表 4-36。

表 4-36　应付账款清查评估明细表

被评估单位：_____　　评估基准日：_____　　索引号：_____　　金额单位：元

序号	欠款单位名称	发生日期	业务内容	账面价值	调整数	调整后账面值	评估值	账龄分析			查证情况			索引号	备注
								1年以内	一年	年以上	函证程序	替代程序	期后收付金额		
	合　计														

应付账款评估表详见表 4-37。

表 4-37 应付账款评估表

评估基准日：_____ 复核人：_____ 日期：_____ 页次：_____

一、清查评估程序：	适用否	索引号
1. 取得应付账款明细表（附表），并与明细账、总账核对相符。		
2. 针对大额或时间较长的项目，向债权人函询，证明其真实性。		
3. 请客户协助，在应付账款明细表标出至外勤工作日止已支付的应付款项，必要时抽查付款凭证、银行对账单、购货发票等，并注意其合理性。		
4. 对未收到回函的函询项目，采取检查该笔债务的相关凭证资料，予以核实该事项的真实性。		
5. 对产生借方余额的客户，检查其原因，以确定其性质及借方余额的可收回性，调整入应收款项目评估。		
6. 请客户协助分析，对较长期未清偿的债务作出判断，已明确无须支付的款项，请客户提供具体情况和背景材料，区别情况作评估减少处理。		
7. 确定选择适当方式，审查核实在评估基准日收到但未处理的所有购货发票，以及虽未收到发票，但已到达企业的货物，以期末暂估入账方式补记相应的应付账款金额。		
8. 对于用外币结算的应付账款，检查换算汇率与评估基准日汇率是否一致。		
9. 以核实后的应付账款账面价值作评估价值。		
10. 整理编制应付账款清查评估明细表。		
二、情况、问题、调整分录及其处理：		
三、评估依据：		

续表 4-37

四、评估方法及过程:		
五、评估结果:		
账面价值: 元,	清查后账面值:	元,
评估值: 元,	评估增减值:	元。

长期借款清查评估明细表详见表 4-38。

表 4-38 长期借款清查评估明细表

被评估单位:_____ 评估基准日:_____ 索引号:_____ 金额单位:元

序号	放款银行或机构名称	发生日期	到期日	月利率‰	币种	外币金额	账面价值	调整数	调整后账面值	评估价值	借款条件	函证情况	合同索引	资金用途	索引号	备注
	合 计															

长期借款评估表详见表 4-39。

表 4-39 长期借款评估表

被评估单位：_____ 经办人：_____ 日期：_____ 索引号：_____
评估基准日：_____ 复核人：_____ 日期：_____ 页　次：_____

一、清查评估程序：	适用否	索引号
1. 取得明细表，复核加计正确，并与明细账、总账核对相符。		
2. 检查各借款项目的借款合同、协议或其他有关资料和收付款凭证，确认其余额的合法性、真实性，或直接向贷款机构函证。		
3. 检查至外勤工作日各项借款的偿还情况，有无到期未偿还的借款，逾期借款是否办理了延期手续。		
4. 检查利息计算的依据，复核应计利息的正确性，并与应付利息科目的相关内容进行核对，未预提利息或预提金额有误的，予以调整。		
5. 检查长期借款中一年内到期的部分，列为一年内到期的非流动负债评估。		
6. 检查以外币结算借款的换算汇率与评估基准日汇率是否一致。		
7. 借款条件是抵押和担保的，检查手续是否齐备。		
8. 以核实调整后的账面金额为评估值。		
9. 整理编制评估明细表。		
二、情况、问题、调整分录及其处理：		
三、评估依据：		
四、评估方法及过程：		
五、评估结果：		
账面价值：　　　　　　　　元，　　　　清查后账面值：　　　　　　　　元，		
评估值：　　　　　　　　元，　　　　评估增减值：　　　　　　　　元。		

以上是一些用于资产评估现场调查的常见工作底稿，除此之外，实际工作中用于资产评估现场调查的工作底稿还很多，一般是由资产评估机构根据评估工作需要事先设计、编制的。

5. 现场调查工作受限及其处理

现场调查应当在评估对象或评估业务涉及的主要资产所在地进行。但是在评估实务中，经常会遇到因客观原因无法进行实地勘查的情形，也就是现场调查程序受到了限制，也叫评估受限。这时，资产评估专业人员应当在不违背资产评估准则基本要求前提下，采取必要的替代程序,并保证程序和方法的合理性。

评估受限是指因客观原因无法进行现场核实等情形,实务中存在的应当、能够履行程序,而以"受限"为由不履行的,不属于资产评估准则认可的程序履行受限情形。

(1) 现场调查工作受限的情形

现场调查受限的原因可以划分为资产自身原因和相关当事人原因。资产自身原因导致的现场调查受限,是指由于资产本身的特征、存放地点、法律限制等导致评估专业人员无法采用常规的调查技术手段对资产的数量、品质等进行实地勘查的情形。因资产自身原因无法进行勘查的情形通常有以下几种:

① 资产性能、资产置放地点限制现场调查,如地下深埋管线、养殖的水产、海上航行的船舶、生产过程中的在产品、异地置放资产、分散分布的资产、置放在危险地带的资产等。

② 涉及商业、国家秘密限制现场调查,如军工企业的涉密资产等。

③ 清查技术手段限制现场调查,如空中架设输配电线路的长度和材质、输油管道中的存货、鉴定环境危害性和合规性、建筑结构强度测定、建筑面积测量、房屋建筑物沉降测试、白蚁蚁害检测、危房鉴定等事项。

④ 诉讼保全限制现场调查,如法院查封的资产等。

相关当事人原因导致的现场调查受限,通常包括委托人或者其他相关当事人不提供资产明细资料、产权持有人或者被评估单位不配合进行现场调查工作等导致的现场调查受限。比如评估长期投资时,不占控股权的被评估单位不配合,评估专业人员不能进现场获取有关资料;分支机构在境外且无法履行调查程序;金融不良资产处置、司法纠纷所涉资产等评估业务,债务人(或担保人)、涉案资产产权持有人等不配合评估。

(2) 现场调查工作受限的处理

当无法履行现场调查程序时,资产评估专业人员应当重点考虑以下因素,判断是否继续执行或中止评估业务。

① 所受限制是否对评估结论造成重大影响或者无法判断其影响程度;

② 能否采取必要措施弥补不能实施调查程序的缺失。

如果无法采取替代措施对评估对象进行现场调查,或者即使履行替代程序,也无法消除其对评估结论产生重大影响的事实,资产评估机构应当终止执行评估业务。如果通过实施替代程序之后,受限事项并不会对评估结论产生重大影响,资产评估机构可以继续执行评估业务,但是资产评估专业人员应当在工作底稿中予以说明,分析其对评估结论的影响程度,并在资产评估报告中以恰当方式说明所受限制情况、所采取的替代程序的合理性及其对评估结论合理性的影响。

例如,对于未停泊在国内港口的船舶,虽然无法履行登船核查程序,但可以在企业工作时取得近期国家船级社的检测鉴定报告和船舶的定位及影像资料等,依据这些信息也能对其进行合理评估,就可以继续执行评估项目。

任务演练:现场查勘取证

背景资料

选取某一住宅房地产,进行实地查勘,填写住宅房地产实地查看记录表。住宅房地产实地查看记录表详见表4-40。

表4-40 住宅房地产实地查看记录表

项目	内容	项目	内容
房屋坐落			
土地证号		房屋所有权证号	
土地形状	使用权类型	房屋所有权人	
标的所在楼层/总楼层：__/__层	房屋登记用途	土地面积 ____ m²	土地使用权终止日期：
	使用状况 □自用 □空置 □出租	建筑面积 ____ m²	建筑结构：
现状用途 □住宅 □办公 □商铺	户型结构 __房__厅__卫__厨__阳		层高(米)： 成新率：
使用状况 □完好 □基本完好 □一般损坏 □严重损坏 □危房			建成时间： 朝向：
维修保养 □良好 □一般 □较差	通风采光 □良好 □一般 □较差		评估目的：
四至：西： 东： 南： 北：			物管类型：□小区 □大院 □单体楼 □封闭 □半封闭 □开放
公交线路 □有 □无 共__条线路步行__分钟	地铁站 □有 □无 步行至该地铁站约__分钟 步行至汽车站__分钟		
景观 □小区园景 □望江 □人工湖 □山 □球场 □泳池 □无		小区配套	
物业设施及管理	电梯 □部客梯__货梯每层__户 □无 □完好 □基本完好 □一般损坏 □严重损坏	房屋间距	车位比重
	水电 □明敷 □暗敷 □完好 □基本完好 □一般损坏 □严重损坏	临街状况	车位使用状况
	消防 □消防栓 □自动喷淋 □烟感报警 □无 □完好 □基本完好 □一般损坏 □严重损坏	通讯 □电话 □有线电视 □网络 □完好	
		管道煤气 □有 □无	
		物业管理 □防盗门 □自动对讲系统 □可视对讲系统 □小区监视系统 □24小时保安 □无保安 物业收费：每平方米_____元	
周边配套	□商场 □幼儿园 □学校 □医院 □邮局 □银行 □菜市场 □超市 □公园 □体育设施 □酒店 □娱乐休闲		
物业外墙	装修档次 □毛坯 □简装 □精装		
楼梯间、门厅、大堂	地面： 墙面： 顶棚： 其他：		
公共通道	地面： 墙面： 顶棚： 其他：		

续表 4-40

房屋坐落			房屋所有权人	房屋所有权证号	
内部装修		基本状况			使用现状
客餐厅		地面			□完好 □基本完好 □一般损坏 □严重损坏
		墙面			□完好 □基本完好 □一般损坏 □严重损坏
		顶棚			□完好 □基本完好 □一般损坏 □严重损坏
		门			□完好 □基本完好 □一般损坏 □严重损坏
		窗			□完好 □基本完好 □一般损坏 □严重损坏
		柜体			□完好 □基本完好 □一般损坏 □严重损坏
房 间		地面			□完好 □基本完好 □一般损坏 □严重损坏
		墙面			□完好 □基本完好 □一般损坏 □严重损坏
		顶棚			□完好 □基本完好 □一般损坏 □严重损坏
		门			□完好 □基本完好 □一般损坏 □严重损坏
		窗			□完好 □基本完好 □一般损坏 □严重损坏
厨 房		地面			□完好 □基本完好 □一般损坏 □严重损坏
		墙面			□完好 □基本完好 □一般损坏 □严重损坏
		顶棚			□完好 □基本完好 □一般损坏 □严重损坏
		其他			□完好 □基本完好 □一般损坏 □严重损坏
主卧卫生间		地面			□完好 □基本完好 □一般损坏 □严重损坏
		墙面			□完好 □基本完好 □一般损坏 □严重损坏
		顶棚			□完好 □基本完好 □一般损坏 □严重损坏
其 他		□外阳台 ___个 □内阳台 ___个		附属物:	
法定优先受偿款		□拖欠建设工程款 ___元 □拖欠土地出让金 ___元 □拖欠报建费 ___元 □拖欠税费 ___元 □抵押担保的债权数额 ___元 □其它法定优先受偿款 ___元			
备 注					

在查看表背面绘制现场平面草图及记载市场案例调查情况,表内未涉及的内容可在表的背面加以详细记录。此表必须归入报告档案内。

产权人(签字):　　　　　领看人(签字):　　　　　第三方证人(签字):

查看人(签字):　　　　　估价师(签字):

产权人地址及联系方式:　　　　　　　　　　　　　　查看日期:

演练方法

① 市场调查法。

② 讨论法。

演练要求

① 将学生分成若干小组,以小组为单位,选取一处房产,按照表格要求进行实地查勘。

② 在实地查勘的基础上分析房产价值的影响因素有哪些?

演练条件

① 教师事先对学生按照5人进行分组,按组实施。

② 具有足够的计算机和上网条件。

③ 具有模拟实训室或多媒体教室。

学习任务4.2　收集整理评估资料

知识储备

4.2.1　收集资产评估资料

收集资产评估资料是指资产评估专业人员根据评估目的具体情况收集评定估算所需要的相关资料的过程。资产评估专业人员通过执行现场调查程序,对资产状况有了客观、全面、充分的了解后,还需进一步收集整理评估资料,形成评定估算的依据。

工作成果:无形资产评估资料收集目录

1. 资产评估资料的分类

(1) 从评估资料的内容划分

从内容划分,评估资料分为权属证明、财务会计信息和其他评估资料。权属证明是指能够证明评估对象产权归属的材料。财务会计信息是指会计凭证、会计账簿、财务会计报告及其他会计资料。其他评估资料包括查询记录、询价结果、检查记录、行业资讯、分析资料、鉴定报告、专业报告及政府文件等。

权属证明、财务会计信息主要通过现场调查程序取得,其他评估资料主要通过收集评估资料程序取得。

(2) 从评估资料的来源划分

从来源划分,评估资料分为直接从市场等渠道独立获取的资料,从委托人、产权持有人等相关当事人处获取的资料,从政府部门、各类专业机构和其他相关部门获取的资料。

从委托人、产权持有人等相关当事人处获取的资料通常包括资产评估申报资料,评估对象权属证明,反映资产状况的资料,评估对象的历史、预测、财务、审计等资料,相关说明、证明和承诺等。

2. 收集资产评估资料的主要工作内容

资产评估专业人员收集评估资料的工作主要包括：直接从市场等渠道独立获取资料，从委托人、产权持有人等相关当事人获取资料，从政府部门、各类专业机构和其他相关部门获取资料。

（1）直接从公开市场独立获取资料

公开市场是资产评估专业人员获取评估资料的主要来源，市场信息具有公开性、直接性、易获得性等特点。市场信息资料包括交易所公布的股票交易信息、上市公司公开披露的资料、各类资产交易所公布的交易信息、各类资产市场交易信息等。但是，直接获得的市场信息往往存在信息不完备的特征，即市场信息可能未充分反映交易内容和条件，评估专业人员应当尽可能全面收集市场信息，并进行必要的分析调整。

评估专业人员应当掌握必要的市场信息渠道，在日常工作中收集必要的市场信息，并积累形成市场信息库，在具体开展评估业务时，根据评估对象的特征，查询信息库或者通过市场渠道取得并更新相关的市场信息。

（2）从委托人、产权持有人等相关当事人获取资料

评估专业人员履行评估资料收集程序，从委托人、产权持有人等相关当事人获取的资料，主要为用于对资产价值进行评定估算的资料，如评估对象和评估范围涉及的资产评估明细资料、资产最可能的持续使用方式、企业经营模式、收益预测等。来源于委托人、产权持有人等相关当事人的与资产状况相关的资料，如资产权属证明、反映资产现状的资料等，评估专业人员主要通过现场调查程序取得。

评估专业人员应当要求委托人等相关当事人对其提供的评估资料以签字、盖章及法律允许的其他方式等进行确认。

（3）从政府部门、各类专业机构和其他相关部门获取资料

1）政府部门

政府部门的资料包括宏观经济信息、产业统计数据（如库存、生产情况、需求情况）等，这些数据对资产评估中宏观经济分析、行业及产业状况分析非常重要。许多与企业相关的信息也可通过查看各级政府部门的资料来获取，如各级市场监督管理部门都保存了注册公司的基本登记信息。

政府部门的资料一般比较正式，具有较高的权威性可信度，但在时效性方面可能存在一定的问题。

2）证券交易机构

有关上市公司的资料可在证券交易所查询。上市公司必须向监管部门和有关证券交易所提交定期（年度报告和中期报告）和临时性报告，并予以公告。上市公司的财务公开信息一般要接受注册会计师审计，反映的情况相对而言较为可靠，资产评估专业人员查询收集这些信息也较为方便。利用这些信息，资产评估专业人员不仅可以了解资产所有者的状况，也可以了解其竞争对手状况及其所处行业的情况。对于未上市公司，也可以从上市公司中挑选可比的对象作为参照物，进行类比分析，了解相关状况。

3）金融信息服务提供商

准确、便捷地应用收益法、市场法，需要借助金融信息服务提供商提供的上市公司或者交易案例的相关信息。随着金融信息服务行业的快速发展，一批信息质量高、时效性强、数据详

实的信息服务商或数据提供商得以涌现,已经成为获取评估资料的重要来源。例如汤森路透、彭博资讯、道琼斯、Capital IQ、Factset 等国际财经资讯服务商,以及 Wind 资讯、同花顺、大智慧、CVSource、清科研究中心等国内金融数据提供商。

4) 媒　体

媒体一般包括报纸、网站、杂志等。媒体的信息不仅包含原始信息,并且通常有一些分析信息,有助于评估专业人员加深对所需信息的理解,并能节约分析时间。对资产评估来说,权威的专业杂志具有重要价值,这些杂志上发表的文章专业性强,披露的信息也更详细,分析也较有深度。但应注意,媒体对一些产业、公司和政府机构的报道是否具有倾向性,引用相关信息时需进行甄别。

5) 行业协会或管理机构及其出版物

行业协会或管理机构及其出版物也是资产评估信息的重要来源。评估专业人员通常可从行业协会得到有关产业结构与发展情况、市场竞争情况等信息,还能咨询到有关专家的意见。行业协会或管理机构通常会出版该行业的专业刊物和书籍,这些出版物是了解该行业情况的重要资料来源。例如我国证券交易机构出版的行业分析报告。

6) 学术出版物

已出版的有关国内外资产评估和经济分析的学术文章和书籍,可以通过标准索引进行查询。这些标准索引可以从绝大部分的公共和学术图书馆中查阅。利用国外的信息资料时要注意研究其适用条件,分析是否需要作出恰当的调整。随着我国市场经济的发展,学术出版物也逐渐增多,应当注意收集。

3. 收集资产评估资料的注意事项

收集资料的目的是为特定资产评估对象、特定资产评估目的服务,评估资料收集过程中应考虑以下注意事项。

(1) 资产评估数据资料的完整性

数据资料的完整性是指收集到的数据资料能够满足资产评估的需要。资产评估本身需要的数据资料是多方面的,只有在全面占有数据资料的前提下,才能准确地确定资产的评估价值。

(2) 资产评估数据资料的针对性

概括地讲,数据资料的针对性就是"有的放矢",只有有针对性的数据资料才能转化为资产评估的有用信息。对于某一具体的评估项目来说,所需要的数据资料是有特定范围的,有针对性地收集数据资料才能保证资产评估高效、准确。对于特定的资产评估机构说,也有一个擅长的评估领域,有针对性地收集和贮存本机构擅长资产评估领域中的有关数据,也有利于资产评估机构扬长避短,提高效率。但是过分强调针对性可能会与完整性要求相矛盾,这是需要注意的。

(3) 资产评估数据资料的时间性

数据资料的时间性,是指应尽可能在短时间内取得资产评估所需要的各类数据资料。资产评估本身就是一项对时间要求很强的工作,评估工作的时间长短,在很大程度上取决于收集数据资料的速度。

(4) 资产评估数据资料的经济性

数据资料的经济性是指获取资产评估需要的数据资料所花费的代价或费用要尽可能的少。

4. 各项资产及负债评估需要提供的资料

(1) 流动资产及债务

- 评估基准日的现金盘点表,各开户银行的存款对账单、银行存款余额调节表。
- 大额应收账款、其他应收款、预付账款、应付账款、其他应付款、预收账款(金额前十名)的购销合同和入出库单,若涉及诉讼、呆坏账核销,请提供相应资料。
- 应收票据、应付票据复印件。
- 债券、股权证、上市可流通股票在评估基准日的交割单(须证券公司盖章)。
- 评估基准日以及最近会计期末的存货盘点表(须库房管理人员、财务主管签字,保管企业盖公章),在外保管请提供相应基准日代保管单位确认函。
- 低值易耗品(办公桌椅等)发放、保管台账。
- 有关待处理项目的处理文件。
- 待摊费用及长期待摊费用原始入账凭证及摊销政策说明。
- 若有对外投资,请提供投资协议、被投资方的情况及财务报表等。
- 公司中涉及租赁资产、抵押资产、担保资产、诉讼资产的协议或证明文件。
- 银行借款合同(主合同、从合同),抵押物清单;私人借款、单位借款的合同。借款、担保所涉及的评估报告。
- 企业纳税鉴定表及申报表。
- 劳动部门工资批文及工资福利制度。
- 协助评估人员寄发询证函:银行存款或贷款金额的询证函,企业往来账款询证函,动产(存货)权属、数量、金额的询证函。
- 大宗存货发票。

(2) 固定资产

1) 机器设备、办公设备

- 国产及进口大型、重点、关键设备采购合同、发票。进口设备还需要报关单、装箱单及商检报告,设备安装完毕后的竣工资料。
- 融资租赁设备的租赁合同。
- 设备档案、台账(包括运行记录、事故记录、维修保养情况)、设备管理制度。
- 评估基准日以及最近会计期末的设备盘点表(须设备管理人员、财务主管签字,保管企业盖公章),在外保管请提供相应基准日代保管单位确认函。
- 大型或价值量大的设备设计及使用说明书。
- 已设定抵押权的设备清单及相关的抵押合同,抵押物品的资产评估报告。
- 汽车行驶证(或机动车所有权证)、保险单据、车船使用税凭证复印件(若行驶证上所有人姓名非被评估方,须出具证明该资产属于被评估方所有、以私人或其他单位名义上户,若发生权属纠纷与四川信合资产评估有限责任公司无关,并加盖公章、签名)。
- 处理、报废、报失固定资产的上级主管部门的批示,保险公司赔款凭证。
- 机器设备的在建工程投资概算、施工图预算、施工方工程结算资料。

2) 房屋建筑物、构筑物(含在建工程)

- 竣工决算资料(如工程造价审计事务所出具的工程审计报告、竣工验收报告),当地政府对基础设施建设配套费的有关规定,当地建筑安装定额标准、调差文件及当地建筑材料价格。

- 图纸：总体平面图、室外管线图（包括上水、下水、煤气、暖气、蒸汽、电线、电缆等），重要建（构）筑物平面图、立面图、装饰装修合同、决算资料。
- 基础设施开发程度资料：即"七通一平"（道路、电力、电讯、自来水、污水、煤气、热力、地坪）情况资料及所花费用。
- 工程地质状况资料。
- 地貌状况资料（形状、坡度、障碍物等）。
- 修建的楼堂馆所的可行性报告。
- 若有租赁行为，提供房地产租赁合同。
- 若有抵押，提供他项权证和抵押评估报告。
- 当地建设、计划、房产等管理部门的批文。
- 最近三年房产税缴纳情况。

房屋建筑物、构筑物（含在建工程）已建、已做产权登记情况：
- 《房屋所有权证》（如已抵押，还需房地产抵押合同、他项权证和抵押物品的资产评估报告）。
- 若产权证遗失或未变更，提供当地房产管理局的房产登记档案。
- 若产权登记的所有人与本次被评估单位不一致，应做出说明。

房屋建筑物、构筑物（含在建工程）已建、在建未做产权登记情况：
- 外购房产（未办房产证）：须提供购买协议书及付款凭证，出售方出具"承诺已经出售、并已经收讫房款、房地产产权已经转移、房产证待办"的说明并加盖公章，房屋监理处或房管局的备案文件。
- 自建房产（未办房产证）：须提供《建设用地规划许可证》或《乡村建设规划许可证》《建设工程规划许可证》（含附图）《建设工程施工许可证》《建设项目选址意见书》《建设工程设计方案总平面图》《建设工程施工图设计文件审查批准书》《房产测绘成果报告》《建设工程规划验收合格证》《建设工程规划合格证》、竣工验收报告或备案表、房屋专项维修资金足额缴存证明、工程招标文件和招标答疑纪要、施工合同及补充协议、工程概算书（预算书）和标底等有关文件。
- 在建工程如已抵押，还需在建工程抵押合同、他项权证和抵押物品的评估报告。

（3）无形资产

1）土　　地
- 《国有土地使用证》或《国有土地划拨决定书》、《国有土地使用权出让合同》及其附件（含红线图）、土地出让金缴纳凭证、出让地块的规划条件。
- 若有集体土地，提供《集体土地所有权证》；若有租地，提供租地协议；若有农村土地流转，提供流转协议；若有林木、林地，提供林权证、林木所有权证、四荒五荒证。
- 若有正在征地且未取的产权登记的土地，提供征地协议、土地取得时所支付的征地、拆迁及安置费用，以及涉及当地县政府、乡政府、村委会有关赔偿、补偿、出让金、配套性收费文件。
- 政府有关部门关于土地使用问题的批文。
- 土地开发规划说明及规划图。
- 当地国土、规划部门的批文。
- 当地的基准地价及其修正体系。
- 最近三年土地使用税缴纳情况。

2) 商标、专利、专有技术及特许经营权

商标包括：
- 企业注册商标证书。
- 商标权的具体内容包括：名称、文字、图案和声像、适用领域和范围、使用、保持、转让等权属。
- 商标的知名度，广告宣传情况，同类产品的名牌商标。
- 商标权的质押情况。

专利技术包括：
- 发明、实用新型专利证书及其说明书（内详专利权的法律保护状况：专利号、专利证书颁发部门和日期、专利公告文件、专利类型、专利权人、有效期、续展时间及条件等）。
- 市以上科技局（厅）科学技术成果鉴定书（内详专利名称、类别、具体内容、适用领域，以及专利技术的先进性、垄断性、成熟程度等）。
- 可行性分析报告。
- 对专利技术的详细说明（具体内容、应用领域、使用要求，专利技术所依附的产品单位售价、销售量、市场占有率和利润情况，同功能产品售价情况、主要竞争对手的市场占有率、赢利情况等）。

非专利技术（专有技术）包括：
- 非专利技术的具体内容文字性说明。包括：技术名称、类别、具体内容、适用领域，真实性、有效性、先进性、垄断性、成熟程度，所经过的鉴定、验证等；非专利技术能被保持的原因及预期的保持时间，改进技术、类似或相关技术的有关情况；非专利技术的使用情况：包括使用非专利技术需要具备的经济、技术、设备、工艺、原材料、环境等方面的前提或基础条件，启用时间，使用范围，使用权和使用权转让情况；非专利技术的成本费和历史收益情况。包括专非专利技术的创制或购买、保持、改进等项支出成本；非专利技术使用、授权使用及转让所带来的历史收益；非专利技术的收益期和预期收益额有关情况包括：非专利技术持有人的经营管理能力、技术更新和新产品开发能力、非专利技术的获利能力和收益水平，非专利技术产品的技术寿命和经济寿命、单位售价、销售量、市场占有率和利润情况，同功能产品售价情况、主要竞争对手的市场占有率、赢利情况等。
- 科技情报查新报告，非专利技术的可行性研究报告。
- 非专利技术的成果鉴定技术资料及有关部门颁发的证书、证明或奖励及有关单位的批复文件的复印件。

特许经营权包括：
- 企业各种许可证。
- 特许经营权的法律状况。包括授权人、授权文件、被授权人的资格要求，特许经营有效期、适用范围、续期和改变范围等条件，该经营权的原始持有人，法律法规对该类经营权的有关规定等。
- 特许经营权的具体内容。包括名称、类别、具体内容、适用领使用、保持、转让、再次特许授权等权属。
- 特许经营权的使用情况。包括需要具备的法律、经济、市场、技术、设备、工艺、原材料、环境等方面的前提或基础条件，启用时间，使用范围，该经营权现有使用人数量、分布范围、市场划分及市场占有率等。

- 特许经营权的成本费和历史收益情况。包括申报或购买、持有、延续等项支出成本;使用、转让、再次特许授权所带来的历史收益。
- 特许经营权的收益期和预期收益额有关情况包括:特许经营权持有人的经营管理能力、预期业务量、经营对象的预期寿命、市场占有率和预期收益、主要竞争对手的市场占有率、赢利情况等。

(4) 投　资
- 对外投资的有关决议或批准文件等。
- 股票、债券复印件,交割单。
- 对外投资合同、协议。
- 被投资单位出具的股东出资证明书。
- 被投资单位的营业执照、生产经营许可证、税务登记证、章程、验资报告等。
- 被投资单位的历次董事会、股东会或权力机构的有关决议、会议纪要等。
- 被投资单位历年(至少前三年)的审计报告、财务报表、利润分配情况。
- 被投资单位历年的所有者权益(股东权益)增减变动表。

5. 资产评估需要提供的损益资料

在实际评估工作中,可以采用以下工作底稿表格收集损益资料。

评估所需资料清单详见表 4-41。

致委托方(被评估单位)函

致:　　　(委托方+被评估单位)　　　　　　　　　索引号:_____

承蒙委托,本公司承办 (被评估单位+经济行为) 资产评估业务,根据工作需要,请提供下表"须提供"栏中打"√"定资料。各类证书、原始资料请提供复印件并提供原件供评估人员核对,按要求制作的材料请经办人签字,全部材料请盖公司章确认。多谢合作。

×××资产评估有限公司　　　年　月　日

表 4-41　评估所需资料清单

资料名称	须提供	已提供	备注
一、企业基本情况资料			
1. 委托方企业法人营业执照;			
2. 被评估单位企业法人营业执照;			
3. 被评估单位国有资产产权登记证;			
4. 被评估单位的章程、验资报告、单位设立相关的合同、协议;			
5. 政府部门对被评估单位的批准设立文件、批准证书;			
6. 被评估单位基本情况介绍(内容要求见企业基本情况表);			
7. 被评估单位历次股权结构变更、工商登记变更相关的决议、批文、验资报告;			
8. 被评估单位机构设置简况和组织结构示意图;			
9. 被评估单位的各类资质证书,生产、采矿许可证书,进出口许可证书,专营许可权证书;			
10. 被评估单位可行性研究报告、初步设计报告书;			
11. 与被评估单位的经营产品、提供服务有关的新闻报道或荣誉证书;			

续表 4-41

资料名称	须提供	已提供	备注
12. 被评估单位管理层声明书及附件(格式由本公司提供)。			
二、针对本次评估项目的具体资料			
1. 与评估目的相对应的经济行为文件及上级批准文件,股东(大)会、董事会决议或合作协议等;			
2. 与评估目的相对应的经济行为相关的意向书、协议、合同;			
3. 与评估目的相对应的经济行为相关的运作方案、计划等;			
4. 关于进行资产评估有关事项的说明(样本由本公司提供);			
5. 委托方、被评估单位的有关资产评估的承诺函(样本由本公司提供);			
6. 被评估单位各类资产及负债的清查评估申报表(格式由本公司提供);			
7. 委托方以外的其他评估报告使用者的说明,包括使用者名称及在本次经济行为中所处的地位;			
8. 委托方及被评估单位与本次评估工作相关人员一览表(格式由本公司提供)。			
三、被评估单位财务资料			
1. 目前所实行的主要财务、会计制度,尤其是固定资产的计价和折旧方法、无形资产和长期待摊费用摊销政策、存货的计价方法;			
2. 目前所执行的税收政策,包括:资产方面的税收政策,如进口设备的关税、增值税等;损益方面的税收及费用政策,如销售环节及所得税环节的税种、税基等;			
3. 评估基准日和近三年的公司财务报表、年度财务审计报告;			
4. 最近几个财政年度和评估基准日的销售费用、管理费用、财务费用明细表及各主要产品的生产成本和制造费用明细表;			
5. 已进行的清产核资、单项或整体资产评估报告及评估结果调账资料;			
6. 主要筹资渠道、筹资能力情况资料,近期的短期和长期筹资成本(利率)水平资料,抵押、担保合同复印件;			
7. 带息负债方面资料(银行借款、应付债券、一年内到期的非流动/长期负债和非流动/长期负债)、截至评估基准日的余额表,上述资金的主要使用情况介绍;			
8. 非经营性资产、负债、溢余资产及与其相关的收入和支出的资料;			
9. 重要的会计政策及前几年变化资料,包括存货的财务处理方式、折旧/摊销政策、存货变现损失及应收款项坏账准备、其他资产减值准备等计提政策、企业税收优惠政策说明及相应证明文件等。			
四、各项资产评估所需资料			
(一)流动资产及负债			
1. 评估基准日银行对账单及银行存款余额调节表;			
2. 定期存款存单复印件;			

续表 4-41

资料名称	须提供	已提供	备注
3. 大额应收、应付票据复印件；			
4. 大额应收及预付、应付及预收购销合同复印件；			
5. 有关债权中的坏账(破产、死亡)核销证明文件；			
6. 有关债权债务的询证函(询证函样本由本公司提供)；			
7. 大宗、主要外购存货近期进货价格(相关发票、合同、报价单等)；			
8. 存货盘点表及盘点情况说明(盘盈、盘亏、报废要重点说明)；			
9. 存货盘点报表或存货明细余额表、盘盈、盘亏，残、次、冷、背情况分析说明；			
10. 自制存货不含税出厂单价、销售税金及附加税的科目、税率；市场销售情况(畅销、适销、滞销、报废)的书面说明；			
11. 委托加工的材料出库单；			
12. 委托加工单位的加工利润、期间费用、成本核算说明；			
13. 部分有代表性的存货出、入库单；			
14. 产品生产量及销售报表复印件；			
15. 应收股利、利息合同复印件；			
16. 应收补贴款证明文件；			
17. 股票、债券有价证券复印件及托管有价证券的证明文件；			
18. 企业长期、短期借款合同及付息情况说明；			
19. 短期、长期抵(质)押、担保合同复印件；			
20. 待摊费用、长期待摊费用的原始入账凭证；			
21. 评估基准日纳税申报表及税单复印件；			
22. 应付利润(股利)的相关决议、文件复印件；			
23. 预提费用的计提依据；			
24. 质押、诉讼、封存流动资产清单、有关情况说明、相关材料复印件。			
(二) 长期投资			
1. 长期债券投资复印件及托管证明文件；			
2. 长期股票投资的股权证复印件及股权证明文件；			
3. 长期投资股票持股数量及变动情况表；			
4. 其他长期投资的合同、出资人协议、出资证明复印件；			
5. 被投资单位的法人营业执照、公司章程、验资报告、长期投资原始凭证；			
6. 被投资单位评估基准日经审计的后的财务报表、近三年年度财务审计报告；			
7. 长期投资历年收益情况；			
8. 长期投资询证函(询证函样本由本公司提供)；			
9. 控股被投资单位评估所需资料(应为需要整体评估,资料要求与被评估单位一致，即按照本清单要求提供全部资料。)。			

续表 4-41

资料名称	须提供	已提供	备注
（三）房屋建（构）筑物			
1. 房产所有权证或能说明权属关系的证明材料的原件或复印件；			
3. 房屋购买合同协议及付款凭证；			
4. 基本建设项目工程竣工决算书（审价资料）及工程验收报告；			
5. 主要房屋建（构）筑物的竣工决算书（审价资料）、概预算书、图纸及技术资料、近期照片；			
6. 当地现行的概（预）算指标或定额、取费文件；			
7. 当地现行的建筑材料价格、调价系数、调价文件；			
8. 目前当地工业与民用建筑物的市场交易价；			
9. 厂区室外管网图（图示标明上下水、煤气、暖气、蒸汽、电缆、电线、通信等）；			
10. 厂区道路平面图；			
11. 房屋建（构）筑物的维修、改造、扩建、拆除情况的说明（发生的次数、年月、投入的金额等），提供相关的工程预决算资料（审价资料）、财务支出凭证；			
12. 租出或租入房屋的租赁合同或协议；			
13. 待报废房屋的详细情况说明；			
14. 周边房屋的交易案例；			
15. 厂区场地的总平面图；			
16. 有腐蚀性建筑物情况说明；			
17. 建筑物账面价值组成说明（原始购建价值、清产核资入账、前次评估后入账价）；			
18. 当地政府近期收取基础设施配套费的有关文件、规定；			
19. 当地建设工程前期费用的收取项目和收费标准；			
20. 权证或证明文件名称不符的，应要求登记的产权持有人出具有效证明；			
21. 抵押、担保、诉讼、封存的房屋建筑物清单、有关情况说明、相关材料复印件。			
（四）机器设备及车辆的资料清单			
1. 生产工艺流程图及相关技术文件说明；			
2. 主要设备情况说明（使用情况、维修制度、执行情况等）；			
3. 主要设备检修、大修、技术改造等记录；			
4. 大型设备、进口设备技术资料、产品说明书等；			
5. 进口设备的合同、报关单、报关单、装箱单等；			
6. 大型设备、重要设备的购货发票或订货合同；			
7. 电梯、行车、压力容器、锅炉等设备的检验资料；			
8. 待报废、报损（盘亏）的机器设备、车辆的详细情况说明、技术鉴定资料、有关批准文件；			
9. 企业所在行业设备的安装定额、取费文件；			
10. 当地现行的设备安装指标或定额、取费文件、安装材料价格、调价系数；			

续表 4-41

资料名称	须提供	已提供	备注
11. 设备安装预决算资料（审价资料）；			
12. 主要设备及进口设备的近期照片；			
13. 设备、车辆的维护保养情况说明；			
14. 设备及车辆的运行、检修、大修、事故记录；			
15. 车辆行驶证（正副页）、机动车登记证复印件，并注明至评估基准日已行驶万公里数；			
16. 船舶的产权登记证、年检报告复印件，权证或证明文件名称不符的，应要求登记的产权持有人出具有效证明；			
17. 机器设备账面价值组成说明（原始购置价值、清产核资入账价值、前次评估入账价值）；			
18. 租出、租入设备合同或协议；			
19. 融资租赁设备的合同、付款凭证；			
20. 设备材料的单位材耗、单位能耗、单位煤耗统计表等经济技术指标报表；			
21. 抵押、担保、诉讼、封存的机器设备清单、有关情况说明、相关材料复印件。			
（五）在建工程			
1. 单位在建工程管理体系说明（项目审批立项，合同签订、执行、管理、决算等过程中管理部门的职权等）；			
2. 企业在建工程的项目情况说明；			
3. 各项在建工程合同、中标通知书；			
4. 各项在建工程的预算书或概算书；			
5. 各项在建工程工程进度表及付款进度；			
6. 在建工程设备购置合同及付款凭证；			
7. 有关工程实际费用支出凭证；			
8. 在建工程的建设用地规划许可证、建设工程规划许可证、施工许可证、土地法使用批复或建设工程批准文件；			
9. 在建工程项目的施工图；			
10. 在建工程可行性研究报告、立项批准文件；			
11. 土建工程、设备安装工程及技术服务合同；			
12. 工程物资采购合同或工程物资调拨单；			
13. 说明已使用但未竣工决算，由于某种原因已停工的在建工程项目的具体情况；			
14. 抵押、担保、诉讼、封存的在建工程清单、有关情况说明、相关材料复印件。			
（六）土地使用权			
1. 国有土地使用权、建设用地规划许可证复印件；			
2. 国有土地使用权出（转）让合同、协议复印件；			

续表 4-41

资料名称	须提供	已提供	备注
3. 政府有关部门关于土地使用情况的批文;			
4. 土地使用权获取费用的支付凭证;			
5. 土地使用权获取的途径、方式、过程等背景资料;			
6. 土地位置图(在城市行政区划图中标出);			
7. 用地红线图;			
8. 土地开发规划说明及规划图;			
9. 土地规划用途、建筑面积、容积率、绿化标准及规划部门批文;			
10. 总平面布置图;			
11. 工程地质状况资料;			
12. 地貌状况资料(形状、坡度、障碍物等);			
13. 自然环境状况资料(生态、景观等);			
14. 地上建筑物情况资料(权属、数量、面积、结构、高度、建设年代);			
15. 其他地上附着物情况资料;			
16. 基础设施开发程度资料,即七通一平情况(道路、电信、自来水、污水、煤气、热力)及其所花费用;			
17. 商业服务设施配套情况说明;			
18. 地产所在地区土地级别(当地基准地价文件及级别划分图);			
19. 近年是否有土地法取得时所支付的征地、拆迁及安置费;			
20. 地产周边土地出(转)让、出租案例(时间、位置、使用、性质、容积率、建筑密度、价格等);			
21. 当地政府近期对基础设施建设配套费的有关规定;			
22. 当地土地管理部门的地价资料(土地法基准地价及有关说明和解释);			
23. 城市行政敬慕图、城市交通图(或旅游交通图);			
24. 当地典型地价水平(最高、最低、均价);			
25. 地区宏观发展规划资料;			
26. 城市建筑规划管理控制指标;			
27. 地产所在地概况(经济发展水平、基础设施、交通条件、人口规模、旅游资源、投资环境等);			
28. 近期周边土地出让、转让交易实例;			
29. 抵押、担保、诉讼、封存的土地资产清单,有关情况说明,相关材料复印件。			
(七) 专利权及专有技术			
1. 专利权证书、专利权利要求及说明书、最近交费证明;			
2. 专有技术、申请专利权的相关文件资料;			
3. 购买、转让专利权或合同复印件;			

续表 4-41

资料名称	须提供	已提供	备注
4. 专利权或专有技术的详细介绍(技术来源,技术开发的起因、时间、解决的主要技术问题;主要的应用范围、所达到的技术经济指标、国内国际同类型技术的比较分析、该项技术所处国内国际的水平分析等);			
5. 专利技术研制报告及项目可行性研究报告;			
6. 有关政府批文、有关合同文件;			
7. 专利技术的说明书、使用方式;			
8. 企业近几年的收益状况(财务报表)、市场占有率统计、销售网络的分布图;			
9. 专有技术的实质内容是否可通过其产品轻易取得、该专有技术可被模仿的难易程度、转移性、是否会被新的专有技术替代;			
10. 企业获取该专利或专有技术的耗费明细,自研技术包括投入时间、人力(工作日及人员技术结构)、资金、物质材料的数量及价值等方面的凭证和情况介绍;			
11. 国内外市场分析与预测:企业面临市场竞争的形势(有利因素、不利因素)、未来竞争的格局、能占有市场的份额及开发潜力;			
12. 国内外同行业的投资收益率、平均成本、利润率、销售税金、销售成本、销售费用、财务费用、销售收入占企业收入的比例、折旧占销售成本的比例;			
13. 企业发展受相关行业的影响;			
14. 企业今后五年的新增投资计划、各年固定资产净追加;			
15. 企业的销售推销计划;			
16. 企业的长期经营策略和远期战略部署;			
17. 企业未来五至十年发展的可行性研究报告;			
18. 是否得到政府的支持、享受优惠政策;			
19. 掌握专有技术关键人员的劳动合同、专家名单;			
20. 有关专家对该专利技术、专有技术自然寿命的评价。			
(八) 其他无形资产			
1. 商标注册证书复印件;			
2. 商标样式复印件;			
3. 转让注册商标相关文件的复印件;			
4. 商标的使用情况、使用方式的说明;			
5. 使用商标产品产生的生产投资规模、成本费用、销售收入历史数据及未来预测数据。			
计算机软件			
1. 软件登记证书复印件;			
2. 软件研制开发报告复印件;			
3. 软件研制开发人员状况;			

续表 4-41

资料名称	须提供	已提供	备注
4. 软件使用情况说明;			
5. 软件产品的生产成本费用、销售收入历史数据及未来预测数据。			
专营权类无形资产			
1. 如为专营权,请提供专营权证书(申请文件及批准文件);			
2. 为获得此项权利所投入的成本费用详细资料(专营开发、注册等费用);			
3. 说明此专营权的产品经营范围、专营权的地域范围(全国总代理、省级总代理等)、专营权限、经营方式、利润分成情况;			
4. 利用此项经营权销售的产品的规格、型号、售价、产品规模、投资及成本费用(主要原材料、燃料、辅助材料单耗和价格、材料费、人工费和制造费用测算、管理费、财务费用和销售费用);			
5. 企业采用此项专营权后的收益费用的详细资料;			
6. 专营权产品的市场反馈、市场占有率情况;应用该专营权的产品市场需求总量,与该产品有竞争力的同类产品和可替代产品的市场需求量;			
7. 未来几年采用专营权的收益费用情况预测;			
8. 相关的税法及法律性文件(同类企业经营的有关税费及其财经政策);			
9. 该专营权有无转让及许可使用的情况,若有转让,说明转让方式、已转让次数、已转让地区及技术研制成本、直接成本与追加成本和有无其他附带条件等。			
四、被评估单位主要产品的生产和销售资料			
1. 主要产品介绍,包括主要产品的名称、用途、销售时使用的商标、产品质量状况或性能等级;各主要产品历年的销售量、销售价格统计资料;			
2. 各主要产品目前在本产品寿命周期中所处的位置及其发展趋势资料;			
3. 产品的价格制定的依据、方法及主要影响因素的说明资料;			
4. 国内同类产品或替代产品的主要竞争厂家、各厂家历年的生产能力、销售量、销售价格、产品质量、性能和声誉比较;本企业该类产品历年的本地市场和国内市场占有率方面的资料;			
5. 营销策略、销售网络、营销队伍素质和能力状况的介绍资料;			
6. 主要产品的客户名单和各客户销售额比例的资料;			
7. 被评估单位近期所做的市场调查资料,包括市场容量及企业所占份额方面的资料;			
8. 主要产品历年的销售费用占销售收入比例的变化情况、同类产品行业的一般、正常水平(比例);			
9. 主要产品历年广告费用,广告费用占销售收入比例的变化情况及同类产品行业的资料一般、正常水平(比例);			
10. 主要产品所需原材料种类、历年的市场供给、需求状况;			

续表 4-41

资料名称	须提供	已提供	备 注
11. 主要生产设施,包括地点、规格和布局、功能、受到的限制、自有或租入的设施资料;			
12. 主要生产线的技术水平、维护状况、配套生产能力,有无增大配套生产能力的可能。如有,增产的瓶颈环节在哪里,解决瓶颈环节的技术改造投资为多少、时间为多长,如改造完成配套生产能力为多大;			
13. 技术开发能力、新产品研究和开发状况的描述及已开发的新产品前景的分析资料。			
五、宏观经济形势的影响及行业竞争状况			
1. 行业统计资料,行业平均资金利税率、成本利润率、资产利润率、净资产利润率、基准收益率、企业主要产品行业平均销售利润率;			
2. 国家、地方及行业宏观经济发展情况介绍及相关经济数据分析资料;			
3. 政府对于该行业和地区发展的有关规定资料(行业发展政策、环保政策等);			
4. 是否有可能影响公司业绩的政策限制资料(市场准入政策,特许经营政策,产品由国家或省、市政府定价等)。			
六、未来计划和预测资料			
1. 评估基准日后几年主要产品国内市场总需求量、增长率的预测及影响市场总需求量、增长率变化资料;			
2. 评估基准日后几年主要产品国内市场总供给量(生产量)、增长率的预测及影响市场总供给带量(生产量)、增长率变的因素分析资料;			
3. 评估基准日后几年主要产品国内市场价格变化的预测及影响价格变化的因素分析资料;			
4. 评估基准日后几年企业主要产品所需原材料市场供求关系变化趋势、企业应付资源短缺的对策资料;			
5. 评估基准日后几年主要产品各年的销售量、销售价格、市场份额的预计,以及为实现这个目标所应采取的新增投资或技改计划等资料;			
6. 评估基准日后几年各财政年度的财务计划预测资料,包括资产负债表、损益表、利润分配表和现金流量预测表;			
7. 在持续经营基础上对企业几年营运资金的合理预测指标,包括应收账款平均天数;应付账款平均天数;存货周转天数;预付费用及其他流动资产的合理比例;应付未付费用及其他流动负债的合理比例等。			

注:本表中所列项目根据具体评估项目要求增减;本表一式三份,委托方、被评估单位、项目组各一份,便于落实资料收集情况。

成本法调查资料清单详见表 4-42。

表 4－42 成本法调查资料清单

被评估单位名称：_____   索引号：_____

资料名称	须提供	已提供	备注
1．涉及本次资产评估经济行为的请示、政府或上级主管部门批文、有关决议、协议等文件；			
2．企业法人营业执照；			
3．企业概况（要求见"企业基本情况表"）；			
4．国有资产产权登记证（表）、年度检查表；			
5．企业结构框架图；			
6．评估基准日会计报表、前三年财务审计报告（在报表上加盖公章）；			
7．企业设立协议（合同）、章程、验资报告复印件；			
8．企业历次工商登记变更相关的决议、协议、批文、验资报告；			
9．企业评估相关人员名单（见电子版参考格式）；			
10．资产评估申报明细表（电子表式由评估机构提供，请按要求填制）；			
11．现金盘点表、银行存款对账单、银行存款金额调整表、存款存单复印件等；			
12．应收、应付票据（汇票、本票）存根复印件；			
13．股票、债券等有价证券复印件，或股权证明、出资证明；			
14．有关债权债务、银行存款借款、发外存货等的函证（见电子版函证表样表）；			
15．外购大宗存货近期进价统计资料；			
16．存货盘点报表或存货明细余额表、盘盈、盘亏、残、次、冷、背情况分析说明；			
17．自制存货不含税出厂单价，市场销售情况（畅销、适销、滞销、报废）的书面说明；			
18．长期投资单位营业执照、格式章程、验资报告、前三年审计报告、基准日会计报表（须延伸评估的须提供本表要求的全部材料）；			
19．房屋产权证书、建筑许可证、规划红线图、土地使用权证书或购房协议及付款凭证等其他替代性文件。企业平面布置图；			
20．房屋建筑物土建、安装、装潢、水卫等竣工图、竣工决算资料及其大修理、扩建、拆除情况说明，当地建安定额标准，调差文件及当地主要建材价格，室外管线图；			
21．当地土地征用、开发等规定及标准，土地红线图，土地规划用途、建筑面积、绿化率、容积率及规划部门批文，当地基准地价文件；			
22．在建工程有关合同、预算、规划、施工许可证，工程进度报表及付款情况介绍；			
23．主要产品生产情况、生产工艺布局、生产能力见解、主要产品工艺流程示意图，相关设备及状况；			
24．重要设备（原值 50 万元以上）购入合同、发票、说明书、设备大修、技改资料，100 万元以上的技改、设备安装工程竣工决算资料；			
25．进口设备合同、发票、商检、报关单等原始资料；			

续表 4-42

资料名称	须提供	已提供	备 注
26. 主要生产设备的使用、维护情况,大修、事故记录等资料;			
27. 锅炉、压力容器、电梯等设备的劳动部门检验报告;			
28. 车辆行驶证复印件(正副页),并注明至评估基准日已行驶万公里数;			
29. 专利、商标、专营权等无形资产的有关材料;			
30. 短、长期借款合同,抵押、质押及其他保证合同;为其他企业担保情况说明;			
31. 与单位工资、福利政策有关材料;			
32. 评估基准日国税、地税纳税申报表,完税凭证;税收优惠政策文件;			
33. 评估基准日银行存款对账单、余额调节表;			
34. 采用收益现值法进行整体资产评估的资料(见资料清单2);			
35. 有关资产评估提供资料的陈述书及附件(按要求签字盖章);			
36. 其他企业认为应该提供的材料。			

注:本清单一式两份,由评估机构和企业各执一份。

收益法调查资料清单详见表 4-43。

表 4-43 收益法调查资料清单

被评估单位名称:_____ 索引号:_____

资料名称	须提供	已提供	备 注
一、总体资料			
1. 企业基本情况、历史沿革介绍;			
2. 企业组织结构图(首届或有代表性的名人,企业主管组织机构资料);			
3. 企业营业执照、章程、验资报告、次工商登记变更相关的决议、批文、验资报告;			
4. 企业设立的可行性分析报告;			
5. 企业的地理位置及其优势、周边区域产业分布概况介绍;			
6. 企业所在行业的概况、相关产业政策、行业的生命周期、市场结构等情况介绍,行业宏观经济走势、大宗原材料价格走势、产品市场走势及对企业的影响分析资料。			
二、经营能力资料			
1. 企业特色服务项目清单;			
2. 企业获奖证书及名誉证书;			
3. 企业经营或服务资格证书及有关服务技术鉴定资料(本行业技术比赛的获奖情况);			
4. 企业进出口许可证、专营权、生产许可证;			
5. 企业的商标、专利权证书等;			
6. 企业专有技术、专利技术等情况说明资料;			
7. 企业近五年资产负债表、利润表等会计报表;			

续表 4-43

资料名称	须提供	已提供	备注
8. 产品市场占有率统计、营销网络分布清单,主要产品经销商、供应商情况介绍,相关产业链各环节结构示意图;			
9. 企业的主要竞争对象,企业在行业中的地位、优劣势分析资料;			
10. 企业面临生产竞争性分析(有利因素、不利因素),预测竞争格局,有否市场垄断(或部分垄断)可能,垄断期限;生产开发潜能预测及开发设想;企业自身投资开发能力;			
11. 国内、国外同行业企业资产负债率、投资收益率、平均成本利润率、资金利润率、销售(营业)税金、销售(经营)成本、销售(经营)费用和利息支付,财务费用占销售(营业)收入的比例,折旧占销售(经营)成本的比例等情况的现状及变化趋势相关资料;			
12. 企业适用的税种、税率;享受哪些税收优惠;			
13. 近期重要购销合同、合作协议、租约等。			
三、经营潜力资料			
1. 政府部门支持企业发扬特色经营和服务的文件、计划;			
2. 企业营销计划、营销目标,主要产品客户群定位规划资料,长期经营策略和远期战略部署资料;			
4. 企业未来五年至十年的发展可行性分析报告,今后五年各年新增投资,各年固定资产净追加计划,产品结构调整及产能、产量预测资料。			
四、其他重要资料			
1. 有关决策人员和基层工作的人员对企业发展前景、市场前景预测、企业销售、成本、投资、管理等的意见;			
2. 为获得某项资产、权证投入的费用清单;			
3. 特色服务研究开发、培训费用清单;			
4. 商标(或服务标志)、注册登记文件及证书。			
五、盈利情况统计、预测(填制收益法统计测算表)			
1. 主要产品的设计生产能力、前三年实际生产量、销售量统计资料;			
2. 企业前三年盈利、销售、成本、费用及盈利情况统计表;			
3. 企业未来五年主要产品市场占有状况、销售收入、成本、费用及盈利预测表。			
六、企业认为需要提供的其他资料			

注:本清单一式两份,由评估机构和企业各执一份。

4.2.2 资产评估资料的核查验证及核查验证受限的处理

资产评估资料的核查验证,是指资产评估专业人员依法对资产评估活动中所使用资料的真实性、准确性和完整性,采取各种方式进行必要的、审慎的核查审验,从中筛选出合格的资料作为评估依据,以保证评估结果的合理性。

资产评估专业人员对收集的评估资料进行核查验证,既是《中华人民共和国资产评估法》的要求,也是合理得出评估结论的需要。《中华人民共和国资产评估法》规定,资产评估专业人员应当对收集的权属证明、财务会计信息和其他资料进行核查和验证。资产评估专业人员对评估资料进行核查验证,可以在其力所能及的条件下,剔除不具有可靠来源和不合理的资料,有助于合理形成评估结论。

1. 各类资料的核查验证重点和方式

对评估资料进行核查验证的方式通常包括观察、询问、书面审查、实地调查、查询、函证、复核等。资产评估专业人员应当根据各类资料的特点,确定核查验证的重点和方式。

(1) 权属证明的核查验证

资产类别不同,权属证明不同,核查验证适用的方法也不同。资产评估专业人员对不同资产可以通过书面审查、查询、函证、复核等方式进行权属证明的核查验证。例如:投资性股权、债权的权属证明,如公司章程、合作协议、工商营业执照、股票、债券、借款合同等,可以通过书面审查、查询工商档案、查询股东登记名册等方式进行核查验证;对于专利技术资产的产权证明文件,如技术购买合同、技术开发协议、专利证书、专利申请文件等,可以通过书面审查以及通过国家知识产权局网站查询核实专利的产权状态等信息进行核查验证;对于银行存款,可以通过复核银行对账单、向银行函证等方式进行核查验证。

(2) 财务会计信息的核查验证

财务会计信息通常由委托人、产权持有人及其他相关当事人提供。对此类资料,主要采用询问、书面审查、实地调查、查询、函证、复核等方式进行核查验证。例如:对委托人或产权持有人提供的资产评估清查明细表,可以通过审查财务报表、复核明细账、实地调查等方式进行核查验证;对审计报告,可以通过书面审查、复核等方式核查审计范围与评估范围是否一致,审计报告附注中披露的相关事项与实地调查了解到的情况是否一致等内容。

(3) 其他相关资料的核查验证

对于通过公开市场获取的询价资料、交易案例等资料,可以通过实地调查、查询、多渠道复核等方式进行核查验证;对检查记录、鉴定报告等资料,可以通过书面审查、询问、查询等方式进行核查验证;对行业资讯、分析资料、政府文件等资料,可通过查询、书面审查、复核等方式进行核查验证;对来自专业中介机构的专业报告,可以通过书面审查、查询、复核等方式进行核查验证。

核查验证也是对所收集资产评估资料的可靠性和合理性进行识别的过程。由于收集的资料难免存在失真的情况,要对失真的材料进行鉴别和剔除;同时还要对所收集的评估资料信息、数据的可靠性进行判断,发现和剔除不可靠的评估资料。

评估资料的可靠性可以通过信息源的可靠性和信息本身的准确度来衡量。

信息源的可靠性可通过如下因素的考察进行判断:该渠道过去提供信息的质量;该渠道提供信息的动因;该渠道是否被通常认为是该种信息的合理提供者;该渠道的可信度。

信息本身的准确度可通过参考其他来源查证,必要时也可以进行适当的调查验证,实践中常采用电话、网络等其他途径查询佐证和扩大调查范围的做法。

2. 评估报告的引用和核实

由于我国资产评估行业按专业领域实行分类管理体制,为满足监管要求,评估实务中会发生引用其他专业领域评估报告的情形,比如企业整体价值评估报告,引用单项资产评估报告的结论。

资产评估专业人员在引用其他专业领域评估报告之前,需要对相关的专业评估报告履行书面审查、查询、复核等核查验证程序。资产评估专业人员应当完成以下工作。

① 引用单项资产评估报告应当与委托人事先约定。

② 获取完整的单项报告并充分理解。获取正式出具的单项资产评估报告,充分理解单项资产评估报告以及相关附件,并核实单项资产评估机构资质。

③ 核实报告性质、评估目的、评估基准日、评估结论使用有效期与资产评估报告的一致性。如果不一致,不得引用。

④ 确认评估对象和范围的适应性。确认拟引用单项资产评估报告的评估对象与资产评估报告的一致性;确认单项资产评估范围包括在资产评估范围内,与资产评估报告相适应。

⑤ 分析评估结论的内涵,并考虑引用方式。分析拟引用单项资产评估报告载明的评估结论,判断其对应的资产类型与资产评估资产类型的一致性;对于账面无记录的单项资产,应当考虑引用或者确认的资产类型是否符合相关规定;分析是否存在相关负债,并予以恰当处理。

⑥ 分析评估参数的匹配性和评估依据的一致性。关注拟引用单项资产评估报告与资产评估相关评估参数的匹配性,分析拟引用单项资产评估报告的评估依据是否与资产评估报告一致。

⑦ 关注并取得应当取得的备案审核文件。对于需要进行备案审核的单项资产评估报告,资产评估专业人员需要检查拟引用单项资产评估报告的相关备案审核文件,分析其可能对拟引用单项资产评估报告评估结论产生的影响。

⑧ 关注假设前提、特别事项以及报告使用限制,合理引用。资产评估专业人员应当分析所引用单项资产评估报告披露的假设前提和使用限制等相关说明,合理引用单项资产评估报告。通常包括:(一)对假设前提与资产评估报告相矛盾的单项资产评估结论,不得引用。比如对于一宗土地使用权,截至基准日和报告日,尚未签订土地出让合同,也无土地证,而土地估价机构或者专家出具了土地估价报告,并在其价值定义中,说明了土地价值内涵为最高出让年限的某用途、"七通一平"土地使用权价格。由于假设前提不符,无法引用。(二)对单项资产评估报告中存在假设前提与资产评估不同,但属于单项资产评估所必需的假设前提的情形,应当在资产评估报告中补充单项资产评估报告的假设前提。(三)对单项资产评估报告中存在限制使用产评估结论的情形,应当分析其与资产评估报告限制使用的关联性,恰当引用单项资产评估报告。

⑨ 客观分析增减值原因。资产评估专业人员应当对所引用单项资产评估报告的评估结论与账面价值的变动情况进行客观分析,不得发表超出自身执业能力和范围的意见,关注所引用单项资产评估报告披露的特殊事项说明,判断其是否可以引用及其对资产评估结论的影响。

⑩ 应当将所引用单项资产评估报告作为报告附件。

3. 核查验证程序受限的处理方式

对于超出资产评估专业人员专业能力范畴的核查验证事项以及法律法规规定、客观条件限制无法实施核查和验证的事项,应当采取以下应对措施。

① 对于超出资产评估专业人员专业能力范畴的核查验证事项,评估专业人员应当委托或要求委托人委托其他专业机构或者专家出具意见。比如对于某项对外投资的在建工程项目进行评估,评估专业人员无法对委托人或其他相关当事人提供的成本进行验证,也无法确定付款进度和工程进度的一致性,可以委托建设项目审计机构出具专项报告,说明在建工程成本确认及实际支出情况。评估专业人员经过核查验证后,在评估报告中进行披露。

② 对于因法律法规规定、客观条件限制无法实施核查和验证的事项,资产评估专业人员

应当在工作底稿中予以说明,分析其对评估结果的影响程度。如果无法核查验证的资料是评估结论的重要依据,该资料的不确定性将较大程度影响评估结论的合理性或者无法判断其影响程度,评估机构不得出具资产评估报告。如果无法验证的资料对评估结论的影响不重大,评估机构可以出具资产评估报告,但是需要在评估报告中予以披露,并提请报告使用人关注。

4.2.3 资产评估资料的分析、归纳和整理

在履行核查验证程序后,资产评估专业人员需要对从各个渠道收集的评估资料进行必要的分析、归纳和整理,形成评定估算的依据。

对评估资料的分析,就是根据资产价值评定估算和评估报告编制及信息披露对资料的使用要求,对已收集资料的相关性、逻辑性进行分析和甄别。相关性,就是分析评估资料与评估需要解决问题的相关性和适应性;逻辑性,就是梳理评估资料之间所存在的相互支持、印证等关系的逻辑关联性。

归纳和整理,就是在分析基础上,通过归集、加工和分类使评估资料成为支持评估估算和信息披露的基础信息和支持依据,以便后续评估流程的最后使用。

评估信息资料一般可以按照可用性原则和加工处理程度划分。

按照可用性原则,评估资料可以划分为可用性评估资料、有参考价值的评估资料、不可用评估资料。可用性评估资料是指在某一具体评估项目中可以作为评估依据的资料。有参考价值的评估资料是指与评估项目有一定联系、部分可以参考借鉴的资料。不可用评估资料是指与评估项目没有直接联系或根本无用的资料。

按照加工处理程度,评估资料可以划分为未经处理的资料和有选择地加工或按一定目的改动过的资料。未经处理的资料,如公司的年度报告、证券交易所的报告或其他出版物的资料等,没有经过中间处理、过滤,来源直接,能客观反映资料的原貌。有选择地加工或按一定目的改动过的资料,如报纸、杂志、行业协会出版物、学术论文和证券分析师的分析报告等,是在更大的信息源中有选择地加工的,或按一定思想倾向改动过的资料,具有重点突出、容易理解的特征。

任务演练:房地产评估资料收集、汇总和甄选

房地产评估需要准备的资料

① 企业营业执照复印件或个人身份证复印件;
② 国有资产产权登记证(非国有资产除外);
③ 当地建筑工程概(预)算定额;
④ 当地建筑工程取费标准;
⑤ 房屋建筑、构筑物资产评估明细表;
⑥ 部分房屋建筑物工程预决算资料;
⑦ 房屋产权证书或有关房屋产权证明资料;
⑧ 企业年度财务报表;
⑨ 建筑物总平面图;
⑩ 土地使用权证书;

⑪ 当地政府主管部门批准的计划立项文件；

⑫ 当地政府的建设工程规划许可证；

⑬ 当地政府的建设用地规划许可证；

⑭ 房屋建筑物抵押状况；

⑮ 其他与建筑物评估有关的资料。

演练方法

① 市场调查法。

② 讨论法。

演练要求

① 将学生分成若干小组，以小组为单位，从评估机构的角度，在评估一房产价值时按照上面的要求进行资料收集工作。

② 将收集的资料汇总、进行甄选，选出评估资产价值所需要的资料。

演练条件

① 教师事先对学生按照5人进行分组，按组分岗位实施。

② 具有足够的计算机和上网条件。

③ 具有模拟实训室或多媒体教室。

重点回顾

能 力 训 练

1. 专项能力训练

训练项目一：机器设备评估资料的收集

1. 机器设备采购合同、发票、有关会计凭证等复印件、报关单、完税凭证；

2. 如属自制设备，提供相关成本计算单；

3. 租赁的设备须提供固定资产租赁协议；设备安装竣工决算资料；

4. 设备概况（设备类型、特点、技术先进水平）；

5. 对待报废，不需要用，未使用，高、精、尖设备毁损技术检测状况和继续使用的可能性；

6. 设备日常保修保养制度，大修记录；

7. 持有方近两年度财务报表，评估基准日财务报表；

8. 资产评估委托方承诺函。

训练目的与要求

通过实训使学生掌握机器设备评估的基本程序和方法，熟悉相应的评估资产的特性。

训练步骤

1. 教师首先对学生按照5人进行分组，每组指定一小组长负责本小组行动。

2. 每组按照上面要求获取有关资料：机器设备所在企业的相关信息、被评估机器设备的资料、有关市场资料。

3. 进入评估现场，即实习基地进行现场勘查与实务调查。

4. 对有关资料进行分析与整理。

训练项目二：房地产评估的资料收集

在我们日常评估工作中,收集材料是我们正确评估的基础。某一宗地由毛地、场地平整、开始施工、在建工程到开发完成等多个阶段组成,在不同阶段,评估需要收集不同的材料。收集材料错误或者不全,往往导致我们需要第二次或第N次与客户进行沟通来索取资料,也导致了客户对我们的评价会降低。

一、毛地阶段

毛地是指已完成土地使用批准手续(包括土地使用权出让手续),具有"三通"或者条件更完备的其他设施,但未进行动迁和拆迁的可用于建设的土地。宗地内存在建筑物或其他附属物,并可能存在权属瑕疵。估价师在评估此类用地时,应明确尚未拆迁的房屋建筑面积及附属物、农田面积,并计算拆迁成本。

收集资料:企业法人营业执照、国有土地使用证、土地出让合同、规划设计要点、委托方对未拆迁状况的说明。委托方在委托说明中应明确以下内容:宗地内的建筑物及构筑物是否完成拆迁、拆迁补偿款是否已经补偿、尚未拆迁的房屋建筑面积及附属物、农田面积,须支付的拆迁补偿款估算总额,及评估时设定的开发水平、规划等。

评估方法:①市场比较法 a.以毛地作为比较案例,与待估案例进行比较 b.以净地作为比较案例,比准后扣除拆迁及场地平整成本;②假设开发法,在假设开发法评估时,应在开发周期和销售周期中考虑拆迁时间,并在前期费用中扣除拆迁成本。

另外,在银行抵押时,现状为毛地的业务最好不要接。因为毛地在处置时,权属存在瑕疵,很难处置。当然,可以做估价对象在设定条件下的咨询价格,前提是委托方出具委托说明。

二、净地阶段

净地指已经完成拆除平整,不存在需要拆除的建筑物、构筑物等设施的土地。

在此阶段,企业可能有规划局批复的规划总平面图。规划总平面图能够详细说明待估宗地将来开发完成后的总建筑面积、各种用途的建筑面积、容积率、建筑密度等。规划总平面图要比规划设计要点更加详细。只有收集更准确的资料,才能更准确地把握评估价格。

因此,本阶段收集材料:企业法人营业执照、国有土地使用证、土地出让合同、规划设计要点,规划总平面图(在企业已经取得的情况下)。

三、开始施工阶段

开发商由开始取得一宗地到开发完成,依次取得下列证件:《建设用地规划许可证》(规划局办理)→《建设用地批准书》(国土局办理)→《国有土地使用证》(国土局办理)→《建设工程规划许可证》(规划局办理)→《建设工程施工许可证》(建设局办理)→《商品房预(销)售许可证》(房产局办理)。

规划材料取得时间越近,其准确性就越高。在开始施工阶段,开发商已经取得《建设用地规划许可证》《建设工程规划许可证》《建设工程施工许可证》等,《建设工程规划许可证》已明确规定了每幢建筑的建筑面积(地上和地下)、建筑用途,要比规划总平面图的法律性、准确性更强。

因此,本阶段收集材料:企业法人营业执照、国有土地使用证、土地出让合同、规划设计要点,规划总平面图、建设用地规划许可证、建设工程规划许可证、建设工程施工许可证。另外,若建设工程规划许可证尚未领全,则以规划总平面图为准。

四、在建工程阶段

根据规定,投入开发建设的资金达到工程建设总投资的25%以上,并已经确定施工进度和竣工交付日期,即可领取商品房预(销)售许可证。此阶段,开发商若已领取商品房预(销)售许可证,就有存在预售可能。在建工程存在预售,则预售建筑面积及相对应的土地面积权属已经发生转移,转移到商品房购买方。此时,宗地或者整个在建工程就存在多个权属,若评估时仍然将整个估价对象视为开发商所有,则存在巨大的风险。

此阶段,土地评估所收集材料:企业法人营业执照、国有土地使用证、土地出让合同、规划设计要点、规划总平面图、建设用地规划许可证、建设工程规划许可证、建设工程施工许可证、委托方对楼盘销售状况的说明。委托方对楼盘销售状况的说明中应包含是否销售、已销售建筑面积计建筑面积所对应的土地面积。

此阶段,在建工程评估所需要的材料:委托方营业执照、整个小区具体情况介绍或楼书、国有土地使用证、建设用地规划许可证、建筑工程施工许可证、商品房预(销)售许可证、工程进度表(经委托方盖章)、商品房销售窗口表(经委托方盖章)、楼盘交付标准、设计要点通知书及项目总平面图、设计方案、委托方对评估建筑面积及分摊土地面积的说明。

五、开发完成阶段

开发完成阶段的评估可分下列两种情况。

1. 土地评估

(1) 对于已经开发完成的,若房屋已经领取房屋所有权证,且符合规划,应收集以下材料:企业法人营业执照、国有土地使用证、土地出让合同、房屋所有权证。(前提:所有产权归企业所有)

(2) 已经开发完成,但尚未领取房屋所有权证的,收集以下材料:企业法人营业执照、国有土地使用证、规划总平面图、建设用地规划许可证、建设工程规划许可证、建设工程施工许可证等。(前提:所有产权归企业所有)

2. 房地产评估

房地产评估,要求国有土地使用证和房屋所有权证必须齐全。应收集以下材料:企业法人营业执照、国有土地使用证、房屋所有权证,有共有权证的须提供房屋共有权证。

在某些情况下,估计对象存在租约。租约的存在,尤其是长期租约,限定了估价对象在一定年限的收益,继而影响估价对象的价值。因此,若估价对象存在租约,评估人员在收集材料时必须收集租赁约定书。

能否准确全面地收集材料,直接影响评估人员对估价对象的把握,体现评估机构的专业水平。因此,要把握的原则是,规划越是最近取得,其法律性就越强,影响估价对象价格程度就越高。

训练目的与要求

通过训练使学生掌握房地产评估的实地勘察和搜集资料的具体方法和操作。

训练步骤

1. 选取某房地产,获取有关资料:房地产产权的相关信息、被估房地产相关资料、有关市场资料。

2. 进入评估现场,即实习基地进行现场勘查与实务调查(附实地勘察表)。

3. 对有关资料进行分析与整理。

工业性房地产实地查看记录表

房屋坐落			房屋所有权人		房屋所有权证号	
项目名称			竣工日期		总 楼 层	
土地证号		使用权类型		土地面积　　m²	土地使用权终止日期	
设计用途		房屋登记用途		建筑面积　　m²	建筑结构	
土地用途		他项权利状况	□有 □无		容积率	
现状用途	□自用 □出租 □空置 □轻工业 □化工 □其他		建筑时间		成新率	
土地形状			使用现状	□完好　□基本完好 □一般损坏 □严重损坏		
结　构			类型		□普通生产 □受腐蚀生产 □非生产	
跨　度	（　）米×（　）跨		吊车	数量：　　　吨位：		
层　高	首层（　　）米 其他层（　　）米		用途		通用性：	

项目		基本状况	使用现状
结构	基础		□未见异常 □不均匀下沉
	柱		□完好 □基本完好 □一般损坏 □严重损坏
	梁		□完好 □基本完好 □一般损坏 □严重损坏
	板		□完好 □基本完好 □一般损坏 □严重损坏
	墙		□完好 □基本完好 □一般损坏 □严重损坏
	屋面	屋架：　　屋面：	□完好 □基本完好 □一般损坏 □严重损坏
装修	外墙		□完好 □基本完好 □一般损坏 □严重损坏
	内墙		□完好 □基本完好 □一般损坏 □严重损坏
	地面		□完好 □基本完好 □一般损坏 □严重损坏
	顶棚		□完好 □基本完好 □一般损坏 □严重损坏
	门		□完好 □基本完好 □一般损坏 □严重损坏
	窗		□完好 □基本完好 □一般损坏 □严重损坏
设施	给排水	□明敷 □暗敷 □无	□完好 □基本完好 □一般损坏 □严重损坏
	电梯	客梯：　　部、　　吨	□完好 □基本完好 □一般损坏 □严重损坏
		货梯：　　部、　　吨	□完好 □基本完好 □一般损坏 □严重损坏
	照明		□完好 □基本完好 □一般损坏 □严重损坏
	空调		□完好 □基本完好 □一般损坏 □严重损坏
	消防		□完好 □基本完好 □一般损坏 □严重损坏
	通风		□完好 □基本完好 □一般损坏 □严重损坏
	采光		□完好 □基本完好 □一般损坏 □严重损坏
	防潮		□完好 □基本完好 □一般损坏 □严重损坏

续表

四至	东： 南： 西： 北：		
交通条件	□高速公路 □高等级公路 □城市主干道 □次干道 道路通达度：		
	距离汽车站（ ）米、火车站（ ）公里、港口（ ）公里、机场（ ）公里		
周边环境	公共配套		
	产业聚集		
法定优先受偿款	□拖欠建设工程款_____元 □拖欠土地出让金_____元 □拖欠报建费_____元		
	□拖欠税费_____元 □已抵押担保的债权数额_____元 □其他法定优先受偿款_____元		
备注			

在查看表背面绘制现场平面草图及记载市场案例调查情况，表内未涉及的内容可在表的背面加以详细记录。此表必须归入报告档案内。

产权人（签字）： 领看人（签字）： 第三方证人（签字）：

查看人（签字）： 估价师（签字）：

产权人地址及联系方式： 查看日期：

经营性房地产实地查看记录表

房屋坐落			房屋所有权人		房屋所有权证号	
项目名称				使用状况	□自用 □出租 □空置	
土地证号		使用权类型		土地面积 m²	土地使用权终止日期	
房屋建成时间		房屋登记用途		建筑面积 m²	建筑结构	
标的所在楼层/总楼层：___/___层		现状用途	□自用 □出租 □空置 □轻工业 □化工 □其他		层高 米	成新率：
临街状况	□面临街 □不临街			租金水平 元/m²月	空置率	
四至	东： 南：		西：	北：		
具体用途	□宾馆 □酒店 □商场 □写字楼 □普通门面 □综合楼					
商业繁华度	距商业中心	□中心内 □较近 □一般 □较远 □远		办公集聚度	距商务区距离	□近 □较近 □一般 □较远 □远
	规模	□大 □较大 □一般 □较小 □小			距政府部门	□近 □较近 □一般 □较远 □远
	客流量	□多 □较多 □一般 □较少 □少			规模	□大 □较大 □一般 □较小 □小
	主要商业				主要写字楼	

续表

交通便捷度	公交线路	车站：		车号：		公共设施	银行		邮局	
	火车站	距离：					超市		休闲场所	
	飞机场	距离：					餐饮		娱乐场所	
	主要交通干线	名称：		距离：			医院			

建筑规模	整体概况				
	裙楼	层数：		用途：	
	塔楼	层数：		用途：	
	地下室	层数：		用途：	

	项 目	基本状况	使用现状
设备设施	电梯	自动扶梯： 部 层 □无 客梯： 部 层 □无 货梯： 部 层 □无	□正常 □破损 □无法使用 □正常 □破损 □无法使用 □正常 □破损 □无法使用
	防盗系统	□防盗门 自动对讲系统 □闭路监控系统 □无	□正常 □破损 □无法使用
	给排水系统	□明敷 □暗敷	□正常 □破损 □无法使用
	供电系统	□明敷 □暗敷	□正常 □破损 □无法使用
	照明系统	□吊灯 □吸顶灯 □格栏灯 □日光灯 □其他	□正常 □破损 □无法使用
	空调系统	□市政集中供应 □中央空调 □独立空调 □无	□正常 □破损 □无法使用
	通信系统	□电话 □有线电视 □网络 □无	□正常 □破损 □无法使用
	消防系统	□消防栓 □灭火器 □自动喷淋 □烟感报警 □无	□正常 □破损 □无法使用
装修情况	外墙		□完好 □基本完好 □一般损坏 □严重损坏
	内墙		□完好 □基本完好 □一般损坏 □严重损坏
	顶棚		□完好 □基本完好 □一般损坏 □严重损坏
	房间地面		□完好 □基本完好 □一般损坏 □严重损坏
	楼梯间地面		□完好 □基本完好 □一般损坏 □严重损坏
	外门		□完好 □基本完好 □一般损坏 □严重损坏
	内门		□完好 □基本完好 □一般损坏 □严重损坏
	窗		□完好 □基本完好 □一般损坏 □严重损坏

法定优先受偿款	□拖欠建设工程款_____元 □拖欠土地出让金_____元 □拖欠报建费_____元 □拖欠税费_____元 □已抵押担保的债权数额_____元 □其他法定优先受偿款_____元
备 注	

在查看表背面绘制现场平面草图及记载市场案例调查情况，表内未涉及的内容可在表的背面加以详细记录。此表必须归入报告档案内。

产权人(签字)：　　　　　　　　领看人(签字)：　　　　　　　　第三方证人(签字)：

查看人(签字)：　　　　　　　　估价师(签字)：

产权人地址及联系方式：　　　　　　　　　　　　　　　　　　　　查看日期：

在建工程实地查看记录表

项目坐落				开发公司			
在建项目名称				项目栋号			
施工单位				监理单位			
土地证号		土地用途		使用权类型		土地使用权剩余年限	
土地使用权面积	m²	拟抵押土地面积：			m²	土地开发程度	
建筑面积	m²	其中：住宅 m² 层高 商业 m² 层高 其他 m² 层高					
拟抵押建筑面积	栋号：			已预售	套 数： 建筑面积： m²		
	建筑面积		m²		销售均价：		
四 至	东			南			
	西			北			
建设用地规划许可证			建设工程规划许可证编号			项目容积率	
建设施工许可证			商品房预售许可证编号			规划容积率	
工程预算总投资	万元		已完成投资			规划绿化率	
已付款工程款	万元		已付款比例			规划小区环境	
开工日期			预计完工日期			区域环境	
设计结构			设计总高度			规划小区设施	
设计总层数			已完成层数			临街状况	
评估基准日形象进度							
项 目	结构		装饰		设备		
设计标准							
现场状况							
其他所批文件							

商业繁华度	距商业中心	□中心内 □较近 □一般 □较远 □远	办公集聚度	距商务区距离	□近 □较近 □一般 □较远 □远
	规模	□大 □较大 □一般 □较小 □小		距政府部门	□近 □较近 □一般 □较远 □远
	客流量	□多 □较多 □一般 □较少 □少		小区规模	□大 □较大 □一般 □较小 □小
	主要商业			主要写字楼	
交通便捷度	公交线路	站名： 线路：	公共设施	银行	
	火车站	距离：		超市	
	飞机场	距离：		餐饮	
	主要交通干线	名称： 距离：		医院	
				学校	
周边房价、租金					

续表

他项权利状况			
法定优先受偿款	□拖欠建设工程款_____元　□拖欠土地出让金_____元　□拖欠报建费_____元 □拖欠税费_____元　□已抵押担保的债权数额_____元　□其它法定优先受偿款_____元		
备注			

在查看表背面绘制现场平面草图及记载市场案例调查情况,表内未涉及的内容可在表的背面加以详细记录。此表必须归入报告档案内。

产权人(签字):　　　　领看人(签字):　　　　第三方证人(签字):

查看人(签字):　　　　估价师(签字):

产权人地址及联系方式:　　　　　　　　　　　　　　查看日期:

2. 综合能力训练

商标评估资料的收集

商标价值评估资料收集目录:

一、企业基础资料

1. 工商企业法人营业执照及税务登记证、生产许可证等;
2. 企业简况、法定代表人简介、组织机构图、股权结构图;
3. 国家驰名商标,省著名商标的相关申报资料或认定证书;
4. 新闻媒体,消费者对商标产品质量、售后服务的相关报道和评价等反馈信息;
5. 技术产品研发情况简介,科学技术成果鉴定报告或技术产品说明书等技术鉴定资料;
6. 企业销售网络分布情况;
7. 企业产品质量标准,企业年度工作总结;
8. 商标产品获奖证书、企业荣誉证书、法定代表人荣誉证书。

二、产权资料

1. 商标注册证书及相关变更注册法律文书;
2. 商标图案及释义;
3. 涉及商标产权关系的相关批文或经济合同等法律文书。

三、财务资料

1. 企业近五年(含评估基准日)财务年度报表以及财务年度分析报告;
2. 企业主要产品生产经营统计资料;
3. 企业历年商标投入统计资料(包括广告、参展等费用);
4. 企业未来五年商标产品规划,追加投资计划;
5. 企业未来五年商标产品收益预测以及预测说明。

四、其他资料

1. 注册商标基本情况调查表;
2. 商标续展承诺书;

3. 企业承诺书。

训练目的与要求

通过实训使学生掌握商标评估的基本程序和方法,熟悉相关无形资产评估的特性。

训练步骤

1. 获取有关资料:选取一个你所喜欢的商标,按照上面的内容收集该商标的相关信息、有关市场资料(如:该商品的市场占有率、销售收入等)。

2. 进入评估现场,即实习基地进行现场勘查与实务调查。

3. 对有关资料进行分析与整理。

训练成果

见习或实操;资产评估现场勘查与实务调查表;资产评估现场勘查与实务调查训练报告。

思考与练习

一、名词解释

现场调查; 评估受限; 可用性评估资料; 有参考价值的评估资料; 不可用评估资料。

二、简述题

1. 房地产评估时应收集哪些资料?
2. 机器设备评估时应收集哪些资料?
3. 简述现场调查的内容。
4. 简述现场调查工作受限的处理。
5. 简述收集资产评估资料的主要工作内容。
6. 简述资产评估资料的核查验证重点和方式。
7. 资产评估资料核查验证受限应如何处理?

工作过程 5
不同评估模式下的评定估算

能力目标

1. 培养运用成本法对机器设备、房地产、无形资产和企业价值等具有代表性的资产进行评定估算的能力。
2. 培养运用市场法对机器设备、房地产、无形资产和企业价值等具有代表性的资产进行评定估算的能力。
3. 培养运用收益法对机器设备、房地产、无形资产和企业价值等具有代表性的资产进行评定估算的能力。

知识目标

1. 掌握市场法、收益法的基本原理和评估思路。
2. 掌握成本法在机器设备评估中的应用,了解市场法在机器设备评估中的应用。
3. 掌握市场法、收益法在房地产评估中的应用,熟悉房地产评估中成本法的使用及其运用。
4. 掌握收益法在无形资产评估中的应用,了解成本法在无形资产评估中的应用。
5. 了解企业价值评估的范围界定,掌握收益法在企业价值评估中的应用。

教学设计

1. 开展典型案例分析与讨论。
2. 分组讨论与评价。
3. 演示训练。
4. 情境模拟。

学习任务 5.1 成本模式下的评定估算

知识储备

5.1.1 成本法在机器设备评估中的应用

成本法的计算公式为

$$P = R_C - D_P - D_f - D_e$$

式中:P——评估值;

R_C——重置成本;

D_P——实体性贬值;

D_f——功能性贬值;

D_e——经济性贬值。

成本法是机器设备评估中最常用的方法之一。

工作成果:国产机器设备评估案例

1. 重置成本的计算

重置成本涵盖：①必要、合理的直接成本费用；②间接成本费用；③占用资金而发生的资金成本。其中必要的、合理的直接成本费用包含：①设备本体的重置成本；②设备的运杂费；③安装费；④基础费；⑤其他合理成本。间接成本费用包含：①管理费用；②设计费；③工程监理费；④保险费，等。

> **【小知识】直接成本与间接成本**
>
> 直接成本与每一台设备有直接对应，间接成本和资金成本有时不能对应到每一台设备上，它们是为整个项目发生的，在计算每一台设备的重置成本时一般按比例摊入。
>
> 原地续用机器设备，其重置成本包括运杂费、安装费、基础费等，但是移地使用重置成本一般不包含上述费用。
>
> 构成重置成本的费用必须是为购置或构建被评估的机器设备所发生的，包括直接费用和间接费用。但是一些非必然的费用不应该包括在内。

（1）设备本体的重置成本

设备本体的重置成本不包括运输、安装等费用。对于通用设备一般按照现行市场销售价格确定，或者通过其他方法计算设备本体的重置成本。自制设备一般按照当前的价格标准计算的建造成本，包括：①直接材料费；②燃料动力费；③直接人工费；④制造费用；⑤期间费用分摊；⑥利润；⑦税金；⑧非标准设备的设计费。

1）直接法

特点：根据市场交易数据直接确定设备本体重置成本的方法。

适用前提：获得该设备在市场上的价格资料，对于大部分通用设备比较适合。

获得市场价格的渠道：先进行市场询价，根据替代原则，在同等条件下，评估人员应该选择可能获得的最低售价。厂家的报价和实际成交价存在较大的差异，评估人员应该谨慎使用厂家报价，并向近期购买该厂的同类产品的其他客户了解实际成交价格；再使用价格资料。注意价格资料的有效性和可靠性，以及价格的时效性。

2）物价指数法

物价指数法是以设备的历史成本为基础，根据同类设备的价格上涨指数，来确定机器设备本体的重置成本的方法。对于二手设备，历史成本是最初使用者的账面原值，而非当前设备使用者的购置成本。物价指数可分为定基物价指数和环比物价指数。

① 定基物价指数：定基物价指数是以固定时期为基期的指数，通常用百分比来表示。以 100% 为基础，当物价指数大于 100%，表明物价上涨；物价指数在 100% 以下，表明物价下跌。表 5-1 为某类设备的定基物价指数。

表 5-1 某类设备的定基物价指数

年份/年	（定基）物价指数/(%)	年份/年	（定基）物价指数/(%)
1999	100	2003	110
2000	103	2004	112
2001	106	2005	115
2002	108		

采用定基物价指数计算当前设备本体重置成本的公式为

$$设备本体重置成本 = 历史成本 \times \frac{基准日定基物价指数}{过去某一时点定基物价指数}$$

【例 5-1】 2000 年购置某设备，原始成本为 38 000 元，计算 2005 年该设备的重置成本。2005 年的定基物价指数为 115，2000 年的定基物价指数为 103。

解：2005 年该设备本体重置成本 = 38 000×(115/103) = 42 427(元)

② 环比物价指数：环比物价指数是以上期为基期的指数。如果环比期以年为单位，则环比物价指数表示该类产品当年较上年的价格变动幅度(应该是本年相比上年物价的倍数)。该指数通常也用百分比表示。表 5-1 的定基物价指数用环比物价指数可表示为表 5-2。

采用环比物价指数计算设备重置成本的公式为

$$设备本体重置成本 = 原始成本 \times (p_1^0 \times p_2^1 \times \cdots \times p_n^{n-1})$$

式中，p_n^{n-1}——n 年对 n-1 年的环比物价指数。

【例 5-2】 某设备 2002 年的历史成本为 30 000 元，环比物价指数见表 5-2，试计算 2005 年该设备本体重置成本。

表 5-2 (环比)物价指数

年份/年	(环比)物价指数/(%)
1999	
2000	103
2001	102.9
2002	101.9
2003	101.9
2004	101.8
2005	102.7

解：设备本体重置成本 = 30 000×(101.9%×101.8%×102.7%) = 31 961(元)

在机器设备评估中，对于一些难以获得市场价格的机器设备，经常采用物价指数法。使用时，评估人员应注意以下问题：

① 选取的物价指数应与评估对象相配比，一般采用某一类产品的分类物价指数，不可采用综合物价指数。

② 应注意审查历史成本的真实性。因为在设备的使用过程中，其账面价值可能进行了调整，当前的账面价值已不能反映真实的历史成本。

③ 企业账面的设备历史成本一般包括运杂费、安装费、基础费以及其他费用。上述费用的物价指数往往是不同的，应该分别计算。

④ 只能测算复原重置成本。

⑤ 进口设备应使用进口设备生产国(或者设备的出口国)的分类物价指数。

2) 重置核算法

① 特点：通过分别测算机器设备的各项成本费用来确定设备本体重置成本的方法。

② 适用对象：常用于确定非标准、自制设备的设备本体重置成本的计算。

【例 5-3】 欲评估某企业的一台万能车床，此车床按现行的市价每台为 78 000 元，运杂费为 800 元,安装调试费中原材料为 520 元,人工费为 400 元。据统计,同类设备安装调试的间接费用为人工费的 80%。试估算该车床的重置成本。

解: 直接成本=购置价+运杂费+安装调试费=78 000+800+520+400=79 720(元)

间接费用=400×80%=320(元)

重置成本=直接成本+间接成本=79 720+320=80 040(元)

3) 综合估价法

综合估价法是根据设备的主材费和主要外购件费与设备成本费用的比例关系,在不考虑税金的情况下,通过确定设备的主材费用和主要外购件费用,计算出设备的完全制造成本,并考虑企业利润和设计费用,确定设备的重置成本的方法。其计算公式为

$$RC = (Mrm \div Km + Mpm) \times (1 + Kp) \times (1 + Kd/n)$$

式中:RC——设备本体重置成本;

Mrm——主材费;

Km——成本主材费率;

Mpm——主要外购件费;

Kp——成本利润率;

Kd——非标准设备设计费率;

n——非标准设备的生产数量。

式中各参数的详细分析:

Mrm——实际被消耗掉的主材费=主材净用量÷主材费利用率(不含增值税);

$Mrm \div Km$——本企业生产该设备的成本费用(不包含外购材料费);

$Mrm \div Km + Mpm$——该设备使用的全部成本费用(包含外购材料费,不含增值税)。

① 主材费 Mrm(不含增值税成本):主要材料是在设备中所占的重量和价值比例大的一种或几种原材料。主材费可先按图纸分别计算出各种主材的净消耗量,然后根据各种主材的利用率求出它们的总消耗量,并按材料的市场价格计算每一种主材的材料费用。其计算公式为

$$Mrm = \sum \left(\frac{某主材净消耗量}{该主材利用率} \times \frac{含税市场价}{1+增值税率} \right)$$

【例 5-4】 运用综合估价法评估某企业自制设备,其中该设备的主材为不锈钢,共消耗 15 吨,评估基准日该种不锈钢的市场含税价格为 2.8 万元/吨,在制造过程中该钢材的利用率约为 95%,该设备的主材费率为 80%,适用的增值税税率为 17%,则该设备的主材费用最接近于( )万元。

A. 35.90   B. 37.79   C. 39.90   D. 42.00

【正确答案】 A

【试题解析】 主材费用=2.8÷(1+17%)×15=35.897(万元)

② 主要外购件费 Mpm(不含增值税成本):主要外购件如果价值比重很小,可以综合在成本主材费率 Km 中考虑,则不再单列为主要外购件。外购件的价格按不含税市场价格计算,其计算公式为

$$Mrm = \sum \left(某主要外购件的数量 \times \frac{含税市场价}{1+增值税率} \right)$$

式中：$(Mrm \div Km + Mpm) \times (1 + Kp)$——生产该设备的正常价格（成本加利润）；

$(Mrm \div Km + Mpm) \times (1 + Kp) \times (1 + Kd/n)$——在上一步的基础上加上应该承担的专用设备的设计费。

【例 5-5】 被评估对象为一台自制大型模具，该模具净重 2 吨，评估基准日该模具的材料价格为 15 元/公斤，材料利用率为 75%，模具的冷加工费为 30 000 元，热加工费按模具净重每公斤 15 元，其他费用 10 000 元，行业平均成本利润率为 10%，不考虑其他因素，则该模具的重置成本最接近于（　　）元。

A. 98 000　　　　B. 109 000　　　　C. 110 000　　　　D. 121 000

【正确答案】D

【试题解析】$(2\,000 \div 75\% \times 15 + 30\,000 + 2\,000 \times 15 + 10\,000) \times (1 + 10\%) = 121\,000$（元）

4）规模经济效益指数法

规模经济效益指数法是根据设备生产能力与价格的比例关系确定重置成本。其计算公式为

$$被评估机器设备的重置成本 = \left(\frac{被评估设备的生产能力}{参照资产的生产能力}\right)^x \times 参照物重置成本$$

式中，x——规模经济效益指数。

这种方法适用于某些特定的化工、石油加工设备，但不太适合于车床、汽车等的评估。其使用前提是设备生产能力与价格存在一定比例关系。规模经济效益指数 x 是功能比较法的一个重要参数。目前我国尚缺乏这方面的统计资料。据国外参考资料介绍，x 一般在 0.4~1.2。

【例 5-6】 某被评估化工设备，生产能力为月产 20 吨，评估时，市场上已经没有相同生产能力的化工设备，但有新型同类化工设备，市场售价为 150 万元，其生产能力为月产 30 吨，经测算，该类设备的规模经济效益指数为 0.65。试求被评估化工设备的重置成本。

解：$被评估设备的重置成本 = \left(\dfrac{被评估设备的生产能力}{参照资产的生产能力}\right)^x \times 参照物重置成本$

$\qquad = (20 \div 30)^{0.65} \times 150 = 115$（万元）

评估人员使用该方法时，x 的取值必须有充分的依据，如果没有可以直接利用的规模经济效益指数，评估人员可以通过该类设备的价格资料分析、测算。

（2）运杂费

① 国产设备运杂费，是指从生产厂家到安装使用地点所发生的有关费用。计算公式为

$$国产设备运费 = 国产设备原价 \times 国产运杂费率$$

② 进口设备的国内运杂费，是指从出口国运抵我国后，从所到达的港口、车站、机场等地，将设备运至使用的目的地所发生的有关费用，但是不包括运输超限设备时发生的特殊费用。计算公式为

$$进口设备国内运杂费 = 进口设备到岸价 \times 进口设备国内运杂费率$$

（3）设备安装费

① 国产设备安装费。

$$国产设备安装费 = 设备原价 \times 设备安装费率$$

② 进口设备安装费。

$$进口设备安装费 = 相似国产设备原价 \times 国产设备安装费率$$

或 $$进口设备安装费 = 进口设备到岸价 \times 进口设备安装费率$$

(4) 基础费

设备基础费是指为安装设备而建造的特殊构筑物所发生的费用。计算公式为

① 国产设备基础费。

$$国产设备基础费 = 国产设备原价 \times 国产设备基础费率$$

② 进口设备基础费。

$$进口设备基础费 = 相似国产设备原价 \times 国产设备基础费率$$

或 $$进口设备的基础费 = 进口设备到岸价 \times 进口设备基础费率$$

(5) 进口设备从属费用

进口设备的从属费用包括国外运费、国外运输保险费、关税、消费税、增值税、银行手续费、公司代理手续费,对车辆还包括车辆购置附加费等。(简言之,就是设备在国外支付了价款后,从国外运输到我国的海关交完了所有进口的有关费用后可以从海关运走前的全部费用)

① 国外运费。

$$海运费 = FOB(离岸价) \times 海运费率$$

海运费率:远洋一般取 5%~8%,近洋一般取 3%~4%。

② 国外运输保险费。

$$国外运输保险费 = (FOB + 海运费) \times 保险费率$$

$$CIF = FOB \times (1 + 海运费率) \times (1 + 保险费率)$$

③ 关税。

$$关税 = 到岸价(CIF) \times 关税税率$$

④ 消费税。

$$消费税 = \frac{(关税完税价 + 关税) \times 消费税税费}{1 - 消费税税费}$$

⑤ 增值税。

$$增值税 = (关税完税价 + 关税 + 消费税) \times 增值税税率$$

注:减免关税的同时要减免增值税。

⑥ 车辆购置费。

$$车辆购置附加费 = \{到岸价(CIF)人民币数额 + 关税 + 消费税\} \times 费率$$

以上到岸价、关税、消费税和车辆购置费的合计为

$$\{CIF \times (1 + 关税税率)\} \times \{1 + (消费税税率 + 车辆购置费率) \div (1 - 消费税税率)\}$$

⑦ 银行财务费。

$$银行财务费 = FOB \times 费率$$

我国现行银行财务费率一般为 4%~5%。

⑧ 外贸手续费。

$$外贸手续费 = 到岸价(CIF) \times 外贸手续费率$$

目前,我国进出口公司的进口费率一般在 1%~1.5%。

为了方便大家的计算和理解,我们可以将以上的 8 项从属费用及设备的离岸价(FOB)之和分以下几步计算:

① 计算到岸价(离岸价加上以上的第1、2项,即国外运费和运输保险费)。
$$CIF = FOB \times (1 + 海运费率) \times (1 + 保险费率)$$
② 计算到岸价、关税、消费税、车辆购置费之和。

到岸价、关税、消费税、车辆购置费之和 = {$CIF \times (1 + 关税税率)$}{$1 + (消费税税率 + 车辆购置费率) \div (1 - 消费税税率)$}

③ 计算银行财务费。
$$银行财务费 = FOB \times 银行财务费费率$$
④ 计算外贸手续费。
$$外贸手续费 = CIF \times 外贸手续费率$$

在以上评定估算过程中,值得注意的是:

① 一般来讲,FOB 价以外币表示,CIF 价以人民币表示。

② 将以上的第(2)、(3)、(4)求和,得到类似于国内设备的"设备本体的重置成本",再考虑国内运杂费、安装费和基础费,对于进口设备,这三项费用都是按照 CIF 价为基础计算的。

③ 通过以上的计算得到设备必要的、合理的直接成本费用,还需要根据已有资料计算出设备的间接成本和资金成本,最后将所有项目费用汇总合计得到设备的重置成本。

【例 5-7】 某进口设备离岸价为 12 000 000 美元,关税税率为 16%,银行财务费率为 0.4%,公司代理费率为 1%,国内运杂费率为 1%,安装费率为 0.6%,基础费率为 1.7%。设备从订货到安装完毕投入使用需要 2 年时间,第一年投入的资金比例为 30%,第二年投入的资本比例为 70%。假设每年的资金投入是均匀的,银行贷款利率为 5%,美元兑人民币的汇率为 1:6.8,试计算该设备的重置成本。

解:该设备的重置成本包括:(1)设备的货价;(2)海外运输费;(3)海运保险;(4)关税;(5)银行财务费用;(6)公司代理手续费;(7)国内运费;(8)安装费;(9)基础费;(10)资金成本。计算过程见表 5-3。

表 5-3 设备重置成本的计算过程

序 号	项 目	计费基数	费 率	计算公式	金 额
1	设备离岸价				12 000 000USD
2	国外海运费	设备离岸价	5%	计费基数×海运费率	600 000USD
3	国外运输保险费	设备离岸价+海运费	0.4%	计费基数×保险费率	50 400USD
	到岸(CIF价)外币合计				12 650 400USD
	CIF价 人民币合计	外币额	6.8	计算基数×汇率	86 022 720 元
4	关税	CIF价	16%	CIF价×16%	13 763 635.2 元
5	银行手续费	设备离岸价	0.4%	设备离岸价×0.4%	326 400 元
6	公司手续费	CIF价	1%	CIF价×1%	860 227.2 元
7	国内运杂费	CIF价	1%	CIF价×1%	860 227.2 元
8	安装费	CIF价	0.6%	CIF价×0.6%	516 136.32 元
9	基础费	CIF价	1.7%	CIF价×1.7%	1 462 386.24 元

续表 5-3

序号	项目	计费基数	费率	计算公式	金额
	合计				103 811 732.16 元
10	资金成本		5%	资金合计×30%×5%×1.5＋资金合计×70%×5%×0.5	2 059 969.29 元
	重置成本总计				105 871 701.45 元

④ 通过以上例题主要掌握资金成本的计算方法。注意投入资金在投入当年在平均投入的前提下,当年的利息按照半年计算,投入当年以后,利息按照全年计算。同时这里使用的是单利计息,而不是复利。

2. 实体性贬值

实体性贬值(DP)是资产由于使用和自然力作用形成的贬值。实体性贬值率是实体性贬值与重置成本(RC)的比例。

$$\alpha p = DP/RC$$

式中:αp——实体性贬值率。

(1) 观察法

对大型设备,可采用德尔菲法和模糊综合判断法。

(2) 使用年限法

① 原理与工作过程 3 所述内容一致。

$$\alpha p = L1/L$$

式中:$L1$——已使用寿命;

L——总使用寿命。

若设备的残值率为 r,则计算公式为

$$\alpha p = L1/L \times (1-r)$$

② 使用寿命不一定都用使用年限表示,可以使用里程、工作小时等表示。

③ 使用年限法在复杂设备评估中的运用。复杂设备各个组成部件的使用寿命是不同的,如果每个部件可以独立更换,整个机器的贬值率可以用以下公式表示:

$$\alpha p = \Sigma K_i \alpha p_i$$

式中:K_i——第 i 个部件所占的(重置)成本权重;

αp_i——第 i 个部件的实体性损耗率。

(3) 修复费用法

① 使用前提:假设设备所发生的实体性损耗是可补偿性的,那么用于补偿(修复)实体性损耗所发生的费用就是设备的实体性贬值。

② 注意区分可补偿(修复)性损耗和不可补偿(修复)性损耗。

可补偿(修复)性损耗:是指可以用技术上和经济上可行的方法修复的损耗。不可补偿(修复)损耗是指从经济上来讲是修复不划算或者这种损耗技术上不可修复的损耗。

③ 计算方法

实体性贬值＝可补偿(修复)费用＋不可补偿(修复)损耗

$$= 可补偿损耗 + (重置成本 - 可补偿费用) \times \frac{实际已使用年限}{资产总使用年限}$$

不可补偿部分的实体性损耗可采用"使用年限法"计算。

【例5-8】 一台数控折边机,重置成本为150万元,已使用2年,其经济使用寿命约20年,现该机器数控系统损坏,估计修复费用约2万美元(折合人民币13.6万元),其他部分工作正常。

所有实体性贬值及贬值率计算过程如下:

重置全价(RC):   150万元
可修复性损耗引起的贬值: 13.6万元
不可修复性损耗引起的贬值: $(150-13.6) \times 2/20 = 13.64$(万元)
实体性贬值(DP): $13.6 + 13.64 = 27.24$(万元)
贬值率(αp): $27.24/150 = 18.2\%$

3. 功能性贬值

功能性贬值(Df)是指由于无形磨损而引起资产价值的损失。设备的功能贬值主要体现在超额投资成本和超额运营成本两方面。

超额投资成本:复原重置成本与更新重置成本之差即为超额投资成本。

【例5-9】 某化工设备,1980年建造,建筑成本项目及原始成本如表5-4所列。

表5-4 原始成本表

序号	成本项目	原始成本/元	备注
1	主材	50 160	钢材22.8吨
2	辅材	11 200	铝、橡胶、聚乙烯、铜等
3	外购件	13 800	电机、阀
4	人工费	29 900	598工时×50元
5	机械费	13 650	136.5小时×100元
	成本小计	118 710	
6	利润	118 710×15%=17 807	15%
7	税金	118 710(1+15%)×18.7%=25 529	18.7%
	含税完全成本价	162 046	

(1) 钢材价格上涨了23%,人工费上涨了39%,机械费上涨了17%,辅材现行市场合计为13 328元,电机、阀等外购件现行市场价为16 698元,假设利润、税金水平不变。

(2) 由于制造工艺的进步,导致主材利用率提高,钢材的用量比过去节约了20%,人工工时和机械工时也分别节约15%和8%。试计算该设备超额投资成本引起的功能性贬值。

解:(1) 该化工设备的完全复原重置成本计算如表5-5所列。

表5-5 复原重置成本计算表

序号	成本项目	原始成本/元	复原重置成本/元
1	主材	50 160	50 160×(1+23%)=61 697
2	辅材	11 200	13 328
3	外购件	13 800	16 698

续表 5-5

序 号	成本项目	原始成本/元	复原重置成本/元
4	人工费	29 900	29 900×(1+39%)=41 561
5	机械费	13 650	13 650×(1+17%)=15 971
	成本小计	118 710	149 255
6	利润	17 807	149 255×15%=22 388
7	税金	25 529	149 255（1+15%)×18.7%=32 097
	含税完全成本价	162 046	203 740

(2) 该化工设备的更新重置成本计算如表 5-6 所列。

表 5-6 更新重置成本计算表

序 号	成本项目	计算过程	更新重置成本/元
1	主材	22.8×0.8×2 200×1.23	49 357
2	辅材	13 328	13 328
3	外购件	13 800	16 698
4	人工费	598×0.85×50×1.39	35 327
5	机械费	136.5×0.92×100×1.17	14 693
	成本小计	118 710	129 403
6	利润	17 807	129 403×15%=19 410
7	税金	25 529	129403（1+15%)×18.7%=27 828
	含税完全成本价	162 046	176 641

(3) 超额投资成本引起的功能性贬值

超额投资成本引起的功能性贬值＝复原重置成本－更新重置成本
$$=203\ 740-176\ 641$$
$$=27\ 099(元)$$

值得注意的是：在评估操作过程中，如果可以直接确定设备的更新重置成本，则不需要再计算复原重置成本，超额投资成本引起的功能性贬值也不需要计算。

运营性功能性贬值

计算超额运营成本引起的功能性贬值的步骤如下：

① 分析比较被评估机器设备的超额运营成本因素；
② 确定被评估设备的尚可使用寿命，计算每年的超额运营成本；
③ 计算净超额运营成本；
④ 确定折现率，计算超额运营成本的折现值。

【例 5-10】 计算某电焊机超额运营成本引起的功能性贬值。

① 分析比较被评估机器设备的超额运营成本因素：经分析比较，被评估的电焊机与新型电焊机相比，引起超额运营成本的因素主要为老产品的能耗比新产品高。通过统计分析，按每天 8 小时工作，每年 300 个工作日，每台老电焊机比新电焊机多耗电 6 000 度。

② 确定被评估设备的尚可使用寿命，计算每年的超额运营成本：根据设备的现状，评估人员预计该电焊机尚可使用 10 年，如每度电按 0.5 元计算，则有：

每年的超额运营成本＝6 000×0.5＝3 000(元)

③ 计算净超额运营成本:企业所得税按25%计算,则有:

税后每年净超额运营成本＝税前超额运营成本×(1－所得税)
$$=3 000×(1－25\%)=2 250(元)$$

④ 确定折现率,计算超额运营成本的折现值:折现率取10%,10年的年金现值系数为6.145,则有:

净超额运营成本的折现值＝净超额运营成本×年金折现系数
$$=2 250×6.145≈13 826(元)$$

该电焊机由于超额运营成本引起的功能性贬值为13 826元。

4. 经济性贬值

资产的经济性贬值(D_e)是由于外部环境变化造成资产的贬值。

(1) 引起机器设备经济性贬值的因素

引起机器设备经济性贬值的因素主要包括市场竞争加剧、国家法律法规等

① 市场竞争加剧。产品需求减少,设备开工不足,生产能力相对过剩,而产品价格没有提高。

② 国家能源、环保等法律。国家能源、环保等法律颁布实施使得生产成本提高或者强制报废,缩短使用寿命。

(2) 经济性贬值的计算

① 使用寿命缩短。

【例 5-11】 某汽车已使用10年,按目前的技术状态还可以正常使用10年,按使用年限法,计算该汽车的贬值率。

解:贬值率＝10/(10＋10)＝50%

但由于环保、能源的要求,国家新出台的汽车报废政策规定该类汽车的最长年限为15年。因此,该汽车5年后必须强制报废。在这种情况下,该汽车的贬值率为

贬值率＝10/(10＋5)＝66.7%

由此引起的经济性贬值率为16.7%。如果该汽车的重置成本为20万元,经济性贬值为
$$20×16.7\%=3.34(万元)$$

②运营费用的提高。

【例 5-12】 某台车式电阻炉,政府规定的可比单耗指标为650千瓦小时/吨,该炉的实际可比单耗为730千瓦小时/吨。试计算因政府对超限额耗能加价收费而增加的运营成本。

解:假设该电阻炉年产量为1 500吨,电单价为1.2元/千瓦小时。

超限额的百分比＝(实测单耗－限额单耗)/限额单耗
$$=(730－650)/650=12\%$$

现根据政府规定:超限额10%－20%(含20%)的加价2倍。
$$Y=Y1×(实测单耗－限额单耗)×G×C$$

式中:Y——年加价收费总金额(元);

$Y1$——电加价(元/千瓦小时);

G——年产量(吨/年);

C——加价倍数;

实测单耗和限额单耗的单位为千瓦小时/吨。

每年因政府对超限额耗能加价收费而增加运营成本为
$$Y = 1.2 \times (730 - 650) \times 1\,500 \times 2 = 288\,000(元)$$

由此计算该电阻炉未来5年的使用寿命期内,要多支出的运营成本为109万元(假设折现率为10%,考虑资金的时间价值,$288\,000 \times (P/A, 10\%, 5) = 109$ 万元),即该电阻炉因超限额加价收费引起的经济性贬值为109万元。

提示:这里暂未考虑增加的运营成本的所得税影响。

③ 市场竞争的加剧(产能没有得到充分利用)。

【例 5-13】 某产品生产线,根据购建时的市场需求,设计生产能力为年产1 000万件,建成后由于市场发生不可逆转的变化,每年的产量只有400万件,60%的生产能力闲置。该生产线的重置成本为160万元,规模经济效益指数为0.8,如不考虑实体性磨损,试计算生产线的经济性贬值。

解: 由于不可逆转的市场发生变化,该生产线的有效生产能力只有400万件/年。这种生产能力的生产线的重置成本为:

400万件/年生产线的重置成本 $= 160 \times (400/1\,000)^{0.8} \approx 77$(万元)

该生产线的经济性贬值 $= 160 - 77 = 83$(万元)

5. 应用举例

【例 5-14】 甲评估机构对进口成套设备A进行评估,评估基准日为2008年12月31日。A设备由美国生产,于1994年进口,并于当年12月31日正式投入使用。A设备账面原值为8 500万元人民币,其中64%以外汇支付,36%以人民币支付。支付的外汇部分由设备离岸价、国外运费、国外运输保险费构成,其中国外运费(按体积及重量标准计算)为30万美元、国外运输保险费为25万美元。支付的人民币部分由关税、增值税、外贸及银行手续费、国内运输费、国内保险费、设备安装调试费等组成,其中运输费为165万元,保险费为10万元,设备安装调试费用289万元。在运输费用中由于企业人员失误,错填运输单致运输费用比正常运输费用多支出50万元,进口设备时美元对人民币的汇率为1:8。

经评估人员调查,在评估基准日时,美国已停止生产A设备,但获知美国同类设备的价格指数比进口时上升了10%,国外运费仍为30万美元,国外运输保险费为27.5万美元,关税税率为18%,增值税税率为17%,外贸及银行手续费为设备到岸价的2%,国内运输费用价格指数上升了2%,国内保险费上升了1%,同类设备安装调试费用价格上涨了5%,美元对人民币的汇率1:6.8。

评估人员进一步调查得知,A设备自投入使用时起至评估基准日一直按照设计标准满负荷运转。由于A设备生产的产品受市场替代产品的影响,要保证在价格不变的前提下不造成产品积压,自评估基准日后每年的产量只能保持在设计生产能力的80%的水平上,并一直保持下去。经现场鉴定,A设备如果按照设计生产能力生产尚可使用8年。

假设设备的价格与生产能力呈线性关系,设备的实体性贬值在重置成本扣除功能性贬值或经济性贬值后的基础上计算。

要求:运用成本法评估进口成套设备A的价值。(计算过程中保留两位小数点)

解: 运用成本法评估估算过程如下:

① 账面支付外汇部分 $8\,500 \times 64\% / 8 = 680$(万美元)

② 原设备的离岸价(FOB)＝680－30－25＝625(万美元)
③ 基准日离岸价(FOB)＝625×(1＋10%)＝687.5(万美元)
④ 到岸价(CIF)＝(687.5＋30＋27.5)＝745(万美元)
⑤ 折合人民币 745×6.8＝5 066(万元人民币)
⑥ 关税＝5 066×18%＝911.88(万元人民币)
⑦ 增值税＝(5 066＋911.88)×17%＝1 016.24(万元人民币)
⑧ 外贸及银行手续费＝5 066×2%＝101.32(万元人民币)
⑨ 国内运输费用＝(165－50)×(1＋2%)＝117.3(万元人民币)
⑩ 国内保险费＝10×(1＋1%)＝10.1(万元人民币)
⑪ 安装调试费＝289×(1＋5%)＝303.45(万元人民币)
⑫ 重置全价＝5 066＋911.88＋1 016.239 6＋101.32＋117.3＋10.1＋303.45＝7 526.29(万元人民币)
⑬ 经济性贬值率＝1－80%＝20%
⑭ 扣除经济性贬值后的价值＝7 526.29×(1－20%)＝6 021.03(万元人民币)
⑮ 成新率＝8/(8＋14)＝36.36%
⑯ 评估值＝6 021.03×36.36%＝2 189.25(万元)

5.1.2 成本法在房地产评估中的应用

1. 基本思路

建立在重置成本的理论基础之上，成本法是以假设重新复制被估房地产所需要的成本为依据而评估房地产价值的一种方法，即以重置一宗与被估房地产可以产生同等效用的房地产，所须投入的各项费用之和为依据再加上一定利润和应纳税金来确定被估房地产价值。

2. 适用范围

① 一般适用于无收益(不能使用收益法)，房地产市场发育不成熟，成交实例不多(不能使用市场法)，无法利用收益法、市场法等方法进行评估的情况。

② 成本法在土地评估中应用范围受到一定限制。由于土地的价格大部分取决于它的效用，并非仅仅是它所花费的成本，也就是说，土地成本的增加并不一定会增加它的使用价值。

③ 房地产评估使用成本法主要对象：政府的办公楼、学校、医院、图书馆、军队营房、机场、博物馆、纪念馆、公园、新开发土地等没有收益，也很难进入市场交易，则可选择成本法。

3. 成本法在房地产评估中的应用——土地价值评估

成本法用于土地价值评估的基本公式为

土地评估价值＝待开发土地取得费＋土地开发费＋利息＋利润＋税费＋土地增值收益

(1) 待开发土地取得费用

1) 土地取得费

土地取得费是为取得土地使用权而向原土地使用者支付的费用。根据取得方式不同，其土地取得费的构成和费用标准也不一样。

2) 征用集体土地的费用

通常来讲，征用集体土地需要向农村集体经济组织及个人支付费用。这些费用包括：

① 安置补助费。

a. 每一个需要安置的农业人口，为该耕地被占用前3年的平均产值的4～6倍，但是每公顷的安置补助费,不超过被征用前3年平均年产值的15倍。

b. 需要安置的农业人口数量,按照被征用的耕地数量除以征地前被征收单位平均每人占有耕地的数量。

c. 按照规定支付的土地补偿费和安置补助费,不能够保证被安置农民原有生活水平的,经省级政府批准,可以增加,但是土地补偿费和安置补助费之和,不得超过土地被征用前3年平均年产值的30倍。

d. 特殊情况下,经国务院可以提高土地补偿费和安置补助费的标准。

② 土地补偿费。

按该耕地被征用前3年平均年产值的6～10倍计算。

③ 附着物和青苗补偿费。

附着物和青苗补偿费由省、自治区、直辖市规定费用标准。

④ 征用城市郊区的菜地。

按照国家有关规定缴纳新菜地开发建设基金。

3) 购买和征用城市旧有土地的费用

购买和征用城市旧有土地,须向原土地所有者支付拆迁费用等,标准由各地规定。

(2) 土地开发费

1) 基础设施配套费

各地方规定不一,有的为"三通一平",即通路、通水、通电,平整土地;有的为"七通一平",即通路、通上水、通下水、通电、通讯、通气、通热,土地平整,应视具体情况确定。

2) 公共事业建设配套费

根据当地规定标准确定。

3) 小区开发配套费

应按小区内各种设施及网点配套情况,或按当地规定确定。

(3) 投资利息

投资利息是土地建设中占用资金的时间价值。主要包括两部分:

1) 土地取得费利息

以整个土地取得费为基数,计息期为整个开发期和销售期。

2) 土地开发费利息

如果土地开发费是均匀投入的,以整个土地开发费(或资金投入)为基数,计息期按土地开发期限的一半计算。这里应该包含整个销售期的。

计算利息时要注意不管自有资金还是借入资金,都要计算利息;关于计息期要准确把握垫付的资金所占用的时间。即①分期初一次性投入、均匀投入、分段均匀投入;②期初一次性投入:全期计息;③均匀投入:计息期为开发期的一半;④分段均匀投入(例如:第一年投入30%,第二年投入70%):计息期为投入当年时间按照一半计算,附加剩余占用期间。利息的计算采用复利,而不是单利。

(4) 投资利润和税费

投资利润是投资开发商投资的回报。利润通常以土地取得费和土地开发费为基数,也可以是开发后土地的地价并通过合理的利润率计算,计算时,要注意所用的利润率的内涵。

税费:取得土地和开发过程中所必须支付的税赋和费用。

（5）土地增值收益

土地增值收益主要是由于土地的用途改变或土地功能变化而引起的。它的取值范围通常为 10%～25%。

【例 5-15】 某市经济技术开发区内有一块土地面积为 15 000 平方米，该地块的土地征地费用（含安置、拆迁、青苗补偿费和耕地占用税）为每亩 10 万元，土地开发费为每平方千米 2 亿元，土地开发周期为 2 年，第一年投入资金占总开发费用的 35%，开发商要求的投资回报率为 10%，当地土地出让增值收益率为 15%，银行贷款年利率为 6%。试评估该土地的价值。

解：该土地的各项投入成本均已知，可用成本法评估。

① 估算土地取得费。

土地取得费 = 10 万元/亩 = 150 元/米²

注：1 亩 = 667 米²

② 估算土地开发费。

土地开发费 = 2 亿元/千米² = 200 元/米²

注：1 平方千米 = 1 000 000 米²

③ 估算投资利息。

土地取得费的计息期为两年，土地开发费为分段均匀投入，则有：

土地取得费利息 = $150 \times \{(1+6\%)^2 - 1\}$
= 18.54（元/m²）

土地开发费利息 = $200 \times 35\% \times \{(1+6\%)^{1.5} - 1\} + 200 \times 65\% \times \{(1+6\%)^{0.5} - 1\}$
= 6.39 + 3.84
= 10.23（元/m²）

④ 估算开发利润。

开发利润 = (150 + 200) × 10% = 35（元/m²）

⑤ 估算土地出让增值收益。

土地出让增值收益 = (150 + 200 + 10.23 + 35) × 15% = 62.07（元/m²）

⑥ 估算土地价值。

土地单价 = 150 + 200 + 18.54 + 10.23 + 35 + 62.07 = 475.84（元/m²）

土地总价 = 475.84 × 15 000 = 7 137 600（元）

该宗地单价为 475.84 元/米²，总价为 7 137 600 元。

4. 成本法在房地产评估中的应用——新建房地产评估

成本法用于新建房地产价值评估的基本公式为

新建房地产价值 = 土地取得费用 + 开发成本 + 管理费用 + 投资利息 + 销售税费 + 正常利润

（1）土地取得费用

① 土地的取得途径有征收、拆迁改造和购买等；

② 按照土地的取得途径不同，分别测算土地的取得费用；

③ 土地取得费包含土地取得的手续费及税金。

（2）开发成本

① 勘察设计和前期工程费；

② 基础设施费；
③ 房屋建筑安装工程费；
④ 公共配套设施建设费；
⑤ 开发过程中的税费及其他间接费用。
(3) 开发利润
(4) 管理费用
(5) 投资利息

以土地取得费用和开发成本之和作为计算利息的基数。
(6) 销售税费

5. 成本法在房地产评估中的应用——旧建筑物评估

成本法用于旧建筑物价值评估的基本公式为

$$旧建筑物价值 = 重置成本 - 年贬值额 \times 已使用年限$$

(1) 重置成本

此处的重置成本应该是更新重置成本，应当包含利息、利润和税费。

(2) 贬值额

引起贬值产生的因素包括实体性贬值(有形损耗)、功能性贬值(无形损耗)和经济性贬值(无形损耗)三个方面。

1) 实体性贬值(有形损耗)

① 自然力损耗(正常使用磨损)。它是由于自然原因(风吹、日晒、雨淋等)引起建筑物的腐蚀、老化、风化、沉降，与建筑物的使用年数成正相关。自然力损耗常会很严重，例如，巴黎埃菲尔铁塔被风化腐蚀，每十年刷漆一次。由于刷漆只能覆盖，无法清理，目前该塔已用去了300~400吨重的油漆。

$$建筑物有形损耗(成新率) = 已使用年限 \div (已使用年限 + 尚可使用年限)$$

② 人为损耗。由于人为使用或设计，造成建筑物的使用性能、功效、强度的降低，其损耗度与持续的时间成正相关。例如某厂原来主要生产半导体器件的，由于在生产中使用了大量的酸性气体，造成建筑物结构、墙体的腐蚀，腐蚀的程度已达到内部的钢筋部位，房屋的顶部经常有混凝土脱落，厂房变成危房，须申报拆除。如果该建筑物原设计寿命为60年，先不管房地产在会计上的折旧余额还有多少，仍应按实际评估的结果计为无价值房地产。

③ 其他破坏性损耗。例如：意外的火灾、地震等，造成建筑物严重的损耗，原正常的使用年限将大打折扣。

2) 功能性贬值(无形损耗)

① 新生产技术造成原建筑物的贬值。即由于采用新的生产工艺、新的材料、新的施工方案造成建筑物的价格下降。例如：在20世纪50~60年代，只能建造单层或多层的建筑物，而20世纪90年代在相同的占地面积上可建造高层建筑物，这样单位建筑面积的造价就大大地降低，使得建筑物贬值。

② 生产效率的提高造成原建筑物的贬值。即生产效率的提高使得建筑物的建设周期缩短和人工费用、间接管理费减少，造成建筑物的价值降低，使得建筑物贬值。

③ 建筑物用途与使用强度的不合理造成建筑物的贬值。用途与使用强度的不合理是相对于建筑物所占用的土地的最佳使用而言的，它使得土地的最佳效用没有发挥出来，土地的价

值没有得到充分实现。例如:繁华商业区内低矮非商业用建筑物的功能性贬值就会大于建筑物的有形损耗(成新率),以至于建筑物的价值为负值。

④ 建筑物的设计及结构不合理造成建筑物的贬值。建筑物的设计以及结构上的缺陷,将导致建筑物不能充分发挥其应有的功能和最大限度地发挥其效用。不合理的设计及结构可能出现建筑物面积较大而有效使用面积与其建筑面积的比例低于正常建筑物有效使用面积与其建筑面积的比例,造成建筑物的价值损失,也是建筑物的一种功能性贬值。

⑤ 建筑物的装修、设备与其总体功能的不协调造成原建筑物的贬值。建筑物的装修、设备与其总体功能的不协调,也会造成建筑物贬值。例如:建筑物的空调系统由于设计不合理,造成各房间的空调不能满足客户的要求,只能再设独立空调,这样造成建筑物功能性贬值。

3) 经济性贬值(无形损耗)

建筑物的经济性贬值是指由于外界条件的变化而影响了建筑物效用的发挥,导致其价值贬值。建筑物一般都随着利用率的下降而出现经济性贬值,例如,商业用房的空置率增加,出租面积减少,或工业区开发区的厂房大量的闲置等最终都会导致建筑物的收益下降。

经济性贬值=建筑物年收益净损失额÷正常的资产收益率

4) 贬值额的计算方法

在评估建筑物的价值时,若考虑到经济性贬值,其公式为

建筑物的价值=建筑物的重置成本×成新率－功能性贬值－经济性贬值

计算贬值额的方法有很多种,如直线折旧法、余额递减法、偿还基金法、年数总和法、成新折扣法等。常用的方法是直线折旧法和成新折扣法。

① 直线折旧法

它是一种按建筑物的使用年限平均计算折旧的方法,也即在使用年限内,每年的折旧额相等。其计算公式为

$$D = \frac{C - S}{N}$$

式中:D——年折旧额;

C——重置价值,即建筑物的重新建造完全价值;

S——建筑物的估价残值,一般以重置价值乘以残值率求得;

N——建筑物的耐用年限。

建筑物的现值计算公式为

$$V = C - D \times t$$

式中:t——建筑物已使用年数。

【例 5-16】 某建筑物面积为 320 平方米,重置价值为 2500 元/米^2,耐用年限为 40 年,已使用 7 年,残值率为 4%。试运用直线折旧法估算其现值。

解:$C = 2500 \times 320 = 800000$(元)

$D = \{800000 \times (1 - 4\%)\} \div 40 = 19200$(元)

$V = 800000 - 19200 \times 7 = 665600$(元)

2007 年公布的《资产评估准则－不动产》中规定:注册资产评估师应当全面考虑可能引起不动产贬值的主要因素,合理估算各种贬值。建筑物的贬值包括实体性贬值、功能性贬值和经济性贬值。确定建筑物的实体性贬值时,应当综合考虑建筑物已使用年限、经济寿命年限和土

地使用权剩余年限的影响。确定住宅用途建筑物实体性贬值时,应当考虑土地使用权自动续期的影响。当土地使用权自动续期时,应当根据建筑物的经济寿命年限确定其贬值额,也就是说,按照经济寿命年限和土地使用权剩余年限孰短予以确定。

② 成新折扣法

成新折扣法是根据建筑物的建成年代,确定建筑物的成新折旧程度,直接求取建筑物的现值。如 1970 年以前建造的建筑物按重置价值六成新折价,1990 年以后的建筑物按重置价值九成新折价,等等。这种折旧方法下的建筑物现值的计算公式为

建筑物价值＝建筑物重置价值×建筑物成新率

成新率折扣法用于同时需要对大量建筑物进行估价的场合,尤其是需要进行建筑物的现值调差的场合,但此方法只能粗略地评估建筑物的价值。

5.1.3 成本法在无形资产评估中的应用

采用成本法评估无形资产,其基本公式为

无形资产的评估值＝无形资产的重置成本×(1－贬值率)

1. 无形资产重置成本(或称重置完全成本)的估算

自创无形资产重置成本估算主要有财务核算法和市价调整法两种方法。

1) 财务核算法

财务核算法按该无形资产实际发生的材料、工时消耗并按现行价格和费用标准进行估算。其基本计算公式为

无形资产重置成本 ＝ $\sum$(物料消耗量×现行价格) ＋ $\sum$(实耗工时×现行费用标准)

具体办法是根据无形资产开发各项支出的会计记录,按国家规定的范围计算消耗量,并按现行价格和费用标准计价。

2) 市价调整法

市场有类似自创无形资产出售时,可按市场售价或市场售价的一般比率,将类似无形资产的市场销售价换算为重置成本。

按市场售价的一般比率调整无形资产重置成本是因为自创无形资产资本化的费用只包括物化劳动和人工费用两部分,而市价包含研制利润和税金,且有超额利润。如果按市价资本化计算无形资产重置成本会使自创自用无形资产获得超额补偿。

无形资产自创成本与市场售价的一般比率可根据本企业具有代表性的几种无形资产的自创成本与市价的加权平均比率确定。在没有相应数据的情况下也可用同类无形资产的销售利税率代替。

【例 5-17】 某企业在长期经营实践中形成食品袋保鲜技术秘诀,假定按国家规定可估价摊销。已知类似保鲜技术的市场转让费为 80 万元。又知该企业有三项专有技术,开发成本分别为 60 万元、80 万元和 120 万元,相应的市价为 120 万元、200 万元和 250 万元。

要求:

① 试按市价调整法评估袋装保鲜秘诀的重置成本。

② 如果类似袋装保鲜技术转让费为 80 万元,销售利税率为 55%,在无其他可供参考成本与市价系数之比的经验数据的情况下,评估该企业袋装保鲜技术秘诀的重置成本。

解: 已知同类技术的市价为 80 万元,只要乘以成本市价系数就可以求得保鲜秘诀的重置

成本。可根据该企业一组专有技术的成本与市价的代表性数据按加权平均法求出成本与市价系数之比的经验数据。

① 成本市价系数 $=\dfrac{60+80+120}{120+200+250}=45.6\%$

该企业保鲜技术的重置成本评估 $=80\times 45.6\%=36.5$（万元）

② 已知类似技术的销售利税率为 55%，则销售成本率为 45%。

该企业袋装保鲜技术秘诀的重置成本 $=80\times 45\%=36$（万元）

外购无形资产重置成本包括购买价和购置费用两部分，其估算方法有市价类比法和物价指数法两种方法。

3）市价类比法

在无形资产交易市场选择类似的参照物，再根据功能和技术先进性、适用性对其进行调整，从而确定其现行购买价格。购置费用可根据现行标准和实际情况核定。

4）物价指数法

它是以无形资产的账面历史成本为依据，用物价指数进行调整，进而估算其重置成本。计算公式表示为

$$无形资产的重置成本 = 无形资产的账面成本 \times \dfrac{评估时物价指数}{购置时物价指数}$$

从无形资产价值构成来看，主要有两类费用，一类是物质消耗费用，另一类是人工消耗费用，前者与生产资料物价指数相关度较高，后者与生活资料物价指数相关度较高，可根据两类费用的大致比例按结构分别适用生产资料物价指数与生活资料物价指数估算。

【例 5-18】 某企业 2004 年外购一项无形资产账面价值 80 万元，2006 年进行评估，试按物价指数法估算其重置完全成本。

解：经鉴定，该无形资产系运用现代先进的实验仪器经反复试验研制而成，物化劳动耗费的比重较大，可适用生产资料物价指数。根据资料，此项无形资产购置时物价指数和评估时物价指数分别为 120% 和 150%，故该项无形资产的重置完全成本为

$$80\times 150\%/120\% = 100（万元）$$

2. 无形资产贬值率的估算

无形资产贬值率的确定，可以采用专家鉴定法和剩余经济寿命预测法进行。

(1) 专家鉴定法

专家鉴定法是指邀请有关技术领域的专家，对被评估无形资产的先进性、适用性做出判断，从而确定其成新率的方法。

(2) 剩余经济寿命预测法

剩余经济寿命预测法是由评估人员通过对无形资产剩余经济寿命的预测和判断，从而确定其成新率的方法。计算公式表示为

$$贬值率 = \dfrac{已使用年限}{已使用年限 + 剩余使用年限} \times 100\%$$

已使用年限比较容易确定，就是名义使用年限；剩余使用年限应由评估人员根据无形资产的特征分析判断获得。

【例 5-19】 某实业有限公司因为管理不善，经济效益不佳，亏损严重，即将被同业的×

×有限公司兼并,现在需要对这个实业有限公司资产进行评估。该公司有一项两年前自行研制并获得专利证书的实用新型专利技术,经鉴定并分析如下:

(1) 确定评估对象

该项专利确实是公司自己研制的,有专利证书。

(2) 技术功能鉴定

该项专利技术不错,但还未应用于生产当中,技术有待改进完善,生产的产品售价、成本参数难以取得,从技术的试验结果看,能在将来带来好的效果。

(3) 评估方法的选择

经过以上分析可知,不宜使用收益法、市场法。根据新的鉴定结论,采用成本法更能反映该项专利资产的价值,现选用成本法进行评估。

(4) 各项评估参数的估算

具体资料(单位:元)如下:

项目	金额
材料费用	45 000
工资费用	10 000
专用设备费	6 000
资料费	1 000
咨询鉴定费	5 000
培训费	2 500
差旅费	3 100
管理费分摊	2 000
非专用设备折旧费分摊	9 600
专利费用及其他	3 600
合计	87 800

根据专利技术开发的过程分析,各类消耗仍按过去实际发生定额计算,对其价格可按现行价格计算处理。根据考察、分析和测算,近两年生产资料价格上涨指数分别为 5% 和 8%。因生活资料物价指数资料难以获得,该专利技术开发中工资费用所占份额很少,因此,全部成本按生产资料价格指数调整,即可估算出重置完全成本。

解:重置完全成本 $= 87\,800 \times (1+5\%) \times (1+8\%) = 99\,565$(元)

该项实用新型的专利技术,法律保护期限为 10 年,尽管还有 8 年保护期限,但根据专家鉴定分析和预测,该项专利技术的剩余使用期限仅为 6 年,由此可以计算贬值率。

贬值率 $=(8-6)/8 \times 100\% = 25\%$

评估值 $= 99\,565 \times (1-25\%) = 74\,674$(元)

由此得到该项专利技术的评估值为 74 674 元。

5.1.4 成本法在企业价值评估中的应用

成本法在评估公司价值时,假设企业的价值等于所有有形资产和无形资产的成本之和,再减去负债。在使用成本法评估时,以历史成本原则下形成的账面价值为基础,适当调整公司资产负债表的有关资产和负债,以此反映它们的现时市场价值。应用成本法的基本程序如下:

① 获得被评估企业评估基准日的资产负债表。已审计会计报表优于未审核会计报表,权责发生制优于收付实现制。

② 调整项目。将每项资产、负债、权益项目从账面价值调整为估计的市场价值。
③ 调整资产负债表表外项目。评估并加上资产负债表表外特征的有形资产或无形资产和负债。
④ 在调整基础上,编制新的资产负债表,反映所有项目的市场价值。
⑤ 调整确定投入资本或权益调整后的价值。

任务演练:成本模式下的评定估算——进口机器设备评估

背景资料

某公司欲以进口机器设备等资产对外联营投资,故委托某评估机构对该进口设备价值进行评估,评估基准日为2000年11月30日。评估人员根据掌握的资料,经调查分析后,决定采用成本法评估。

设备名称:图像设计系统

规格型号:STORK

设备产地:A国××厂家

启用日期:1998年7月

账面价值:11 000 000.00元

账面净值:9 000 000.00元

1. 计算公式

CIF价=FOB价+国外运输费+国外运输保险费

重置现价=CIF价+银行财务费+外贸手续费+海关监管手续费+商检费+国内运杂费+国内安装调试费

重置全价=重置现价+资金成本

评估价值=重置全价×综合成新率

2. 重置全价的估算

① FOB价为EUR(欧元)560 000.00元。该价格系向A国××厂家询得,按评估基准日汇率计算,折合USD(美元)571 000.00元,评估基准日美元与人民币汇率中间价为8.278 9;

② 国外运输费率取5.5%;

③ 国外运输保险费率取0.4%;

④ 关税及增值税:被评估设备根据《当前国家重点鼓励发展的产业、产品和技术目录》及《中华人民共和国上海海关公告——外商投资项目不予免税的进口商品目录》规定,除设备控制系统中的微型计算机不予免关税外,其余机器设备均予免税,由于微型计算机所占金额很少,故计算中未计关税与增值税项目;

⑤ 银行财务费率取0.4%;

⑥ 外贸手续费率取1.5%;

⑦ 海关监管手续费率取0.3%;

⑧ 商检费率取0.3%;

⑨ 国内运杂费率取3%;

⑩ 设备基础费:该设备无须专门建设设备基础,故略计此费用;

⑪ 国内安装调试费率取3%;

⑫ 资金成本:评估基准日一年期贷款利率5.85%,半年期贷款利率5.58%。从合同签订

至设备安装调试完毕12个月。付款方式为:首期支付CIF价的30%(计息期12个月),设备进关开始安装调试支付60%(计息期6个月),安装调试费均匀投入(计息期3个月),余款10%于调试运行后支付(计息期为零)。

进口设备重置现价＝FOB价＋国外运输费＋国外运输保险费＋银行财务费＋外贸手续费＋海关监管手续费＋商检费＋国内运杂费＋安装调试费＝{FOB价×(1＋国外运输费率)×(1＋保险费率)×基准日外汇汇率}×(1＋银行财务费率＋外贸手续费率＋海关监管手续费率＋商检费率＋国内运杂费率＋安装调试费率)

资金成本＝CIF价×30%×5.85%×12/12＋(CIF价×60%＋银行财务费＋外贸手续费＋海关监管手续费＋商检费＋国内运杂费)×5.58%×6/12＋安装调试费×5.58%×3/12

进口设备的重置全价＝重置现价＋资金成本

评估价值＝重置全价×综合成新率

3. 综合成新率的确定

(1) 确定实体性损耗率

① 该设备经济使用寿命为16年(属印刷设备类);

② 已使用日历年限为3年(从1997年11月开始试车至2000年11月评估基准日);

③ 该设备调整因素系数及综合值:

原始制造质量——1.10(进口设备);

设备时间利用率——1.05(1班/日);

维护保养——1.0(正常);

修理改造——1.0(无);

故障情况——1.0(无);

运行状态——1.0(正常);

环境状况——1.05(良好);

七项调整因素系数综合值为:＿＿＿＿＿＿＿＿＿＿＿＿＿＿＿＿＿＿＿＿＿。

④ 已使用年限经以上七项因素调整后为:＿＿＿＿＿＿＿年。

⑤ 实体性损耗率为:＿＿＿＿＿＿＿＿＿＿＿＿＿＿＿＿。

(2) 确定功能性损耗率

功能性损耗率从新旧工艺及相应设备的生产率(印染速度)、耗损及原材料(未加工纸)价格三项因素比较,分别对每项因素估算其功能性损耗,估算均按下列步骤进行:

① 将被评估设备的年生产率(或损耗、原材料价格)与功能相同但性能更好的新设备的年生产率(或损耗、原材料价格)进行比较。

② 计算二者的差异,分别确定净超额工资、净超额损耗及净超额原材料成本。

③ 估测被评估设备的剩余寿命。

④ 以适当的折现率将被评估设备在剩余寿命内每年的净超额费用折现,这些折现值之和即为被评估设备的功能性损耗(贬值),计算公式如下:

被评估资产功能性损耗＝Σ(被评估资产年净超额成本×折现系数)

被评估设备功能性损耗具体测算如下:

已知:

① 被评估设备生产率(印染速度)为30 m/s,新设备为90 m/s;

② 被评估设备损耗为 30%,新设备为 10%;

③ 被评估设备使用原材料加工纸的价格为 3 000 USD/T,新设备为 2 000 USD/T;

④ 月均印染产量(自经销、代加工、卖模纸)共计 51 600 m;

⑤ 印染模纸 1 000 m/T;

⑥ 设备剩余年限 13.5 年;

⑦ 所得税 25%;

⑧ 评估基准日美元与人民币的汇率中间价 8.278 9;

⑨ 折现率取 7%。

● 功能性损耗测算

旧设备月工资额:

① 经销 11 000 m　　单位工资 1.11 元/m

② 代加工 17 800 m　　单位工资 0.28 元/m

③ 卖花纸 22 800 m　　单位工资 0.31 元/m

旧设备月工资 $\sum$ = _____。

新设备印染速度 90 m/s,旧设备为 30 m/s,新设备月工资成本为

① 经销:_____;

② 代加工:_____;

③ 卖花纸:_____;

● 新设备月工资 $\sum$ = _____。

● 月差异额 = _____。

● 年工资成本超支额:_____。

● 减所得税(25%):_____。

● 扣除所得税后年净超额工资:_____。

● 资产剩余使用年限:_____。

● 折现率取 7%:_____。

● 功能性损耗额:_____。

(3) 按上述步骤测算,得出:

① 因第一项因素(生产率)得出的功能性损耗为_____;

同理,按新旧设备损耗率和使用纸的成本不同,计算出第二、第三项因素的损耗;

② 因第二项因素(损耗)得出的功能性损耗为_____;

③ 因第三项因素(原材料)得出的功能性损耗为_____;

④ 上述三因素之和为_____。

功能性损耗率 = 功能性损耗/重置价格 × 100% = _____。

(4) 确定综合成新率

① 经济性损耗率 = 0%

② 综合损耗率 = 实体性损耗率 + 功能性损耗率 + 经济性损耗率

　　　　　　= _____。

③ 综合成新率 = 1 − 综合损耗率 = _____。

4. 评估价值的确定

评估价值＝重置全价×综合成新率＝_____。

演练方法
① 计算。
② 文案演示法。
③ 讨论法。

训练要求
① 按照题目的提示和方法对机器设备进行评估。
② 将学生分成若干小组,以小组为单位,总结成本法在机器设备评估中的应用,形成案例分析评价报告。
③ 教师评价。

演练条件
① 教师事先对学生按照5～6人进行分组。
② 具有一定数量的计算器及计算机设备。
③ 具有多媒体教室或模拟实训室。

学习任务5.2　市场模式下的评定估算

知识储备

工作成果：商品房评估案例

5.2.1　市场法在机器设备评估中的应用

市场法是指根据市场上类似设备的交易价格资料,通过对评估对象和市场参照物各种因素的分析比较,确定评估对象价值的一种评估方法。使用条件是必须有公开市场和具有可比性的参照物。单台设备和生产线、车间、工厂等整体性机器设备的市场参照物是类似的单台设备和整体资产。

1. 比较因素

一般来讲,设备的比较因素可分为四大类,即个别因素、交易因素、地域因素、时间因素四大类。

（1）个别因素

设备的个别因素一般指反映设备在结构、形状、尺寸、性能、生产能力、安装、质量、经济性等方面差异的因素。在评估中,常用于描述机器设备的指标一般包括：

① 名称；
② 型号规格,评估人员应选择相同规格型号的市场参照物；
③ 生产能力,评估人员应尽量选择生产能力相同或相差不大的设备作为参照物；
④ 制造厂家,评估人员应选择同一厂家生产的设备作为市场参照物；
⑤ 技术指标,评估人员应选择技术指标相近的参照物；
⑥ 附件,有些设备附件在整机价值量中所占比例较大,评估人员应对参照物和评估对象的附件情况进行比较；
⑦ 役龄,应尽量选择与评估对象同一年代制造的参照物；
⑧ 安装方式,两台相同的机器设备在以下情况下出售价格是不同的：一台已拆卸完毕并运至买方使用的目的地,另一台未拆卸,设备拆卸、运输费由买方支付；

⑨ 实体状态，相同制造厂家在同一出厂日期制造的设备，由于使用环境、负荷、操作人员水平等因素不同，会在实体状态上存在较大的差异。

(2) 交易因素

设备的交易因素是指交易的动机、背景对价格的影响，不同的交易动机和交易背景都会对设备的出售价格产生影响。交易数量也是影响设备售价的一个重要因素，大批的购买价格一般要低于单台购买。

(3) 时间因素

不同交易时间的市场供求关系、物价水平等都会不同，评估人员应选择与评估基准日最接近的交易案例，并对参照物的时间影响因素做出调整。

(4) 地域因素

由于不同地区市场供求条件等因素的不同，设备的交易价格也受到影响，评估参照物应尽可能与评估对象在同一地区。如评估对象与参照物存在地区差异，则需要做出调整。

2. 市场法在机器设备评估中的应用

(1) 直接比较法

直接比较法使用前提是：评估对象与市场参照物基本相同，需要调整项目相对较少，差异不大，且差异对价值的影响可以直接确定。如果差异较大，则无法使用直接比较法。其计算公式为

$$V = V' \pm \Delta_i$$

式中：V——评估值；

V'——参照物的市场价值；

Δ_i——差异调整。

【例 5-20】 在评估一辆轿车时，评估师从市场上获得的市场参照物在型号、购置年月、行驶里程、发动机、底盘及各主要系统的状况基本相同。区别之处在于：

① 参照物的右前大灯破损需要更换，更换费用约 200 元；

② 被评估车辆后加装 CD 音响一套，价值 1 200 元。若该参照物的市场售价为 72 000 元。试评估该辆轿车的价值。

解：$V = V' \pm \Delta_i = 72\,000 + 200 + 1\,200 = 73\,400$（元）

(2) 因素调整法

【例 5-21】 使用市场比较法对某车床进行评估。

① 评估人员首先对被评估对象进行鉴定，基本情况如下：

设备名称：普通车床

规格型号：CA6140×1500

制造厂家：A 机床厂

出厂日期：1996 年 2 月

投入使用时间：1996 年 2 月

安装方式：未安装

附件：齐全（包括：仿形车削装置、后刀架、快速换刀架、快速移动机构）

实体状态：评估人员通过对车床的传动系统、导轨、进给箱、溜板箱、刀架、尾座等部位进行检查、打分，确定其综合分值为 6.1 分。

② 评估人员对二手设备市场进行调研,确定与被评估对象较接近的三个市场参照物,如表 5－7。

表 5－7

	评估对象	参照物 A	参照物 B	参照物 C
名　称	普通车床	普通车床	普通车床	普通车床
规格型号	CA6140×1500	CA6140×1500	CA6140×1500	CA6140×1500
制造厂家	A 机床厂	A 机床厂	B 机床厂	B 机床厂
出厂日期/役龄	1996 年/8 年	1996 年/8 年	1996 年/8 年	1996 年/8 年
安装方式	未安装	未安装	未安装	未安装
附　件	仿形车削装置、后刀架、快速换刀架、快速移动机构	仿形车削装置、后刀架、快速换刀架、快速移动机构	仿形车削装置、后刀架、快速换刀架、快速移动机构	仿形车削装置、后刀架、快速刀架、快速移动机构
状　况	良好	良好	良好	良好
实体状态描述	传动系统、导轨、进给箱、溜板箱、刀架、尾座等各部位工作正常,无过度磨损现象,状态综合分值为 6.1 分	传动系统、导轨、进给箱、溜板箱、刀架、尾座等各部位工作正常,无过度磨损现象,状态综合分值为 5.7 分	传动系统、导轨、进给箱、溜板箱、刀架、尾座等各部位工作正常,无过度磨损现象,状态综合分值为 6.0 分	传动系统、导轨、进给箱、溜板箱、刀架、尾座等各部位工作正常,无过度磨损现象,状态综合分值为 6.6 分
交易市场		评估对象所在地	评估对象所在地	评估对象所在地
市场状况		二手设备市场	二手设备市场	二手设备市场
交易背景及动机	正常交易	正常交易	正常交易	正常交易
交易数量	单台交易	单台交易	单台交易	单台交易
交易日期	2004－3－31	2004－2－10	2004－1－25	2004－3－10
转让价格		23 000	27 100	32 300

③ 确定调整因素,进行差异调整。

● 制造厂家调整。所选择的 3 个参照物中,有 1 个与评估对象的生产厂家相同,另外 2 个为 B 厂家生产。在新设备交易市场 A、B 两个制造商生产某相同产品的价格分别为 4 万元和 4.44 万元。

$$制造商调整系数 = \frac{被评估资产价值(A 厂)}{参照物价值(B 厂)} = \frac{4}{4.4} = 0.9$$

● 出厂年限调整。被评估对象出厂年限是 8 年,参照物 A、B、C 的出厂年限均为 8 年,故不需要调整。

● 实体状态调整。实体状态调整见表 5－8。

表 5-8 实体状态调整表

参照物	实体状态描述	调整比率
A	传动系统、导轨、进给箱、刀架、尾座等各部位工作正常,无过度磨损现象,状态综合值为 5.7 分	+7%
B	传动系统、导轨、进给箱、刀架、尾座等各部位工作正常,无过度磨损现象,状态综合值为 6.0 分	+2%
C	传动系统、导轨、进给箱、刀架、尾座等各部位工作正常,无过度磨损现象,状态综合值为 6.6 分	-8%

调整比率计算过程见表 5-9。

表 5-9 调整比率计算过程表

参照物	调整比率
A	$(6.1-5.7)/5.7\times100\%=7\%$
B	$(6.1-6.0)/6.0\times100\%=2\%$
C	$(6.1-6.6)/6.6\times100\%=-8\%$

④ 计算评估值。计算评估值见表 5-10。

表 5-10 计算评估值表

	参照物 A	参照物 B	参照物 C
交易价格	23 000	27 100	32 300
制造厂家因素调整	1.0	0.90	0.90
出厂年限因素调整	1.0	1.0	1.0
实体状态因素调整	1.07	1.02	0.92
调整后结果	24 610	24 878.8	26 744.4

被评估对象的评估值=(24 610+24 878.8+26 744.4)/3 ≈25 411(元)

(3) 成本比率调整法

该方法是通过对大量市场交易数据的统计分析,掌握相似的市场参照物的交易价格与全新设备售价的比率关系,用此比率作为确定被评估机器设备价值的依据。例如,评估师在评估 A 公司生产的 6 米直径的双柱立式车床,但是市场上没有相同的或相似的参照物,只有其他厂家生产的 8 米和 12 米直径的产式车床。统计数据表明,与评估对象使用年限相同的设备的售价都是重置成本的 55%~60%,那么可以认为,评估对象的售价也应该是其重置成本的 55%~60%。

5.2.2 市场法在房地产评估中的应用

1. 计算公式

市场法在房地产评估中的应用就是通过与近期发生过交易的实际房地产进行比较,再对一系列相关因素进行修正,从而得到被估房地产在评估基准日的市场状态下的价格水平。这些相关因素主要有交易情况因素、交易日期因素、交易环境因素(区域因素)、个别因素四类。修正目标包括:

① 通过交易情况修正,将可比交易实例的价格修正为正常交易情况下的价格;
② 通过交易日期修正,将可比交易实例在交易时点的价格修正为评估基准日的价格;
③ 通过交易环境修正,将可比交易实例的价格修正为被估房地产所处区域条件下的价格;
④ 通过个别因素修正,将可比交易实例的价格修正为被估房地产自身状况下的价格。

注意:个别因素中极特殊的两个因素即容积率和土地使用年限,由于影响力较大,且决定因素特别,一般都单独进行修正。

市场法的基本计算公式为

$$P = P' \times A \times B \times C \times D$$

式中:P——被估房地产评估价值;
P'——可比交易实例价值;
A——交易情况修正系数;
B——交易日期修正系数;
C——房地产状况因素修正系数;
D——个别因素修正系数。

在实际评估工作中,其计算公式为

$$P = P' \times A \times B \times C \times D = P' \times \frac{100}{(\ )} \times \frac{(\ )}{100} \times \frac{100}{(\ )} \times \frac{100}{(\ )}$$

式中字符含义相同,具体内容如下:

$A = \dfrac{100}{(\ )} = $ 正常交易情况指数/可比实例交易情况指数;

$B = \dfrac{(\ )}{100} = $ 评估基准日价格指数/可比实例交易时点的价格指数;

$C = \dfrac{100}{(\ )} = $ 被估房地产所处区域因素条件指数/可比实例所处区域因素条件指数;

$D = \dfrac{100}{(\ )} = $ 被估房地产个别因素条件指数/可比实例个别因素条件指数。

在上式中,交易情况修正系数 A 中的分子 100 表示以正常交易情况下的价格为基准而确定可比实例交易情况的价格修正参数;交易日期修正系数 B 中的分母 100 表示以可比实例交易时点时的价格指数为基准而确定评估基准日价格指数;交易环境修正系数 C 中的分子 100 表示以被估房地产所处区域环境为基准而确定可比实例所处区域环境的修正参数;个别因素修正系数 D 中的分子 100 表示以被估房地产自身状况条件为基准而确定可比实例自身状况条件的修正参数。

如果土地容积率、土地使用年期单独修正,则计算公式为

$P = P' \times $ 交易情况修正系数 $A \times$ 交易日期修正系数 $B \times$ 房地产状况因素修正系数 $C \times$ 容积率修正系数 $\times$ 土地年期修正系数

注意:组成房地产状况因素的各个因子都可以独立地扩展出来进行单独修正。

2. 操作步骤

第一步:收集交易资料。
第二步:可比交易案例确定。

第三步：因素修正。

(1) 交易情况修正

由于房地产的自然和经济特性，使房地产市场具有不完全竞争性，并使房地产的价格形成具有较强的个别性，从而也使得房地产交易过程中涵盖很多特殊情况，使房地产的价格形成可能产生与正常市场交易状态的偏差。对所选取的可比交易实例的价格进行交易情况修正，就是要剔除个别交易行为中一些特殊因素（非正常因素）所造成的交易价格的偏差，使其成为正常价格。房地产交易中的特殊情况较为复杂，易使交易价格与正常市场交易价格偏离的情况主要有以下几种：

1) 有特殊利害关系的经济主体间的交易

例如，亲友之间、有利害关系的公司之间、公司与本单位职工之间的房地产交易，通常会使成交价低于正常的交易价格。个别时也会有意高于正常的市场价格。

2) 交易时有特别的动机

例如，急于购买或急于出售，交易双方或一方有特殊需要或偏好。此时往往会人为抬高或降低交易价格，使得交易价格偏离正常的市场价格。

3) 买方或卖方不了解市场行情

这里是指交易双方或一方缺乏对房地产市场信息的了解，包括市场行情、政府政策、未来预期等，从而会产生盲目购买或盲目售出等现象，使房地产交易价格偏高或偏低。

4) 其他特殊交易的情形

例如，交易税费非正常负担的交易。正常的交易价是指由买卖双方各自缴纳自己应缴纳的交易税费条件下的交易价格。我们所评估的客观合理的价格，也是基于此条件下的价格。然而，现实中出现了以下几种情况时，都会造成交易价格的不正常。如：土地增值税该由卖方承担，却转嫁给了买方；契税该由买方承担，却转嫁给了卖方；交易手续费应由买卖双方各负担一部分，却全部转嫁给了买方等。

5) 特殊的交易方式

如拍卖、招标等。

6) 特殊政策造成的房地产价格的偏差

例如，中国香港、新加坡实行"居者有其屋"的政策，我国城镇施行经济适用房的政策等，均会在一定程度上产生对应房地产价格的偏差。

通过交易情况的修正，可以将可比实例房地产的价格修正为正常交易情况下的价格。其计算公式如下：

交易情况修正后的正常价格＝可比实例价格×（正常情况指数/可比实例情况指数）
$$= P' \times 100/100(1 \pm X\%)$$

如果可比实例房地产的价格在交易时偏离正常情况，表现为低于正常情况的价格，则分母小于100，如表现为高于正常情况的价格，则分母大于100。

(2) 交易日期修正

房地产市场在不同时期的状况决定了不同时期房地产的价格水平，可比交易实例的交易日期往往与被估房地产的评估基准日有一定的时间差，这一期间，由于房地产市场的变化可能会引起房地产价格的升高或降低。因此，需要根据房地产价格的变动率，将可比实例在其成交日的价格调整为估价时点（评估基准日）时的房地产价格，即交易日期的修正。

当房地产价格的变动率用房地产价格指数表示时,利用价格指数进行日期修正的公式如下:

评估基准日交易实例价格＝评估基准日价格指数/可比实例交易时价格指数×可比实例价格

注意:价格指数分为定基价格指数和环比价格指数。

当房地产价格的变动率用逐期递增或递减的价格变动率来表示时,其修正公式如下:

评估基准日可比交易实例价格＝可比实例交易日的价格×(1±价格变动率)^{期数}

【例 5-22】 现选取一可比房地产实例,成交价格为 6 000 元/m²,成交日期为 2006 年 7 月。假设 2006 年 1 月至 2007 年 7 月,该类房地产价格每月比上月上涨 1%,2007 年 7 月至 2008 年 1 月,该类房地产价格每月比上月下降 0.2%,则对该可比实例进行交易日期修正后 2008 年 1 月的房地产价格为

$$P = 6\,000 \times (1+1\%)^{12} \times (1-0.2\%)^6 = 6\,000 \times 1.127 \times 0.988 = 6\,681(元/m^2)$$

(3) 交易环境修正

交易环境修正也叫区域修正。当可比交易实例与被估房地产处在不同区域时,还需要对可比交易实例进行区域因素的修正,即对可比交易实例所处的区位、环境等状况与被估房地产进行比较,找出其差异,进行修正,将可比交易实例的价格修正为被估房地产所处区域因素条件下的价格。

区域环境因素主要有:周边繁华程度、交通便利程度、空气质量、人文景观、道路通达度等。在具体修正区域环境因素时,因房地产的用途不同而使其区域环境因素具体内容不同,表现出的重要度也不同。所以要具体情况具体分析,并适当考虑各具体因素的影响权重再行综合分析。

通过区域环境因素的修正,可以将可比实例的价格修正为被估房地产所处区域环境因素情况下的价格。其计算公式如下:

$$区域环境因素修正后的价格 = 可比实例交易价格 \times \frac{被估房地产区域因素修正系数}{可比实例区域因素修正系数}$$

$$= P' \times \frac{100}{(\ )}$$

区域因素指数可以用打分的形式表达,设被估房地产区域因素指数为 100,如果可比实例在其区域环境因素条件下的价格低于被估房地产所处区域环境因素情况下的价格,则分母小于 100,反之,则分母大于 100。

(4) 个别因素修正

当可比交易实例与被估房地产的内在条件不同时,还需要对可比交易实例进行个别因素的修正,即对可比交易实例房地产所表现的物理因素、微观环境等状况与被估房地产进行比较,找出其差异,进行修正,将可比交易实例房地产的价格修正为被估房地产个别因素条件下的价格。

个别因素主要有物理因素(如地质、土地面积、建筑技术与风格、建筑质量与装修等)和微观环境(如空气质量、人文景观、道路通达度、卫生条件等)。在具体修正个别因素时,因房地产的用途不同而使其个别因素的具体内容不同,表现出的重要度也不同。所以要具体情况具体分析,并适当考虑各具体因素的影响权重再行综合分析。

通过个别因素的修正,可以将可比实例的价格修正为被估房地产个别因素情况下的价格。其计算公式如下:

$$个别因素修正后的正常价格 = 可比实例交易价格 \times \frac{被估房地产个别因素指数}{可比实例个别因素指数}$$

$$= P' \times \frac{100}{(\quad)}$$

个别因素指数可以用打分的形式表达,设被估房地产个别因素指数为100,如果可比实例在其个别因素条件下的价格低于被估房地产个别因素情况下的价格,则分母小于100,反之,则分母大于100。

(5) 容积率修正

根据收集到的相关城市关于容积率标准的规定,测定容积率与地价的相关系数,再进行可比实例容积率相关系数与被估房地产容积率相关系数的对比,求得容积率修正系数,其计算公式为

$$容积率修正系数 = \frac{被估房地产容积率相关系数}{可比实例容积率相关数}$$

【例 5-23】 现有一被估宗地,容积率为3,寻到一可比案例宗地,地价为3 000 元/m²,容积率为2.5,表5-11 为当地城市用地容积率修正系数表。

表 5-11 容积修正系数表

容积率	≤0.8	0.9	1.0	2.0	2.5	≥3.0
修正系数	0.9	0.95	1.0	1.8	2.2	2.5

求该被估宗地的容积率修正后的可比实例价格。

解:容积率修正后的可比实例价格 = 3 000 × 2.5/2.2 = 3 409(元/m²)

注意:修正系数不是容积率的比,而是容积率修正系数的比。

(6) 土地使用年期修正

我国实行土地使用权有偿有限期使用制度,土地使用年限的长短,直接影响土地的收益,从而影响了土地价格的高低。通过土地使用年期的修正,将不同使用期限下的土地价格协调一致起来,才能使价格具有可比性。

土地使用年期修正系数按下式计算:

$$K = \frac{1 - \dfrac{1}{(1+r)^m}}{1 - \dfrac{1}{(1+r)^n}}$$

式中:K——将可比实例年期修正到被估对象使用年期的年期修正系数;

r——资本化率;

m——被估对象的土地使用权剩余年期;

n——可比实例的土地使用权剩余年期。

【例 5-24】 若某可比实例的成交价为3 500 元/m²,1998年经出让获得土地使用权,而待估宗地于2002年出让获得使用权,土地使用年限为40年,土地还原利率为8%。求在2004年对土地使用年期修正的地价。

解：土地使用年期修正后的地价 $= 3\,500 \times \dfrac{1-\dfrac{1}{(1+8\%)^{38}}}{1-\dfrac{1}{(1+8\%)^{34}}} = 3\,573(元/m^2)$

3. 应用举例

【例 5－25】 有一待估商业用地 900 平方米，须评估 2009 年 5 月的宗地总价和单价。现收集到 5 个与待估土地类似的可比实例，资料见表 5－12。另已知该城市地价指数如表 5－13 所列，土地还原利率为 8%，商业用土地出让年限为 40 年。试求该商业用地的评估价格。

表 5－12 宗地资料　　　　　　　　　　　　　　　　　　　　　　元/m²

项　目	待估宗地	可比实例 A	可比实例 B	可比实例 C	可比实例 D	可比实例 E
交易价格		5 000	4 500	4 150	4 000	5 200
交易时间	2009.5	2008.8	2007.10	2007.5	2006.10	2009.2
交易情况		0	0	－1%	＋3%	＋2%
区域因素		＋1%	－1%	－3%	0	0
个别因素		－1%	－2%	－5%	－3%	－1%
容积率	5.0	5.2	3.5	4.0	3.0	4.8
剩余年限	38	35	35	30	30	38

表 5－13 城市地价指数

时　间	2005	2006	2007	2008	2009
地价指数	100	120	125	130	135

解：① 分析并建立容积率与地价指数表（见表 5－14）。

据调查分析，该城市此类用地容积率与地价基本存在以下关系：容积率在 3～5 之间，容积率每增加 0.1，地价指数就上升 1，容积率在 5～6 时，地价指数不变。

表 5－14 容积率与地价指数表

容积率	3.0	3.5	4.0	4.5	5.0～6.0
地价指数	100	105	110	115	120

② 进行因素修正并求算比准价格。

$$比准价格\ A = 5\,000 \times \dfrac{135}{130} \times \dfrac{100}{100} \times \dfrac{100}{101} \times \dfrac{100}{99} \times \dfrac{120}{120} \times \dfrac{1-\dfrac{1}{(1+8\%)^{38}}}{1-\dfrac{1}{(1+8\%)^{35}}}$$

$$= 5\,270.49(元/m^2)$$

$$比准价格\ B = 4\,500 \times \dfrac{135}{125} \times \dfrac{100}{100} \times \dfrac{100}{99} \times \dfrac{100}{98} \times \dfrac{120}{105} \times \dfrac{1-\dfrac{1}{(1+8\%)^{38}}}{1-\dfrac{1}{(1+8\%)^{35}}}$$

$$= 5\,810.50(元/m^2)$$

$$\text{比准价格 C} = 4\,150 \times \frac{135}{125} \times \frac{100}{99} \times \frac{100}{97} \times \frac{100}{95} \times \frac{120}{110} \times \frac{1-\dfrac{1}{(1+8\%)^{38}}}{1-\dfrac{1}{(1+8\%)^{30}}}$$

$$= 5\,631.45(元/m^2)$$

$$\text{比准价格 D} = 4\,000 \times \frac{135}{120} \times \frac{100}{103} \times \frac{100}{100} \times \frac{100}{97} \times \frac{120}{100} \times \frac{1-\dfrac{1}{(1+8\%)^{38}}}{1-\dfrac{1}{(1+8\%)^{30}}}$$

$$= 5\,679.04(元/m^2)$$

$$\text{比准价格 E} = 5\,200 \times \frac{135}{135} \times \frac{100}{102} \times \frac{100}{100} \times \frac{100}{99} \times \frac{120}{118} \times \frac{1-\dfrac{1}{(1+8\%)^{38}}}{1-\dfrac{1}{(1+8\%)^{30}}}$$

$$= 5\,236.81(元/m^2)$$

③ 综合评估结果。

由于比准价格比较接近,故采用简单算术平均进行综合评估。

评估单价 = (5 270.49 + 5 810.50 + 5 631.45 + 5 679.04 + 5 236.81) ÷ 5
= 5 525.66(元/m²)

评估总价 = 900 × 5 525.66
= 4 973 094(元)

5.2.3 市场法在无形资产评估中的应用

由于无形资产具有个别性、保密性等特征,决定了无形资产的交易市场具有较强的垄断性,与有形资产的交易市场比较,透明度较低;同时,由于我国无形资产市场不发达,交易不频繁,使得通过市场途径评估无形资产价值存在一定困难,从而限制了市场法在无形资产评估中的使用。市场法强调的是具有合理竞争能力的财产的可比性特征,从理论上来讲,如果有较为充分的市场交易实例,可以从中取得作为比较分析的参照物,并能对评估对象与可比参照物之间的差异做出合适的调整,就可以应用市场法。应用市场法评估无形资产的基本程序和方法与应用市场法评估有形资产基本相同。

1. 应用市场法评估无形资产的注意事项

(1) 选择恰当的参照物

国际资产评估准则委员会颁布的《无形资产评估指南》规定:"使用市场法必须具备合理的比较依据和进行比较的类似的无形资产。参照物与被评估无形资产必须处于同一行业,或处于对相同经济变量有类似反应的行业。这种比较必须具有意义,并且不能引起误解。"按照这个要求,作为参照物的无形资产与被评估无形资产在功能、性质、适用范围等方面相同或者近似。参照物与被评估无形资产按照无形资产分类原则可以归并为同一类;尽管参照物与被评估资产的设计和结构可能存在差异,但它们的功能和效用应该相同和近似;参照物与被评估无形资产所依附的产品或服务应具备同质性,所依附的企业则应满足同行业与同规模的要求;参照物的计价标准和成交条件与被评估无形资产模拟的价格标准和成交条件应相同或者近似。

(2) 收集和分析充分的可比信息

评估人员应充分收集和分析、比较被评估无形资产与参照物之间的成交价格、交易条件、资本收益水平、新增利润或销售额、技术先进程度、社会信誉等因素。参照物价格的市场信息,涉及供求关系、产业政策、市场结构、企业行为和市场绩效等内容。根据无形资产依附的产品或服务的上下游价值链,分析买卖双方之间以及市场内已有的买方和卖方与正在进入或可能进入市场的买方和卖方之间的关系。评估人员既要分析无形资产具有依法实施多元和多次授权经营的特征,使得过去交易的实例成为未来交易的参照依据,同时应注意时间、地点、交易主体和条件的变化也会影响被评估无形资产的未来交易价格。评估人员所收集的价格信息应与被评估无形资产的价值有较强的关联性,能够反映被评估无形资产的载体结构和市场结构特征。收集的价格信息经过对信息来源和收集过程的质量控制,具有较高的可靠性,能够反应评估基准日的被评估无形资产在模拟条件下可能的价格水平。

(3) 恰当的差异调整

国际资产评估准则委员会颁布的《无形资产评估指南》规定:"当以被评估无形资产以往的交易记录作为评估的参照依据时,则可能需要根据时间的推移、经济、行业和无形资产的环境变化进行调整。"参照物与被评估无形资产会因时间、空间和条件的变化而产生差异,评估人员应对此做出恰当的调整。

市场法用于无形资产评估,需要选择一个或几个与评估对象相同或类似的无形资产或行业作为比较对象,分析比较它们之间的成交价格、交易条件、资本收益水平、新增利润或销售额、技术先进程度、社会信誉等因素,进行对比调整后估算出无形资产评估的方法。其计算公式为

评估价值＝参照物的市价×功能系数×调整系数

其中:功能系数根据被评估无形资产与参照物的功能差异确定,具体参照驰名商标的评估评价标准;调整系数由被评估无形资产与参照物的成交时间、成交地点及市场寿命周期等因素决定。

2. 市场法在无形资产评估中的应用——商标权评估

对商标权评估来说,商标的驰名度越大,其评估价值就越大。同类商品相同价格或近似价格(指使用注册商标的商品的销售单价)的商品驰名度可以对比评定,其具体对比方法可参照我国有关部门提出的认定驰名商标的八项参考因素确认。

① 商标使用区域范围;
② 商标最早使用的时间;
③ 商标连续使用的年限;
④ 公众知晓的程度及其信誉;
⑤ 国内外同行业的评定;
⑥ 广告宣传费用和广告覆盖地域以及在同行业中的比较;
⑦ 商标在其他国家或地区获准注册使用的情况;
⑧ 商标所有人的自我保护意识。

以上八项商标驰名度的参考因素可采取倍比评分的办法确定系数。如果将商标驰名度的倍比评分系数确定为0~3之间,综合八项因素评分,可确定每项因素的满分为3分,八项满分总计为24分,那么,商标驰名度的倍比评分系数就在0~3之间,即综合的倍比数最小的是0,最大的是3。为了比较准确地反映每一个商标驰名度的状况,可将每项因素划分为六个等级,每个等级评分级最高的相差一分,其他的相差0.5分。具体划分如表5-15~表5-22

所列。

① 商标权使用区域范围见表 5-15。

表 5-15　商标权使用区域范围

等级	一	二	三	四	五	六
范围	三个以上的国家（不含国内）	三个以下的国家（含三个不含国内）	全国	省、自治区、直辖市	地、市、县	无
评分/分	3	2	1.5	1	0.5	0

② 商标权最早使用时间见表 5-16。

表 5-16　商标权最早使用时间

等级	一	二	三	四	五	六
时间	20 年前	15 年前	10 年前	5 年前	2 年前	不到 2 年
评分/分	3	2	1.5	1	0.5	0

③ 商标权连续使用的年限见表 5-17。

表 5-17　商标权连续使用年限

等级	一	二	三	四	五	六
年限	20 年以上	15～20 年	10～15 年	5～10 年	1～5 年	0
评分/分	3	2	1.5	1	0.5	0

④ 商标知晓的程度及其信誉见表 5-18。

表 5-18　商标知晓的程度及其信誉

等级	一	二	三	四	五	六
程度	三个以上的国家知晓	三个以下的国家知晓	国内知晓	省、自治区、直辖市知晓	地、市、县知晓	无
评分/分	3	2	1.5	1	0.5	0

⑤ 国内外同行业的评定见表 5-19。

表 5-19　国内外同行业的评定

等级	一	二	三	四	五	六
名次	1～10 名	11～30 名	31～50 名	51～80 名	81～100 名	100 名以后
评分/分	3	2	1.5	1	0.5	0

⑥ 广告宣传费用和广告覆盖地域以及同行业中的比较见表 5-20。

表 5-20 广告宣传费用和广告覆盖地域

等级	一	二	三	四	五	六
广告费用	1000万元以上	100万元以上	10万元以上	1万元以上	1000元以上	无
覆盖地区	三个以上的国家或地区	三个以下的国家或地区	全国	省、自治区	直辖市、地、市、县	无
评分/分	3	2	1.5	1	0.5	0

⑦ 商标权在其他国家或地区获准注册或使用情况见表 5-21。

表 5-21 商标权注册或使用情况

等级	一	二	三	四	五	六
注册国家或地区	三个以上的国家或地区	三个以下的国家或地区	两个国家或地区	一个国家或地区（不含国内）	国内注册	无
评分/分	3	2	1.5	1	0.5	0

⑧ 商标权所有人自我保护意识见表 5-22。

表 5-22 商标权所有人自我保护意识

等级	一	二	三	四	五	六
保护措施	在国外注册联合商标	在国内注册联合商标	在国内注册备用商标或防御性商标	及时申请注册	及时申请司法保护	无
评分/分	3	2	1.5	1	0.5	0

【例 5-26】 评估某商标权 2003 年 9 月 1 日的转让价值。收集的有关资料如下：该商标已经在三个国家使用，商标最早使用至评估基准日已经有 11 年，中途未间断，在国内外同行业排名第 61 位，每年投入的广告费平均 2000 万元，该商标除在本国注册以外，还在另外两个国家注册，并受到法律保护。评估选择的对比驰名商标在 2003 年 3 月 1 日的成交价格为 5 亿元，商标驰名度的倍比评分系数为 2，3 月 1 日至 9 月 1 日的价格变动指数为 1‰（其他因素无影响）。

试应用市场法评估该商标的价值。

解：① 被估商标权的驰名度系数的计算。计算过程详见表 5-23。

表 5-23 商标权驰名度系数计算表

等级	驰名度各因素							各项评分总计(x)	商标驰名度倍比评分系数（$x/8$）
	1	2	3	4	5	6	7		
一	3						3	6	
二					2		2	4	

续表 5－23

等级	驰名度各因素							各项评分总计(x)	商标驰名度倍比评分系数($x/8$)
	1	2	3	4	5	6	7		
三		1.5	1.5					3	
四				1		1		2	
五									
六									
小计								15	1.875

② 功能系数＝1.875/2＝0.937 5

③ 商标权的评估价值＝500 000 000×0.937 5×(1+1%)＝473 437 500(元)

5.2.4 市场法在企业价值评估中的应用

1. 基本原理

当未来自由现金流量实在难以计算时，经常将分析转向市场。将目标公司与其他类似的上市公司进行比较，并选用合适的乘数来评估标的企业的价值，这就是公司价值评估的市场法。

市场法用于企业价值评估是通过在市场上找到若干个与被评估企业相同或相似的参照企业，以参照企业的市场交易价格及其财务数据为基础测算出来的价值比率，通过分析、比较、修正被评估企业的相关财务数据，在此基础上确定被评估企业的价值比率，并且通过这些价值比率得到被评估企业的初步评估价值，最后通过恰当的评估方法确定被评估企业的评估价值。

2. 注意事项

市场法用于企业价值评估的核心问题是确定适当的价值比率。选择价值比率，应该注意以下问题：

① 选择的价值比率应当有利于评估对象价值的判断。

② 用于价值比率计算的参照企业的相关数据应当恰当可靠。

③ 用于价值比率计算的相关数据口径应当一致。

④ 被评估企业与参照企业相关数据的计算方式应当一致。

⑤ 合理将参照企业的价值比率应用于被评估企业。

【例 5－27】 某被评估企业的年净利润为 5 000 万元，评估人员在资产市场上找到一个类似的参照企业，该对照企业平均市盈率为 10 倍。假设不考虑其他调整因素。试运用市场法评估企业价值。

解：由于不考虑其他调整因素，不需要进行其他差异修正。则有：

被评估企业的评估价值＝5 000×10＝50 000(万元)

任务演练：市场法在房地产评估中的应用案例

背景资料

（1）委估物的概况

红三楼位于××区××路西侧，北面与××商场营业大楼相邻，框架六层，总建筑面积 7 590.36 m²，1997 年建成并投入使用，房产权证号 W 房字第 200205765 号，一至三层水磨石楼面,四至五层地面砖楼面,外墙铝塑幕墙,顶棚吊顶,内设中央空调。

（2）评估方法

红三楼现用于商业经营,采用市场法进行评估。

① 比较案例:取自 2004 年 7 月 8 日 W 晨报 6 月份商务楼价格信息表

A	商住两用	4 000 元/m²	XX 区
B	商住两用	4 000 元/m²	XX 区
C	商住两用	4 300 元/m²	XX 区

② 因素比较修正系数:

比较因素与内容	委估房产与案例	评估对象	实例 A	实例 B	实例 C
	交易情况	100	100	100	100
	交易时间	100	100	100	100
区域因素	距商业服务中心距离	100	97	98	96
	距公共设施距离	100	98	99	97
	道路状况	100	98	100	97
	距对外交通设施的距离	100	103	102	102
个别因素	临街位置	100	99	99	98
	房屋构造材料	100	120	120	130
	临街深度	100	98	99	97
	装修及设施	100	67	67	67
	房屋成新率	100	125	125	125

③ 比准价格 A＝_____；

比准价格 B＝_____；

比准价格 C＝_____。

④ 评估单价＝_____；

评估总价＝_____。

演练方法

① 计算演练法。

② 文案演示法。

③ 讨论法。

演练要求

① 按照题目的提示和方法对房地产进行评估。

② 将学生分成若干小组,以小组为单位,总结市场法在资产评估中的应用,形成案例分析评价报告。

③ 教师评价。

演练条件
① 教师事先对学生按照 5 人进行分组,按组分岗位实施。
② 具有足够的计算机和上网条件。
③ 具有模拟实训室或多媒体教室。

学习任务 5.3 收益模式下的评定估算

知识储备

5.3.1 收益法在机器设备评估中的应用

1. 适用对象

运用收益法评估资产的价值前提是该资产具备独立的生产能力和获利能力。就单项机器设备而言,大部分不具有独立获利能力,因此单项设备评估通常不采用收益法,对于自成体系的成套设备、生产线以及可以单独作业的车辆等设备特别是租赁设备则可以采用收益法评估。

工作成果:收益法的应用

2. 计算公式

1) 对于租赁的设备,其租金收入就是收益,如果租金收入和折现率不变,则设备的评估值为

$$P = A \times \frac{1 - \frac{1}{(1+r)^n}}{r} = A(P/A, r, n)$$

式中:P——评估值;
A——收益年金;
n——收益年限;
r——本金化率;
$(P/A, r, n)$——年金现值系数。

2) 折现率的获取方法

可采用参照物折现率平均法获取。

【例 5-28】 采用收益法评估某租赁机器设备价值。
① 评估师根据市场调查,被评估机器设备的年租金净收入为 19 200 元。
② 评估师根据被评估机器设备的现状,确定该租赁设备的收益期为 9 年。
③ 评估师通过对类似设备交易市场和租赁市场的调查,得到市场数据,见表 5-24。

表 5-24 市场数据调查表

市场参照物	设备的使用寿命(年)	市场售价 P/元	年收入 A/元
1	10	44 000	10 500
2	10	63 700	16 700
3	8	67 500	20 000

解：(1)三个参照物寿命不同,分别查相对应的年限复利系数表,并用内插法计算出对应的资本化率：

① 查 10 复利系数表得到—运用内插法得到资本化率为 20.01%,22.85%；

② 查 8 复利系数表得到—运用内插法得到资本化率为 24.48%；

③ 三个资本化率 20.01%、22.85%、24.48%的平均值为 22.45%。

(2) 计算该租赁机器设备的评估值。

$P=A(P/A,r,n)=192\,000\times(P/A,22.45\%,9)=71\,700(元)$

5.3.2 收益法在房地产评估中的应用

1. 基本原理与适用范围

收益法也称资本化法、收益还原法、收益现值法、投资法,用于土地估价时,又称为地租资本化法。收益法是运用适当的资本化率或还原利率,将房地产未来各期的正常纯收益折算到估价时点的现值加总,得出待估房地产价格的一种估价方法。通常将这种评估价格称为收益价格。

2. 适用范围及条件

(1) 适用范围

收益法主要适用于有收益或有潜在收益的房地产。主要有两类:租赁房地产和企业自用房地产。

① 收益法最适宜租赁性房地产估价。无论是土地租赁还是房屋租赁,每年获得的收入减去有关成本、费用、税收即为纯收益。将此连续产生的纯收益运用一定的还原率进行还原,即为租赁房地产的价格。

② 企业自用房地产的收益主要是指企业直接用于经营活动的房地产创造的收益。每年的总收入扣除相应的成本、费用(税收),就可得到每年的纯收益,而且这个纯收益是在较长时期内连续不断取得的,其还原的现值之和就是房地产的价格。

(2) 适用条件

① 待估房地产未来纯收益可用货币计量。收益包括有形收益与无形收益,前者如出租房地产每年所获得的租赁收入,后者为房地产给人们的生活带来的方便。收益若为无形的,要转化为有形的,即转化为用货币计量的收益。

② 纯收益的产生是连续的。通过土地租赁的资本化确定土地价格是收益法的典型运用。由于土地的不可毁灭性,决定了地租的产生是持续不断和永无止境的。

③ 收益在数量上还必须是稳定的。收益法的基本公式,除了假设纯收益的获得是连续不断的以外,还假设数量是不变的。

④ 还原率是可以确定的。运用收益法估价房地产,在纯收益一定的条件下,房地产价格的高低取决于还原利率的高低,收益法的基本公式是以已知还原利率为先决条件的。

⑤ 在取得收益过程中,风险也是可以计量的。风险与收益相伴而生,在待估房地产连续不断地产生收益的过程中,必然伴随着各种风险,这种风险也是可以计算的,即可用货币衡量。

3. 需要注意的几个问题

① 收益法中的收益是指预期的纯收益。纯收益是总收益扣除有关成本费用后的余额,而不是现在已产生的纯收益,而是对房地产未来的期望。

② 纯收益是指正常的纯收益。纯收益有正常纯收益与个别纯收益之分。正常纯收益也称为客观纯收益,它是指在房地产最有效的使用状态下,在使用者正常的经营能力下所提供的

收益。它需要排除在房地产使用过程中特殊的偶然因素对纯收益的影响。

③ 还原利率是指适当且合理的标准利率。还原利率实质上是未来收益的折扣率,其大小对待估房地产价格的高低影响极大。因此,它是指适当而合理的标准利率,不等于收益率。

收益率的大小是与投资风险的大小成正比,风险大,则收益率也高,反之则低。还原率实质上是一种投资的收益率,应等同于获取房地产上所产生的纯收益具有同等风险的资本纯收益。不同用途、不同性质、不同地区、不同时间的房地产,由于其投资的风险不同,还原利率各不相同。在房地产估价中,并不存在一个统一不变的还原利率。

4. 纯收益的确定

(1) 纯收益的概念与种类

收益法中的纯收益,是指以收益为目的的房地产所产生的总收益在扣除有关总费用后的余额。它是归属于房地产的客观、持续、规则的适当收益,一般以年为计算单位。其基本计算公式为

$$纯收益 = 总收益 - 总费用$$

纯收益可以从不同的角度进行分类。

1) 实际纯收益与客观纯收益

实际纯收益是指待估价房地产在目前的使用状态下所取得的纯收益。它与经营者的经营能力、房地产的用途有关,若进行一次估价还原,所得到的估价结果往往缺乏客观合理性。客观纯收益是指房地产在最合理的使用状态下所取得的一般正常收益,它排除了实际纯收益中特殊的、偶然的因素。作为估价依据的纯收益是客观纯收益。

2) 有形纯收益和无形纯收益

有形纯收益是指直接以货币表示的纯收益;无形纯收益是指难以用货币衡量,但有助于提高纯收益水平的信誉、品牌等。严格地说,作为估价依据的纯收益不仅包括有形纯收益,也包括无形纯收益。但是,无形收益的确定比较困难。

3) 无限期纯收益和有限期纯收益

从时间上看,无限期纯收益的取得是永无止境的,如从土地取得的地租;有限年期纯收益,又称非永久性纯收益,它的取得是有时间限制的,如由建筑物产生的纯收益就受到建筑物寿命期的制约。由于纯收益产生的持续时间不同,用于估价的具体方法也不同。

4) 折旧前纯收益与折旧后纯收益

这是从纯收益的内涵来划分的。建筑物是计提折旧的,因而建筑物的纯收益有折旧前纯收益与折旧后纯收益之分。不同的纯收益需要运用相应的还原率。折旧前纯收益在还原时,需要加上折旧,折旧后的纯收益在还原时直接运用还原利率进行还原。

5) 税前纯收益与税后纯收益

任何纯收益都要缴纳所得税,由房地产产生的纯收益也不例外。与折旧前后的纯收益相似,税前纯收益在还原时需要考虑税率,税后纯收益则直接可用还原利率进行还原。这里需要注意的是,这里的税是指对纯收益所征的所得税,而不是对房地产直接征收的土地使用税或房地产税,后者作为总费用的构成部分在计算纯收益时已经扣除。

(2) 纯收益的计算

纯收益的基本计算公式为

$$年纯收益 = 年总收益 - 年总费用$$

以出租为目的的房地产和企业生产经营用的房地产,其总收益、总费用所包含的内容有所

区别,从而使年纯收益的计算也各不相同。

1) 租赁房地产纯收益的计算

租赁房地产纯收益的计算公式为

$$年纯收益＝年租赁收入－年租赁费用$$

其中,年租赁费用包括年折旧费、年维修费、年管理费、年房产税、年土地使用税以及年保险费。

在计算租赁房地产纯收益时应注意:

- 签订租赁契约的时间。签订租赁契约的时间往往与估价时期不同,此时需要对租金进行日期修正,以使租金成为在估价日期所签订租赁契约的正常租金。一般来说,续订契约的租金往往低于新契约的租金。
- 租金的内容。在房地产出租时,其租金中除房地产本身的租金外,还包括其他设施的租金。这里其他设施既包括作为房地产构成部分的电梯、空调等,也包括床、桌、椅等动产。前部分租金是房地产的构成部分,但电梯、空调等设备的折旧与房地产有所不同,因而在计算费用时,应分开计算;后部分租金,应该从租金总额中剔除,以免影响房地产本身的价格。
- 租金习惯的不同。房地产的租赁习惯各地不同,一般要缴纳一定的押金或保证金,押金或保证金数额的大小直接影响租金标准的高低。在估价时,需要根据押金或保证金的利息调整租金额。
- 出租率的高低。为了保证出租房地产的高效、正常运用,需要对房地产及有关设施进行修理维护,出租率并不是100%。在计算总收益时,需要考虑空房率。

2) 企业生产经营用房地产纯收益的计算

企业生产经营用房地产纯收益的计算公式为

$$年纯收益＝年经营收入－年经营费用$$

若是工厂等生产性企业的房地产,其经营收入是销售额,经营费用则为产品生产、销售的成本费用、税金以及正常利润;若是商店等企业经营用房地产,其经营收入是销售额,经营费用则为进货成本、销售费用、税金及正常经营利润。

(3) 计算纯收益时应注意的几个问题

① 作为房地产估价依据的纯收益是由房地产产生的。对于租赁房地产来说,其纯收益的计算就是年租赁收入扣除年租费用后的余额。对于企业生产经营用房地产来说,其纯收益的计算,在年经营收入中扣除有关成本费用、税金后,还必须扣除正常的生产经营利润。

② 纯收益客观、持续、规则的特征,同样是总收益和总费用应具有的特征。纯收益是根据总收益与总费用计算的,总收益的产生基础是客观的,在时间上是持续的,在数据上是有规则的。短期的租赁收入、房地产的一次性转让收入都不能作为资本化的基础。与此相适应,在总收益中扣除的总费用,应该是为取得总收益所必须持续支付且直接、必要的费用。

③ 对于非收益性自用房地产,也可以通过其他方法确定其纯收益,从而运用收益法进行估价。收益法原则上只适用于收益性房地产的估价,如果能根据类似的房地产的收益进行修正后,并确定待估价房地产的纯收益,则也可运用收益法对非收益性的自用房地产如住房等进行估价。

④ 总费用的扣除是纯收益计算的关键。总费用包括的内容比较复杂,特别是对于企业生产经营用房地产来说,尤其如此。一般可以根据持续支付和直接必要两个原则来确定。但是,

在估价实务中,具体到某一项费用时往往难以把握。这里需要注意的是,估价与财务处理有所区别。在计算费用时,还应避免重复计算。例如建筑物的维护费可计入总费用,而维修费从理论上讲应分大修、中修、小修、综合维修和日常养护等费用。在实际工作中,由于大修间隔时间长,费用高,一般从提存的折旧中开支,因此,在维修费中就不应包括这一部分,以免重复计算。

5．还原利率的确定

所谓还原利率是指将房地产的年纯收益还原为价格的利率,实质上是一种投资收益率。由于投资收益率的大小与投资风险成正比,风险越大,收益越高;反之则低。因此,还原利率应等同于房地产产生的纯收益所具有同等风险的投资收益率。

(1) 还原利率的种类

在运用收益法评估房地产的价格时,应根据不同的评估的对象采用不同的性质的还原利率,并应与估价的类型、纯收益的内涵相适应。目前,最广泛使用的三种还原利率是:综合还原利率、建筑物还原利率和土地还原利率。

1) 综合还原利率

综合还原利率是求取土地及其建筑物合成体的价格时所应使用的还原利率。对应的纯收益是土地及建筑物合成体所产生的纯收益。也就是说,如果运用收益还原法评估的是土地及建筑物合成体的价格,那么所使用的纯收益必然是土地及建筑物合成体的纯收益,同时,所选用的还原利率必须是土地及建筑物合成体的还原利率,即综合还原利率。

2) 土地还原利率

土地还原利率是求取单纯土地的价格时所应使用的还原利率。这时对应的纯收益必须是所要评估的土地所产生的纯收益。

3) 建筑物还原利率

建筑物还原利率是求取单纯建筑物的价格时所应使用的还原利率。这时对应的纯收益是建筑物一项所产生的纯收益(即仅归因于建筑物的纯收益),不包括土地产生的纯收益。

综合还原利率(r_0)、土地还原利率(r_1)和建筑物还原利率(r_2)虽是有严格区别但又是相互联系的,在一定情况下可以换算:

①综合还原利率 $r_0 = (r_1 L + r_2 B) \div (L + B)$

②土地还原利率 $r_1 = [r_0(L + B) - r_2 B] \div L$

③建筑物还原利率 $r_2 = [r_0(L + B) - r_1 L] \div B$

式中:L——土地价格;

B——建筑物价格。

如果已知土地价格占总房地产价格的比率 x 和建筑物价格占总房地产价格的比率 y,也可以找出综合还原利率、建筑物还原利率和土地还原利率三者的关系,即

① 综合还原利率 $r_0 = r_1 x + r_2 y$

② 土地还原利率 $r_1 = (r_0 - r_2 y) \div x$

③ 建筑物还原利率 $r_2 = (r_0 - r_1 x) \div y$

(2) 三种求取还原利率的方法

1) 市场法

与前述市场法的情形相类似,待估价房地产还原利率的确定,可以以市场上类似房地产的还原利率为基础进行计算。为了避免偶然因素的影响,要求被评估资产与交易实例在用途、地

区等方面是相同或相似的,并存在3~10个可比实例。对于相似房地产还原利率资料的收集,可采用直接法或间接法。

所谓直接法,就是直接收集相似房地产的还原利率,从而确定待估房地产的还原利率。例如,通过收集,已知6个可比实例的还原利率分别为8%、8.2%、8.5%、8.4%、8.6%、8.8%,则用算术平均法,就可计算待估价房地产的还原利率r。

$$r = \frac{8\% + 8.2\% + 8.5\% + 8.4\% + 8.6\% + 8.8\%}{6} = 8.42\%$$

所谓间接法,就是先收集相似房地产的纯收益和价格,再运用收益还原法,计算其还原利率,然后确定待估价房地产的还原利率。

例如,某房地产的可比实例的相关资料见表5-25。

表5-25 可比实例的相关资料

比较实例	纯收益(万元/年)	价格(万元)	还原利率(%)
1	10	100	10
2	12	115	10.4
3	15	160	9.4
4	20	220	9.1
5	35	360	9.7
6	25	245	10.2

根据相似程度,对这些还原利率赋予不同的权数,则待估价房地产的还原利率为

$$r = \frac{10\% \times 1 + 10.4\% \times 2 + 9.4\% \times 3 + 9.1\% \times 4 + 9.7\% \times 5 + 10.2\% \times 6}{1 + 2 + 3 + 4 + 5 + 6} = 9.77\%$$

当然,在掌握相似房地产的还原利率后,比较合理的做法是先以待估价房地产为基准,对其进行修正,然后运用平均法等进行计算。

2) 调整法

调整法是通过安全利率加上风险调整值求取还原利率的方法。这种方法是:首先找出安全利率。所谓安全利率就是无风险的资本投资的收益率。国外通常取长期国债利率,我国一般选银行一年期的定期存款率作为安全利率;其次,根据影响被估房地产的社会经济环境等,确定风险调整值。其计算公式为

还原利率 = 安全利率 + 风险调整值

风险调整值 = 行业风险 + 经营风险 + 财务风险 + 其他风险

式中,行业风险主要是指由企业所在的行业的市场特点、投资开发特点以及国家产业政策调整等因素造成的行业发展不确定给企业预期收益带来的影响;经营风险主要是指企业在经营发展过程中,市场需求变化、生产要素供给条件变化以及同类企业间的竞争给企业的未来预期收益带来的不确定性影响;财务风险是指企业在经营过程中的资金融通、资金调度、资金周转可能出现的不确定性因素影响企业的预期收益;其他风险包括了国民经济景气状况、通货膨胀等因素的变化可能对企业预期收益的影响。

目前主要是采取经验判断来量化上述四种风险。它要求评估人员充分了解国民经济的运

行态势、行业发展方向、市场状况、同类企业竞争情况等。只有评估人员在充分了解和掌握上述数据资料的基础上,关于风险利率的判断才能较为合理。

③ 估算法

估算法是指先列出各种投资风险程度及其投资风险率的大小,然后根据待估房地产的投资风险等因素,估算出与此相应的投资收益率,作为还原利率。

值得指出的是,尽管有上述一些确定还原利率的方法,但这些方法都含有某些主观选择性,需要估价人员运用自己掌握的关于还原利率的理论知识、实际估计经验和对各地投资及房地产市场的充分了解等,做出相应的判断。

6. 应用举例

【例 5－29】 某出租商住两用楼的有关资料如下:

① 该房地产建筑总面积为 5 000 m², 土地面积为 1 200 m², 建筑物为钢筋混凝土结构;

② 土地使用权年限为 70 年,从 1978 年 10 月起计,建筑物建于 1988 年 10 月,其使用寿命为 50 年,净残值不计;

③ 可供出租的建筑物使用面积为 3 000 m², 占总面积的 60%, 每平方米月租金为 300 元, 按使用面积计算,出租率平均为 90%;

④ 建筑物原值为 600 万元,电梯、空调等设备原值为 80 万元,使用寿命为 10 年,净残值为 5%;

⑤ 土地使用税每年每平方米为 7.5 元;

⑥ 房产税为租赁收入的 12%;

⑦ 建筑物的保险费每年按原值的 1‰ 缴纳,电梯、空调等设施设备的年保修率为原值的 3‰;

⑧ 建筑物的修缮费总额为 100 万元,电梯等设备的修理费总额为 10 万元;

⑨ 年管理费为年房租额的 5%;

⑩ 建筑物拆除后,土地可按 120 万元的价格转让,土地还原利率为 10%;

⑪ 该房地产的综合还原利率为 12%, 土地还原利率为 10%。

要求:根据上述资料采用收益法评估该房地产在 1988 年 10 月时的价格。

解:

(1) 计算年总收益

年总收益 = 3 000 × 300 × 12 × 90% = 972(万元)

(2) 计算总费用

① 年折旧费 = 600/50 + 80 × (1 − 5%)/10 = 19.6(万元)

② 年土地使用税 = 5 000 × 7.5 = 3.75(万元)

③ 年保险费 = 600 × 1‰ + 80 × 3‰ = 0.84(万元)

④ 年管理费 = 972 × 5% = 48.6(万元)

⑤ 年修缮费 = 100/50 + 10/10 = 3(万元)

⑥ 房产税 = 972 × 12% = 116.64(万元)

(3) 计算年纯收益

折旧后的年纯收益 = 972 − (19.6 + 3.75 + 0.84 + 48.6 + 3 + 116.64) = 779.57(万元)

(4) 将纯收益资本化,确定建筑物价格

$$p_1 = \frac{779.57}{12\%} \times \left[1 - \frac{1}{(1+12\%)^{50}}\right] = 6\,474(万元)$$

(5) 房地产到期后,土地的转让价格的还原价格

$$p_1 = \frac{120}{(1+10\%)^{50}} = 1.02(万元)$$

(6) 确定房地产估价总额

$$p = p_1 + p_2 = 6\,474 + 1.02 = 6\,475.02(万元)$$

5.3.3 收益法在无形资产评估中的应用

1. 无形资产评估中收益法的应用形式

根据无形资产转让计价方式的不同,收益法在应用上可以表示为下列两种方式:

$$\text{无形资产评估值(收益模式)} = \sum_{t=1}^{n} \frac{K \cdot R_t}{(1+r)^t}$$

$$\text{无形资产评估值(成本收益模式)} = Y + \sum_{t=1}^{n} \frac{K \cdot R_t}{(1+r)^t}$$

式中:K——无形资产分成率;

R_t——第 t 年分成基数(超额收益);

t——收益期限;

r——折现率;

Y——最低收费额。

上述两个公式不同之处在于第二个公式多一项最低收费额,但在后项计算无形资产的分成率时,是按扣除最低收费额后测算的,所以本质上两个公式是一致的。

第二个公式中的最低收费额,是指在无形资产转让中,视购买方实际生产和销售情况收取转让费的所确定的"旱涝保收"收入,并在确定比例收费时预先扣除,有时称之为"入门费"。在某些无形资产转让中,转让方按固定额收费时把最低收费规定为转让最低价,也可作为无形资产竞卖的底价。

2. 最低收费额的确定

由于无形资产具有垄断性,当该项无形资产是购买方必不可少的生产经营的条件,或者购买方运用无形资产所增加的效益具有足够的支付能力时,无形资产转让的最低收费额由以下因素决定。

(1) 重置成本净值

购买方使用无形资产,应由购买方补偿成本费用。当购买方与转让方共同使用该项无形资产时,则由双方按运用规模、受益范围等分摊。

(2) 机会成本

由于无形资产的转让,可能会因停业而使由该无形资产支撑的营业收益减少,也可能会因为自己制造了竞争对手而减少利润或是增加开发支出。这些构成无形资产转让的机会成本,应由无形资产购买方补偿。

综合考虑以上两大因素评估最低收费额,可得到如下一组公式:

无形资产的最低收费额＝重置成本的净值×转让成本的分摊率＋无形资产转让的机会成本

其中：

$$转让成本分摊率 = \frac{购买方运用无形资产的设计能力}{运用无形资产的总设计能力} \times 100\%$$

$$\begin{matrix}无形资产转让\\的机会成本\end{matrix} = \begin{matrix}无形资产转让\\的净减收益\end{matrix} + \begin{matrix}无形资产再开\\发净增费用\end{matrix}$$

公式中"购买方运用无形资产的设计能力"，可根据设计产量或按设计产量计算的销售收入确定，"运用无形资产的总设计能力"指运用无形资产的各方汇总的设计能力，分摊无形资产的重置成本净值，不是按照实际运用无形资产的规模，而是按照设计规模确定权重。当购买方独家使用该无形资产时，转让成本分摊率为 1。公式中"无形资产转让的净减收益"和"无形资产再开发净增费用"是运用边际分析的方法测算的。"无形资产转让的净减收益"一般指在无形资产尚能发挥作用期间减少的净现金流量。"无形资产再开发净增费用"包括保护和维持该无形资产追加的科研费用和其他费用、员工再培训费用等。以上各项经过认真细致的分析测算是可以确定的。

【例 5-30】 某企业转让浮法玻璃生产全套技术，经收集和初步测算已知如下资料：

① 该企业与购买企业共同享用浮法玻璃生产技术，双方设计能力分别为 600 万和 400 万标箱。

② 浮法玻璃生产全套技术系国外引进，账面价格 200 万元，已使用 2 年，尚可使用 8 年，2 年通货膨胀率累计为 10％。

③ 该项技术转让对该企业生产经营有较大影响。由于市场竞争加剧，产品价格下降，在以后 8 年减少销售收入按折现值计算为 80 万元，增加开发费用以提高质量、保住市场的追加成本按折现值计算为 20 万元。

试评估该项无形资产转让的最低收费额。

解： ① 两年来通货膨胀率为 10％，对外购无形资产的重置成本可按物价指数法调整，并根据成新率确定净值，可得浮法玻璃生产全套技术的重置成本净值为

$$200 \times (1 + 10\%) \times \frac{8}{2+8} = 176(万元)$$

② 因转让双方共同使用该无形资产，设计能力分别为 600 万和 400 万标箱，评估重置成本净值分摊率为

$$\frac{400}{600+400} \times 100\% = 40\%$$

③ 由于无形资产转让后加剧了市场竞争，在该无形资产的寿命期间，销售收入减少和费用增加的折现值是转让无形资产的机会成本。

转让无形资产的机会成本＝80＋20＝100(万元)

④ 该无形资产转让的最低收费额评估值＝176×40％＋100＝170.4(万元)

3. 收益法应用中各项技术经济指标的确定

(1) 无形资产收益额的确定

无形资产收益额的测算，是采用收益法评估无形资产的关键步骤。如前所述，无形资产收益额是由无形资产带来的超额收益，无形资产附着于有形资产发挥作用并产生共同收益。关

键问题是如何从这些收益中分离出无形资产带来的收益额。

1) 直接估算法

通过未使用无形资产与使用无形资产的前后收益情况对比分析,确定无形资产带来的收益额。在许多情况下,从无形资产为特定持有主体带来的经济利益上看,可以将无形资产划分为收入增长型和费用节约型。

收入增长型无形资产是指无形资产应用于生产经营过程,能够使得产品的销售收入大幅度增大。增大的原因在于:
- 生产的产品能够以高出同类产品的价格销售;
- 生产的产品采用与同类产品相同价格的情况下,销售数量大幅度增加,市场占有率扩大,从而获得超额收益。

第一种原因形成的超额收益可以用下列公式计算:

$$R = (P_2 - P_1) \times Q \times (1 - T)$$

式中:R——超额收益;

P_2——使用无形资产后单位产品的价格;

P_1——未使用无形资产前单位产品的价格;

Q——产品销售量(此处假定销售量不变);

T——所得税税率。

第二种原因形成的超额收益可以用下列公式计算:

$$R = (Q_2 - Q_1) \times (P - C) \times (1 - T)$$

式中:R——超额收益;

Q_2——使用无形资产后产品的销售量;

Q_1——未使用无形资产前产品的销售量;

P——产品价格(此处假定价格不变);

C——产品的单位成本;

T——所得税税率。

销售量增加不仅可以增加销售收入,还会引起成本的增加。因此,估算销售量增加形成收入增加,从而形成超额收益时,必须扣减由于销售量增加而增加的成本。同时应注意,销售收入增加可以引起收益的增加,它们是同方向的,由于存在经营杠杆和财务杠杆效应,销售收入和收益一般不是同比例变动,这在计算中应予以考虑。

费用节约型无形资产,是指由于无形资产的应用,使得生产中产品的成本费用降低,从而形成超额收益。为投资者带来的超额收益可以用下列公式计算:

$$R = (C_1 - C_2) \times Q \times (1 - T)$$

式中:R——超额收益;

C_1——未使用无形资产前的产品单位成本;

C_2——使用无形资产后产品的单位成本;

Q——产品销售量(此处假定销售量不变);

T——所得税税率。

实际上,收入增长型和费用节约型无形资产的划分,是一种为了明晰无形资产形成超额收益来源情况的人为划分方法。通常,应用无形资产后,产生的超额收益是收入变动和成本变动共同形成的结果。评估者应根据上述特殊情况,加以综合性的运用和测算,合理确认超额收益。

2) 差额法

当无法将使用无形资产和未使用无形资产的收益情况进行对比时,采用无形资产和其他类型资产在经济活动中的综合收益与行业平均水平进行比较,可得到无形资产获利能力,即"超额收益"。

首先,收集有关使用无形资产的产品生产经营活动财务资料,进行盈利分析,得到经营利润和销售利润率等基本数据。

其次,对上述生产经营活动中的资金占用情况(固定资产、流动资产和已有账面价值的其他无形资产)进行统计。

第三,收集行业平均资金利润率等指标。

第四,计算无形资产带来的超额收益。

$$\text{无形资产带来超额收益} = \text{经营利润} - \text{资产总额} \times \text{行业平均资金利润率}$$

或者

$$\text{无形资产带来超额收益} = \text{经营收入} \times \text{销售利润率} - \text{销售收入} \times \text{每元销售收入平均占用资金} \times \text{行业平均资金利润率}$$

使用这种方法,应注意这样计算出来的超额收益,有时不完全由被评估无形资产带来(除非能够认定只有这种无形资产存在),往往是一种组合无形资产超额收益,还需要进行分解处理。

3) 分成率法

无形资产收益通过分成率法获得,是目前国际和国内技术交易中常用的一种实用方法。即

无形资产收益额＝销售收入×销售收入(利润)分成率

对于销售收入(利润)的测算已不是较难解决的问题,重要的是确定无形资产分成率。

既然分成对象是销售收入或销售利润,就有两个不同的分成率。而实际上,由于销售收入与销售利润有内在的联系,可以根据销售利润分成率推算出销售收入分成率,反之亦然。

因为:

$$\text{收益额} = \text{销售收入} \times \text{销售收入分成率}$$
$$= \text{销售利润} \times \text{销售利润分成率}$$

所以:

$$\text{销售收入分成率} = \text{销售利润分成率} \times \text{销售利润率}$$
$$\text{销售利润分成率} = \text{销售收入分成率} \div \text{销售利润率}$$

在资产转让实务上,一般是确定一定的销售收入分成率,俗称"抽头"。例如,在国际市场上一般技术转让费不超过销售收入的3%～5%,如果按社会平均销售利润率10%推算,则技术转让费为销售收入的3%的利润分成率为30%。从销售收入分成率本身很难看出转让价格是否合理,但是,换算成利润分成率,则可以加以判断,但实际转让实务上因利润额不够稳定也不容易控制和核实,按销售收入分成是可行的。在评估实务中,应以评估利润分成率为基础,至于换算成销售收入分成率,只需要掌握销售利润率及各年度利润的变化情况即可。

利润分成率的确定,是以无形资产带来的追加利润在利润总额中的比重为基础的。有的

情况下容易直接计算,而在不容易区别追加利润的情况下,往往要采取迂回的方法。评估无形资产转让的利润分成率有多种方法,主要方法包括:

- 边际分析法

边际分析法是选择两种不同的生产经营方式比较:一种是运用普通生产技术或企业原有技术进行生产经营;一种是运用转让的无形资产进行生产经营,后者的利润大于前者利润的差额,就是投资于无形资产所带来的追加利润;然后测算各年度追加利润占总利润的比重,并按各年度利润现值的权重,求出无形资产经济寿命期间追加利润占总利润的比重,即评估的利润分成率。这种方法的关键是科学分析追加无形资产投入可以带来的净追加利润,也是购买无形资产所必须进行决策分析的内容。

边际分析法的步骤:

第一步,对无形资产边际贡献因素进行分析。

① 新市场的开辟,垄断加价的因素;

② 消耗量的降低,成本费用降低;

③ 产品结构优化,质量改进,功能费用降低,成本销售收入率提高。

第二步,测算无形资产寿命期间的利润总额及追加利润总额,并进行折现处理。

第三步,按利润总额现值和追加利润总额现值计算利润分成率。

$$利润分成率 = \frac{\sum 追加利润现值}{\sum 利润总额现值} \times 100\%$$

【例 5-31】 企业转让彩电显像管新技术,购买方用于改造 10 万只彩电显像管生产线。经对无形资产边际贡献因素的分析,测算在其寿命期间各年度分别可带来追加利润 100 万元、120 万元、90 万元、70 万元,分别占当年利润总额的 40%、30%、20%、15%。假设折现率为 10%。

试评估无形资产利润分成率。

解:本例所给条件已经完成了边际分析法第一步的工作。只须计算出各年限的利润总额,并与追加利润一同折现即可得出利润分成率。

$$\sum 利润总额现值 = \frac{100 \div 40\%}{1+10\%} + \frac{120 \div 30\%}{(1+10\%)^2} + \frac{90 \div 20\%}{(1+10\%)^3} + \frac{70 \div 15\%}{(1+10\%)^4}$$

$$= 250 \times 0.9091 + 400 \times 0.8264 + 450 \times 0.7513 + 467 \times 0.6830$$

$$= 227.275 + 330.56 + 338.085 + 318.961$$

$$= 1214.881(万元)$$

$$\sum 追加利润现值 = \frac{100}{1+10\%} + \frac{120}{(1+10\%)^2} + \frac{90}{(1+10\%)^3} + \frac{70}{(1+10\%)^4}$$

$$= 100 \times 0.9091 + 120 \times 0.8264 + 90 \times 0.7513 + 70 \times 0.6830$$

$$= 90.91 + 99.168 + 67.617 + 47.81$$

$$= 305.505(万元)$$

$$利润分成率 = \frac{305.505}{1214.881} \times 100\% = 25\%$$

故转让该项无形资产的利润分成率评估值为 25%。

- 约当投资分成法

约当投资分成法是根据各种生产要素对提高生产率的贡献来计算，但是，由于无形资产与有形资产的作用往往互为条件，在许多场合下较难确定购置的无形资产贡献率，因而，还须寻求其他途径。由于利润是无形资产与其他资产共同作用的结果，而无形资产通常具有较高的成本利润率，可以考虑采取在成本的基础上附加相应的成本利润率，折合成约当投资的办法，按无形资产的折合约当投资与购买方投入的资产约当投资的比例确定利润分成率。其计算公式为

$$\text{无形资产利润分成率} = \frac{\text{无形资产约当投资量}}{\text{购买方约当投资量} + \text{无形资产约当投资量}} \times 100\%$$

$$\text{无形资产约当投资量} = \text{无形资产重置成本} \times (1 + \text{适当成本利润率})$$

$$\text{购买方约当投资量} = \text{购买方投入的总资产重置成本} \times (1 + \text{适当成本利润率})$$

确定无形资产约当投资量时，适当成本利润率按转让方无形资产带来的利润与其成本之比计算。没有企业的实际数时，按社会平均水平确定。确定购买方约当投资量时，适当成本利润率按购买方的现有水平测算。

【例 5-32】 甲企业以制造四轮驱动汽车的技术向乙企业投资，该技术的重置成本为 100 万元，乙企业拟投入合营的资产重置成本 8 000 万元，甲企业无形资产成本利润率为 500%，乙企业拟合作的资产原利润率为 12.5%。

试评估无形资产投资的利润分成率。

解： 如果按投资双方的投资品的成本价格折算利润分成率，不能体现无形资产作为知识智能密集型资产的较高生产率。因而采用约当投资分成法评估利润分成率。

① 无形资产的约当投资量为

$100 \times (1 + 500\%) = 600$（万元）

② 企业约当投资量为

$8\,000 \times (1 + 12.5\%) = 9\,000$（万元）

③ 甲企业投资无形资产的利润分成率为

$600 / (9\,000 + 600) = 6.25\%$

应该指出的是，在国内外技术交易中，提成率不是一个固定的值，它会随着受让与使用无形资产生产的产品产量的增加而递减，表 5-26 就是提成率递减的一个例子。

表 5-26 我国某技术转让规定的提成递减率

年产量（万套）	占规定提成率（%）
1~10	100
10~20	75
20~50	25

评估人员在利用提成率法确定无形资产收益额时要根据实际情况分析，合理确定提成收益。

④ 要素贡献法：有些无形资产，已经成为生产经营的必要条件，由于某些原因不可能或很

难确定其带来的超额收益，这时可以根据构成生产经营的要素在生产经营活动中的贡献，从正常利润中粗略估计出无形资产带来的收益。我国理论界通常采用"三分法"，即主要考虑生产经营活动中的三大要素：资金、技术和管理，这三种要素的贡献在不同行业是不一样的，一般认为，对资金密集型行业，三者的贡献依次是 50%、30%、20%；技术密集型行业，依次是 40%、40%、20%；一般行业，依次是 30%、40%、30%；高科技行业，依次是 30%、50%、20%。这些数据，也可供确定无形资产收益额时参考。

(2) 无形资产评估中折现率的确定

折现率的内涵是指与投资于该无形资产相适应的投资报酬率，包括无风险利率和风险报酬率。一般来说，无形资产投资收益高，风险性强。因此，无形资产评估中折现率往往要高于有形资产评估的折现率。评估时，评估人员应根据该项无形资产的功能、投资条件、收益获得的可能性条件和形成概率等因素，科学地测算其风险利率，以进一步测算出合理的折现率。另外，折现率的口径应与无形资产评估中收益额的口径保持一致。

(3) 无形资产收益期限的确定

无形资产收益期限或称有效期限，是指无形资产发挥作用，并具有超额获利能力的时间。无形资产在发挥作用的过程中，其损耗是客观存在的。无形资产损耗的价值量，是确定无形资产有效期限的前提。无形资产因为没有物质实体，其价值不会由于使用期的延长发生实体上的变化。无形资产价值降低是由于无形损耗形成的，即由于科学技术进步而引起价值减少。具体来讲，主要由下列三种情况决定产生：

① 新的、更为先进、更经济的无形资产出现，可以替代旧的无形资产，使采用原无形资产无利可图时，原有无形资产价值就丧失了。

② 因为无形资产传播面扩大，其他企业普遍掌握这种无形资产，获得这项无形资产已不需要任何成本，使拥有这种无形资产的企业不再具有获取超额收益的能力时，它的价值也就大幅度贬低或丧失。

③ 企业拥有某项无形资产所决定的产品销售量骤减，需求大幅度下降时，这种无形资产价值就会减少，以致完全丧失。

以上说明的是确定无形资产有效期限的理论依据。需要强调的是，无形资产具有获得超额收益能力的时间才是真正的无形资产有效期限。资产评估实践中，预计和确定无形资产的有效期限，可依照下列方法确定：

① 法律或企业合同、企业申请书分别规定有法定有效期限和受益年限的，可按照法定有效期限与受益年限孰短的原则确定。

② 法律未规定有效期，企业合同或企业申请书中规定有受益年限的，可按照规定的受益年限确定。

③ 法律或企业合同、企业申请书均未规定有效期限和受益年限的，按预计受益期限确定。预计受益期限可以采用统计分析或与同类资产比较得出。

同时应该注意的是，无形资产的有效期限可能比其法定保护期限短，因为它们要受许多因素的影响，如废弃不用、人们爱好的转变以及经济形势变化等，特别是科学技术发达的今天，无形资产更新周期加快，使得其经济寿命缩短。评估实践中，对这种情况也应给予足够的重视。

5.3.4 收益法在企业价值评估中的应用

1. 收益法评估企业价值的基本问题

在运用收益法对企业价值进行评估时,一个必要的前提是判断企业是否具有持续的盈利能力。只有当企业具有持续的盈利能力时,运用收益法对企业进行价值评估才有意义。运用收益法对企业进行价值评估,关键是解决以下三个问题:

首先,要对企业的收益予以界定。企业的收益通常以多种形式展现,包括净利润、净现金流量、息前净利润和息前净现金流。选择以何种形式的收益作为收益法中的企业收益,直接影响对企业价值的最终判断。

其次,要对企业的收益进行合理的预测。但是,由于企业收益的预测直接影响对企业盈利能力的判断,是决定企业最终评估值的关键因素。在评估中应全面考虑影响企业盈利能力的因素,客观、公正地对企业的收益做出合理的预测。

最后,在对企业的收益做出合理的预测后,要选择合理的折现率。折现率的选择直接关系到对企业未来收益风险的判断。由于不确定性因素的客观存在,对企业未来收益的风险进行判断至关重要。能否对企业未来收益的风险做出恰当的判断,从而选择合适的折现率,对企业的最终评估值也具有较大影响。

2. 收益法的计算公式及说明

(1) 企业持续经营假设前提下的收益法

1) 年金法

年金法的计算公式为 $P = A/r$

式中:P——企业评估价值;

A——企业每年的年金收益;

r——本金化率。

企业价值评估的年金法,是将已处于均衡状态,其未来收益具有充分的稳定性和可预测性的企业收益进行年金化处理,然后把年金化的企业预期收益进行折现,估测企业的价值。因此,年金法的计算公式又可以写成

$$P = \sum_{t=1}^{n}[R_t \times (1+r)^{-t}] \div \sum_{t=1}^{n}[(1+r)^{-t}] \div r$$

式中:$\sum_{t=1}^{n}[R_t \times (1+r)^{-t}]$——企业前 n 年预期收益折现值之和;

$\sum_{t=1}^{n}[(1+r)^{-t}]$——收益本金化率;

r——本金化率。

【例 5-33】 待估企业预计未来 5 年的预期收益额为 100 万元、120 万元、110 万元、130 万元、120 万元。假定本金化率为 10%。

试用年金法估测待估企业价值。

解:$P = \sum_{t=1}^{n}[R_t \times (1+r)^{-t}] \div \sum_{t=1}^{n}[(1+r)^{-t}] \div r$

$= (100 \times 0.9091 + 120 \times 0.8264 + 110 \times 0.7513 + 130 \times 0.6830 + 120 \times 0.6209)$

$\div (0.9091 + 0.8264 + 0.7513 + 0.6830 + 0.6209) \div 10\%$

$$\approx (91+99+83+89+75) \div 3.7907 \div 10\%$$
$$\approx 437 \div 3.7907 \div 10\%$$
$$\approx 1\ 153(万元)$$

2) 分段法

分段法是将持续经营的企业的收益预测分为前后两段。即在企业发展的前一个期间,企业处于不稳定的状态,企业的收益是不稳定的;而在该期间之后,企业处于均衡状态,其收益是稳定的或按某种规律进行变化。对于企业前段的预期收益采取逐年预测并折现累加的方法,对于企业后段的预期收益则针对企业的具体情况并按企业的收益变化规律进行折现和还原处理。将企业前后两段收益现值加在一起便构成企业的收益现值。

假设以前段最后一年的收益作为后段各年的年金收益,分段法的公式可写成

$$P = \sum_{t=1}^{n}[R_t \times (1+r)^{-t}] + \frac{R_n}{r} \times (1+r)^{-n}$$

假设从第$(n+1)$年起的后段,企业预期年收益将按固定比率g增长,则分段法的公式可写成

$$P = \sum_{t=1}^{n}[R_t \times (1+r)^{-t}] + \frac{R_n(1+g)}{r-g} \times (1+r)^{-n}$$

【例 5-34】 待估企业预计未来 5 年的预期收益额为 100 万元、120 万元、150 万元、160 万元、200 万元,并根据企业的实际情况推断,从第 6 年开始,企业的年收益额将维持在 200 万元水平上,假设本金化率为 10%。

试采用分段法估测企业的价值。

解:$P = \sum_{t=1}^{n}[R_t \times (1+r)^{-t}] + \frac{R_n}{r} \times (1+r)^{-n}$

$= (100 \times 0.9091 + 120 \times 0.8264 + 150 \times 0.7513 + 160 \times 0.6830 + 200 \times 0.6209)$
$\quad + 200 \div 10\% \times 0.6209$
$= 536 + 2\ 000 \times 0.6209$
$= 1\ 778(万元)$

本例中,假如评估人员根据企业的实际情况推断,企业从第 6 年起,收益额将在第 5 年的水平上以 2% 的增长率保持增长,其他条件不变,试估测待估企业的价值。则有:

$P = \sum_{t=1}^{n}[R_t \times (1+r)^{-t}] + \frac{R_n(1+g)}{r-g} \times (1+r)^{-n}$

$= (100 \times 0.9091 + 120 \times 0.8264 + 150 \times 0.7513 + 160 \times 0.6830 + 200 \times 0.6209) +$
$\quad 200 \times (1+2\%) \div (10\% - 2\%) \times 0.6209$
$= 536 + 204 \div 8\% \times 0.6209$
$= 536 + 1\ 583$
$= 2\ 119(万元)$

(2) 企业有限持续经营假设前提下的收益法

① 关于企业有限持续经营假设的使用。对企业而言,其价值在于所具有的持续的盈利能力。一般而言,对企业价值的评估应该在持续经营假设的前提下进行。只有在特殊的情况下,才能在有限持续经营假设前提下对企业价值进行评估。如企业章程已对企业经营期限作出规定,而企业的所有者无意逾期继续经营企业,则可在该假设前提下对企业进行价值评估。评估

人员在运用该假设对企业价值进行评估时,应对企业能否适用该假设做出合理的判断。

② 企业有限持续经营假设是从最有利于回收企业投资的角度,争取在不追加资本性投资的前提下,充分利用企业现有的资源,最大限度地获取投资收益,直至企业无法持续经营为止。

③ 对于有限持续经营假设前提下企业价值评估的收益法,其评估思路与分段法类似。首先,将企业在可预期的经营期限内的收益加以估测并折现;其次,将企业在经营期限后的参与资产价值加以估测并折现;最后,将两者相加即可得到评估值。其计算公式为

$$P = \sum_{t=1}^{n} [R_t \times (1+r)^{-t}] + P_n \times (1+r)^{-n}$$

式中:P_n——第 n 年企业资产的变现值;其他符号含义同前。

3. 企业收益及其预测

企业的收益额是运用收益法对企业价值进行评估的关键参数。在企业的价值评估中,企业收益是指在正常条件下,企业所获得的归企业所有的所得额。

(1) 企业收益的界定

在对企业收益进行具体界定时,应注意以下两个方面:

第一,企业创造的不归企业权益主体所有的收入,不能作为企业价值评估中的企业收益。如税收,无论是流转税还是所得税都不能视为企业收益。

第二,凡是归企业权益主体所有的企业收支净额,都可视为企业的收益。无论是营业收支、资产收支,还是投资收支,只要形成净现金流入量,就可视为企业收益。

企业的收益有两种表现形式:企业净利润和企业净现金流量。选择净利润还是净现金流量作为企业价值评估的收益基础对企业的最终评估值有极大影响。因此,在对企业收益进行具体界定时,除了需要对企业创造的收入是否归企业所有进行确认之外,还要对企业的收益形式进行明确的界定。一般而言,应选择企业的净现金流量作为用收益法评估企业价值时的收益基础,其原因有二:一是就现金流量和利润与企业价值的关系而言,实证研究表明,企业的利润虽然与企业价值高度相关,但企业价值最终由其现金流量决定而非利润决定;二是就可靠性而言,企业的净现金流量是企业实际收支的差额,不受会计核算程序与方法的影响,而企业的利润则要通过一系列复杂的会计程序与方法进行确定,而且可能会受到企业管理当局利益的影响。

在对企业的收益形式做出界定之后,在企业价值的具体评估中还需要根据评估目的的不同,对不同口径的收益做出选择。如净现金流量(股权自由现金流量)、净利润、息前净现金流量等的选择。因为不同口径的收益额,其折现值的价值内涵和数量是有差别的。在折现率与收益额的口径一致前提下,净利润或净现金流量(股权自由现金流量)折现或资本化为企业股东全部权益价值(净资产价值或所有者权益价值);净利润或净现金流量加上扣税后的长期负债利息折现或资本化为企业投资资本价值(所有者权益+长期负债);净利润或净现金流量加上扣税后的全部利息(企业自由现金流量)折现或资本化为企业整体价值(所有者权益价值+付息债务)。

选择什么口径的企业收益作为收益法评估企业价值的基础,首先应服从企业价值评估的目的,即判断企业价值评估的目的是评估反映企业所有者权益的净资产价值还是反映企业所有者权益及债权人权益的投资资本价值。其次,对企业收益口径的选择,应在不影响企业价值评估目的的前提下,选择最能客观反映企业正常盈利能力的收益额作为对企业价值评估的收

益基础。

（2）企业收益的预测

企业收益预测大致分为三个阶段：首先，对企业收益的历史及现状的分析与判断；其次，对企业未来可预测的若干年的预期收益进行预测；最后，对企业未来持续经营条件下的长期收益趋势进行判断。

1）对企业收益的历史与现状进行分析和判断

对企业收益的历史与现状进行分析和判断的目的是对企业正常的盈利能力进行掌握和了解，为企业收益的预测创造一个工作平台。

通过对企业收益的历史及现状的分析来判断企业的正常盈利能力，首先要根据企业的具体情况确定分析的重点。对于已有较长经营历史且收益稳定的企业，应着重对其历史收益进行分析，并在该企业历史收益平均趋势的基础上判断企业的盈利能力。对于发展历史不长的企业，要着重对其现状进行分析并在分析该企业未来发展机会的基础上判断企业的盈利能力。针对财务数据并结合企业的实际生产经营情况加以综合分析。可以作为分析判断企业盈利能力参考依据的财务指标有：企业资金利润率、投资资本利润率、净资产利润率、成本利润率、销售收入利润率、企业资金收益率、投资资本收益率、净资产收益率、成本收益率、销售收入收益率等。有关利润率指标与收益率指标的区别主要在于：前者是企业的利润总额与企业资金占用额之比，后者是企业的净利润与企业资金占用额之比。

较为客观地判断企业的正常盈利能力，还必须结合影响企业盈利能力的内部及外部因素进行分析。首先，要对影响企业盈利能力的关键因素进行分析与判断。评估人员应通过与企业管理人员的充分交流和自身的分析判断，对企业的核心竞争力形成一个较为清晰的认识。其次，要对企业所处的产业及市场地位有一个客观的认识。企业所处产业的发展前景、企业在该产业及市场中的地位、企业的主要竞争对手的情况等都是评估人员应该了解和掌握的。最后，对影响企业发展的可以预见的宏观因素，评估人员也应该加以分析和考虑。如对某家污染严重的企业价值进行评估时，评估人员应该考虑国家的环境政策对企业未来盈利的影响。总之，只有结合企业内部与外部的因素进行分析，才能正确地判断企业的正常盈利能力。

2）企业收益的预测

企业预期收益的预测大致可分为以下几个步骤：对评估基准日审计后的企业收益进行调整，对企业预期收益趋势做总体分析、判断和对企业预期收益进行预测。

第一步，对评估基准日审计后的企业收益进行调整。

评估基准日审计后企业收益的调整包括两部分工作。一是对审计后的财务报表进行非正常因素调整，主要是损益表和现金流量表的调整。对一次性、偶发性或以后不再发生的收入或费用进行剔除，把企业评估基准日的利润和现金流量调整为正常状态下的数量，为企业预期收益的趋势分析打好基础。二是研究审计后报表的附注和相关的解释，对在相关报表中揭示的影响企业预期收益的非财务因素进行分析，并在该分析的基础上对企业的收益进行调整，使之能反映企业的正常盈利能力。

第二步，对企业预期收益趋势做总体分析和判断。

企业预期收益趋势的总体分析和判断，是在企业评估基准日审计后实际收益调整的基础上，结合企业提供的预期收益预测和评估机构通过调查收集到的有关信息进行的。

这里需要强调指出：

- 对企业评估基准日审计后的调整财务报表,尤其是客观收益的调整仅作为评估人员进行企业预期收益预测的参考依据。
- 企业提供的关于预期收益的预测是评估人员预测企业未来预期收益的重要参考资料。但是,评估人员不可以仅凭企业提供的收益预测作为对企业未来预期收益预测的唯一根据,而应该在自身专业知识和所收集的其他资料的基础上做出客观、独立的判断。
- 尽管对企业在评估基准日的财务报表进行了必要的调整,并掌握了企业提供的收益预测,评估人员还必须深入到企业现场进行实地考察和现场调研,与企业的核心管理层进行充分的交流,了解企业的生产工艺过程、设备状况、生产能力和经营管理水平,再辅之以其他数据资料对企业未来收益趋势做出合乎逻辑的总体判断。

第三步,对企业预期收益进行预测。

企业预期收益的预测是在前两个步骤完成的前提下,运用具体的技术方法和手段进行测算的。在一般情况下,企业的收益预测分两个时间段。对于已进入稳定期的企业而言,收益预测的分段较为简单:一是对企业未来3～5年的收益预测;二是对企业未来3～5年后的各年收益预测。对于仍处于发展期,其收益尚不稳定的企业而言,对其收益预测的分段应是首先判断出企业在何时步入稳定期,其收益呈现稳定性。而后将其进入稳定期的前一年作为收益预测分段的时点。对企业何时进入稳定期的判断,应在与企业管理人员的充分沟通和占有大量资料并加以理性分析的基础上进行。

企业未来3～5年的收益预测是在评估基准日调整的企业收益或企业历史收益的平均收益趋势的基础上,结合影响企业收益实现的主要因素在未来预期变化的情况,采用适当的方法进行的。目前较为常用的方法有综合调整法、产品周期法、实践趋势法等。不论采用何种预测方法,首先都应进行预测前提条件的设定,因为企业未来可能面临的各种不确定性因素是无法一项不漏地纳入评估工作中的。科学、合理地设定预测企业预期收益的前提条件是必需的,这些前提条件包括:国家的政治、经济等政策变化对企业预期收益的影响,除已经出台尚未实施的以外,只能假定其将不会对企业预期收益构成重大的影响;不可抗拒的自然灾害或其他无法预期的突发事件,不作为预期企业收益的相关因素考虑;企业经营管理者的某些个人行为也未在预测企业收益时考虑等。当然,根据评估对象、评估目的和评估的条件,还可以对评估的前提做出必要的限定。但是,评估人员对企业预期收益预测的前提条件设定必须合情合理,否则,这些前提条件不能构成合理预测企业预期收益的前提和基础。

在明确了企业收益预测前提条件的基础上,可以着手对企业未来3～5年的预期收益进行预测,预测的主要内容有:对影响被评估企业及所属行业的特定经济及竞争因素的估计;对未来3～5年市场的产品或服务的需求量或被评估企业市场占有份额的估计;对未来3～5年销售收入的估计;对未来3～5年成本费用及税金的估计;对完成上述生产经营目标须追加投资及技术、设备更新改造因素的估计;对未来3～5年预期收益的估计等。关于企业的收益预测,评估人员不得不分析地直接引用企业或其他机构提供的方法和数据,应把企业或其他机构提供的有关资料作为参考,根据可收集到的数据资料,在经过充分分析论证的基础上做出独立的预测判断。

在具体运用预测技术的方法测算企业收益时,大多采用财务报表格式予以表现,如采用损益表或采用现金流量表的形式。运用损益表或现金流量表的形式表现预期企业收益的结果通俗易懂、便于理解和掌握。需要说明的是,用企业损益表或现金流量表来表现企业预期收益的结果,并不等于说企业预期收益预测就相当于企业损益表或现金流量表的编制。企业收益预测的过程是一个比较具体、需要大量数据运用科学方法的运作过程,用损益表或现金流量表表现的仅仅是该过程的结果。因此,企业的收益预测不能简单地等同于企业损益表或现金流量表的编制,而是利用损益表或现金流量表的已有栏目或项目,通过对影响企业收益的因素变动情况的分析,在评估基准日企业收益水平的基础上,对应表内各项目(栏目)进行合理的测算、汇总分析得到所测年份的各年企业收益。

企业收益预测表(见表5-27)是一张可供借鉴的收益预测表。如测算的收益层次和口径与该表有差异,可在该表的基础上进行适当的调整。如采用其他方式测算企业收益,评估人员可自行设计企业收益预测表。

表5-27 企业20××—20××年收益预测表　　　　　　　　　　　万元

年份 项目	20××年	20××年	20××年	20××年
一、产品销售收入				
减:产品销售税金				
产品销售成本				
其中:折旧				
二、产品销售利润				
加:其他业务利润				
减:管理费用				
财务费用				
三、营业利润				
加:投资收益				
营业外收入				
减:营业外支出				
四、利润总额				
减:所得税				
五、净利润				
加:折旧和无形资产摊销				
减:追加资本性支出				
六、净现金流量				

不论采用何种方法测算企业收益,都须注意以下几个基本问题:一定收益水平是一定资产运作的结果,在企业收益预测时应保持企业预期收益与其资产及其盈利能力之间的对应关系;企业的销售收入或营业收入与产品销售量(服务量)及销售价格的关系,会受到价格需求弹性的制约,必须考虑价格需求弹性而非想当然地价量并长;在考虑企业销售收入的增长时,应对企业所处产业及细分市场的需求、竞争情况进行分析,不能在不考虑产业及市场的具体竞争情况下对企业的销售增长做出预测;企业销售收入或服务收入的增长与其成本费用的变化存在内在的一致性,评估人员应根据具体的企业情况,科学合理地预测企业的销售收入及各项成本费用的变化;企业的预期收益与企业所采用的会计政策、税收政策关系极为密切,评估人员不

可以违背会计政策及税收政策,以不合理的假设作为预测的基础,企业收益预测应与企业未来实行的会计政策和税收政策保持一致。

企业未来 3~5 年的预期收益测算可以通过一些具体的方法进行。而对于企业未来更久远的年份的预期收益,则难以具体地进行测算。可行的方法是:在企业未来 3~5 年预期收益测算的基础上,从中找出企业收益变化的取向和趋势,并借助某些手段,诸如采用假设的方式把握企业未来长期受益的变化区间和趋势。比较常用的假设是保持假设,即假定企业未来若干年以后将在某个收益水平维持在一个相对稳定的水平上不变。当然也可以根据企业的具体情况,假定企业收益在未来若干年以后将在某个收益水平上,每年保持一个递增比率等。但是,不论采用何种假设,都必须建立在合乎逻辑、符合客观实际的基础上,以保证企业预期收益预测的相对合理性和准确性。

由于对企业预期收益的预测存在较多难以准确把握的因素并易受评估人员主观判断的影响,而该预测又直接影响企业的最终评估值,因此,评估人员在对企业的预期收益预测基本完成之后,应该对所做预测进行严格检验,以判断所做预测的合理性。检验可以从以下几个方面进行:

第一,将预测结果与企业历史收益的平均趋势进行比较,如果出现明显不符,或较大变化,又无充分的理由加以支持,则该预测的合理性值得质疑。

第二,对影响企业价值评估的敏感性因素加以严格地检验。在这里,敏感性因素具有两方面的特征,一是该类因素未来存在多种变化,二是其变化能对企业的评估值产生较大的影响。如对销售收入的预测,评估人员基于对企业所处市场前景的不同假设而会对企业的销售收入做出不同的预测,并分析不同预测结果可能对企业评估价值产生的影响。在此情况下,评估人员就应对销售收入的预测进行严格的检验,对决定销售收入预测的各种假设反复推敲。

第三,对所预测的企业收入与成本费用变化的一致性进行检验。企业收入的变化与其成本费用的变化存在较强的一致性,如果预测企业的收入变化而成本费用不随之相应变化,则该预测结果值得质疑。

第四,在进行敏感性因素检验的基础上,与其他方法评估的结果进行比较,检验在哪一种评估假设下能得出更为合理的评估结果。

4. 折现率的预测

折现率是将未来收益还原或转换为现值的比率。它在资产评估业务中有着不同的称谓:资本化率、本金化率、还原利率等。但其本质是相同的,都属于投资报酬率。投资报酬率通常由两部分组成:一是正常投资报酬率,二是风险投资报酬率。正常投资报酬率亦称无风险利率,它取决于资金的机会成本,即正常投资报酬率不能低于该投资的机会成本。这个机会成本通常以政府发行的国库券利率和银行储蓄利率作为参照依据。风险报酬率的高低主要取决于投资风险的大小,风险大的投资,要求的风险报酬率高。

(1) 选择和确定折现率应注意的问题

在运用收益法评估企业价值时,折现率起着至关重要的作用,它的微小变化会对评估结果产生较大影响。因此,在选择和确定折现率时,必须注意以下几方面的问题:

① 折现率不能低于投资的机会成本。在存在着正常的资本市场和产权制度完善的条件下,任何一项投资的回报率不应低于该投资的机会成本。在现实生活中,政府发行的国库券利率和银行储蓄利率可以作为投资者进行其他投资的机会成本。由于国库券的发行主体是政

府，几乎没有破产或无力偿还的可能，投资的安全系数大。在我国，银行属于国家垄断或严格监控，其信誉也非常高，储蓄也是一种风险极小的投资。因此，国库券和银行储蓄利率可以视为其他投资的机会成本，相当于无风险投资报酬率。

② 行业基准收益率不宜直接作为折现率，但行业平均收益率可作为确定折现率的重要参考指标。我国的行业基准收益率是基本建设投资部门为筛选建设项目，从拟建设项目对国民经济的净贡献方面，按照行业统一制定的最低收益率标准，凡是投资收益率低于行业基准收益率的拟建项目不得上马，只有投资收益率高于行业基准收益率的拟建项目才有可能得到批准进行建设。行业基准收益率旨在反映拟建项目对国民经济的净贡献的高低，包括拟建项目可能提供的税收收入和利润，而不是对投资者的净贡献。同时，行业基准收益率的高低也体现着国家的产业政策。在一定时期，属于国家鼓励发展的行业，其行业基准收益率可以相对低些；属于国家控制发展的行业，国家可以适当调高其行业基准收益率，达到限制项目建设的目的。因此，不宜直接将其作为企业价值评估的折现率。随着我国证券市场的发展，行业平均收益率日益成为衡量行业平均盈利能力的重要指标，可作为确定折现率的参考指标。

③ 贴现率不宜直接作为折现率。贴现率是商业银行对未到期票据提前兑现所扣金额（贴现息）与票据票面金额的比率。贴现率虽然也是将未来值换算成现值的比率，但贴现率通常是银行根据市场利率和贴现票据的信誉程度来确定的，且票据贴现大多是短期的，并无固定期间周期。从本质上讲，贴现率接近于市场利率。从内容上讲，折现率与贴现率并不一致，简单地把银行贴现率直接作为企业价值评估的折现率是不妥当的。但在有些情况下，如对采矿权评估所使用的贴现现金流量法，正是以贴现率折现评估价值的。即使在这种情况下，所使用的贴现率也包括安全利率和风险溢价两部分，与真正意义上的贴现率不完全一样。

（2）风险报酬率及折现率的测算

在折现率的测算过程中，无风险报酬率的选择相对比较容易一些，通常是以政府债券利率和银行储蓄利率为参考。而风险报酬率的测度相对比较困难，它因评估对象、评估时间的不同而不同。就企业而言，在未来的经营过程中面临着经营风险、财务风险、行业风险、通货膨胀风险等。从投资者的角度看，要投资者承担一定的风险，就要有相对应的风险补偿。风险越大，要求补偿的数额也就越大。风险补偿额相对于风险投资额的比率称为风险报酬率。

在测算风险报酬率时，评估人员应考虑以下因素：

① 国民经济增长率及被评估企业所在行业在国民经济中的地位；
② 被评估企业所在行业的发展状况及被评估企业在行业中的地位；
③ 被评估企业所在行业的投资风险；
④ 企业在未来经营中可能承担的风险等。

在充分考虑和分析了以上各因素以后，风险报酬率可通过以下两种方法估测：

● 风险累加法

企业在其持续经营过程可能要面临着许多风险，如前面已经提到的行业风险、经营风险、财务风险、通货膨胀等。将企业可能面临的风险对回报率的要求予以量化并累加，便可得到企业评估折现率中的风险报酬率，用公式表示为

$$\text{风险报酬率} = \text{行业风险报酬率} + \text{经营风险报酬率} + \text{财务风险报酬率} + \text{其他风险报酬率}$$

其中，行业风险是指企业所在行业的市场特点、投资开发特点以及国家产业政策调整等因

素造成的行业发展不确定性给企业预期收益带来的影响。

经营风险是指企业在经营过程中,由于市场需求变化、生产要素供给条件变化以及同类企业间的竞争给企业的未来预期收益带来的不确定性影响。

财务风险是指企业在经营过程中的资金融通、资金调度、资金周转可能出现的不确定性因素影响企业的预期收益。

其他风险包括国民经济景气状况、通货膨胀等因素的变化可能对企业预期收益的影响。

量化上述各种风险所要求的报酬率,主要采取经验判断方法。它要求评估人员充分了解国民经济的运行态势、行业发展方向、市场状况、同类企业竞争情况等。只有在充分了解和掌握上述数据资料的基础上,对于风险报酬率的判断才能较为客观、合理。在条件许可的情况下,评估人员应尽量采取统计和数理分析方法对风险报酬率进行量化。

● β 系数法

β 系数法可用于估算企业所在行业的风险报酬率,行业风险报酬率是社会平均风险报酬率与被评估企业所在行业 β 系数的乘积。

β 系数法估算风险报酬率的步骤为

① 将社会平均收益率扣除无风险报酬率,求出社会平均风险报酬率;

② 将企业所在行业的平均风险与社会平均风险进行比较,求出企业所在行业的 β 系数;

③ 用社会平均风险报酬率乘以企业所在行业的 β 系数,便可得到被评估企业所在行业的风险报酬率。

其计算公式为

$$R_r = (R_m - R_g) \times \beta$$

式中:R_r——被评估企业所在行业的风险报酬率;

R_m——社会平均收益率;

R_g——无风险报酬率;

β——被评估企业所在行业的 β 系数。

在评估某一个具体的企业价值时,应在考虑企业的规模、经营状况以及财务状况的基础上确定企业在其所在的行业中的地位系数(α),然后与企业所在行业的风险报酬率相乘,得到该企业的风险报酬率。如下式表示:

$$\gamma_r = (R_m - R_g) \times \beta \times \alpha$$

如果能通过一系列方法测算出风险报酬率,则测算企业价值评估的折现率相对简单些。其中,加权平均资本成本模型是一种测算企业价值评估中折现率较为常用的方法。

加权平均资本成本模型是一种以企业的所有者权益和长期负债构成的投资成本,以及投资资本所需求的回报率,经加权平均计算获得企业价值评估所需折现率的数学模型。其计算公式为

$$\text{企业价值评估折现率} = \text{长期负债占投资资本的比重} \times \text{长期负债成本} + \text{所有者权益占投资资本的比重} \times \text{净资产要求的回报率}$$

其中:

$$\text{所有者权益(净资产)要求的报酬率} = \text{无风险报酬率} + \text{风险报酬率}$$

任务演练:无形资产(专利及专有技术)的评估

基础资料

一、评估项目名称:A公司无形资产(专利及专有技术)的价值评估

二、委托方及资产占有方:A公司(概况略)

三、评估目的:为A公司将其资产投资于组建中的股份有限公司提供无形资产的价格依据

四、评估范围和对象:A公司的无形资产(专利及专有技术)

五、评估基准日:1998年7月31日

六、评估依据

(一)国家国有资产管理局《资产评估操作规范意见(试行)》;

(二)《中国机械工业年鉴(1997)》;

(三)中华人民共和国财政部1998年6月9日发布的1998年第5号公告;

(四)中国人民银行1998年6月30日关于调整存贷款利率的公告;

(五)中国经济景气监测中心1998年6月30日公布的1998年1~6月国有企业生产经营业绩监测指标;

(六)A公司提供的1994—1997年的公司年度财务报表;

(七)A公司提供的专利证书及科技成果鉴定证书。

七、A公司无形资产的清查情况

(一)A公司具有无形资产

A公司是一个以生产销售矿冶设备中振动机械为主的工业企业。为了判断该公司是否存在无形资产,评估人员做了大量的调查工作,进而在分析的基础上做出了判定。以A公司提供的1994—1997年的年度财务报表为依据,编制了A公司1994—1997年财务数据统计及分析表,对A公司是否存在超额收益进行分析。

A公司1994—1997年财务数据统计及分析表

万元

序号	名称	年度数据				合计数	年平均值
		1994年	1995年	1996年	1997年		
1	年销售收入	1 652.08	2 291.45	2 855.72	3 462.88	10 262.13	2 565.53
	年增加额		639.37	564.27	607.16	1 810.80	603.60
	年增长率		38.70%	24.63%	21.26%		28.20%
2	年利润总额	315.72	421.35	568.44	642.62	1 948.13	487.03
3	年净利润	209.54	282.31	380.86	430.55	1 303.26	325.82
	年增加额		72.77	98.55	49.69	221.01	73.67
	年增长率		34.73%	34.91%	13.05%		27.56%
4	总资产	2 558.49	2 944.24	3 493.51	3 971.31	12 967.55	3 241.88
5	销售净利润率	12.68%	12.32%	13.34%	12.43%		12.70%
6	资产净利润率	8.19%	9.59%	10.90%	10.84%		9.88%

考核超额收益主要从企业的销售净利润率和资产净利润率看是否超出行业的、工业的和社会的平均水平。A 公司 1994—1997 年的销售净利润率稳定在 12.32%～13.34%之间,四年平均为 12.70%,保持相当高的水平。A 公司属于矿山冶金机械制造行业,根据《中国机械工业年鉴 1997》,可知全国独立核算的矿山冶金机械制造行业 1996 年的销售利润率为 -2.74%。根据中国经济景气监测中心公布的最新资料,5.8 万户工业企业在 1998 年 6 月底的销售利润率为 -0.2%。由上述数据可明显看出,A 公司的销售净利润率大大超过了同行业平均水平和工业企业平均水平。

A 公司 1994—1997 年的资产净利润率在 8.19%～10.84%之间,且逐年增加,其四年平均为 9.88%。根据《中国机械工业年鉴 1997》,可知全国独立核算的矿山冶金机械制造行业 1996 年的资产利润率为 1.18%。根据中国经济景气监测中心公布的最新资料,5.8 万户工业企业在 1998 年 6 月的资产利润率为 -0.1%。与社会的资产收益水平可作以下对比。假定将该企业的总资产变卖成现金存入银行,获取合法利息。根据 1997 年的一年定期银行存款利率 5.67%可以认为社会平均收益水平指标。A 公司前四年资产收益率平均为 9.88%,是社会收益水平 5.67%的 1.74 倍。前四年的资产收益率大大超过同行业的、工业企业的和社会的平均资产收益水平。

在同行业和全国国有工业在平均和整体的意义上均处于亏损的情况下,A 公司保持着高水平的销售净利润率和资产净利润率而且呈逐年增长的趋势。与以银行存款利率作为社会平均收益水平相比,高出 74%。上述一切说明 A 公司存在高额的超额收益。因此,评估人员依此判定该公司存在无形资产。

(二) A 公司无形资产的存在形态和资产清查

对 A 公司所获得的高额收益来自何种无形资产这一问题,评估人员在公司做了大量调研工作。调查了各车间各职能部门和研究所,召开了各种人员参加的座谈会。从产品的研究,设计,开发,到产品的生产工艺和检测,从现有技术人员和技术工人的素质到公司的人才投资,从技术到管理都做了调查。调查表明,技术资产是 A 公司无形资产的主体。这可以从下述事实给予证明。

1. "七五"计划以来该公司承担并完成了部、省、市科技计划项目 35 项(其中省部级项目 12 项),获得各种科技奖励 28 项。

2. 1991 年以来获得实用新型国家专利 6 项。

A 公司专利摘记

序 号	专利名称	专利号	申请日期	报准日期	专利权人
1	耐高温振动电机	91202670.7	1991.2.1	1992.1.8	A 公司振动机械研究所
2	热矿振动筛	91202673.1	1991.2.11	1992.6.10	A 公司振动机械研究所
3	双轴振动器	ZL93211310.9	1993.5.4	1993.12.4	A 公司
4	低噪声高效振动板	ZL95218106.1	1995.7.19	1006.5.27	A 公司
5	自振筛面	ZL95219107x	1995.7.19	1996.6.1	A 公司
6	活动衬里震动磨筛	89228548.9	1989.12.2	1990.11.2	A 公司振动机械研究所

评估人员对这些专利进行了核查。其中第 1、第 2、第 6 项已超过了专利保护期,其他各项经 B 市专利服务中心出具书面证明,证实均为合法有效的专利。

3. 1994年以来由国家科委、中国工商行、国家劳动部、国家外国专家局和国家技术监督局联合授予该公司的"微机控制高精度低噪音配料系统"、SL3075型双通道冷矿振动筛和DRS型热矿振动筛等三个产品证书为国家级新产品证书。

4. 1987年在该公司成立了A公司振动机械研究所，系省内第一家，专业从事振动机械新产品的研究开发。

5. 1996年12月，获得国家科委和技术监督局授予该公司的计算机辅助设计CAD应用工程先进单位的奖状。

6. 1997年11月，通过ISO9001质量体系认证，使该公司在管理上全面加强，上了一个新台阶。

7. 公司高度重视检测手段的完善，斥巨资建立了大型工业性振动机械模拟装置，为国内先进水平。

8. 在智力人才上狠下功夫。从高等学府、研究院所和大型企业中聘请了三十多名专家担任技术顾问，有的还担任了实职。仅1998年就吸纳了一百多名大中专毕业生。

9. 自1987年以来获得各种奖状、奖杯58个。这些奖励来自国家科委、农业农业部、劳动部、技术监督局、外国专家局、省政府及有关委厅局、市政府；中国××银行等，奖励内容有省级科技进步奖，国家、部、省、市级新产品奖，省科技企业和省专利先进单位等。众多的科技成果和有关技术的基础工作和成绩，使得A公司迅速发展成为有25个系列，近千个规格的振动机械产品。产品畅销全国28个省、自治区、直辖市，远销东南亚和中东地区。产品为×钢×钢、×钢等所采用。

八、评估值的计算

（一）评定估算的思路

评估值的计算采用超额收益法，即把超额收益采用适当的折现率折算成现值，然后加总求和，从而得出无形资产评估值。

评定估算的思路是将无形资产作为整体，对其超额收益期内的超额收益通过资本化求出无形资产的整体评估值。然后按照各项无形资产对获取超额收益贡献的大小，将无形资产整体评估值分割为各项无形资产的评估值。

（二）计算公式

$$P = \sum_{t=1}^{n} \frac{F_t}{(1+r)^t}$$

式中：P——被评资产的评估值（万元）；

Ft——未来第t年的预期超额收益（万元）；

t——未来年序；

n——被评资产的剩余经济寿命（年）；

r——折现率（％）。

（三）评估参数的计算和确定

1. 未来各年的预期超额收益（Ft）

以产品销售所取得的净利润即所得税后利润作为收益。

计算公式为

年超额收益＝企业每年收益－企业有形资产评估值×社会平均资产收益率

(1) 企业年收益的预测

从表1可知该公司在1994—1997年间平均每年增加销售收入603.60万元。评估人员分析,这一势头将延续到未来第3年,在第4年～第5年持平,第6年～第7年每年减少销售收入603.60万元。从表1可知该公司前四年平均销售净利润率为12.70%。将上述数据代入下式:

未来企业年收益＝未来企业年销售收入×平均销售净利润率

未来第1年企业年收益＝_____

未来第2年企业年收益＝_____

未来第3年企业年收益＝_____

未来第4年企业年收益＝_____

未来第5年企业年收益＝_____

未来第6年企业年收益＝_____

未来第7年企业年收益＝_____

(2) 企业有形资产评估值

有形资产在本次评估中系指流动资产、建筑物、在建工程和机器设备。本次有形资产的评估值为5 670.48万元。

(3) 社会平均资产收益率

社会平均收益率取1998年7月1日中国人民银行公布的银行一年定期存款利率为4.77%。

所有未来各年的年超额收益:

$F_1 =$ _____

$F_2 =$ _____

$F_3 =$ _____

$F_4 =$ _____

$F_5 =$ _____

$F_6 =$ _____

$F_7 =$ _____

2. 折现率的确定(r)

折现率是将未来收益折算成现值的比率。本次评估以安全利率与风险报酬率之和为折现率。安全利率,选用1998年中国人民银行规定的自1998年7月1日起执行的银行一年定期存款年利率4.77%。风险报酬率,考虑被评无形资产对企业未来收益的贡献存在市场风险、经营风险和技术风险等不确定性因素,在折现率中必须含有风险报酬率。据《资产评估操作规范意见(试行)》,风险报酬率一般为3%～5%。本着稳健原则取为5%。则有:

折现率 $r =$ _____

3. 未来时序(t)

由于评估基准日是1998年7月31日,所以未来第1年系指1998年8月1日至1999年7月31日。其余类推。

4. 被评资产的剩余经济寿命(n)

剩余经济寿命是指被评无形资产能为企业带来超额收益的剩余年限。评估范围内有多种技术资产,评估人员综合考虑后予以认定。在机械行业,一般来讲,技术的经济寿命为10年左右。保守地估算,取 $n = 7$ 年。

(四) 评估值的计算

根据前述公式进行计算,A 公司无形资产整体的评估值为_____万元。

如前所述 A 公司的无形资产主要集中于热矿振动筛等 7 项技术资产。评估人员在实地考察分析和听取 A 公司高级管理人员意见的基础上,按各项技术资产对企业收益的贡献大小将无形资产整体评估值作如下分割,作为 A 公司的各项无形资产的评估值。

A 公司无形资产评估结果　　　　　　　　　　　　　　　　　万元

序号	技术资产名称	类别	比重	评估值
1	热矿振动筛	专有技术	40%	
2	自振筛面	专利及相关技术	15%	
3	TDL3075 桶园等厚振动筛 TDL3090 桶园等厚冷矿筛	专有技术	15%	
4	ZKG1539 型重型振动给矿机	专有技术	10%	
5	电机振动给料装置	专有技术	10%	
6	双轴振动器	专利及相关技术	5%	
7	低噪声高效振动板	专利及相关技术	5%	
	合计			

训练要求

① 根据基础资料提供的信息,运用收益法分析、计算收益法模型中各个参数值和评估对象的评估值。

② 结合上述评估案例,学习收益法的评估思路,熟悉收益法的评估程序、评估模型及其各项参数的估算。

训练路径

① 每名学生在查阅资料的基础上,填充基础资料中的相关数据。

② 每名学生在分析上述评估案例的基础上,撰写资产评估方法——收益法的学习体会。

③ 班级交流,教师对每名学生的表现进行点评。

能力训练

重点回顾

1. 专项能力训练:机器设备价值评估的训练

背景资料

受湖北省武汉市××××法院委托,依据鉴定要求,湖北省××××××中心对某公司机器设备进行了技术鉴定和价格评估。

接受委托后,该咨询服务中心立即组织机电设备项目专家及会计师事务所的评估师等人员组成鉴定专家组开展工作。专家组查阅了相关资料,先后三次对设备进行现场勘查、技术测试,在分析评估的基础上,形成如下报告。

一、评估标的

评估标的为蓄电池微电脑多路充放电电源两台和快速充电机一台。其中,两台蓄电池微电脑多路充放电电源的型号均为 UC-KGCFD,每台路数为 6 路,输入电压为三相 380 V,单路输出电压 380 V;输入电源 28 A,输出电流为 6 A,制造日期为 1998 年 2 月。快速充电机型号为 SKDM80-1-40,输入电压 380V,输出电流 200 A,频率 50 Hz,电压 200 V,1991 年出厂。

二、评估基准日期

评估基准日期为 2004 年 4 月 29 日。

三、评估依据

1.《湖北省司法鉴定管理条例》;
2. 最高人民法院关于司法鉴定的有关规定;
3.《湖北省涉案财物价格鉴定操作规程》;
4. 委托方提供的委托书及相关资料;
5. 专家组现场勘察、测试及相关调查资料;
6. 国家关于资产评估的有关规定。

四、评估结论

1. 两台蓄电池微电脑多路充放电电源,均已使用 6 年,国家规定的该类机电设备经济寿命指标为 12 年,目前该产品的微电子及控制技术已不先进。但基本可正常运行使用。

2. 委托评估设备在评估基准日的评估值:两台蓄电池微电脑多路充放电电源(型号 UC-KGCFD)分别为 14 511 元;一台快速充电机(型号 SKDM80-1-40)为 1 000 元。

五、价格评估的限定条件

1. 委托方提供的资料客观真实;
2. 两台微电脑多路充放电电源和一台快速充电机基本能正常使用。

六、声明

1. 价格结论受结论书中已说明的限定条件限制;
2. 委托方提供资料的真实性由委托方负责;
3. 本次评估结论仅对本次委托有效,不做他用,未经我中心同意不得向委托方和有关当事人以外的任何单位和个人提供;
4. 鉴定人员和评估人员与鉴定标的没有利害关系。

训练要求

① 试说明上述机器设备价值评估应采用的评估模式。
② 结合案例情况,以机器设备价值评估的评估模式为主题,分组形成《案例分析报告》。

训练路径

① 教师事先对学生按照 5 人进行分组,每组拟出《案例分析提纲》。
② 小组讨论,形成小组《案例分析报告》。
③ 班级交流,教师对各组《案例分析报告》进行点评。

2. 综合能力训练

训练项目一:机器设备评估

训练目的与要求

通过实训使学生掌握机器设备评估的基本程序和方法,熟悉相应的评估资产的特性。

训练步骤

① 获取有关资料:选取某项机器设备,收集机器设备所在企业的相关信息、被评估机器设备的资料、有关市场资料。

② 进入评估现场或者实训基地进行现场勘查与实务调查。
③ 对有关资料进行分析与整理。
④ 进行评估,得出评估结论。

训练项目二:房地产评估

训练目的与要求

通过实训使学生掌握房地产评估的操作步骤与方法。

训练步骤

① 获取有关资料:选取某宗房地产,收集房地产产权的相关信息、被估房地产相关资料、有关市场资料。
② 进入评估现场或者实训基地进行现场勘查与实务调查。
③ 对有关资料进行分析与整理。
④ 计算得出评估结论。

思考与练习

一、名词解释

重置成本； 实体性贬值； 功能性贬值； 经济性贬值；
纯收益；   容积率；   资本化率。

二、单项选择题

1. 采用成本法的优点之一是,比较充分地考虑了资产的各种损耗,评估结果更趋于（　）。
   A. 真实正确   B. 公平合理   C. 资产保值   D. 资产增值

2. 某企业生产线年超额运营成本为 40 万元,生产线投入使用 5 年,尚可使用 4 年,适用的折现率为 10%,该企业的所得税率为 33%,则该设备的功能性贬值额最接近于（　）万元。
   A. 26.8   B. 85.0   C. 107.2   D. 126.8

3. 某产品专用生产线已投入使用 5 年,每年生产能力为 50 万件,但由于新产品出现,市场对老产品需求下降,预计评估基准日后每年只生产 30 万件,经测算,该行业的规模经济效益指数为 0.6,则该生产线的经济性贬值率约为（　）。
   A. 26.4%   B. 40%   C. 60%   D. 73.6%

4. 按相同材料、相同工艺重新制造同类型的设备,计算得到的成本称为（　）。
   A. 更新重置成本   B. 加权更新成本   C. 复原重置成本   D. 完全重置成本

5. 某生产线因原材料和能源提价,而产品的销售价却无法相应提高,所引起的设备贬值称为（　）。
   A. 实体性贬值   B. 无形损耗贬值   C. 功能性贬值   D. 经济性贬值

6. 某钢筋混凝土 4 层框架结构房屋,经评估人员现场打分,结构部分得分 90 分,装修部分得分 85 分,设备部分得分 75 分,其修正系数分别为 0.75、0.12 和 0.13,则该房屋的成新率为（　）。
   A. 83%   B. 85%   C. 90%   D. 87%

7. 评估某企业 5 年前购建的家用电器生产线,其年产量为 20 万台,目前市场上同类新型生产线价格为 300 万元,其设计生产能力为 25 万台/年,规模经济效益指数为 0.8,该生产线的重置成本为（　　）万元。

　　A.240　　　　　　B.250.95　　　　　C.260　　　　　　D.245

8.下列计算重置成本的方法中，计算结果必然属于复原重置成本的是（　　）。

　　A.重置核算法　　B.物价指数法　　C.功能价值法　　D.规模经济效益指数法

9.在机器设备重置成本的估算中，对于目前仍在生产和销售的机器设备，其现行购置成本的确定方法一般采用（　　）。

　　A.市场询价法　　B.物价指数法　　C.规模经济效益指数法　　D.重置核算法

10.某企业2000年从美国引进一条生产线，当年投入生产。设备进口总金额为100万美元，国内配套设施费40万人民币，其他费用15万人民币。2003年评估，经了解该生产线的技术水平仍居先进行列，故决定采用物价指数法估测其重置成本。经调查了解到：从设备进口到评估基准日，进口设备在其生产国的价格上升了10%。国内配套设施价格上升了5%，其他费用价格上升了4%，评估基准日该进口设备的进口关税等税收额为20万元，评估时美元对人民币汇率为1∶8。该生产线的重置成本应为（　　）万元。

　　A.957.60　　　　B.937.60　　　　　C.890.50　　　　　D.900.50

11.在正常情况下，用于房地产价值评估的收益应该是房地产的（　　）。

　　A.实际总收益－实际总费用　　　　　B.实际总收益－客观总费用
　　C.客观总收益－实际总费用　　　　　D.客观总收益－客观总费用

12.市场法中，比较案例的成交价格是每平方米5 000元，对应的土地使用年限是20年，而待估宗地的出让年期是10年，土地资本化率为10%，则土地使用年期修正后的每平方米地价最接近（　　）元。

　　A.3 609　　　　B.2 500　　　　　C.3 541　　　　　D.4 500

13.有一宗土地，出让年期为50年，已使用30年，预计未来10年每年的净收益额为15万元，第11年开始每年的净收益额为20万元，假定折现率为10%，则该宗土地的评估值最接近于（　　）万元。

　　A.127.70　　　　B.139.55　　　　　C.150　　　　　　D.175

14.某评估机构以2005年1月1日为基准日对A企业进行整体评估，已知该企业2004年实现纯利润100万元，经调查分析，预计该企业自评估基准日起第一、二、三年内每年的纯利润将在前一年的基础上增加4%，自第四年起将稳定在第三年的水平上，若折现率为10%，无限期经营，则该企业评估价值最接近于（　　）万元。

　　A.1 103　　　　B.1 114　　　　　C.1 147　　　　　D.1 310

15.采用市场法评估资产价值时，可以作为参照物的资产应该是（　　）。

　　A.全新资产　　　B.旧资产　　　　C.与被评估资产相同或相似的资产
　　D.有形资产　　　E.也可以是旧资产

16.折现率本质上是（　　）。

　　A.期望投资报酬率　　B.无风险报酬率　　C.超额收益率　　D.风险报酬率

17.市盈率倍数法主要适用于（　　）的评估。

　　A.房地产评估　　B.无形资产评估　　C.机器设备评估　　D.企业价值评估

18.被评估对象为某企业的无形资产，预计该无形资产在评估基准日后未来5年每年的收益维持在120万元的水平，并在第五年末出售该无形资产，经专家分析认为，该无形资产在第五年末的预期出售价格约为 200 万元,假设折现率为 10%,该无形资产的评估价值最接近于( )万元。

A. 455　　　　　B. 580　　　　　C. 655　　　　　D. 1324

19. 关于评估方法的选择,说法错误的是( )。

A. 资产评估方法具有多样性,评估人员应该选择适当的评估方法,从而有效地完成评估任务

B. 评估方法的选择过程中,应注意因地制宜和因事制宜,不可机械地按某种固定模式或顺序进行选择

C. 对某项资产只能采用一种评估方法进行评估

D. 不论选择什么评估方法都要保证评估目的、评估时所依据的各种假设和条件与评估所使用的数据参数,及其评估结果在性质和逻辑上的一致性

20. 某项资产购建于 2007 年,账面原值为 10 万元,于 2010 年评估,若以取得时定基物价指数为 100%,评估时定基物价指数为 140%,该资产最可能评估值为( )元。

A. 120 000　　　B. 150 000　　　C. 140 000　　　D. 110 000

三、多项选择题

1. 更新重置成本与复原重置成本的差异在于( )。

A. 格式　　B. 标准　　C. 材料　　D. 价格　　E. 设计

2. 造成资产经济性贬值的主要原因有( )。

A. 自然力作用加剧　　B. 该资产生产的产品需求减少　　C. 该资产技术落后

D. 社会劳动生产率提高　　E. 政府公布淘汰该类资产的时间表

3. 造成建筑物存在功能性贬值的原因是( )。

A. 土地与建筑物用途不协调

B. 建筑物的装修与其总体功能不协调

C. 建筑物有效使用面积与其建筑面积的比例过低

D. 建筑物利用率不足

E. 实际容积率远低于规划允许容积率

4. 以下内容属于进口设备的进口从属费用的有( )。

A. 海外运费　　B. 进口关税　　C. 国内运费　　D. 海外保险费

E. 银行手续费

5. 设备的功能性贬值主要表现形式是( )。

A. 重置复原成本　　B. 重置更新成本　　C. 超额重置成本

D. 超额投资成本　　E. 超额运营成本

6. 专利权的许可使用形式有( )。

A. 普通使用许可　　B. 排他使用许可　　C. 交互使用许可　　D. 独占使用许可

E. 次级使用许可

7. 运用市场法评估地产,在选择参照物时应该注意在( )方面与评估对象保持一致。

A. 交易类型　　B. 用地性质　　C. 交易价格　　D. 供需圈

E. 交易时间

8. 房地产价格影响因素中的一般因素包括( )。

A. 经济因素　　　　　　B. 社会因素　　　　　　C. 行政因素
D. 心理因素　　　　　　E. 环境状况因素

9. 市场法评估的基本前提主要是（　　）。
A. 要有一个活跃的公开市场　　　　　B. 公开市场上要有可比资产及其交易活动
C. 有充分时间进行分析判断　　　　　D. 有可预测的资产收益
E. 被评估资产的预期收益能够支持其重置及其投入价值

10. 收益法 P＝A/r 成立的条件有（　　）。
A. 纯收益每年不变　　　　B. 纯收益每年递减　　　　C. 资本化率固定且大于零
D. 收益年限无期　　　　　E. 收益年限有限

四、简述题

1. 原地续用的机器设备，其重置成本包括哪些？
2. 无形资产的成本特性有哪些？
3. 新建房地产的成本包括哪些？
4. 简述成本法的基本原理。
5. 什么是市场法？运用市场法的基本程序是什么？
6. 什么是收益法？它包括哪些基本参数？如何运用收益法进行价值评估？

五、计算题

1. 某设备购建于1998年5月，账面原值200万元，2002年5月对该设备进行了一次技术改造，投资20万元，2004年5月评估，恰在评估之前，由于工人操作不当造成该设备传动齿轮严重受损。经评估人员检测认定该设备更换传动齿轮后仍可继续使用10年。损坏的传动齿轮价值占设备重置成本的2％，传动齿轮的现行购买价为4.4万元，调换费用约1万元，评估人员经进一步调查了解以下情况：

(1) 从1998年5月—2004年5月国内该类设备价格没有明显变化；
(2) 由于该设备在2002年经过技术改革，因此在功能上与新近出厂的设备没有什么差异。

要求：
(1) 根据上述资料计算该设备的重置成本；
(2) 计算该设备的有形损耗额；
(3) 计算该设备的评估值。

2. M机械加工企业，有500张机械零部件工艺设计图纸，已经使用5年。经专家对该批设计图纸从先进性、保密性等方面鉴定后认为，有450张设计图纸仍可作为专有技术资产；预计尚可使用4年。通过对该类图纸设计、制作耗费情况的分析，评估人员认为，当前每张图纸的重置成本为350元。

要求：
(1) 计算该批图纸的重置成本；
(2) 计算该批图纸的成新率；
(3) 计算该批图纸的评估价值。

3. 有一宗土地，出让年期为40年。资本化率为6％，预计未来前5年的纯收益分别为30万元、32万元、35万元、33万元和38万元。第6～40年每年纯收益大约稳定保持在40万元左右。

要求：试用收益法评估该宗地的价值。

4. 有一待估宗地须评估，现收集到与待估宗地条件类似的四宗土地 A、B、C、D 的具体情况如下：

宗地	成交价	交易时间	交易情况	区域因素	容积率	剩余年限	个别因素
					1.1	30	
A	690	2001.8.1	0	+2%	1.0	38	−1%
B	700	2000.8.1	+7%	0	1.1	30	−2%
C	730	2002.8.1	0	−3%	1.4	38	−1%
D	730	2003.8.1	−5%	+3%	1.0	35	+8%

上表中成交价的单位为：元/m²，该城市地价指数如下表：

时间	1999	2000	2001	2002	2003	2004
指数	100	107	110	108	113	115

另据调查，该市此类用地容积率与地价的关系为：当容积率在 1～1.5 之间时，容积率每增加 0.1，宗地单位地价比容积率为 1 时的地价增加 5%；超过 1.5 时，超出部分的容积率每增长 0.1，单位地价比容积率为 1 时的地价增加 3%。该类土地的折现率为 8%。

表内交易情况中正号表示案例价格高于正常交易价格，负号表示低于正常交易价格，对于区域因素、个别因素的修正，都是案例宗地与待估宗地比较，表中负号表示案例宗地条件比待估宗地差，正号表示案例宗地条件优于待估宗地，数值大小代表对宗地地价的修正幅度。

试根据以上条件，回答下列问题：

(1) 为什么要进行交易情况修正？

(2) 在上述可比案例，已知有一个是收购邻近房地产，一个是急于出售，根据表中提供的信息，请问这两种情况分别应该是 A、B、C、D 中的哪一个？

(3) 根据所提供条件，评估该宗土地 2004 年 8 月 1 日的价值。

(若须计算平均值，为简化计算，要求用算术平均值)

5. 有一宗"七通一平"待开发的建筑用地，面积为 1 000 m²。使用期限为 50 年，容积率为 5，拟开发建造写字楼，建造期为 2 年，建筑费用 3 500 元/m²，专业费用为建筑费用的 10%，建筑费用和专业费用在整个建设期内均匀投入。写字楼建成后拟对外出租，租金水平预计为 2 元/m²日。管理费用为年租金的 2%，维修费用为建筑费用的 1.5%，保险费用为建筑费用的 0.2%，税金为年租金的 17.5%。贷款利率为 6%，房地综合还原利率为 7%，开发商要求的利润率为地价和开发成本(建筑费用＋专业费用)之和的 20%。

要求：试评估该宗地地价。

6. 评估企业预计未来 5 年的预期收益为 100 万元、120 万元、150 万元、160 万元和 200 万元，假定折现率和资本化率均为 10%，企业经营期永续，使用年金法估测企业整体价值。另外，假定被估企业从未来第 6 年开始，企业的年收益维持在 200 万元水平。

要求：试用分段法估测企业整体价值。

工作过程 6
制作、提交和使用评估报告

能力目标

1. 培养依据评估过程撰写资产评估报告的能力。
2. 培养资产评估报告的分析使用能力。

知识目标

1. 熟悉国家、行业对资产评估报告的基本要求。
2. 熟悉我国资产评估报告基本制度。
3. 掌握资产评估报告的概念、内容要求和格式要求,熟悉和掌握资产评估报告的编制要求和披露要求,做到评估报告反映资产评估过程及其结论,做到评估报告不误导评估报告使用人。

教学设计

1. 收集、查阅现行的资产评估报告法律法规及资产评估准则。
2. 开展典型案例分析与讨论。
3. 分组讨论与评价。
4. 演示训练。

学习任务 6.1　资产评估报告释义

知识储备

工作成果:信丰果业
司法鉴定为果农解忧

6.1.1　资产评估报告的基本概念

1. 资产评估报告及规范要求

资产评估报告是指资产评估机构及其资产评估专业人员遵守法律、行政法规和资产评估准则,根据委托履行必要的资产评估程序后,由资产评估机构对评估对象在评估基准日特定目的下的价值出具的专业报告。资产评估专业人员应当根据评估业务的具体情况,提供能够满足委托人和其他评估报告使用人合理需求的评估报告,并在评估报告中提供必要信息,使评估报告使用人能够正确理解和使用评估结论。资产评估报告应当按照一定格式和内容进行编写,反映评估目的、假设、程序、标准、依据、方法、结果及适用条件等基本信息。

资产评估报告有广义和狭义之分,狭义资产评估报告即资产评估报告书,既是资产评估机构完成对资产作价意见,提交给委托方的鉴证性报告,也是评估机构履行评估合同情况的总结,还是评估机构为资产评估项目承担法律责任的证明文件。在不同国家和地区,政府及行业自律主管部门对资产评估报告的要求并不一致。在一些国家和地区,资产评估报告不仅是一种书面文件,还是一种工作制度。这种工作制度规定评估机构在完成评估工作之后必须按照一定程序和形式的要求,用书面形式向委托方及相关主管部门报告评估过程和结果。我国目前实行的就是资产评估报告制度,亦称广义的资产评估报告。

《国际评估准则》(IVS)、美国《专业评估执业统一准则》(USPAP)以及英国皇家特许测量师学会评估准则(RICS红皮书)对资产评估报告的规定主要都是从评估报告的要素和内容进行规范。我国2007年发布了《资产评估准则——评估报告》,并先后于2017年、2018年两次修订和发布了《资产评估执业准则——资产评估报告》,主要从基本遵循、报告内容、制作要求等方面对评估报告进行规范。2008年发布的《企业国有资产评估报告指南》及2010年发布的《金融企业国有资产评估报告指南》也均于2017年予以修订,是从国有资产评估报告的基本内容与格式方面,对评估报告的标题、文号、目录、声明、摘要、正文、附件、评估明细表和评估说明等进行规范。

2. 资产评估报告的类型

资产评估报告的基本类型与资产评估机构向委托方或客户表达或披露评估信息的内容和繁简程度直接相关。评估机构可以根据委托方的要求,以及评估机构对评估报告披露信息的程度和规避风险的要求,选择适宜类型的评估报告表达评估师的专业意见。目前,国际上的资产评估报告类型主要是从以下几个角度和标准进行划分的。

(1) 按评估报告披露内容的详尽程度划分

按评估报告披露内容的详尽程度划分,评估报告分为完整型(详细型)评估报告和简明型评估报告。

1) 完整型(详细型)评估报告

完整型(详细型)评估报告是指向委托方或客户提供最详尽的信息资料的评估报告。以美国《专业评估执业统一准则》对不动产完整型评估报告的要求为例来说明完整型评估报告披露信息的程度。

完整型(详细型)评估报告的内容必须与报告预期用途相一致,并且至少包括以下内容:

- 明确说明客户和预期使用者的身份,包括姓名和类型,评估人员在明确客户的身份时必须小心谨慎,既要清楚明确,又要遵守职业道德条款的保密性规定。
- 明确评估的预期用途。
- 明确并使用充分的信息资料描述被评估的不动产,这种描述包括与评估业务有关的财产的物理和经济方面的特性。说明评估中不动产的实体可通过以下的任何组合来完成,包括法律描述、地址、参考地图、测量或地图的复印件、财产的草图和(或)照片,以及其他类似的证据。除了书面描述外,财产的草图和(或)照片也可以对被评估的不动产进行一定的说明和描述。
- 明确说明被评估的不动产权益。如果需要的话,对被评估的不动产权益的说明必须用对不动产具有约束力的权益的描述文件或者其他已知的文件的概述或者复制件来进行实质性的证明。
- 明确说明评估的目的,包括对被评估资产的价值定义和类型以及它的来源的说明。对被评估资产的价值进行定义需要采用适当的相关定义,并且就定义如何运用向评估报告阅读者进行必要的解释。
- 说明评估生效日和报告日期。评估生效日建立了评估的基础,而评估报告日表明评估人员基于评估生效日市场状况的观点是未来的、现行的还是历史的。当评估报告日的市场状况不同于评估生效日的市场状况时,在评估报告的不同阶段多次同时强调说明评估生效日和评估报告日,对评估报告阅读者的正确理解是十分重要的。
- 明确叙述足以向评估客户和评估结果使用者说明评估的工作范畴的信息。评估客户和评估结果使用者期望得到的评估结果,会受到评估人员调查研究工作范畴的影响。评估师应恪尽职守,使评估客户和评估使用者了解评估人员的工作范畴,从而对其工作不产生误解。评估人员拥有确定工作范畴和评估报告信息传递量的责任。
- 明确说明影响评估分析、意见和结论的所有假设、逆向假设和限制性条件。典型的或一般的假设和限制性条件可以一并置于评估报告的某一确定部分,美国准则要求特别假设或逆向假设应当连同对受其影响的意见和结论所进行的说明一同披露。
- 明确描述评估中所考虑的信息,所采用的程序和支持其分析、意见和结论的推理过程。评估人员应确信评估报告已提供足够的信息,使客户和评估报告的期望使用者能够理解评估结果或者结论的合理性。
- 明确描述评估日期现存不动产的用途,以及明确描述在评估报告中反映出来的不动产的用途;当评估业务的目的是要得出市场价值时,明确描述评估人员对不动产最佳用途的分析意见的合理性和推理过程所用的论据。此款要求评估报告须包含评估人员关于被评估不动产最佳用途的意见,除非关于最佳用途的意见是不必要的,如:保险目的的评估或"使用价值"目的的评估。

另外,还需要有评估人员签署的证明文件。

2)简明型评估报告

简明型评估报告是指评估机构在保证不误导评估报告使用者的前提下,向委托方或客户提供简明扼要信息资料的评估报告。它与完整型(详细型)评估报告的区别,主要是提供的信息资料的详略程度不同,不存在报告水准上的差别。以美国《专业评估执业统一准则》对不动产简明型评估报告的要求为例来说明简明型评估报告披露信息的程度。

简明型评估报告的内容必须与报告预期用途相一致,并且至少包括以下内容:
- 明确说明客户和预期使用者的身份,包括姓名和类型。
- 明确评估的预期用途。
- 明确并用充分的信息资料概述被评估的不动产,这种概述包括与评估业务有关财产的物理和经济方面的特性。
- 明确说明被评估的不动产权益。
- 说明评估的目的,包括对被评估的价值定义和类型以及它的来源的说明。
- 说明评估生效日和报告日期。
- 概述足以向评估客户和评估结果使用者说明评估工作范畴的信息。
- 说明影响评估分析、意见和结论的所有假设、逆向假设和限制性条件。
- 概述评估中所考虑的信息,所采用的程序和支持其分析、意见和结论的推理过程。
- 描述评估日期现存不动产的用途,并描述在评估报告中反映出来的不动产的用途;以及当评估业务的目的是要得出市场价值时,概略描述评估人员对不动产最佳用途的分析意见的合理性和推理过程所用的论据。

另外,还需要有评估人员签署的证明文件。

(2)按符合资产评估准则的要求程度划分

按符合资产评估准则的要求程度划分,评估报告分为正常型评估报告和限制型评估报告。

1）正常型评估报告

正常型评估报告是指资产评估机构出具的评估报告完全符合资产评估准则的要求，对评估报告使用者并无格外的特别限制性使用要求，如完整型评估报告和简明型评估报告。

2）限制型评估报告

限制型评估报告是指评估机构对限定评估报告使用人出具的，评估过程中有低于或不同于评估准则或指南要求行为的评估报告。限制型评估报告仅限于特定评估客户使用，其他任何使用限制型评估报告的人都被视为非期望使用者。以美国《专业评估执业统一准则》对不动产限制型评估报告的要求为例来说明限制型评估报告披露信息的程度。

限制使用型评估报告的内容必须与评估的预期用途相一致，至少包括以下内容：

- 明确说明客户和预期使用者的身份，包括姓名和类型。
- 明确评估的预期用途。
- 明确并用充分的信息资料描述被评估的不动产，这种描述包括与评估业务有关财产的物理和经济方面的特性。
- 明确说明被评估的不动产权益。
- 说明评估的目的，包括对被评估的价值定义和类型，并参考与评估目的相关的价值的定义。
- 说明评估生效日和报告日期。
- 说明数据的收集、检验和报告过程的范围，或者摘引保存在评估人员的工作文档中的评估合同对评估工作范围的叙述。
- 说明影响评估分析、意见和结论的所有假设、逆向假设和限制性条件。
- 描述评估中所采用的评估程序、评估结果分析和结论，以及参考工作文档的内容。
- 描述评估日期现存不动产的用途，并描述在评估报告中反映出来的不动产的用途；以及当评估业务的目的是要得出市场价值时，描述评估人员对不动产最佳用途的分析意见的合理性和推理过程所用的论据。

另外，还需要有经评估人员签署的证明文件。

（3）按资产评估的性质划分

按资产评估的性质划分，评估报告划分为一般评估报告和复核评估报告。

1）一般评估报告

一般评估报告是指评估人员接受客户委托，为客户提供的关于资产价值的估价意见的书面报告，如完整型评估报告、简明型评估报告和限制型评估报告等。

2）复核评估报告

复核评估报告是指复核评估师对一般评估报告的充分性和合理性发表意见的书面报告，是复核评估师对一般评估报告进行评估和审核的报告。

资产评估复核或复核资产评估不同于一般的资产评估，它接近于我国国有资产评估中的资产评估确认，只不过复核资产评估也是由执业的评估师完成，而我国的资产评估确认是由政府有关部门进行。

（4）按评估范围划分

按评估范围划分，评估报告分为整体资产评估报告和单项资产评估报告。

凡是对整体资产进行评估所出具的资产评估报告称为整体资产评估报告。凡是仅对某一部分、某一项资产进行评估所出具的资产评估报告称为单项资产评估报告。尽管资产评估报告的基本格式是一样的,但因整体资产评估与单项资产评估在具体业务上存在一些差别,两者在报告的内容上必然存在一些差别。一般情况下,整体资产评估报告的报告内容不仅包括资产,也包括负债和所有者权益方面。而单项资产评估报告除在建工程外,一般不考虑负债和以整体资产为依托的无形资产。

(5) 按评估对象划分

按评估对象划分,评估报告分为房地产评估报告、机器设备评估报告、无形资产评估报告以及企业价值评估报告等。

从严格意义上讲,评估报告的基本要素和基本要求不会因评估对象不同而有重大区别。即从规范资产评估报告的角度,按评估对象不同划分评估报告的种类的意义并不大。但是,由于我国目前资产评估行业尚未完全统一,在资产评估、房地产估价和土地估价的执业标准和操作技术规程方面还有不同的要求。表现在评估报告方面,三种报告书不仅具体格式不相同,而且在内容上也存在着较大的差别。客观地讲,按评估对象划分评估报告类型可以说是一种权宜之计。

从规范资产评估报告的角度,一般资产评估的评估报告应采用或选择完整型评估报告、简明型评估报告和限制型评估报告三种类型为宜。

(6) 按评估基准日的选择划分

按评估基准日的选择划分,评估报告分为现实型评估报告、预测型评估报告和追溯型评估报告。

根据评估基准日的不同选择,评估基准日为现在时点的评估报告称为现实型评估报告;评估基准日为未来时点的评估报告称为预测型评估报告;评估基准日为过去时点的评估报告称为追溯型评估报告。关于评估报告的使用有效期,通常要求评估基准日与经济行为实现日相距不超过1年。

3. 资产评估报告的基本要素

资产评估报告的基本要素是指各类资产评估报告书都应包含的基本内容。根据《资产评估执业准则——资产评估报告》,资产评估报告正文应当包括下列基本要素。

① 委托人及其他资产评估报告使用人;
② 评估目的;
③ 评估对象和评估范围;
④ 价值类型;
⑤ 评估基准日;
⑥ 评估依据;
⑦ 评估方法;
⑧ 评估程序实施过程和情况;
⑨ 评估假设;
⑩ 评估结论;
⑪ 特别事项说明;
⑫ 资产评估报告使用限制说明;
⑬ 资产评估报告日;

【小贴士】多类型和多形式评估报告

在世界范围内,资产评估报告的类型与具体形式是多种多样的,多类型和多形式资产评估报告为评估人员恰当表达评估过程和评估结果提供了选择空间和载体。多类型和多形式评估报告是各国资产评估报告适度的发展方向。但是,目前我国的资产评估报告制度还未完全采用多类型和多样式的评估报告,某些在国际上流行的评估报告类型和形式尚未在我国实行,评估人员在撰写资产评估报告时还必须注意我国目前的资产评估报告制度,以及该报告制度规定的评估报告种类和评估报告形式及其内容要求。

⑭ 资产评估专业人员签名和资产评估机构印章。

4. 资产评估报告的作用

资产评估报告的作用表现在以下几个方面：

① 它对被委托评估的资产提供作价意见。资产评估报告是经具有资产评估资格的机构根据委托评估资产的特点和要求，由评估师及相应行业人员组成的评估队伍，遵循评估原则和标准，按照法定的程序，应用科学的方法对被评估资产价值进行评定和估算后，通过报告书的形式提出作价意见。该作价意见不代表任何当事人一方的利益，并且是一种专家评估的意见，具有较强的公正性和科学性，因而成为被委托评估资产作价的参考依据。

② 资产评估报告是反映和体现资产评估工作情况，明确委托方及有关方面责任的依据。它用文字的形式，对受托进行资产评估的目的、背景、范围、依据、程序、方法等过程和评定的结果进行阐述、说明和总结，体现了评估机构的工作效果。同时，资产评估报告也反映和体现受托的资产评估机构与执业人员的权利与义务，并以此来明确委托方、受托方有关方面的法律责任。在资产评估现场工作完成后，评估机构和评估人员就要根据现场工作取得的有关资料和估算数据撰写评估结果报告书，向委托方报告。负责评估项目的评估师同时在报告书上行使签字的权利，并提出报告书，这也是评估机构履行评估协议和向委托方或有关方面收取评估费用的依据。

③ 对资产评估报告进行审核，是管理部门完善资产评估管理的重要手段。资产评估报告是反映评估机构和评估人员职业道德、职业能力水平以及评估质量高低和机构内部完善程度的重要依据。有关管理部门通过审核资产评估报告，可以有效地对评估机构的业务开展情况进行监督和管理，对评估工作中出现的不足加以完善。

④ 资产评估报告是建立评估档案、归集评估档案资料的重要信息来源。评估机构和评估人员在完成资产评估任务之后，都必须按照档案管理的有关规定，将评估过程收集的资料、工作记录以及资产评估过程的有关工作底稿进行归档，以便进行评估档案的管理和使用。由于资产评估报告是对整个评估过程的工作总结，其内容包括评估过程的各个具体环节和各个有关资料的收集和记录。因此，不仅评估报告的底稿是评估档案归集的主要内容，而且还包括撰写资产评估报告过程采用的各种数据、各个依据、工作底稿和资产评估报告制度中形成的有关文字记载都是资产评估档案的重要信息来源。

6.1.2 资产评估报告的基本制度

我国对国有资产评估实施资产评估报告基本制度，该制度规定资产评估机构完成国有资产评估工作后由相关国有资产管理部门或代表单位对评估报告进行核准或备案。

可以说，我国资产评估业发展的历史就是资产评估不断调整规范的历史，也是资产评估报告不断规范的历史。1991年国务院以91号令颁布的《国有资产评估管理办法》规定，资产评估机构对委托单位（指国有资产占有单位）被评估资产的价值进行评定和估算，要向委托单位提出资产评估结果报告书。委托单位收到资产评估机构的资产评估结果报告书后，应当报其主管部门审查，主管部门同意后，报同级国有资产管理行政主管部门确认资产评估结果。经国有资产管理行政主管部门授权或委托，国有资产占有单位的主管部门也可以确认资产评估结果。这是我国最早的资产评估报告制度。1993年，原国家国有资产管理局制定和发布的国资办发[1993]55号《关于资产评估报告书的规范意见》。1995年，原国家国有资产管理局又制定和颁布了《关于资产评估立项、确认工作的若干规范意见》。1996年5月7日，国资办发[1999]23号文件转发了中国资产评估协会制定的《资产评估操作规范意见（试行）》，规定了资产评估报告书及送审专用材料的具体要求,以及资产评估工作底稿和项目档案管理,进一步完善了资产评估报告制度。1999年,财政部财评字[1999]91号文件颁布的关于印发《资产评估报告基本内容与格式的暂行规定》的通知,对原有的资产评估报告有关制度做了进一步修改完善,使资产评估报告制度不仅适用国有资产评估,也同样适用于非国有资产的评估。2000年财政部财企[2000]256号文件提出了《关于调整涉及股份有限公司资产评估项目管理权的通知》。其中对涉及股份有限公司资产评估项目的受理审核权在财政部和省级财政部门之间进行分工。2001年12月31日国务院办公厅以国发[2001]102号《国务院办公厅转发财政部关于改革国有资产评估行政管理方式加强资产评估监督管理工作意见的通知》对资产评估项目管理方式进行了重大改革,取消对国有资产评估项目的立项确认审批制度,实行核准制和备案制,并加强对资产评估活动的监督。

通过历史的回顾和分析可以看出,我国资产评估管理部门一直致力于资产评估报告的规范工作。但还主要存在以下几个问题:

一是规范资产评估报告缺乏理论分析。撰写评估报告,只说明评估师应该这么做,而对为什么应该这样做缺少理论阐述。

二是以统一格式化代替规范内容。这种做法本身是从资产评估行政管理部门角度出发,有利于资产评估报告的验证确认工作,但忽略了资产评估内在的本质规律。格式化的资产评估报告并不意味着评估报告规范,这种复杂问题简单化的做法,不利于评估报告的有效规范。

三是以企业整体评估报告为对象规范评估报告,忽略了单项资产评估报告的特殊性。以往有关资产评估报告规范都是以企业为对象的,但资产评估业务中,大量的单项资产评估存在,其报告只能参照企业评估报告规范进行。尽管近些年来有些单项资产评估报告规范也在进行,并有相关文本发布,例如,1999年2月12日,国家质量技术监督局、中华人民共和国建设部(现改为中华人民共和国住建部)联合发布《房地产估价规范》(1999年6月1日起实施);2001年11月12日,中华人民共和国国家市场监督管理总局发布《城镇土地估价规程》(2002年7月1日起实施)。这些文件对于规范房地产、土地等单项资产评估报告发挥了重要作用,但单项资产评估报告规范的范围仍落后于实践,而且,由于管理体制等原因,各项报告规范存在较大的差异。所有这些都对未来评估报告规范提出了迫切要求。

当然,无论如何,从规范资产评估报告历史分析可以发现,无论对资产评估报告形式、格式的规定如何变化,对评估结果取得的依据和前提条件分析的要求是越来越重视。

任务演练:资产评估法律法规速成

一、为进一步促进我国资产评估工作的发展,规范资产评估行为,完善资产评估工作程序,提高资产评估行业的执业水平,根据《国有资产评估管理办法》(国务院第91号令)以及国家其他有关法律、法规,制定本规定。

二、凡按现行资产评估管理有关规定进行资产评估的各类资产评估项目必须遵循本规定。

二、本规定所称的资产评估报告的基本内容和格式是指资产评估机构接受委托开展资产评估活动后,按照资产评估管理工作的要求,向财产评估主管机关和委托方出具的涉及该评估项目的评估过程、方法、结论、说明及各类备查文件等内容的资产评估报告的基本内容及编制格式;

评估机构在具体项目的操作中,其工作范围和深度并不限于本规定的要求。

四、本规定所称资产评估报告是由资产评估报告书正文、资产评估说明、资产评估明细表及相关附件构成。

五、资产评估机构进行资产评估活动时,应当遵循资产评估的一般原则和本规定的要求;具体项目不适用本规定的,可结合评估项目的实际情况增减相应的内容。

六、资产评估活动应充分体现评估机构的独立、客观、公正的宗旨,资产评估报告书的陈述不得带有任何诱导、恭维和推荐性的陈述,评估报告书正文不得出现评估机构的介绍性内容。

七、资产评估报告的数据一般均应当采用阿拉伯数字,资产评估报告应用中文撰写打印,如须出具外文评估报告,外文评估报告的内容和结果应与中文报告一致,并须在评估报告中注明以中文报告为准。

八、凡涉及资产评估报告基本内容与格式的有关规定与本规定相抵触的,以本规定为准。

九、本规定由财政部负责解释、修订,并从颁布之日起实施。

……;……。

演练方法

① 讨论法。

② 调查法。

训练要求

将学生分成若干小组,以小组为单位,除了以上摘录的资产评估报告法律法规及准则之外,国家与行业组织还先后颁布了哪些与资产评估报告相关的法律法规及准则呢?作为资产评估从业人员,依法办理资产评估业务和执业,撰写资产评估报告应该熟谙哪些资产评估报告法律法规?资产评估报告对整个资产评估工作起什么作用呢?

演练条件

① 教师事先对学生按照5~6人进行分组。

② 具有一定数量的计算机设备及上网条件。

③ 具有多媒体教室或模拟实训室。

学习任务6.2 资产评估报告的制作

知识储备

6.2.1 资产评估报告的制作步骤

1. 资产评估报告的编制

编制资产评估报告是完成评估工作的最后一道工序,也是评估工作中一个重要的环节。评估人员通过评估报告不仅要真实准确地反映评估工作情况,而且要思路清晰,文字简练准确,有关的取证材料和数据真实可靠。为了达到这些要求,评估人员可按下列步骤进行评估报告的编制。

第一步:评估资料的分类整理。取得大量的真实的评估工作记录,包括被评估资产的有关背景资料、技术鉴定情况资料及其他可供参考的数据记录等,是编制评估报告的基础。一般来说,一个较复杂的评估项目是由一组评估人员合作完成的,为了正确地反映评估的全过程,首先要求评估小组按工作的分工情况,将全部评估资料进行分类整理,包括评估作业分析表的

工作成果:资产评估报告书例文

审核、评估依据的说明、分类明细表的编制,最后要求形成分类评估的文字资料。

第二步:评估资料的分析、讨论。在整理分类资料工作完成后,应召集参与评估工作的有关人员,对评估的情况和初步结论进行分析、讨论,如果发现其中提法不妥、计算错误、作价不合理等方面的问题,须进行必要的调整。尤其是采用两种不同的方法评估并得出两个结论的,需要在充分讨论的基础上,得出一个正确的结论。

第三步:评估资料的汇总和编排。评估报告的总纂人应根据分类评估资料讨论后的修正意见,进行全部资料的汇总编排和评估结果报告书的编写工作,审查复核无误后打印正式报告,并将正式报告及附件交付客户,如果客户另有要求的,评估人员还应向客户进行特别说明。

第四步:评估报告先由项目经理(或负责人)审核,再报评估机构经理(负责人)审核签发,必要时组织有关专家会审。

2. 资产评估报告的审核与责任

资产评估报告作为法律文书,出具资产评估报告应承担法律责任。资产评估报告中的责任人分别承担本身的责任。根据《资产评估报告签字制度(试行)》的要求,注册资产评估师、项目分责任人、项目复核人、法定代表人应分别在资产评估报告书上签字,承担相应的责任。

按照《资产评估报告签字制度(试行)》的规定,凡在中国境内执业的资产评估机构,在接受客户委托、完成评估项目后所出具的资产评估报告书,应有资产评估机构法定代表人(或合伙人)和至少两名注册资产评估师签字。未经资产评估机构法定代表人(或合伙人)和注册资产评估师签字的资产评估报告为无效报告。同时还规定,注册资产评估师只能在一个资产评估机构执行并独立行使签字权利。注册资产评估师只能在本人参与评估的综合性资产评估项目和单项资产评估项目的资产评估报告书上签字。注册资产评估师在有正当理由并能提供必要依据的情况下,可以拒绝在资产评估报告书上签字。

注册资产评估师、项目负责人、项目复核人、法定代表人(或合伙人)均应在资产评估报告书上签字,注册资产评估师应对所评估的单项或部分评估结果负责,项目负责人、项目复核人应对整个评估结果负责。法定代表人(或合伙人)签字说明的是评估机构对资产报告书承担责任。

评估中的风险和责任是客观存在的,明确负责人是为了确定责任范围。但负责人并不是被动地承担风险,而应该采取各项措施规避风险。

注册资产评估师应在不断提高自身业务水平的基础上,在业务操作中严格按照评估操作程序,客观、公正、科学的确定评估结果,并附有充分的依据说明,以规避风险。

(1) 项目负责人的审核与责任

项目负责人着重从自身基本职责和操作实务的角度审核评估报告,具体要求是:

① 根据上级关于资产评估报告结构的规定,从总体结构上审核评估报告正文的编制是否达到以下要求:内容是否完整,应列入报告的各项内容是否都已分列叙述清楚,有无错漏;附件有无短缺;报告中文字上的差错是否已改正等。

② 通过审核评估报告,回顾本项目开展评估的全过程,审视整体评估工作是否客观、公正、科学,是否全部符合关于资产评估操作程序的规定,如发现有疏忽不妥之处,要及时弥补。

③ 重点审核评估结果,对报告所列各类资产和负债以及总资产、净资产的评估依据、评估价值认真进行审核,保证评估结果的科学性、准确性、客观性、公正性、有效性。

(2) 项目复核人的审核与责任

项目复核人对评估报告的审核尤为重要。有关国家评估准则中规定:项目复核人应承担与项目负责人相同的责任。项目复核人审核评估报告的具体要求如下：

① 项目复核人要在项目负责人初步审核的基础上，对已初步修正的评估报告再次就以上审核内容进行审核。

② 对评估报告的审核，要结合审核说明，保持二者的一致性，防止初审后再出现错漏之处。

③ 项目复核人审核的关键之处也是评估结果。要从保证评估结果的可靠性、准确性出发着重审核报告所列各项数据，特别是评估结果，即报告最后向委托方报告的本项目的评估价值。在审核中，必要时应对报告所列各项数据着重重新审核、计算，以求万无一失。

④ 对评估报告的文字等进一步审核、改正。

(3) **法定代表人的审核与责任**

法定代表人要对评估报告进行最后的把关，应在项目负责人、项目复核人审核的基础上，着重从政策上、原则上、业务规程执行和评估结果的科学性上把关。主要要求是：

① 审核报告是否符合合法性原则
- 委托方的委托依据、所提供的文件和材料是否充分、可靠；
- 开展评估的全过程是否符合上级规定的资产评估操作规范要求；
- 评估结果的获得是否符合国家和政府主管部门的法律、法令和法规精神；
- 本评估报告是否体现了本所在该项目评估中恪守职业道德、坚持原则、秉公执业的形象。

② 狠抓涉及本项目评估的实质性内容的审核

包括进一步审核报告所表述的评估目的是否明晰；评估范围和对象是否确切；评估过程和步骤是否合乎要求；评估原则和评估依据是否正确；评估基准日的选定是否可行；特别是评估结果是否切合实际，有没有不妥当或考虑不周之处；对报告所列各类资产和负债以及总资产、净资产的评估价值是否科学、正确；委托方是否接受；资产的增值或减值是否合理等。

③ 对评估报告从总体结构等方面做最后的审核

6.2.2 资产评估报告制作的技术要点

资产评估报告制作的技术要点是指在资产评估报告制作过程中的主要技能要求，它具体包括了文字表达、格式与内容方面的技能要求，以及复核与反馈等方面的技能要求。

① 文字表达方面的技能要求。资产评估报告既是一份对被评估资产价值发表专业意见的重要法律文件，又是一份用来明确资产评估机构和评估人员工作责任的文字依据，所以它的文字表达既要清楚、明确，又要提供充分的依据说明，还要全面地叙述整个评估的具体过程。其文字的表达必须准确，不得使用模棱两可的措辞。其陈述既要简明扼要，又要把有关问题说明清楚，不得带有任何诱导、恭维和推荐性的陈述。当然，在文字表达上也不能带着大包大揽的语句，尤其是涉及承担责任条款的部分。

② 格式和内容方面的技能要求。按照现行政策规定，应该遵循《资产评估执业准则——资产评估报告》，涉及企业国有资产评估的，还应该遵循《企业国有资产评估报告指南》。

③ 评估报告的复核及反馈方面的技能要求。是指通过对工作底稿、评估说明、评估明细表和报告正文的文字、格式及内容的复核和反馈，以检查评估报告中是否存在有关错误和遗漏等问题，并在出具正式报告书之前加以改正。对评估人员来说，资产评估工作是一项由多个评估人员同时作业的中介业务，每个评估人员都有可能因能力、水平、经验、阅历及理论方法的限

制而产生工作盲点和工作疏忽,所以,对资产评估报告初稿进行复核就成为必要和关键。就对评估资产的情况熟悉程度来说,大多数资产委托方和占有方对委托评估资产的分布、结构、成新率等具体情况总是会比评估机构和评估人员更熟悉。因此,在出具正式报告之前征求委托方意见,收集反馈意见也是很有必要的。

对资产评估报告必须建立起多级复核和交叉复核的制度,明确复核人的职责,防止流于形式的复核。收集反馈意见主要是通过委托方或占有方熟悉资产具体情况的人员。对委托方或占有方意见的反馈信息,应谨慎对待,本着独立、客观、公正的态度去接受反馈意见。

④ 撰写评估报告的具体要求。编制资产评估报告除了需要满足上述三个方面的技术要求外,还应满足以下具体要求:

- 实事求是,切忌出具虚假报告。报告必须建立在真实、客观的基础上,不能脱离实际情况,更不能无中生有。报告拟订人应是参与该项目并全面了解该项目情况的主要评估人员。
- 坚持一致性原则,切忌出现表里不一。报告书文字、内容前后要一致,摘要、正文、评估说明、评估明细表内容与格式、数据要一致。
- 提交报告要及时、齐全和保密。在正式完成资产评估工作后,应按业务约定书的约定时间及时将报告送交委托方。送交报告时,报告及有关文件要送交齐全。涉及外商投资项目对中方资产评估的评估报告,还必须严格按照有关规定办理。此外,要做好客户保密工作,尤其是对评估涉及的商业机密和技术机密更要加强。
- 评估机构应当在资产评估报告中明确评估报告使用者、报告使用方式,提示评估报告使用者合理使用评估报告。应注意防止报告的恶意使用,以合法规避执业风险。
- 注册资产评估师执行资产评估业务,应当关注评估对象的法律权属,并在评估报告中对评估对象法律权属及其证明资料来源予以必要说明。不得对评估对象的法律权属提供保证。
- 注册资产评估师执行资产评估业务受到限制无法实施完整的评估程序时,应当在评估报告中明确披露受到的限制、无法履行的评估程序和采取的替代措施。

6.2.3 资产评估报告的基本内容

根据《资产评估执业准则——资产评估报告》,资产评估报告的基本内容包括:标题及文号、目录、声明、摘要、正文、附件、评估明细表和评估说明等。

1. 标题及文号、目录、声明、摘要

(1) 标题及文号、目录

资产评估报告是指资产评估机构及其资产评估专业人员遵守法律、行政法规和资产评估准则,根据委托履行必要的资产评估程序后,由资产评估机构对评估对象在评估基准日特定目的下的价值出具的专业报告。只有符合该定义的评估报告,才能以"评估报告"标题出具。资产评估机构及其资产评估专业人员执行与估算相关的其他业务时,虽然可以参照评估报告准则出具相关报告,但此类报告并不是评估报告,不得以"评估报告"标题出具,以免委托人和报告使用人造成误解。标题格式要求为"企业名称+经济行为关键词+评估对象+资产评估报告",例如:A公司拟XX涉及的B公司YY资产评估报告。

文号格式要求:包括资产评估机构特征字、种类特征字、年份、报告序号,例如:XX评报字(202X)第XXXX号。

目录应当包括每一部分的标题和相应页码。

(2) 评估报告声明

资产评估报告的声明通常包括以下内容。

① 本资产评估报告依据财政部发布的资产评估基本准则和中国资产评估协会发布的资产评估执业准则和职业道德准则编制。

② 委托人或者其他资产评估报告使用人应当按照法律、行政法规规定和资产评估报告载明的使用范围使用资产评估报告；委托人或者其他资产评估报告使用人违反前述规定使用资产评估报告的，资产评估机构及其资产评估专业人员不承担责任。

③ 资产评估报告仅供委托人、资产评估委托合同中约定的其他资产评估报告使用人和法律、行政法规规定的资产评估报告使用人使用；除此之外，其他任何机构和个人不能成为资产评估报告的使用人。

④ 资产评估报告使用人应当正确理解和使用评估结论，评估结论不等同于评估对象可实现价格，评估结论不应当被认为是对评估对象可实现价格的保证。

⑤ 资产评估报告使用人应当关注评估结论成立的假设前提、资产评估报告特别事项说明和使用限制。

⑥ 资产评估机构及其资产评估专业人员遵守法律、行政法规和资产评估准则，坚持独立、客观和公正的原则，并对所出具的资产评估报告依法承担责任。

⑦ 其他需要声明的内容。

需要注意的是，准则的要求仅是一般性声明内容，资产评估专业人员在执行具体评估业务时，还应根据评估目的具体情况，调整或细化声明内容。

(3) 评估报告摘要

资产评估报告摘要通常提供资产评估业务的主要信息及评估结论。评估报告摘要披露的内容通常包括：

① 评估目的；

② 评估对象和评估范围；

③ 价值类型；

④ 评估基准日；

⑤ 评估方法；

⑥ 评估结论。

资产评估专业人员还可以根据评估业务的性质、评估对象的复杂程度、委托人要求等，合理确定摘要中需要披露的其他信息。

摘要应当与评估报告揭示的结果一致，不得有误导性内容。

2. 评估报告正文

(1) 委托人及其他资产评估报告使用人

资产评估报告使用人包括委托人、资产评估委托合同中约定的其他资产评估报告使用人和法律、行政法规规定的资产评估报告使用人。在评估报告中应当阐明委托人和其他评估报告使用人的身份，包括名称或类型。

在国外，为避免违背职业道德准则中的为客户保密的责任，当某些客户希望在评估报告中匿名时，评估师可以将有关客户身份的信息存档，但在报告中予以保密。

（2）评估目的

资产评估目的是指评估委托人要求对评估对象的价值进行评估后所要从事的行为。资产评估目的解决的是为什么要进行资产评估。这是资产评估工作进入实质性阶段后首先要考虑的重要因素。资产评估特定目的贯穿资产评估的全过程，影响着资产评估专业人员对评估对象的界定、价值类型的选择等，是资产评估专业人员进行具体资产评估时必须首先明确的基本事项。资产评估报告载明的评估目的应当唯一，其结论是服务于评估目的的。

（3）评估对象和评估范围

资产评估报告中应当载明评估对象和评估范围，并描述评估对象的基本情况。

对于企业价值评估，评估对象可以分为两类，即企业整体价值和股东权益价值（全部或部分），与此对应的评估范围是评估对象涉及的资产及负债，将股东全部权益价值或股东部分权益价值作为评估对象，股东全部权益或股东部分权益对应的法人资产和负债属于评估范围，本身并不是评估对象。

对于单项资产评估，各具体准则中均对评估对象进行了规范。《金融不良资产评估指导意见》第十三条规定，金融不良资产评估业务中，根据项目具体情况和委托人的要求，评估对象可能是债权资产，也可能是用以实现债权清偿权利的实物类资产、股权类资产和其他资产。《文化企业无形资产评估指导意见》第十五条规定，文化企业无形资产评估对象，是指文化企业无形资产的财产权益，或者特定无形资产组合的财产权益。文化企业无形资产通常包括著作权、专利权、专有技术、商标专用权、销售网络、客户关系、特许经营权、合同权益、域名和商誉等。《资产评估执业准则——机器设备》规定，机器设备的评估对象分为单台机器设备和机器设备组合对应的全部或者部分权益。单台机器设备是指以独立形态存在、可以单独发挥作用或者以单台的形式进行销售的机器设备。机器设备组合是指为了实现特定功能，由若干机器设备组成的有机整体。《实物期权评估指导意见》规定，执行涉及实物期权评估的业务涉及的实物期权主要包括增长期权和退出期权等。

（4）价值类型

资产评估报告应当说明选择价值类型的理由，并明确其定义。一般情况下可供选择的价值类型包括市场价值、投资价值、在用价值、清算价值和残余价值等。对于价值类型的选择、定义，可以参考《资产评估价值类型指导意见》。

（5）评估基准日

资产评估报告载明的评估基准日应当与资产评估委托合同约定的评估基准日保持一致，可以是过去、现在或者未来的时点。

（6）评估依据

资产评估报告应当说明资产评估采用的法律法规依据、准则依据、权属依据及取价依据等。

1）法律法规和准则依据

法律法规依据应包括资产评估的有关法律、法规等，如《资产评估法》《公司法》《证券法》《拍卖法》《国有资产评估管理办法》《资产评估行业财政监督管理办法》等。准则依据主要包括财政部发布的作为我国资产评估准则体系基础的《资产评估基本准则》，以及中国资产评估协会发布的《资产评估职业道德准则》《资产评估执业准则——资产评估报告》《资产评估执业准则——资产评估程序》《资产评估执业准则——资产评估委托合同》等一系列程序性准则和《资产评估执业准则——企业价值》《资产评估执业准则——无形资产》等一系列实体性准则、指南和指导意见。资产评估专业人员应当根据与评估项目相关的原则,在评估报告中说明执行资产评估业务所采用的具体法律和准则依据。

2) 权属依据

资产法律权属状况本身是个法律问题,对资产的所有权及其他与所有权相关的财产权进行界定或发表意见需要履行必要的法律程序,应当由具有相应专业能力与专业资质的人士(如律师)或部门(如产权登记部门)来进行。由于资产的价值与其法律权属状况有着密切关系,资产评估准则要求资产评估专业人员在执业过程中应当关注评估对象法律权属,并对核查验证情况予以披露。因此,资产评估专业人员应当根据与评估项目相关的原则,在评估报告中说明执行资产评估业务所依托的评估对象的权属依据。

权属依据通常包括国有资产产权登记证书,投资人出资权益的证明文件,与不动产、知识产权资产、资源性资产、运输设备等动产相关的权属证书或其他证明文件,债权持有证明文件,从业资质或经营许可证书等。一些权属证明文件如房屋产权证明上注明的房产面积、结构等仍是资产评估专业人员重要的取价依据,这时产权证明材料可以作为取价依据对待。

3) 取价依据

取价依据应包括资产评估中直接或间接使用的、企业提供的财务会计经营方面的资料,国家有关部门发布的统计资料和技术标准资料,以及评估机构收集的有关询价资料和参数资料等。企业提供的取价依据相关资料一般包括企业本身的财务会计和经营,资产购建、使用及管理等资料;国家有关部门发布的取价依据相关资料一般包括统计资料、技术标准和政策文件等资料;评估机构收集的取价资料,应当是除国家有关部门发布和企业提供的资料外,评估机构自行收集并依据的市场交易、专业资讯、研究分析等资料。

由于统计口径不同等原因,不同部门发布同一指标的统计资料其结果可能存在差异,国有关部门发布的政策文件,也可能存在多次调整标准的情况,因此评估取价依据应当列示相关资料的名称、提供或发布的单位及时间等信息。

评估依据的披露应掌握以下原则。

① 评估依据的表述方式应当明确、具体,具有可验证性。任何评估报告阅读者可以根据报告中披露的评估依据的名称、发布时间或文号找到相应的评估依据。例如,取价依据应披露为"《××省建筑工程综合预算定额》(××年)",而不是"××省及××市建设、规划、物价等部门关于建设工程相关规费的规定"。

② 评估依据具有代表性,且在评估基准日是有效的。作为评估依据应满足相关、合理、可靠和有效的要求。相关是指所收集的价格信息与需作出判断的资产具有较强的关联性;合理是指所收集的价格信息能反映资产载体结构和市场结构特征,不能简单地用行业或社会平均的价格信息推理具有明显特殊性质的资产价值;可靠是指经过对信息来源和收集过程的质量控制,所收集的资料具有较高的置信度;有效是指所收集的资料能够有效地反映评估基准日资产在模拟条件下可能的价格水平。

(7) 评估方法

根据《资产评估基本准则》,确定资产价值的评估方法包括市场法、收益法和成本法三种基本方法及其衍生方法。资产评估专业人员应当根据评估目的、评估对象、价值类型、资料收集等情况,分析上述三种基本方法的适用性,合理选择评估方法。选择评估方法的过程中应注意以下因素。

① 评估方法的选择要与评估目的、评估时的市场条件、被评估对象的具体状况，以及由此所决定的资产评估价值类型相适应。

② 评估方法的选择受各种评估方法运用所需的数据资料及主要经济技术参数能否收集的制约。每种评估方法的运用所涉及的经济技术参数的选择，都需要有充分的数据资料作为基础和依据。在评估时点以及一个相对较短的时间内，某种评估方法所需的数据资料收集可能会遇到困难，当然也就会限制该评估方法的选择和运用。在这种情况下，资产评估专业人员应考虑依据替代原理，选择信息资料充分的评估方法进行评估。

③ 资产评估专业人员在选择和运用某一方法进行评估时，应充分考虑该种方法在具体评估项目中的适用性、效率性和安全性，并注意满足该种评估方法的条件要求和程序要求。

④ 在一些情况下，可以采取排除、否定其他评估方法的做法，作为决定采取某一种评估方法的理由。

资产评估报告应当说明所选用的评估方法及其理由。因适用性受限或者操作条件受限等原因而选择一种评估方法的，应当在资产评估报告中披露并说明原因。首先需简单说明总体思路和主要评估方法及其适用原因；其次要按照评估对象和所涉及的资产（负债）类型逐项说明所选用的具体评估方法。采用成本法的，应介绍估算公式，并对所涉及资产的重置价值及成新率的确定方法作出说明；采用市场法的，应介绍参照物（交易案例）的选择原则、比较分析与调整因素等；采用收益法的，应介绍采用收益法的技术思路，主要测算方法、模型或计算公式，明确预测收益的类型，以及预测方法与过程、折现率的选择和确定等情况。采用多种评估方法时，不仅要确保满足各种方法使用的条件要求和程序要求，还应当对各种评估方法取得的价值结论进行比较，分析可能存在的问题并做相应的调整，确定最终评估结果。

（8）评估程序实施过程和情况

资产评估报告应当说明资产评估程序实施过程中现场调查、收集整理评估资料、评定估算等主要内容，一般包括：

① 接受项目委托，确定评估目的、评估对象与评估范围、评估基准日，拟定评估计划等过程；

② 指导被评估单位清查资产、准备评估资料，核实资产与验证资料等过程；

③ 选择评估方法、收集市场信息和估算等过程；

④ 评估结论汇总、评估结论分析、撰写报告和内部审核等过程。

资产评估专业人员应当在遵守相关法律、法规和资产评估准则的基础上，根据委托人的要求，遵循各专业准则的具体规定，结合报告的繁简程度恰当考虑对评估程序实施过程和情况的披露的详细程度。

（9）评估假设

资产评估报告应当披露所使用的资产评估假设。

资产评估专业人员应当合理使用评估假设，在具体的评估项目中使用的评估假设，需要与资产评估目的及其对评估市场条件的限定情况、评估对象自身的功能和在评估时点的使用方式与状态、产权变动后评估对象的可能用途及利用方式和利用效果等相联系和匹配。同时，还应当按照资产评估报告的披露要求。在资产评估报告中披露所使用的资产评估假设，以使评估结论建立在合理的基础上，并使评估报告使用人能够正确理解和使用评估结论。

资产评估专业人员应当在资产评估报告中说明如果评估报告所披露的评估假设不成立,将对评估结论产生重大影响。

(10) 评估结论

《资产评估执业准则——资产评估报告》规定,资产评估报告应当以文字和数字形式表述评估结论,并明确评估结论的使用有效期。评估结论通常是确定的数值。经与委托人沟通,评估结论可以是区间值或者其他形式的专业意见。其中,引入区间值或者其他形式专业意见的表述形式是考虑到评估行业不断发展的业务多元化需求。

(11) 特别事项说明

特别事项是指在已确定评估结果的前提下,资产评估专业人员在评估过程中已发现可能影响评估结果,但非执业水平和能力所能评定估算的有关事项。资产评估报告中应当对特别事项进行说明,并重点提示评估报告使用人对其予以关注。资产评估报告的特别事项说明包括:

① 权属等主要资料不完整或者存在瑕疵的情形。即评估中所发现评估对象产权存在的问题,例如,房产证上所列示资产与实际所勘查的资产不一致,土地或房屋没有权属证明或者权属证明尚在办理等问题。资产评估专业人员在评估过程中发现评估对象存在产权瑕疵的问题,应当在特别事项说明中说明法律权属瑕疵的事实、本次评估处理的方法及处理结果、此种评估处理对评估结论的合理性可能产生的影响,让评估报告使用人能够更好地了解评估报告的信息。对于委托人或被评估单位作出相关承诺和说明的,应说明承诺和声明的内容和责任。

② 委托人未提供的其他关键资料情况。

③ 未决事项、法律纠纷等不确定因素。包括所有对评估结果产生重大影响的未决事项、法律纠纷,影响生产经营活动和财务状况的重大合同、重大诉讼事项。评估报告应当首先说明不确定性因素本身的情况,其次说明本次评估处理的方法及处理结果,继而说明此种处理可能产生的结果,最后提出此种处理的责任。所有披露内容,不应与事实相矛盾。

④ 重要的利用专家工作及相关报告情况。资产评估专业人员在执行评估业务的过程中,由于特殊知识和经验限制等原因,需要利用专家工作协助或者相关报告完成评估业务,这是评估专业属性的体现,也是世界评估实践形成的共识。资产评估报告中应当披露重要的利用专家工作及相关报告的情况。

⑤ 重大期后事项。根据监管部门或委托人要求,资产评估专业人员可以对评估基准日期后重大事项作出披露。具体包括:说明评估基准日之后发生的重大期后事项;特别提示评估基准日的期后事项对评估结论的影响。

⑥ 评估程序受限的有关情况、评估机构采取的弥补措施及对评估结论影响的情况。

⑦ 其他需要说明的事项。

(12) 资产评估报告使用限制说明

资产评估报告的使用限制说明应当载明:

① 使用范围。

② 委托人或者其他资产评估报告使用人未按照法律、行政法规规定和资产评估报告载明的使用范围使用资产评估报告的,资产评估机构及其资产评估专业人员不承担责任。

③ 除委托人、资产评估委托合同中约定的其他资产评估报告使用人和法律、行政法规规定的资产评估报告使用人之外,其他任何机构和个人不能成为资产评估报告的使用人。

④ 资产评估报告使用人应当正确理解和使用评估结论。评估结论不等同于评估对象可实现价格,评估结论不应当被认为是对评估对象可实现价格的保证。

资产评估报告由评估机构出具后,委托人、评估报告使用人可以根据所载明的评估目的和评估结论进行恰当、合理使用,例如作为资产转让的作价基础,作为企业进行会计记录或调整账项的依据等。如果委托人或者评估报告使用人违反法律规定使用评估报告,或者不按照评估报告载明的使用范围使用评估报告,例如不按评估目的和用途使用或者超过有效期使用评估报告等,所产生的不利后果评估机构和评估专业人员不承担责任。

(13) 资产评估报告日

资产评估专业人员应当在评估报告中说明资产评估报告日。资产评估报告载明的资产评估报告日通常为评估结论形成的日期,这一日期可以不同于资产评估报告的签署日。

(14) 资产评估专业人员签名和资产评估机构印章

评估报告编制完成后,经过对资产评估专业人员编制的评估报告实施内部审核,至少由两名承办该业务的资产评估专业人员签名,最后加盖资产评估机构的印章。对于国有资产评估等法定评估业务资产评估报告,资产评估报告正文应当由至少两名承办该业务的资产评估师签名,并加盖资产评估机构印章。

3. 评估报告附件

(1) 评估对象所涉及的主要权属证明资料

评估对象所涉及的主要权属证明资料包括:房地产权证、无形资产权利(权属)证明、交通运输设备的行驶证及相关权属证明、重大机器设备的购置发票等。另外,资产评估专业人员应当收集委托人和被评估单位或产权持有人的营业执照并装订在资产评估报告的附件中。

(2) 委托人和其他相关当事人的承诺函

在资产评估中,委托人和其他相关当事人的承诺是评估报告附件中不可缺少的一部分。资产评估专业人员在撰写评估报告时应当收集到针对本次评估项目的委托人和其他相关当事人的承诺函。

通常情况下,委托人和被评估单位应当承诺如下内容。

① 资产评估所对应的经济行为符合国家规定;
② 我方所提供的财务会计及其他资料真实、准确、完整、合规,有关重大事项如实地充分揭示;
③ 我方所提供的企业生产经营管理资料客观、真实、完整、合理;
④ 纳入资产评估范围的资产与经济行为涉及的资产范围一致,不重复、不遗漏;
⑤ 纳入资产评估范围的资产权属明确,出具的资产权属证明文件合法、有效;
⑥ 纳入资产评估范围的资产在评估基准日期后发生影响评估行为及结果的事项,对其披露及时、完整;
⑦ 不干预评估机构和评估专业人员独立、客观、公正地执业。

(3) 资产评估机构及签名资产评估专业人员的备案文件或者资格证明文件

评估报告应当将评估机构的营业执照复印件、备案公告复印件、证券期货业务资格证书复印件(开展相关资产评估业务时适用),资产评估师的职业资格证书登记卡复印件作为评估报告附件进行装订。

(4) 资产评估汇总表或者明细表

为了让委托人和其他评估报告使用人能够更好了解委托评估资产的构成及具体情况,资产评估专业人员应当以报告附件的形式提供资产评估汇总表或明细表。

(5) 资产账面价值与评估结论存在较大差异的说明

4. 资产评估明细表

《资产评估执业准则——资产评估报告》要求评估报告的附件包括"资产评估汇总表或明细表",但并未对相关附表的编制提出具体要求,由资产评估机构通过内部业务标准自行规范。

(1) 资产评估明细表的基本内容

资产评估明细表是反映被评估资产评估前后的资产负债明细情况的表格。它是资产评估报告书的组成部分,也是资产评估结果得到认可、评估目的的经济行为实现后作为调整账目的主要依据之一。其基本内容应包括以下几个方面。

① 资产及负债的名称、发生日期、账面价值、评估价值等;
② 反映资产及负债特征的项目;
③ 反映评估增减值情况的栏目和备注栏目;
④ 反映被评估资产会计科目名称、资产占有单位、评估基准日、表号、金额单位、页码内容的资产评估明细表表头;
⑤ 写明清查人员、评估人员的表尾;
⑥ 资产评估明细表设立逐级汇总;
⑦ 资产评估明细表一般应按会计科目顺序排列装订。

(2) 资产评估明细表内容

资产评估明细表包括以下几个层次:资产评估结果汇总表、资产评估结果分类汇总表、各项资产清查评估汇总表及各项资产清查评估明细表。

6.2.4 资产评估报告实例

资产评估报告书摘要

ZF资产评估有限公司接受ABC公司的委托,根据国家关于国有资产评估的有关规定,本着独立、公正、科学、客观的原则,按照国际公允的资产评估方法,对ABC公司整体改组上市之目的而委托评估的ABC公司资产和负债进行了实地查勘与核对,并进行了必要的市场调查与征询,履行了公认的其他必要评估程序。据此,我们对ABC公司的委估资产在评估基准日的公平市值分别采用成本法和收益法进行了分项及总体评估,为其整体改组上市提供价值参考依据。目前我们的资产评估工作业已结束,现将资产评估结果报告如下:

经评估,截至评估基准日2003年12月31日,在持续使用前提下,ABC公司的委估资产和负债表现出来的公平市场价值反映如下:

资产名称	账面值	清查调整值	评估值	增减值	增减率%

本报告仅供委托方为本报告所列明的评估目的以及报送有关主管机关审查而作。评估报告使用权归委托方所有,未经委托方同意,不得向他人提供或公开。除依据法律须公开的情形外,报告的全部或部分内容不得发表于任何公开媒体上。

重要提示

以上内容摘自资产评估报告书,欲了解本评估项目的全面情况,应认真阅读资产评估报告书全文。

ZF 资产评估有限公司

2004 年 2 月 19 日

评估机构法人代表:_____.

注册资产评估师:_____.
　　　　　　　　_____.

ABC 公司
资产评估报告书
ZF 评报字(2003)第 10 号

一、绪言

ZF 公司资产评估有限公司接受 ABC 公司的委托,根据国家有关资产评估的规定,本着独立、公正、科学、客观的原则,按照国际公允的资产评估方法,为满足 ABC 公司整体改组上市之需要,对 ABC 公司资产进行了评估工作。本公司评估人员按照必要的评估程序对委托评估的资产和负债实施了实地查勘、市场调查与询证,对委估资产和负债在 2003 年 12 月 31 日所表现的市场价值做出了公允反映。现将资产评估情况及评估结果报告如下:

二、委托方及资产占有方

委托方:ABC 公司

资产占有方:ABC 公司(简介略)

三、评估目的

本次评估的目的是为 ABC 公司整体改组上市提供价值参考。

四、评估范围和对象

ABC 公司拟以其全部经营性净资产投入到拟成立的 ABC 股份有限公司中,评估范围包括流动资产、长期投资、固定资产(房屋建筑物类、机器设备类)、在建工程、无形资产。其他资产及负债,对土地使用权拟由集团公司以授权经营方式取得后租给股份公司使用,土地使用权不纳入评估结果汇总表中。

评估的具体范围以公司提供的各类资产评估申报表为基础,凡列入表内并经核实的资产均在本次评估范围之内。

五、评估基准日

根据我公司与委托方的约定,本项目资产评估基准日确定为 2003 年 12 月 31 日。

由于资产评估是对某一时点的资产及负债状况提出价值结论,选择会计期末作为评估基准日,能够全面反映评估对象资产及负债的整体情况;同时根据 ABC 公司的改制方案对时间的计划,评估基准日与评估目的的计划实现日较接近,故选择本基准日作为评估基准日。

本次资产评估工作中,资产评估范围的界定、评估价值的确定、评估参数的选取等,均以该日之企业内部财务报表、外部经济环境以及市场情况确定。本报告书中一切取价标准均为评估基准日有效的价格标准。

六、评估原则(略)

七、评估依据

在本次评估工作中所遵循的国家、地方政府和有关部门的法律法规,以及所参考的文件资料主要有:

(一)评估行为依据(略)

(二)评估法规依据(略)

(三)评估产权依据(略)

(四)评估取价依据(略)

八、评估方法(略)

九、评估过程(略)

十、评估结论(略)

在实施了上述资产评估程序和方法后,委估的ABC公司资产于评估基准日2003年12月31日所表现的公平市值反映如下:

资产名称	账面值	清查调整值	评估值	增减值	增减率%

评估结论详细情况请见资产评估明细表(另册)。

十一、特别事项说明

委托方在2002年12月分别与王××、吴××签订转让协议将,王××、吴××存于中国银行××储蓄所的大额存单转让给委托方。据转让协议承诺不得挂失、提前支取、抵押。存款期满,委托方持存单向××所支取。××储蓄所以"王××、吴××已将存折挂失,并已提前支取"为由拒付。至清查工作日为止,经××市××区人民法院一审判决委托方胜诉,二审正在审理之中。以上款项的可收回程度及对评估结果的影响程度无法确定,仅按清查值列示。

本评估报告使用者应注意特别事项对评估结论的影响。

十二、评估基准日期后的调整事项

在评估基准日后有效期内,资产数量发生的变化,应根据原评估方法对资产额进行相应调整。当评估方法为成本法时,应按实际发生额进行调整;若资产价格标准发生变化,并对资产评估价格已产生了明显影响时,委托方应及时聘请评估机构重新确定评估价值。

由于评估基准日后资产数量、价格标准的变化,委托方在资产实际作价时应给予充分考虑,并进行相应调整。

十三、评估报告法律效力

1. 评估结论有效的其他条件

本次评估结论是反映评估对象在本次评估目的下,根据公开市场的原则确定的现行公允价,没有考虑将来可能承担的抵押、担保事宜,以及特殊的交易方可能追加付出的价格等对评估价格的影响,同时,本报告也未考虑国家宏观经济政策发生变化以及遇有自然力和其他不可抗力对资产价格的影响。

当前述条件以及评估中遵循的持续经营原则等其他情况发生变化时,评估结论一般会失效。

2. 本评估报告依照法律法规的有关规定发生法律效力

3. 评估结论的有效使用期限

根据国家现行规定,本资产评估报告有效期为一年,自资产评估基准日 2003 年 12 月 31 日起计算,至 2004 年 12 月 30 日止。当评估目的在有效期内实现时,应以评估结论作为资产转让价值的参考。超过一年,须重新进行资产评估。

十四、评估报告提出日期

本评估报告提出日期为 2004 年 2 月 10 日。

ZF 资产评估有限公司
2004 年 2 月

评估机构法人代表：_____
注册资产评估师：_____

ABC 公司资产评估人员名单(略)

备查文件：

有关经济行为文件；

资产评估立项批准文件；

被评估企业评估基准日会计报表；

委托方与资产占有方营业执照复印件；

产权证明文件复印件；

委托方、资产占有方承诺函；

资产评估人员和评估机构的承诺函；

资产评估机构资格证书复印件；

评估机构营业执照复印件；

资产评估业务约定合同；

其他文件。

资产评估说明(含资产评估明细表)

ABC 公司
资产评估说明
ZF 评报字(2004)第 10 号
ZF 资产评估有限公司
2004 年 2 月

说明一

关于《资产评估说明》使用范围的声明(略)

说明二

关于进行资产评估有关事项的说明

一、委托方与资产占有方概况(略)

二、评估目的(略)

三、评估范围(略)

四、评估基准日(略)

五、可能影响评估工作的重大事项说明(略)

六、资产及负债清查情况的说明(略)

七、资料清单(略)

委托方负责人签字：	资产占有方负责人签字：
委托方印章	资产占有方印章
2004年1月10日	2004年1月10日

说明三

资产清查核实情况说明

一、资产清查核实内容

根据资产评估工作的要求,我们对公司委估资产及负债进行了抽查复核,列入清查范围的资产类型主要有:流动资产、长期投资、固定资产(包括房屋建筑物、机器设备、运输车辆)、在建工程、无形资产、递延资产及流动负债和长期负债。上述资产评估前账面金额如下：

资产项目	账面原值	账面净值

二、实物资产分布情况及特点(略)

三、影响资产清查的事项(略)

四、资产清查的过程与方法

(一)清查组织工作(略)

(二)清查主要步骤(略)

(三)清查的主要方法(略)

五、资产清查结论

清查调整结果如下：

资产项目	账面原值	账面净值	调整后账面值

六、清查调整说明

经过清查核实,除职工宿舍此次不评估外,未发现其他需要调整事项。

说明四

评估依据的说明

我们在本次资产评估工作中所遵循的国家、地方政府和有关部门的法律法规,以及在评估中参考的文件资料主要有:

一、主要法律法规(略)

二、经济行为文件(略)

三、重大合同协议、产权证明文件(略)

四、采用的取价标准

采用的取价标准均为评估基准日正在执行的价格标准,具体内容略。

五、参考资料及其他(略)

说明五

各项资产及负债的评估技术说明(略)

说明六

整体资产评估收益法评估验证说明

一、收益法的应用简介(略)

二、企业的生产经营业绩与企业的经营优势(略)

三、企业的经营计划(略)

四、企业的各项财务指标(略)

五、评估依据(略)

六、企业的营业收入预测(略)

七、企业的成本费用预测(略)

八、企业长期投资收益预测(略)

九、折现率的选取(略)

十、评估值的计算过程(略)

十一、评估结论(略)

说明七

评估结论及其分析

一、评估结论

在实施了上述资产评估程序及方法后,ABC公司的委估资产在评估基准日2003年12月31日所表现的公允价值反映如下:

资产名称	账面额	调整后账面额	评估值	增减值	增减率

二、评估结果与调整后账面值比较变动情况说明

1. 总资产评估值与调整后账面值相比增加额
2. 净资产评估值与清查调整值相比增加额

三、评估结论成立的条件

评估结论系根据前述评估原则、依据、前提、方法、程序得出的,仅为本评估目的服务;评估结论系对评估基准日 ABC 公司资产及负债的公允值的反映,只有在上述评估原则、依据、前提存在的条件下成立。评估人员在出具评估结论时,没有考虑特殊的交易方可能追加付出的价格等对评估价格的影响,也未考虑国家宏观调控经济政策发生重大变化以及遇有自然力或其他不可抗力的影响。评估结论是本评估机构出具的,受本机构评估人员职业水平和能力的影响。

四、评估基准日的期后事项对评估结论的影响

1. 发生评估基准日期后重大事项时,不能直接使用本评估结论。在本次评估结果有效期内若资产数量发生变化,应根据原评估方法对评估值进行相应调整。
2. 在评估基准日期后,且评估结果有效期内若资产数量、价格标准发生变化并对资产评估价格产生明显影响时,委托方应及时聘请评估机构重新确定评估值;若资产价格的调整方法简单、易于操作时,可由委托方在资产实际作价时进行相应调整。

五、评估结论的效力、使用范围与有效期

本评估结论系评估专业人员依据国家有关规定出具的意见,具有法律规定的效力。

本评估结论仅供委托方为评估目的使用和送交资产管理机关审查使用。本评估说明的使用权归委托方所有,未经委托方同意,不得向他人提供或公开。

依据国家现行规定,评估结论的有效期为一年,从评估基准日起计算。当评估目的在有效期内实现时,应以评估结论作为股权转让的参考(还须结合评估基准日的期后事项的调整)。超过一年,须重新进行资产评估。

六、评估结论和瑕疵事项

在评估过程中已发现可能影响评估结论,但非评估人员执业水平和能力所能评定估算的有关事项为:

委托方在 2002 年 12 月分别与王××、吴××签订转让协议,将王××、吴××存于中国银行××储蓄所的大额存单转让给委托方。据转让协议承诺不得挂失、提前支取。而存款期满,委托方持存单向××所支取。××所以"王××、吴××已将存折挂失,并已提前支取"为由拒付。至清产工作日止经过××市××区人民法院一审判决委托方胜诉,二审正在审理中。上述款项的可收回程度及对评估结果的影响程度难以确定,因此评估时未进行评定,仅按清查值列示。

资产评估明细表

1. 资产评估结果汇总表(略)
2. 资产评估结果分类汇总表(略)
3. 资产清查评估明细表(略)

任务演练:资产评估报告解析

下面是一份土地估价技术报告的市场比较法测算说明部分(标注"略"的为正常内容)。请

阅读后回答相关问题。

一、估价项目名称

××上市公司股权转让所涉及的土地使用权价格评估。

二、委托估价方(略)

三、受托估价方(略)

四、估价目的

本次土地估价是为××上市公司因股权转让核定土地价值,同时为正在办理的土地抵押提供价格依据。

五、估价依据

1.《中华人民共和国土地管理法》;

2.《中华人民共和国城市房地产管理法》;

3.《城镇土地估价规程》;

4. 土地估价委托书;

5. 估价人员实地勘察调查所获取的有关资料。

六、估价基准日

二〇〇五年十二月三十一日

七、估价日期

二〇〇五年十二月三十日至二〇〇六年一月五日

八、地价定义

待估宗地的价格是在以下设定条件下于二〇〇五年十二月三十一日的土地使用权市场价格。其中,开发程度为宗地红线外"六通"和宗地红线内场地平整,用途为商业用地,容积率为3.6,使用年期为商业用地剩余出让年限35年。

九、估价结果

估价人员在对两种估价方法评估结果及相应资料、估价参数进行综合分析的基础上,确定估价结果如下:

评估土地面积:2 504.1 m^2

单位面积地价:4 069 元/$米^2$

总地价:10 189 358 元

大写:人民币壹仟零壹拾捌万玖仟叁佰伍拾捌元整

十、需要特殊说明的事项

1. 假设条件

(1) 土地使用者合法拥有土地使用权,并支付有关税费。

(2) 估价对象与其他生产要素相结合,能满足目前经营的正常进行,保证企业持续发展。

(3) 评估基准日的地产市场为公开、平等、自愿的交易市场。

(4) 任何有关估价对象的运作方式、程序,应符合国家、地方的有关法律、法规。

(5) 委托方提供的资料属实。

2. 估价结果和估价报告的使用

(1) 土地估价报告仅为委托方××公司股权转让核定土地价值提供依据;不能用于其他用途。

(2) 在估价报告有效期内,若待估宗地的土地开发条件、规划条件等发生变化,估价结果应作相应调整。

(3) 土地估价报告和估价结果的使用权归委托方所有,估价机构对估价结果有解释权。

十一、土地估价师签字

1. 土地估价师签字:×××土地估价师资格证书号:××××××××××
2. 土地估价师签字:×××土地估价师资格证书号:××××××××××

十二、土地估价机构

土地估价机构负责人签字:×××

(土地估价机构公章)

二〇〇六年一月五日

演练方法

① 文案调查与演示法。

② 案例分析法。

③ 讨论法。

训练要求

1. 在"估价目的"一项中,关于土地估价目的的叙述是否正确?并说明理由。

2. 针对上述评估目的,有人认为股权转让是股东内部的事情,不需要对土地资产进行评估,此观点是否正确?请阐述你自己的看法。

3. 土地估价依据一般包括哪些方面?在"估价依据"一项中所列出的依据还缺乏哪几方面?

4. 在"地价定义"一项中,设定开发程度为宗地红线外"六通"和宗地红线内场地平整指的是(   )(只有一个选项)。

   A. 评估对象的规划开发程度

   B. 评估对象的实际开发程度

   C. 根据委托方要求划定的开发程度

   D. 根据资产评估要求界定的开发程度

5. 在"需要特殊说明的事项"一项中,假设条款"委托方提供的资料属实"的含义是指(   )(只有一个选项)。

   A. 估价的准确性完全基于委托方提供资料的真实性

   B. 估价中没有对委托方提供的有关资料进行核实

   C. 可能存在的不实情况会影响土地估价结果

   D. 委托方应该承担资料不实的责任

6. 假定委托方在报告的有效期内办理土地登记时,根据此评估结果填报了地价申报单。请问这是否违反了需要特殊说明的事项一项中,关于估价结果和估价报告的使用条款"土地估价报告,仅为委托方××公司股权转让核定土地价值提供依据,不能用于其他用途"的规定。说明理由。

演练条件

① 教师事先对学生按照5~6人进行分组。

② 具有一定数量的计算机设备及上网条件。

③ 具有多媒体教室或模拟实训室。

学习任务6.3 资产评估报告的使用

知识储备

工作成果：资产评估报告引起的法律纠纷

从资产评估程序的角度，资产评估机构出具资产评估报告后，资产评估工作已基本完成。资产评估报告的使用完全是资产评估委托方、资产评估管理方和有关部门的事情，与资产评估机构和评估人员并无太大的关系。然而，现实中由于对资产评估报告及评估结果使用不当造成的评估纠纷有愈演愈烈之势，关于资产评估报告的合理使用问题已经被提到议事日程上来。

6.3.1 委托方对资产评估报告的使用

委托方在收到受托评估机构送交的正式评估报告及有关资料后，可以依据所揭示的评估目的和评估结论，合理使用资产评估结果。从性质上说，资产评估结果和结论是注册资产评估师的一种专业判断和专业意见，并无强制执行力。在正常情况下，委托方完全可以在评估报告限定的条件和范围内根据自身的需要合理使用评估报告及评估结论，并不一定完全按照评估结论一成不变地"遵照执行"。如果委托方直接使用了评估结论，那也是委托方的自主选择，并不是因为评估结论具有强制力。另一方面，评估报告及其结论虽无强制执行力，但评估结论也不得随意使用或滥用。委托方必须按照评估报告中所揭示的评估目的、评估结果的价值类型、评估结果成立的限制条件和适用范围正确地使用评估结论。

根据有关规定，委托方依据评估报告所提示的评估目的及评估结论，可以作为以下几种具体的用途进行使用：

1. 作为资产的作价基础

根据评估目的作为资产的作价基础，包括：
① 整体或部分改建为有限责任公司或股份有限公司；
② 以非货币资产对外投资；
③ 合并、分立、清算；
④ 除上市公司以外的原股东股权比例变动；
⑤ 除上市公司以外的整体或部分产权(股权)转让；
⑥ 资产转让、置换、拍卖；
⑦ 整体资产或者部分资产租赁给非国有单位；
⑧ 确定涉讼资产价值；
⑨ 国有资产占有单位收购非国有资产；
⑩ 国有资产占有单位与非国有资产单位置换资产；
⑪ 国有资产占有单位接受非国有资产单位以实物资产偿还债务；
⑫ 法律、行政法规规定的其他需要进行评估的事项。

2. 作为企业进行会计记录或调整账项的依据

委托方在根据评估报告所提示的资产评估目的使用资产评估报告资料的同时，还可依照有关规定，根据资产评估报告资料进行会计记录或调整有关财务账项。

3. 作为履行委托协议和支付评估费用的主要依据

当委托方收到评估机构的正式评估报告及有关资料后，在没有异议的情况下，应根据委托协议,履行支付评估费用的承诺及其他有关承诺。

此外,资产评估报告及有关资料也是有关当事人因资产评估纠纷向调处部门申请调处的申诉资料之一。

当然,委托方在使用资产评估报告及有关资料时也必须注意以下几个方面:

① 只能按评估报告所揭示的评估目的使用评估报告及其结论,一份评估报告只允许按一个用途使用。

② 只能在评估报告的有效期内使用报告,超过评估报告有效期,原资产评估结果无效。

③ 在评估报告有效期内,资产评估数量发生较大变化时,应由原评估机构或者资产占有单位按原评估方法做相应调整后才能使用。

④ 涉及国有资产产权变动的评估报告及有关资料必须经国有资产管理部门或授权部门核准或备案后方可使用。

⑤ 作为企业会计记录和调整企业账项使用的资产评估报告及有关资料,必须由有权机关批准或认可后方能生效。

所有不按评估报告目的、期望使用者、价值类型、有效期等限制条件使用评估报告及其结论并造成损失的,应由使用者自负其责。

6.3.2 资产评估管理机构对资产评估报告的使用

资产评估管理机构对资产评估报告的核准、备案和检查也是对资产评估报告的一种使用。资产评估管理机构主要指对资产评估行政管理的主管机关和资产评估行业自律管理的行业协会。资产评估管理机构对资产评估报告书的核准、备案和检查是资产评估管理机构实现对评估机构的行政管理和行业自律管理的重要过程。资产评估管理机构通过对评估机构出具的资产评估报告的核准、备案和检查,能大体了解评估机构从事评估工作的业务能力和组织管理水平。对评估机构的评估结果质量好坏做出客观的评价,从而能够有的放矢地对评估机构的人员、技术和职业道德进行管理。另一方面,国有资产评估报告能为国有资产管理提供重要的数据资料,通过对国有资产占有、使用、转移状况以及增减值变动情况,进一步为加强国有资产管理服务。当然,资产评估管理机构对评估报告的使用也应该是全面和客观的,资产评估管理机构应结合评估项目具体条件、评估机构的总体构思、评估机构设定的评估前提,以及评估结果的价值类型和定义等全面地评价评估报告和评估结论。

6.3.3 其他有关部门对资产评估报告的使用

除了资产评估管理机构可以对资产评估报告进行核准、备案和检查外,国有资产监督管理部门、法院、证券监督管理部门、工商行政管理部门、税务机关、金融和保险机构等有关部门也经常使用资产评估报告。由于上述部门大都拥有或可以行使司法或行政权力,它们在使用资产评估报告及其结果时,往往伴随着司法和行政权力的使用。这就很容易把评估结论的专业判断性与资产定价混为一谈。因而,具有司法行政权力的机关和部门正确和合理使用评估报告及其评估结论,就显得尤为重要。

当国有资产监督管理部门作为国有资产所有者的代表进行国有企业改制时,对国有企业改制资产评估报告及其评估结论的使用,应等同于普通的委托方使用资产评估报告,按照普通委托方使用评估报告的要求去做。国有资产监督管理部门对改制企业交易价格的最终确定,是国有资产监督管理部门作为资产所有者代表的自主选择,资产评估结果仅作为国有资产监督管理部门确定最终交易价格的参照和专业咨询意见,评估机构及其人员仅对评估结论的合理性负责,并不是对改制企业的交易结果负责。

法院在通过司法程序解决财产纠纷和经济纠纷时,也大量使用资产评估报告及其结论来处理以资抵债等案件。由于法院是以仲裁者的身份使用评估结论,评估结果一经法院裁决就必须依法执行。这里必须强调,资产评估不会因使用者的不同而改变自身的性质,评估结论也不会因法院的使用而由专业咨询变成定价,评估结论是对资产客观价值的估计值,而并不是这个客观值本身。包括法院在内的权力机关,无论是作为仲裁者或是作为执法者都应合理使用评估结论,以资产评估报告及其结论为基础和参照,综合经济纠纷双方的申辩和理由来裁定经济纠纷涉及的资产价值或以资抵债的数额(价格)。

证券监督管理部门对资产评估报告的使用,主要是对申请上市的公司有关申报材料招股说明书中的有关资产评估数据的审核,以及对上市公司的股东配售发行股票时申报材料配股说明书中的有关资产评估数据的审核。根据有关规定,公开发行股票公司信息披露至少要列示以下各项资产评估情况:

① 按资产负债表大类划分的公司各类资产评估前账面价值及固定资产净值;
② 公司各类资产评估净值;
③ 各类资产增减值幅度;
④ 各类资产增减值的主要原因。

公开发行股票的公司采用非现金方式配股,其配股说明书的备查文件必须附上资产评估报告。

证券监督管理部门对资产评估报告和有关资料的使用,主要是为了保护公众投资者的利益和资本市场的秩序,以及加强对取得证券业务评估资格的使用,实际上是对资产评估机构及其人员的业务监管,相当于资产评估管理部门对资产评估报告的使用。

保险监督管理部门、工商行政管理部门、税务、金融等部门也都大量使用资产评估报告,这些部门在使用资产评估报告时,也必须清楚地认识到资产评估结论只是一种专业判断和专家意见,必须全面理解和认识评估结论,并在此基础上结合本部门的资产业务做出自主决策。

任务演练:××城关镇××村×××房地产评估报告

农发行××市分行:

××茗芝茶业有限责任公司在农发行××市分行申请农业小企业短期流动资金贷款200万元,提供用××城关镇××村大庄社×××房地产做抵押,根据中国农业发展银行有关资产评估规定,本着客观、公正、科学的原则,按照公认的资产评估办法,农发行××市分行驻××客户服务组与茗芝茶业公司、房地产所有人刘金科对该宗房地产进行了评估工作。银企双方评估人员按照必要的程序,对该公司提供抵押的房地产实施了实地查勘、丈量,并进行市场调查与询证,对该公司提交的抵押资产在2008年1月12日所表现的市场价格做出了公允反映。现将评估结果报告如下:

刘金科住宅楼坐落在××城关镇××村大庄社,北临东街,该宗房产有较高的商用价值,房屋所有权证号:××房产证私有字第02278号,所有权人×××,产别:私有,结构:砖混,房屋总层数:六层,面积1 575.34 m^2,设计用途:商业。土地证:康集用(2003)字第017号,土地使用者:×××,用途:住宅,使用权面积:129.53 m^2。

上述房地产根据 2007 年 12 月 28 日房地产市场价格,房产按每平方 900 元评估,1 575.34 m² × 900 元/米² = 1 417 806 元,土地价值按 3 800 元评估,129.53 m² × 3 800 元/米² = 492 214 元,房地产值合计 1 910 020 元。

以上资产评估价共计 191 万元,银企双方共同认为本次评估公正、客观、科学,合法有效,无异议。

农发行××市分行××客户服务组

评估人(签字盖章)

××茗芝茶业有限责任公司

授权评估人(签字盖章)

二○○八年元月十二日

演练方法

① 讨论法。

② 调查法。

训练要求

① 将学生分成若干小组,以小组为单位,从评估机构的角度思考要形成公允的资产评估报告应了解茗芝茶业有限公司的哪些情况。

② 将学生分成若干小组,以小组为单位,从中国农发行的角度,讨论该评估报告在农发行的贷款过程中起了什么作用。

演练条件

① 教师事先对学生按照 5~6 人进行分组。

② 具有一定数量的计算机设备及上网条件。

③ 具有多媒体教室或模拟实训室。

重点回顾

能 力 训 练

1. 专项能力训练

背景资料

评估报告书

×××有限责任公司:

我所接受贵公司委托,根据国家有关资产评估的规定和其他法律法规规定,对贵公司以与 A 公司联营为目的的全部资产进行了评估。评估中结合贵公司的具体情况,实施了包括财产清查在内的我们认为必要的评估程序,现将评估结果报告如下:

1. 资产评估机构(略)

2. 委托方和资产占有方(略)

3. 评估目的:为联营之目的评估贵公司净资产现行价值。

4. 评估范围和对象:本次评估范围为××公司拥有的全部资产、负债和所有者权益。评估对象为公司的整体资产。

5. 评估原则:根据国家国有资产管理及评估的有关法规,我所遵循独立性、科学性和客观性的评估工作原则,并以贡献原则、替代原则和预期原则为基础进行评估。

6. 评估依据

（1）××省国有资产管理局《关于同意××公司与 A 公司联营的批复》；

（2）委托方提供的资产清单及其他资料；

（3）有关资产的产权证明及相关资料；

（4）委托方提供的有关会计凭证、会计报表及其他会计资料；

（5）与委托方资产取得、销售业务相关的各项合同及其他资料。

7．评估基准日：2005 年 9 月 30 日

8．评估方法：根据委托方评估目的和评估对象，此次评估方法为成本法。

9．评估过程（略）

10．评估结果：在实施了上述评估程序和评估方法后，贵公司截至评估基准日的资产、负债和所有者权益价值为：资产总额 41 504 342 元，负债总额 22 722 000 元，净资产价值 18 782 342 元。

11．评估结果有效期：根据国家有关规定，本报告有效期一年。自报告提交日 2005 年 12 月 20 日起至 2006 年 12 月 19 日止。

12．评估说明

（1）流动资产评估

① 货币资金账面价值 421 588 元，其中现金 21 325 元，银行存款 400 263 元，考虑到货币资金即为现值无须折现，经总账明细账与日记账核实一致并对现金盘点无误后，按账面值确认。

② 应收账款账面价值 5 481 272 元，经与明细账核对，确认评估值为 5 083 252 元。

③ 存货账面价值为 11 072 460 元，抽查比例为 60%，在质量检测与抽查核实的基础上，确认评估值为 10 852 500 元。

④ 其他流动资产（略）

流动资产账面价值 18 845 502 元。评估值为 17 401 832 元。

元

项　目	账面价值	评估值	增减值	增减率
流动资产	18 845 502	17 451 832	−1 393 670	−7.4%
固定资产	20 248 470	23 542 510	3 294 040	16.27%
长期投资	500 000	510 000	10 000	2%
资产总计	39 593 972	41 504 342	1 910 370	4.82%
流动负债	14 450 000	14 250 000	−200 000	−1.38%
长期负债	8 862 000	8 462 000	−400 000	−4.51%
负债合计	23 312 000	22 722 000	−60 000	−2.57%
净资产	16 281 972	18 782 342	2 510 370	15.42%

（2）长期投资评估（略）

（3）固定资产评估（略）

（4）其他资产评估（略）

（5）负债审核确认（略）

13．其他事项说明（略）

14. 评估结果有效的其他条件(略)
15. 评估时间

本次评估工作自 2005 年 10 月 4 日起至 2005 年 12 月 20 日止,本报告提交日期为 2005 年 12 月 20 日。

中国注册资产评估师:××(签字盖章)

××资产评估事务所(盖章)

2005 年 12 月 20 日

训练要求

(1) 试分析说明上述资产评估报告的错误之处。

(2) 结合训练项目情况,以资产评估报告的撰写原则为主题,分组形成《训练项目分析报告》。

训练路径

(1) 教师事先对学生按照 5 人进行分组,每组拟出《训练项目分析提纲》。

(2) 小组讨论,形成小组《训练项目分析报告》。

(3) 班级交流,教师对各组《训练项目分析报告》进行点评。

2. 综合能力训练

撰写资产评估报告训练

训练目标

通过实训使学生掌握资产评估报告的格式和要求,熟悉相应的资产评估报告的撰写方法。能够根据要求和给出的资料编写完整并符合要求的资产评估报告。

训练内容

下面是一则商标独家使用权的评估资料,根据给出的资料,分组写出资产评估报告。

背景资料

商标独家使用权的评估

说明:本案例涉及的是商标独家使用权的评估。案例分析中明确指出了商标价值的内涵,且由企业的超额收益所体现。由此,选用超额收益法对商标进行评估。其间重点介绍了超额收益率的计算及预测思路,进而得出超额收益,计算得到评估结果。

一、评估对象

A 市 B 股份有限公司的"B"商标独家使用权。

二、评估目的

为 A 市 B 股份有限公司进行中外合资提供"B"商标独家使用权的依据。

三、评估基准日

本次的评估基准日为:2007 年 4 月 30 日。

四、评估资产概况

被评估"B",商标包括文字商标和图形商标。商标注册的使用商品为轿车、小汽车等;类别为第 12 号。商标注册证号分别为:第 AA 号、第 BB 号、第 CC 号、第 DD 号、第 EE 号、第 FF 号。注册商标人:A 市 B 股份有限公司。B 商标主要使用在 B 牌汽车上。B 牌汽车具有优质低耗、适合中国国情等特点,在消费者中赢得了信誉和市场,产品基本上每年尽产尽销。B 牌产品先后荣获"消费者喜爱品牌"、"国产精品"、"最佳中国市场名牌"等各种荣誉称号。B 牌产品,已经获得消费者和社会的赞誉和认可,在特定的市场范围内有着广泛的知名度。

五、评估依据

1. 委托方提供的资产评估申报材料;
2. 委托方提供的有关商标权属证明;
3. 2005 年与 2006 年《中国汽车工业年鉴》;
4. 2005 年与 2006 年《中国统计年鉴》;
5. 国家计划委员会 2004 年 4 月 29 日颁布的《汽车工业产业政策》;
6. A 市汽车工业(集团)有限公司的"九五规划";
7. 《中华人民共和国商标法》;
8. 2003—2006 年 B 牌产品销售量、价格变动表;
9. 评估公司所掌握的其他资料。

六、评估方法及步骤

1. 评估分析与评估方法

商标的价值是对使用该商标的商品质量、性能、服务等效用因素的综合显示,甚至是效用性能比的标志。具体地说,B 商标是 B 牌产品性能、质量,生产企业经营素质、技术状况、管理状况、营销技能的综合体现,因此,严格地说,本次商标评估的内涵应该是综合体现其超额收益能力的商标及其他无形资产的价值,其中主要包括引进外方的 H 型汽车生产技术、B 三厢式汽车技术等专有技术贡献。B 商标的经济价值源于企业拥有的技术和管理水平,由企业的超额收益所体现。因此,本次评估选用超额收益法,对 B 商标(上述第四部分评估资产概况中所限定的商标)独家使用权的价格进行评估。

2. 评估思路

(1) 根据企业提供的企业评估基准日前 5 年(实为 4 年 4 个月)的财务报告和相关企业的经济指标统计数据,进行历史数据分析,获取企业销售额和"利润总额/销售收入"的变化情况,计算出"利润总额/销售收入"指标;

(2) 将企业的"利润总额/销售收入"指标与同行相比,测算出企业的超额利润率(超额利润/销售收入);

(3) 在企业持续经营的条件下,按照国际评估惯例,对企业未来 5 年的销售收入、超额利润率进行预测;对未来 5 年以后的数据,取第 5 年的值;

(4) 确定适当的折现率;

(5) 评估商标独家使用权的价值。

3. 评估过程说明

(1) 企业评估基准日

根据目前的财务报表数据分析、计算企业的销售收入和利润总额变动情况,如下表所列。

项目	2003 年	2004 年	2005 年	2006 年	2007 年 1~4 月	均值
销售收入(万元)	334 742.20	379 523.60	392 873.70	504 373.70	169 860.90	
比上年递增(%)		13.34	11.80	28.38		17.84
利润总额(万元)	21 326.40	33 547.10	57 183.90	66 903.80	19 287.80	
利润总额/销售收入 g	6.371	8.839	14.555	13.264	11.368	10.75

表中的数据显示:销售收入迅速增长平均增长速度为17.84%。除2005年由于生产能力的扩大产生了一个飞跃之外,其增长趋势较为平稳;反映企业获利能力的g值随销售收入的增加而增加,且幅度有收敛趋势,这与规模收益理论是一致的。

(2) 确定超额收益率

经分析"利润总额/销售收入"是一个较稳定地反映企业收益高低的相对指标。因此,我们选择被评估企业与同行业的利润总额/销售收入之差,作为本次评估的超额收益率,相应地,超额收益=超额收益率×销售收入。

根据被评估企业的历史数据、中国汽车工业年鉴及同行业的相应数据,计算出评估基准日前被评估企业的超额收益率,如下表所列。

项　目	2003年	2004年	2005年	2006年	均　值
被评估企业的g(%)	6.371	8.839	14.555	13.264	10.76
比上年递增(%)		38.74	64.67	−8.87	31.51
汽车行业的g(%)	5.561	6.868	8.175	9.482	7.56
比上年递增(%)		23.50	19.03	15.99	19.51
超额收益率(%)	0.81	1.97	6.38	3.78	3.2
比上年递增(%)		143.21	223.80	−40.75	108.77

我们从上表中可以看出:

① g 值增长速度较快,2003年为6.371%,2006年则增至13.264%,平均增长率达31.51%,g 值幅度波动大,并趋于收敛;

② 汽车行业的 g 值逐年递增,但增长速度较被评估企业的 g 值增长速度慢且相对平衡;

③ 超额收益率波动较大,平均值为3.2%,但由于上述①、②所述两种 g 值的趋势的综合,超额收益率趋于递减,超额收益率的这一趋势与超额利润平均化这一经济规律相符。

(3) 对企业未来销售收入和超额收益率的预测

在企业持续经营、资产持续使用、技术进步基本不变和政策稳定的前提下,根据资产占有方提供的2003年至2007年1—4月的财务报表、企业的生产能力、产品销售计划、市场预测资料、同行业2003年至2007年的历史数据、汽车产业政策,对被评估企业2007年(5—12月)至2011年产品销售收入用增长曲线法建立预测模型拟合销售收入曲线进行预测。2011年以后的预测属长期预测值,不宜采用公式法,所以,评估人员通过对市场和产业政策的分析,认为取2011年的预测值作为2011年以后各年的预测值是合理的。

根据历史数据,一方面考虑到汽车工业产业政策有关"改变目前投资分散、生产规模过小、产品落后的状况,增强企业开发能力,提高产品和技术装备水平,促进产业组织的合理化,实现规模经济"扶优扶强的宗旨,另一方面考虑超额利润平均化这一经济规律,用趋势外推法建立预测模型。趋势外推法的基本原理是根据时间序列的长期趋势,以时间为自变量,序列指标为因变量,拟合 $y=f(t)$,据以进行外推预测。把2003年的数据设为1,以后 t 值为1,即自变量取1、2、3、4、5。建立销售收入与 t 的函数,对2007—2011年超额收益进行预测,如下表所列。

2007—2011年被评估企业的销售收入和超额收益预测

项 目	2007年5月—12月	2008年	2009年	2010年	2011年
销售收入(万元)	365 350.9	588 820.41	631 244.21	690 524.53	723 509.50
超额收益率(%)	3.5	3.25	3.00	2.75	2.50

(4) 折现率的选择

合理确定折现率是收益法在商标评估中得以恰当运用的重要前提条件之一,同时也是难点和障碍之一。主要是因为信息资源的短缺,而不是确定方法本身的技术含量高。在运用超额收益现值法对商标进行评估的过程中,折现率的确定可以采用多种方法,目前常用的方法主要有:

① 风险累加法。所谓风险累加法,就是无风险报酬率与风险报酬率之和作为商标评估的折现率。无风险报酬率主要采用政府所发行的债券的利率,但也可采用银行一年定期存款利率作为无风险报酬率,风险报酬率在这里主要指行业风险报酬率。计算公式如下:

$$折现率(r) = 无风险报酬率 + 风险报酬率$$

② 以企业所属行业的平均资金利润率作为折现率在计算超额收益时以整个行业作为对照系数。其计算公式为

$$折现率(r) = 所属行业的平均资金利润率$$

行业平均资金利润率即行业所占用资金总额(固定资产原值+定额流动资产)与年税后利润总额的百分比。其中,用平均资金利润率作为预期收益的本金化率是根据我国国情而考虑的。

在本次评估中,选择第二种方法确定折现率(r),以2006年《中国汽车工业统计年鉴》公布数据为基础参考汽车行业的平均利润率及风险收益等因素,选取折现率(r)为15%。

(5) 评估值的计算

① 商标独家使用权评估值的计算如下表所列。

项 目	2007年5—12月	2008年	2009年	2010年	2011年	总 计
总销售收入(万元)	363 530.9	588 820.41	631 244.21	690 524.53	723 509.50	
超额收益率(%)	3.5	3.25	3.00	2.75	2.50	
超额收益(万元)	12 787.28	19 136.66	18 937.33	18 989.42	18 087.74	69 001.1
净超额收益(万元)	8 567.48	12 821.56	12 688.01	12 722.91	12 118.78	58 918.74
折现系数	0.911 0	0.792 2	0.688 9	0.599 0	0.520 9	
净现值(万元)	7 805.027	10 157.29	8 740.43	7 621.28	6 312.52	42 083.437
评估值(万元)	84 167.917					

B商标2007—2011年带来的超额收益的现值为42 083.437万元。本案例对商标进行评估的时候,我们假定持续经营,并且合理假定了公司2011年以后的经营与2011年保持一致。商标价值的评估值可以分解为两阶段之和:2007—2011年不稳定的现金流量模型和2011年收益永续年金模型。2011年以后的收益折现可以用以下公式计算:

$$V_1 = \mu \times A/r = 0.520\ 9 \times 12\ 118.78/15\% = 42\ 084.48(万元)$$

所以本案例中商标价值的评估值为
$$V = V_0 + V_1 = 42\,083.437 + 42\,084.48 = 84\,167.917(万元)$$

② 商标年独家使用费用的测算

在无期限等额支付年使用费的前提下,年金率取行业平均收益率15%,所以得到B商标的年使用费的评估值:$84\,167.917 \times 15\% = 12\,625.19(万元)$。

七、评估结果

经评估,在既定的使用状况下,B商标独家使用权下评估基准日2007年4月30日年使用费评估值为12 625.19万元。

训练要求

① 将班级每5～6位同学分成一组,每组指定1名组长,每组根据上面给出的资料进行思考,撰写资产评估报告,并制作成PPT进行演示。

② 各组在班级进行交流、讨论。

③ 教师总结。

训练成果

实操;PPT演示稿;资产评估报告并装订存档。

思考与练习

一、名词解释

资产评估报告制度;资产评估报告书;完整型资产评估报告;限制型资产评估报告。

二、单项选择题

1.广义的资产评估报告是(　　)。

A.一种工作制度　　B.资产评估报告书　　C.公正性报告　　D.法律责任文书

2.关于资产评估报告书摘要与资产评估报告书正文二者的关系表述正确的是(　　)。

A.资产评估报告书摘要的法律效力高于资产评估报告书正文

B.资产评估报告书正文的法律效力高于资产评估报告书摘要

C.二者具有同等法律效力

D.二者法律效力的高低由当事人决定

3.按有关规定,资产评估说明中进行资产评估有关事项的说明是由(　　)提供的。

A.委托方　　B.受托方　　C.资产占有方　　D.委托方与资产占有方

4.资产评估报告的有效期限为(　　)。

A.一年　　B.一年半　　C.二年　　D.三年

5.资产评估报告书需要有(　　)以上注册资产评估师签名盖章才有法律效力。

A.2名　　B.3名　　C.4名　　D.5名

三、多项选择题

1.资产评估报告的内容包括(　　)。

A.评估报告正文　　B.评估报告摘要　　C.备查文件　　D.评估报告表格

E.评估报告说明

2.资产评估报告正文的内容包括(　　)。

A.评估基准日　　B.评估假设　　C.评估目的　　D.评估原则

E. 评估结论

3. 评估报告需要（　　）签字、盖章方能有法律效力。

A. 评估机构　　　　B. 参加资产评估人员　　　C. 评估机构法人代表

D. 注册评估师　　　　E. 评估报告复核人

四、判断题

1. 资产评估报告对资产业务定价具有强制执行的效力，评估者必须对结论本身合乎职业规范要求负责。（　　）

2. 单项资产评估报告一般不考虑负债和以整体资产为依托的无形资产。（　　）

3. 按现行规定，对国有资产评估项目实行立项确认审批制度。（　　）

4. 经使用双方同意，一份资产评估报告书可按多个用途使用。（　　）

五、简述题

1. 什么是资产评估报告？

2. 资产评估报告的基本内容有哪些？

3. 简述资产评估报告的制作步骤。

工作过程 7
评估工作底稿管理

能力目标
1. 培养对资产评估工作底稿编制能力。
2. 培养资产评估档案管理能力。

知识目标
1. 熟悉资产评估工作底稿分类。
2. 熟悉与资产评估相关的档案管理规范。
3. 掌握资产评估工作底稿的格式、内容及其编制方法。

教学设计
1. 收集、查阅现行的资产评估法律法规及资产评估准则。
2. 开展典型案例分析与讨论。
3. 分组讨论与评价。
4. 演示训练。
5. 情境模拟。

学习任务7.1　资产评估工作底稿释义

知识储备

7.1.1　资产评估工作底稿的含义

资产评估工作底稿是注册资产评估师执行评估业务形成的，反映评估程序实施情况、支持评估结论的工作记录和相关资料。注册资产评估师执行资产评估业务，应当遵守法律、法规和资产评估准则的相关规定，编制和管理工作底稿。同时，应当符合以下基本要求：

工作成果：中评协关于印发《资产评估执业准则——资产评估档案》的通知

① 资产评估工作底稿应当反映评估程序实施情况，支持评估结论。

② 资产评估工作底稿应当真实完整、重点突出、记录清晰、结论明确。注册资产评估师可以根据评估业务的具体情况，合理确定工作底稿的繁简程度。

③ 资产评估工作底稿可以是纸质文档、电子文档或者其他介质形式的文档，注册资产评估师可以根据评估业务具体情况合理选择工作底稿的形式。电子或者其他介质形式的重要工作底稿，如评估业务执行过程中的重大问题处理记录，对评估结论有重大影响的现场勘查记录、询价记录和评定估算过程记录等，应当同时形成纸质文档。

7.1.2　资产评估工作底稿的作用

资产评估工作底稿是注册资产评估师在制定评估计划、执行评估程序和报告评估意见的过程中形成的工作记录。它以书面记录的形式完整反映了评估工作的全过程,是开展资产评估工作过程的重要证明,也是形成评估报告、考评注册资产评估师的工作业绩、澄清注册资产评估师的评估责任的重要依据。其作用主要体现在以下几个方面:

① 资产评估工作底稿是形成评估报告的直接依据。资产评估工作底稿记录了被评估资产的状态、注册资产评估师选用的评估方法、作价依据和作价计算过程等,因而是提出评估报告最直接的依据。

② 资产评估工作底稿是评估和考核注册资产评估师专业能力和工作业绩的依据。注册资产评估师在进行评估作业时,是否实施了必要的评估操作程序、所选用的评估方法是否恰当、依据的作价标准是否正确、执业判断和计算结果是否准确等,都会通过工作底稿反映。通过检查资产评估工作底稿,可以较为客观地评价注册资产评估师的专业能力,考核注册资产评估师的工作业绩。

③ 资产评估工作底稿是澄清注册资产评估师的评估责任的依据。规避评估风险和澄清评估责任是评估机构和注册评估师在执业过程中特别关注的重要问题。完整的工作底稿是澄清评估师是否按照行业标准进行评估操作、有关方面是否提供了真实、准确的法律文件的证据。

④ 资产评估工作底稿是控制评估质量和监控评估工作的手段。按一定的规范格式和内容编写评估工作底稿,是约束注册资产评估师和控制评估质量的重要手段。

⑤ 资产评估工作底稿是未来评估业务和其他评估人员学习的参考文献。由于对同类企业或同类资产的评估均存在一定的共性。因此,注册资产评估师以前执业的资产评估工作底稿可成为后人的参考与借鉴。评估人员除了在评估项目实践中学习评估业务以外,对未能参与评估项目工作底稿的学习也是提高执业水平、增加执业经验的有效方式。

7.1.3 资产评估工作底稿的编制要求

资产评估工作底稿的编制要求如下:

① 资产评估工作底稿是评估人员取得评估结论和完成评估项目的直接依据,工作底稿必须真实、完整、准确、规范。

② 对于资产评估工作底稿中由被评估单位或其他相关单位填写的内容,评估人员在实施必要的专业判断程序后,应会同其他类型的工作底稿一并纳入管理。凡参与资产评估工作底稿填制的有关人员,均应在反映所填制内容的底稿中签名并签署日期。

③ 评估人员在资产评估工作底稿中可以使用标识统一、含义明确、简单明了的各种标识符号。为便于工作底稿的使用和管理,评估人员应根据工作底稿的类别和顺序编制索引号和页次,并通过使用交叉索引和备注说明等形式反映底稿间的勾稽关系,详见表7-1、表7-2。

表7-1 综合管理类底稿要求一览表

序 号	档案内容	索引号	要求	格 式	备 注
	一、管理类底稿	G			
1	资产评估报告正本	G0-1-1	必备		完整的正式报告(简装)
2	资产评估明细表正本	G0-1-2	必备		完整的正式报告(简装)
3	资产评估说明正本	G0-1-3	必备		完整的正式报告(简装)
4	资产评估报告签发稿	G0-2-1	必备		
5	资产评估明细表签发稿	G0-2-2	必备		

续表 7-1

序号	档案内容	索引号	要求	格式	备注
6	资产评估说明签发稿	G0-2-3	必备		
7	资产评估报告复核修改稿	G0-3-1	选用		有重大复核修改的应存档
8	资产评估说明复核修改稿	G0-3-2	选用		有重大复核修改的应存档
9	业务文件流转表	G1	必备	标准格式	
10	业务文件流转表	G1-1	必备	标准格式	子公司整体评估说明用
11	评估项目复核工作底稿	G2-1	必备	标准格式	
12	各级复核意见及处理情况表	G2-2	必备	标准格式	各级复核通用格式
13	评估总结	G4	必备	推荐格式	
14	报告书修订审批表	G5	选用	标准格式	发生修订的必须审批
15	评估结果征求意见函	G8	必备	推荐格式	
16	评估项目基本情况调查表	G9	必备	推荐格式	
17	项目风险初步评价及审批表	G10	必备	标准格式	
18	资产评估业务约定书	G11	必备	推荐格式	WORD 格式
19	评估方案及计划	G12	必备	推荐格式	
20	评估方法适用性分析表	G13	必备	标准格式	
21	评估所需资料清单	G14	必备	推荐格式	根据项目情况增减内容
22	被评估单位基本情况介绍	G16	必备	标准格式	指导客户编制
23	主要会计政策、会计估计调查表	G17	必备	标准格式	评估人员调查、客户确认
24	管理层声明书	G18	必备	标准格式	指导客户编制
25	管理层声明附件1：评估基准日期后重大事项	G18-1	必备	标准格式	指导客户编制
26	管理层声明附件2：或有事项情况表	G18-2	必备	标准格式	指导客户编制
27	管理层声明附件3：涉及诉讼的未结债权债务情况	G18-3	必备	标准格式	指导客户编制
28	管理层声明附件4：评估基准日的担保抵押情况	G18-4	必备	标准格式	指导客户编制
29	抵押与担保调查表	G19-1	必备	标准格式	
30	或有事项与财务承诺调查表	G19-2	必备	标准格式	
31	期后事项调查表	G19-3	选用	标准格式	
32	资产清查调整事项说明	G19-4	选用	标准格式	有调整内容时选用
33	资产清查调整事项汇总表	G19-5	选用	标准格式	有调整内容时选用
34	会谈记录	G20	选用	推荐格式	
35	通用工作底稿	G21	选用	推荐格式	
36	评估报告签收单	G22	必备	标准格式	

表 7-2 评估工作底稿目录

项目名称：AAAA 公司股权转让相关的 BBBB 公司股东全部权益价值评估项目

序号	底稿内容	索引号	责任人	页码	所在册数	备注
C-	一、综合管理类	G				
1	资产评估报告正本	G0-1-1				
2	资产评估明细表正本	G0-1-2				

续表 7-2

序 号	底稿内容	索引号	责任人	页 码	所在册数	备 注
3	资产评估说明正本	G0-1-3				
4	业务文件流转表	G1				
5	业务文件流转表	G1-1				子公司评估说明用
6	评估项目复核工作底稿	G2-1				
7	各级复核意见及处理情况表	G2-2				
8	资产评估报告签发稿	G0-2-1				
9	资产评估明细表签发稿	G0-2-2				
10	资产评估说明签发稿	G0-2-3				
11	资产评估报告复核修改稿	G0-3-1				
12	资产评估说明复核修改稿	G0-3-2				
13	评估总结	G4				
14	报告书修订审批表	G5				
15	评估结果征求意见函	G8				
16	评估项目基本情况调查表	G9				
17	项目风险初步评价及审批表	G10				
18	资产评估业务约定书	G11				原件在签发稿附件中
19	评估方案及计划	G12				
20	评估方法适用性分析表	G13				
21	评估所需资料清单	G14				
22	被评估单位基本情况介绍	G16				
23	主要会计政策、会计估计调查表	G17				
24	管理层声明书	G18				
25	管理层声明附件1:评估基准日期后重大事项	G18-1				
26	管理层声明附件2:或有事项情况表	G18-2				
27	管理层声明附件3:涉及诉讼的未结债权债务情况	G18-3				
28	管理层声明附件4:评估基准日的担保抵押情况	G18-4				
29	抵押与担保调查表	G19-1				
30	或有事项与财务承诺调查表	G19-2				
31	期后事项调查表	G19-3				
32	资产清查调整事项说明	G19-4				
33	资产清查调整事项汇总表	G19-5				
34	会谈记录	G20				
35	通用工作底稿	G21				
36	评估报告签收单	G22				
B-	二、备查类	B				
1	评估目的对应的经济行为文件	B1				
2	经济行为方案(重组方案、改制方案等)	B2				

续表 7-2

序号	底稿内容	索引号	责任人	页码	所在册数	备注
3	委托方、被评估单位营业执照复印件	B3				
4	企业国有资产产权登记证复印件	B4				
5	被评估单位的会计报表盖章件	B5				
6	被评估单位的审计报告盖章件	B6				
7	客户申报的资产评估明细表盖章件	B7				
8	《关于进行资产评估有关事项的说明》盖章件	B8				
9	委托方、被评估单位承诺函盖章件	B9				
10	与其他中介机构往来资料	B10				
11	项目核准或备案文件	B11				
12	专家讨论会记录	B12				
13	其他备查文件					
	三、操作类(以下按实际内容填列)					
C-	1、资产基础法部分					
1	流动资产	C3				
2	货币资金	C3-1				
3	货币资金——现金	C3-1-1				
4	货币资金——银行存款	C3-1-2				
5	货币资金——其他货币资金	C3-1-3				
6	交易性金融资产	C3-2				
7	交易性金融资产——股票投资	C3-2-1				
8	交易性金融资产——债券投资	C3-2-2				
9	交易性金融资产——基金投资	C3-2-3				
10	应收票据	C3-3				
11	应收账款	C3-4				
12	预付账款	C3-5				
13	应收利息	C3-6				
14	应收股利(应收利润)	C3-7				
15	其他应收款	C3-8				
16	存货	C3-9				
17	存货——材料采购(在途物质)	C3-9-1				
18	存货——原材料	C3-9-2				
19	存货——在库周转材料	C3-9-3				
20	存货——委托加工物质	C3-9-4				
21	存货——产成品(库存商品)	C3-9-5				
22	存货——在产品(自制半成品)	C3-9-6				
23	存货——发出商品	C3-9-7				

续表 7-2

序 号	底稿内容	索引号	责任人	页 码	所在册数	备 注
24	存货——在用周转材料	C3-9-8				
25	一年到期非流动资产	C3-10				
26	其他流动资产	C3-11				
27	非流动资产	C4				
28	可供出售金融资产	C4-1				
29	可供出售金融资产——股票	C4-1-1				
30	可供出售金融资产——债券	C4-1-2				
31	可供出售金融资产——其他投资	C4-1-3				
32	持有至到期投资	C4-2				
33	长期应收款	C4-3				
34	长期股权投资	C4-4				
35	投资性房地产	C4-5				
36	固定资产	C4-6				
37	固定资产——房屋建筑物	C4-6-1				
38	固定资产——构筑物及其他辅助设施	C4-6-2				
39	固定资产——管道和沟槽	C4-6-3				
40	固定资产——机器设备	C4-6-4				
41	固定资产——车辆	C4-6-5				
42	固定资产——电子设备	C4-6-6				
43	固定资产——土地	C4-6-7				
44	在建工程	C4-7				
45	在建工程——土建工程	C4-7-1				
46	在建工程——设备安装工程	C4-7-2				
47	工程物资	C4-8				
48	固定资产清理	C4-9				
49	生产性生物资产	C4-10				
50	油气资产	C4-11				
51	无形资产	C4-12				
52	无形资产——土地使用权	C4-12-1				
53	无形资产——其他无形资产	C4-12-2				
54	开发支出	C4-13				
55	商誉	C4-14				
56	长期待摊费用	C4-15				
57	递延所得税资产	C4-16				
58	其他非流动资产	C4-17				
59	流动负债	C5				
60	短期借款	C5-1				

续表 7-2

序 号	底稿内容	索引号	责任人	页 码	所在册数	备 注
61	交易性金融负债	C5-2				
62	应付票据	C5-3				
63	应付账款	C5-4				
64	预收账款	C5-5				
65	应付职工薪酬	C5-6				
66	应交税费	C5-7				
67	应付利息	C5-8				
68	应付利润(应付股利)	C5-9				
69	其他应付款	C5-10				
70	一年内到期的非流动负债	C5-11				
71	其他流动负债	C5-12				
72	非流动负债	C6				
73	长期借款	C6-1				
74	应付债券	C6-2				
75	长期应付款	C6-3				
76	专项应付款	C6-4				
77	预计负债	C6-5				
78	递延所得税负债	C6-6				
79	其他非流动负债	C6-7				
SY-	2、收益法部分					
1	程序表	SY-1				
2	审定表	SY-2				
3	企业需提供资料清单	SY-3				
4	收益法适用性分析	SY-4				
5	企业前(3)资产负债表	SY-5-1				
6	企业前(3)损益表表	SY-5-2				
7	历年财务指标分析	SY-6				
8	历年财务指标分析表	SY-6-1				
9	历年财务指标分析依据	SY-6-2				
10	行业状况调查	SY-7				
11	行业状况调查表	SY-7-1				
12	行业状况调查依据	SY-7-2				
13	企业综合能力评价	SY-8				
14	企业综合能力调查表	SY-8-1				
15	企业综合能力调查依据	SY-8-2				
16	主要资产状况调查表	SY-9				

续表 7-2

序 号	底稿内容	索引号	责任人	页 码	所在册数	备 注
17	企业介绍汇总	SY-10				
18	主营业务收入预测分析表	SY-11				
19	主营业务收入分析——产量分析	SY-11-1				
20	主营业务收入分析——销量分析	SY-11-2				
21	主营业务收入分析——售价分析	SY-11-3				
22	主营业务成本分析	SY-12-1				
23	主营业务预测分析	SY-12-2				
24	产品（）成本分析预测表	SY-12-3				
25	人工费预测表	SY-12-4				
26	制造费用预测表	SY-12-5				
27	行业毛利率分析表	SY-12-6				
28	主营业务税金及附加分析预测表	SY-13-1				
29	主营业务税金及附加预测依据	SY-13-2				
30	其他业务利润分析表	SY-14-1				
31	其他业务利润预测表	SY-14-2				
32	其他业务利润预测依据	SY-14-3				
33	营业费用汇总表	SY-15				
34	营业费用分析预测表	SY-15-1				
35	营业费用预测依据	SY-15-2				
36	管理费用汇总表	SY-16				
37	管理费用分析预测表	SY-16-1				
38	管理费用预测依据	SY-16-2				
39	财务费用分析表	SY-17-1				
40	财务费用预测表	SY-17-2				
41	财务费用预测依据	SY-17-3				
42	投资收益分析表	SY-18-1				
43	投资收益预测表	SY-18-2				
44	投资收益预测依据	SY-18-3				
45	补贴收入分析表	SY-19-1				
46	补贴收入预测表	SY-19-2				
47	补贴收入预测依据	SY-19-3				
48	营业外收入分析表	SY-20-1				
49	营业外收入预测表	SY-20-2				
50	营业外收入预测依据	SY-20-3				
51	营业外支出分析表	SY-21-1				
52	营业外支出预测表	SY-21-2				
53	营业外支出预测依据	SY-21-3				

续表 7-2

序号	底稿内容	索引号	责任人	页码	所在册数	备注
54	折旧及摊销预测表	SY-22-1				
55	折旧与摊销依据	SY-22-2				
56	资本性支出分析表	SY-23-1				
57	资本性支出情况预测表	SY-23-2				
58	资本性支出预测依据	SY-23-3				
59	营运资金分析预测表	SY-24				
60	折现率测算表	SY-25				
61	无风险利率计算表	SY-25-1				
62	市场收益率 Rm 计算表	SY-25-2				
63	Beta 计算表	SY-25-3				
64	大宗交易数据	SY-25-4				
65	企业自由现金流价值计算	SY-26				
66	股东部分权益价值测算表	SY-27				
	SC—	3、市场法部分				

说明：① 本目录的内容为完整的底稿内容的推荐格式。底稿整理完成后，必须根据项目底稿的实际内容对目录内容进行删改、增补，目录的内容、页码、所在册数必须与装订的实际情况一致。

② 整体评估的长期投资底稿单独装订，单独编制目录。在目录"底稿内容"栏标注"长期投资评估——××××公司整体评估底稿"，页码、册数按整套底稿顺数编制。

③ 底稿目录编制、底稿打页码、装订分册工作由项目组完成。原则上根据目录推荐格式的顺序，结合各类底稿的数量进行分册，每册一般不超过 300 页。

④ 部分工作底稿因具有委托方申报内容功能，评估机构可以根据具体项目情况及行业公认原则将其印发给被评估单位填制。

⑤ 对评估人员搜集或被评估单位等提供的须以原始面貌保存（含复印有效）的资料，评估人员可加盖索引号、页次印章并统一编号后视同工作底稿妥善保管。

7.1.4 资产评估工作底稿的分类及格式列示

1. 资产评估工作底稿的分类

根据资产评估工作底稿的来源和作用，资产评估工作底稿分为管理类工作底稿、操作类工作底稿和备查类工作底稿三类。

（1）管理类工作底稿

管理类工作底稿是指在执行资产评估业务过程中，为受理、计划、控制和管理资产评估业务所形成的工作记录及相关资料。管理类工作底稿通常包括以下内容：资产评估业务基本事项的记录；资产评估委托合同；资产评估计划；资产评估业务执行过程中重大问题处理记录；资产评估报告的审核意见。管理类工作底稿的编制贯穿项目评估的全过程，是评估组织活动和评估项目质量控制过程的主要反映。评估机构在如实编制此类工作底稿时，还应对其他类型的工作底稿进行认真复核、检查并归档管理。

（2）操作类工作底稿

操作类工作底稿是指在履行现场调查、收集评估资料和评定估算程序时所形成的工作记录及相关资料。操作类工作底稿的内容因评估目的、评估对象和评估方法等不同而有所差异，通常包括现场调查记录与相关资料、收集的评估资料、评定估算过程记录。

1）现场调查记录与相关资料

现场调查记录与相关资料，通常包括：

① 委托人或者其他相关当事人提供的资料，如：资产评估明细表，评估对象的权属证明资料，与评估业务相关的历史、预测、财务、审计等资料，以及相关说明、证明和承诺等；

② 现场勘查记录、书面询问记录、函证记录等；

③ 其他相关资料。

2）收集的评估资料

收集的评估资料，通常包括市场调查及数据分析资料，询价记录，其他专家鉴定及专业人士报告，其他相关资料。

3）评定估算过程记录

评定估算过程记录，通常包括重要参数的选取和形成过程记录，价值分析、计算、判断过程记录，评估结论形成过程记录，与委托人或者其他相关当事人的沟通记录，其他相关资料。

（3）备查类工作底稿

备查类工作底稿是指评估人员为完成评估活动和得出评估结论所获取、收集、整理的各类文件、报表、凭证、证明、图表、参数、资料等相关文件。它一般包括被评估单位的营业执照、章程、企业基本情况介绍、重要经济合同与凭证、与评估行为相对应的经济行为批件、评估立项批复、董事会纪要、内部管理制度以及有关取价依据的参数和资料等。

2. 主要资产评估工作底稿的格式列示

（1）资产评估计划阶段工作底稿

资产评估计划阶段工作底稿是承接评估业务时的资产评估工作底稿，主要有评估项目基本信息表、评估项目基本情况调查表等。

1）项目的洽谈

评估机构进行资产评估，必须由委托人委托。委托人是有权向评估机构提出业务委托，并与评估机构签订资产评估业务约定书的单位和个人。它可以是资产占有方，也可以是资产占有方以外的第三者。但它必须与资产占有方有某种关系，如它是资产占有方的上级部门、投资单位、融资银行、债务人等。资产占有方以外的第三者委托评估机构对资产占有方的资产进行评估，必须事先通知资产占有方或征得资产占有方的同意，同时必须能较好地协调评估机构和资产占有方之间的关系。委托人是评估机构出具报告的收件人。

对委托人的委托，如果是大型的评估项目，应由评估机构主要负责人洽谈，一般项目可以由项目负责人洽谈,并报评估机构负责人或合伙人批准。表7-3为评估项目基本信息表。

表7-3 评估项目基本信息表

索引号:G1　　页次:
编制人及日期:

评估项目名称		评估报告书编号		资产占有单位名称	
经济行为的批准部门					
评估项目类型					
评估方法	重置成本法( ) 市场比价法( ) 收益现值法( ) 清算价格法( )				
评估项目承揽方式	独家承担( ) 与其他所合作( )				
评估结果	总资产( )		负债( )	净资产( )	
企业有关情况	企业地址			邮政编号	
	联系人			联系电话	
评估人员有关情况	项目负责人:		审核人:	签字注册评估师:	
评估收费					
评估项目报审程序	呈报单位名称			呈报文号及日期	
	初审单位名称			审核文号及日期	
	转审单位名称			审核文号及日期	
	终审单位名称			审核文号及日期	

2) 资产占有方基本情况

评估机构在接受委托对资产占有方的资产进行评估时,应了解委托方和资产占有方的基本情况,并就评估的目的、要求、范围、时间和收费等须约定的事项与委托人进行商谈。表7-4为评估项目基本情况调查表。

表7-4 评估项目基本情况调查表

调查人及日期:　　　　　　　　　　　　　　　　索引号:G2　页次:
　　　　　　　　　　　　　　　　　　　　　　　复核人及日期:

项目名称:			
项目委托人名称	法定代表人:		接受调查人:
	传真:		电话:
	地址及邮编:		

续表 7-4

项目委托人名称		法定代表人：		所属行业：		
		联系人：		经济性质：		
		电话：		传真：		
		地址及邮编：				

资产占有单位产权归属证明文件完备程度	权证名称		完备程度			
	1. 国有资产产权登记证书：					
	2. 房产证：					
	3. 土地使用证：					
	4. 车辆权属证明：					
	5. 重要资产购置合同：					
	6. 进口设备及生产件报送单及商检报告：					
	7. 商标、专利注册登记证明文件：					

初步确定的评估范围及对象	单位名称	主要生产经营场所所在地	资产总额	负债总额	净资产	分布特征
	合计					
	资产及负债类别分布					
	资产及负债类别		初步估计数量		金额	备注
			单位	数量		
	一、资产					
	1. 流动资产合计					
	其中：货币资金					
	短期投资					
	应收票据					
	应收账款					
	预付账款					
	其他应收款					

续表 7-4

	资产及负债类别		初步估计数量		金额	备注
			单位	数量		
初步确定的评估范围及对象	存货					
	其中:原材料					
	库存商品					
	产成品					
	在产品					
	低值易耗品					
	待摊费用					
	2.长期投资合计					
	长期股权投资					
	长期债权投资					
	3.固定资产合计					
	固定资产原价					
	其中:设备类					
	房屋建筑物类					
	减:累计折旧					
	固定资产净额					
	其中:设备类					
	房屋建筑物类					
	工程物资					
	在建工程					
	固定资产清理					
	待处理固资损失					
	4.无形资产合计					
	其中:土地使用权					
	其他无形资产					
	5.递延资产合计					
	其中:开办费					
	长期待摊费用					
	资产总计					
	二、负债					
	1.流动负债合计					
	短期借款					
	应付票据					
	应付账款					

续表 7-4

	资产及负债类别		初步估计数量		金额	备注
			单位	数量		
初步确定的评估范围及对象	预收账款					
	其他应付款					
	应付工资					
	应付福利费					
	应交税金					
	应付利润					
	其他未交款					
	预提费用					
	未交税金					
	2.长期负债合计					
	长期借款					
	应付债券					
	长期应付款					
	住房周转金					
	三、净资产					

（2）资产评估实施阶段工作底稿

见表 7-5 至表 7-12。

表 7-5 资产占有方会计政策调查表

索引号：G3　　页次：

评估基准日：　年　月　日　　　　　　　　　编制人及日期：

资产占有单位填表人或被调查人：　　　　　　　复核人及日期：

序 号	项 目	一贯政策	当期变动情况
1	执行何种财务制度	股份制（ ）外商（ ）行业（ ）乡镇（ ）集体（ ）	
2	执行何种会计制度	股份制（ ）外商（ ）行业（ ）乡镇（ ）集体（ ）	
3	各种适用税费率	所得税（ ）增值税（ ）营业税（ ）城建税（ ）土地增值税（ ）教育费附加（ ）堤防费（ ）义优金（ ）消费税（ ）	
4	合并报表编制范围	投资比例超过 50%的单位个数（ ），合并单位个数（ ）	
5	具体会计政策		
(1)	记账本位币	人民币（ ）美元（ ）港币（ ）日元（ ）其他（ ）	

续表 7-5

序号	项目	一贯政策	当期变动情况
(2)	有外币业务的科目	存款（ ）借款（ ）应收（ ）应付（ ）预收（ ）预付（ ）	
	外币记账方法	1.以外币增减业务发生时市场汇价（ ）或当月月初的市场汇价（ ）记账	
		2.按月末市场汇价折合记账本位币金额（ ）调整	
(3)	短期投资计价方法	按实际成本计价（ ），期末是否考虑市价变动影响（ ）	
		变动时按先进先出法（ ），加权平均法（ ），后进先出法（ ），对号入座法（ ）计价	
(4)	材料计价标准和方法	1.按实际成本核算（ ）。发出采用：先进先出法（ ），加权平均法（ ）个别计价法（ ）后进先出法（ ）	
		2.按计划（定额）成本核算（ ）。材料成本差异分摊方法：全部由完工产品成本负担（ ），在产成品与在产品成本之间分摊（ ）	
(5)	产品成本计算方法	品种法（ ）分类法（ ）定额比例法（ ）分批法（ ）分步法（ ）	
	产成品发出核算计价方法	1.按实际成本核算（ ）。发出采用：先进先出法（ ），加权平均法（ ）个别计价法（ ）后进先出法（ ）	
		按计划（定额）成本核算（ ）。产成品成本差异分摊方法：全部由销售成本负担（ ），在产成品与销售成本之间分摊（ ）	
(6)	在产品计价方法	成本内容：（ ）原材料成本（ ）制造成本（ ）	
		数量确定：约当产量（ ）固定数量（ ）估计数（ ）	
		成本确定：实际成本（ ）定额成本（ ）	
(7)	长期投资中债券投资计价方法	按实际支付的款项记账	
	长期投资中股权投资和联营投资的投资收益的计价方法	持股20%以上按权益法（ ），持股50%以上的按权益法（ ）并合并报表	
(8)	固定资产标准	单位价值在（ ）以上为固定资产	
	低值易耗品标准	单位价值在（ ）以下（ ）以上为低值易耗品	
	低值易耗品摊销方法	一次摊销（ ）五五摊销（ ）其他（ ）	
(9)	固定资产折旧按何行业规定	外商（ ）行业（ ）乡镇（ ）集体（ ）股份制（ ）	
	折旧方法	1.方法：直线法（ ）工作量法（ ）其他（ ）	
		2.残值率（ ％）	
(10)	固定资产在修理摊提方法	预提（ ）待摊（ ）直接计入费用（ ）	
(11)	是否提坏账准备	提（ ），提取比率（ ％）；直接转销法（ ）	
(12)	是否提存货损失准备（商品削价准备金）	提（ ），提取比率（ ％）；不提（ ）	
(13)	是否提养老保险金	提（ ），提取比率（ ％）；不提（ ）	

续表 7-5

序号	项目	一贯政策	当期变动情况
(14)	无形资产摊销方法	分期摊销期限（　年），起讫时间（　）	
(15)	递延资产摊销方法	分期摊销期限（　年）或按受益期 其中:开办费分期摊销期限（　年）	
(16)	其他资产摊销方法	分期摊销期限（　年）或按受益期	
(17)	工资计提、发放标准		
(18)	福利费计提依据及使用范围		
(19)	任意公积金提取比例	任意公积金提取比例（　％）	
	公益金提取比例	公益金提取比例（　％）	
(20)	销售（营业）收入实现的界定条件	按会计准则规定	
(21)	递延税款摊销方法	递延法（　）债务法（　）	

表 7-6 评估项目洽谈备忘录

索引号:G4　页次:
编制人及日期:

项目名称			
本所洽谈人		职务	
委托方联系人		联系电话	
评估目的			
计划基准日			
项目概况			
委托方要求			
项目需要注意的问题			

表 7-7 项目风险调查与评估表

索引号：G5　页次：

项目名称：　　　　　　　　　　　　　　　　编制人及日期：

调查与评估方式及被调查人：　　　　　　　　复核人及日期：

风险项目	说明及防范措施	评　价
一、来自委托方的风险 1.委托评估目的明确否？ 2.委托人经营状况与评估目的有何关系？ 3.委托人对时间要求是否苛刻？ 4.委托人与资产占有方的关系是否正常？ 5.委托人有无非法经营记录？ 6.委托人主要负责人员是否正直、诚实？		
二、来自资产占有方的风险 1.资产占有方人和其他相关人员对评估工作的态度是否积极？ 2.资产占有主是否面临财务危机？如到期债务不能偿还或抵（质）押资产的可能被处置 3.资产占有方（企业）的产权关系是否明确？ 4.资产占有单位所处行业环境是否稳定？ 5.资产占有单位内部组织机构是否稳定？ 6.资产占有单位内部管理和控制是否健全？ 7.资产占有单位财务状况是否稳定？ 8.资产占有方主要负责人是否正直、诚实？		
三、来自待估资产（含负债）的风险 1.待估资产产权证明文件是否齐全？ 2.资产占有单位能否提供较齐全和可靠的资料？ 3.有无特殊而本机构没有评估经验的资产？ 4.资产量是否特别大，远大于本机构资产或资本可能承担的风险？ 5.评估工作量特别大，没有组织工作经验？需要大量聘用临时且没有工作经验的人员？		
四、来自本所及评估人员的风险 1.本所是否具备承接该项目的资质要求？ 2.承接该项目是否影响本所的独立性？ 3.评估项目组成人员是否具备承接该项目的能力？ 4.拟承接该项目的评估师及其他本所评估人员是否符合独立性的要求？ 5.拟聘请的专家或工作人员是否符合独立性的要求？ 6.是否项目成本的可控程度较低？		

续表 7-7

五、评估报告使用对项目风险的影响 1. 评估报告是否需要公之于公开媒体？ 2. 评估报告是否可能被其他文件、资料引用？ 3. 评估报告是否提交国有资产管理部门确认？ 4. 是否存在两个或两个以上利益对立的评估报告使用人？		
综合评价：		
合伙人的评价及提(批)示：		

表 7-8 资产评估工作方案

索引号：G6　　页次：
编制人及日期：

委托方名称		联系人	
委托方地址		联系电话	
评估目的			
评估范围及对象			
项目负责人			
项目小组成员及分工			
操作步骤及计划：			
拟采用价格标准：			
审核意见： 　　　　　　　　　　　　　　审核人： 　　　　　　　　　　　　　　　　　　年　月			
备注：			

表 7-9 资产评估工作计划表

索引号:G7　　页次：
编制人及日期：

	项目名称			项目经理	
评估方法及分工	评估内容	账面原值(万元)	账面净值(万元)	评估人员	拟采用的评估方法
	1.流动资产				
	其中:存货				
	2.长期投资				
	3.房屋建筑物				
	4.机器设备				
	5.土地				
	6.在建工程				
	7.无形资产				
	8.流动负债				
	9.长期负债				
	10.其他				
参加评估工作人员	注册资产评估师				
	助理人员				
	特聘专家				
计划工作进度	布置申报表				
	清查资产				
	现场勘察				
	评定估算				
	汇总				
	出具报告				

表7-10 各类资产拟采用的主要评估方法及程序

索引号:G8　　页次：

	资产类别	拟采用的主要评估方法 （方法特殊的应附页单独说明）	拟实施的重要评估程序
各类资产拟采用的主要评估方法及程序	货币资金		
	股票		
	债券		
	债权类资产		
	外购存货		
	在用低值易耗品		
	自制存货		
	待摊费用及递延资产		
	待处理财务损益		
	其他流动资产		
	控股长期投资		
	非控股长期投资		
	重要设备		
	特殊设备		
	电子设备		
	一般设备		
	车辆		
	主要房屋建筑物		
	一般房屋建筑物		
	构筑物		
	管道及沟槽		
	在建工程		
	土地使用权		
	专利权、专用技术、商标等无形资产		
	其他资产		
	长短期借款		
	应付票据		
	应付及预收款项		
	应付工资及福利		
	应交款项		
	其他负债		
	资本及其他净资产		
	整体验证		

表 7-11 评估前期培训工作记录表

索引号:G9　　页次:

资产占有单位名称:　　　　评估基准日: 年 月 日　　编制人及日期:

复核人及日期:

培训项目	培训内容	参加人员	讲解人员

表 7-12 评估前期培训工作记录表

索引号:G10　　页次:

项目名称							记录人及职务									
评估基准日	评估基准日: 年 月 日						评估现场及地点									
现场工作时间	年 月 日至　　年 月 日共计　　天															
汇总时间	年 月 日至　　年 月 日共计　　天															
评估人员	专业评估人员预计 人;其他人员预计 人															
月	1日天	2日天	3日天	4日天	5日天	6日天	7日天	8日天	9日天	10日天	11日天	12日天	13日天	14日天	15日天	16日天
上午																
下午																
晚上																
月	17日天	18日天	19日天	20日天	21日天	22日天	23日天	24日天	25日天	26日天	27日天	28日天	29日天	30日天	31日天	
上午																
下午																
晚上																
月	1日天	2日天	3日天	4日天	5日天	6日天	7日天	8日天	9日天	10日天	11日天	12日天	13日天	14日天	15日天	16日天

续表 7 – 12

上午															
下午															
晚上															
月	17日天	18日天	19日天	20日天	21日天	22日天	23日天	24日天	25日天	26日天	27日天	28日天	29日天	30日天	31日天
上午															
下午															
晚上															

说明：

1. △-会议：△1-协调会；△2-座谈会；△3-培训会；△4-讨论会。
2. □-核查：□1-存货；□2-流动资产；□3-房屋；□4-设备；□5-无形；□6-土地；□7-整体。
3. ◇-资料收集：◇1-存货；◇2-流动资产；◇3-房屋；◇4-设备；◇5-无形；◇6-土地；◇7-整体。
4. ○-作价：○1-存货；○2-流动资产；○3-房屋；○4-设备；○5-无形；○6-土地；○7-整体。
5. ☆-休息：☆1-正常休息；☆2-观光。

（3）资产评估报告阶段工作底稿

见表 7 – 13～表 7 – 16。

表 7 – 13　审核情况记录表

索引号：G11　页次：

资产占有单位名称：　　　　　　　　评估基准日：　年　月　日

审核内容	发现问题	审核人及日期	对审核发现问题的处理意见	责任人及日期
流动资产及负债				
固定资产				
土地评估				
其他资产				

表 7-14 评估过程中重大问题处理记录

索引号:G12　页次:

资产占有单位名称:　　　评估基准日:　年　月　日　　编制人及日期:

复核人及日期:

项目名称	请求人及职务	批示人及职务
提请研究的主要问题及初步处理意见		处理意见

表 7-15　参加本次评估项目的人员名单

索引号:G12　页次：

资产占有单位名称：　　　评估基准日：　年　月　日　　编制人及日期：
　　　　　　　　　　　　　　　　　　　　　　　　　　　复核人及日期：

人员	姓名	人数	预计工作时间	费率	费用合计
项目负责人					
签字注册评估师或项目负责人					
高级项目经理					
项目经理					
评估师					
外聘专家					
合计					

	评估阶段	起止时间	合伙人	高级项目经理	项目经理	评估师	其他评估人员	外聘专家
按评估阶段分	1.项目承接							
	2.资产清查							
	3.评定估算							
	4.评估汇总							
	5.报告审核、征求意见							
	合计							

报告的撰写要求：

1.组织：

2.格式规定：

3.完成时间：

4.委托方或特定目的下分类或披露要求：

表 7-16　评估人员简签一览表

索引号：G14　页次：

项目名称：　　　　评估基准日：　年　月　日

序　号	评估人员姓名	负责项目类别	签　字	日　期
1				
2				
3				
4				
5				
6				
7				
8				

任务演练：编制资产评估工作底稿

演练任务

模拟某资产评估公司承接某企业一个资产评估任务，由实习者步入该公司，对模拟企业因处理并购事宜的需要，对既定经济行为所涉及的资产（负债）进行评估。利用实训室资产评估模拟实习系统练习资产评估工作底稿的编制。

演练方法

① 现场演示法。

② 调查法。

③ 讨论法。

训练要求

从评估机构和评估人员的角度，利用资产评估模拟实习系统填制反映评估工作过程的主要评估工作底稿。

演练条件

① 教师事先对学生按照 8 人进行分组，组成评估项目组，分岗分工实施。

② 安装资产评估模拟实习系统的计算机。

③ 具有模拟实训室或多媒体教室。

学习任务7.2 资产评估工作底稿归档保管

知识储备

资产评估机构和评估人员在向委托人提交资产评估报告后,应当将资产评估工作档案归档。将这一环节列为资产评估基本程序之一,充分体现了资产评估服务的专业性和特殊性,不仅有利于应对今后可能出现的资产评估项目备查,也有利于资产评估机构总结、完善和提高资产评估业务水平。

工作成果:资产评估工作底稿——评估结果征求意见函

7.2.1 建立档案索引与标识

为了使查阅、整理工作底稿更加方便,首先应对资产评估工作底稿按规范进行编号及标识,建立索引,再归档保存。

(1) 索引号

索引号是确定工作底稿排列顺序的编号,它使查阅、整理工作底稿更加方便。它的作用有两个:一是为了表明并揭示工作底稿之间内在的勾稽关系,方便核查工作底稿形成的依据或来源;二是使工作底稿形成一个有机整体,从而进一步反映资产评估工作的全过程。索引号应当便于记忆、不易混淆,又反映排列顺序,一般应运用字母与数字编制。当一种工作底稿有几页时,可用分数来表示。表7-17是索引号示例。

表7-17 索引号示例

标识符号	标识含义
C10	指 C 类第 10 项工作底稿
C10-1	指 C 类第 10 项第 1 小项工作底稿
C10-1/3	指 C 类第 10 项第 1 小项下的第 3 种工作底稿
C10-1/3 $\frac{3}{5}$	指 C 类第 10 项第 1 小项下的第 3 种工作底稿共 5 页中第 3 页工作底稿

(2) 标 识

标识是表达承接资产评估业务、编制资产评估计划、调查与收集评估资料、评定估算、编制和提交评估报告、审查复核、工作底稿归档管理等工作过程中实施某一项具体工作、确认某一个结论及常用词语的标志,它可以节约时间,提高效率,方便阅读,减少撰写空间。标识可以单独使用,也可合并使用。在实际使用过程中,应当根据项目的具体情况添加或删减索引号及标识。表7-18是标识含义示例,表7-19是资产评估标识一览表。

表 7-18 标识含义示例

标识符号	索引号	标识含义
W√	（注：√可省略）	指与评估依据资料核对相符。
W√	∫B9（注：√可省略）	指与评估依据资料核对相符,详见 B9 工作底稿。
W×	∫B9	指与评估依据资料核对不相符,详见 B9 工作底稿。
W×	∫B9≠R	指与评估依据资料核对不相符,详见 B9 工作底稿,且与评估结果矛盾。
∧×		指直栏计算错误
∧M×		指直栏金额计算错误
∧M×	C10-1/3 $\frac{3}{5}$	指直栏金额计算错误,详见 C 类第 10 项第 1 小项下的第 3 种工作底稿共 5 页中第 3 页工作底稿

表 7-19 资产评估标识一览表

序 号	评估标识	标识含义
1	√	核实后确认、对、相符、是、有、存在、适用 （注："√"与其他标识合并时可省略）
2	×	核实后否定、错、不相符、不是、无、不存在、不适用
3	≡	相关
4	≠	矛盾
5	R	评估结论、评估结果
6	B	报表
7	G	总账
8	S	明细账
9	P	原始凭证
10	W	文件、资料等评估依据
11	C	函证
12	N	数量
13	M	金额
14	Σ	加和合计
15	Π	乘积合计
16	∧	直栏计算
17	<	横栏计算
18	△	重点符号
19	?	问题
20	∵	原因
21	∴	结论
22	∫	索引前导符
23	*¹、*²	备注1、备注2

7.2.2 与资产评估相关的档案管理规范

资产评估机构应当按照法律、行政法规和评估准则的规定建立健全资产评估档案管理制度。

资产评估业务完成后,资产评估专业人员应将工作底稿与评估报告等归集形成评估档案后及时向档案管理人员移交,并由所在资产评估机构按照国家有关法律、法规及评估准则的规定妥善管理。

1. 资产评估档案管理一般规范

① 评估机构全体人员要有明确的档案建设意识,当评估工作结束后,项目负责人必须把在评估工作全过程中形成或取得的一切资料登记移交,不得拒绝归档或据为己有。

② 评估档案包括证人的口述证词记录和评估中所使用书籍资料的索引。归档的各种评估材料,应按照工作过程和内容进行整理,编写档案索引,便于查阅;评估档案应使用可靠的文字载体,档案可以采用手工书写、打印或其他的记录方式进行储存,手工书写的必须字迹清楚,各种载体必须保证档案在规定的保存期内能有效使用;对于电子或其他介质的业务档案,评估机构应当采取适当措施保证信息的完整性和有效性,扫描为电子介质的业务档案,应当保留原纸质记录。

③ 评估档案应在评估报告完成后90天内归档;评估机构应当建立评估档案保管制度,以确保评估档案的安全、完整;评估业务档案应按评估项目分别立卷归档,并按一定顺序编号存放;评估机构不得在规定的保存期内对已完成归档的评估业务档案进行删改或销毁。

2. 资产评估档案的保存、查阅和销毁规范

① 根据《资产评估法》《资产评估执业准则——资产评估档案》规定,一般评估业务的评估档案保存期限不少于15年,法定评估业务的评估档案保存期限不少于30年。评估档案的保存期限,自资产评估报告日起计算。

② 工作底稿的管理应当执行保密制度。除下列情形外,工作底稿不得对外提供:

a. 评估机构内部因工作需要查阅档案的,在履行评估机构内部档案管理的手续后,可以进行查阅。

b. 法院、检察院、行业主管部门及国家其他部门依法履行职责须了解评估情况,在办理必要的手续后,可以进行查阅。

c. 其他评估机构因工作需要查阅档案的,须经原评估委托方和管理档案的评估机构负责人同意,可以进行查阅,但不得复印。

d. 查阅档案时,涉及原评估委托方商业机密时,查阅人必须承担保密责任。

③ 对于保管期限届满的评估档案,评估机构编造清册后,由法人代表签字后销毁。

④ 评估机构的评估档案管理应接受行业主管部门的监督、检查和指导。

任务演练:资产评估档案管理

演练任务

沿用前述任务中编制的资产评估工作底稿进行资产评估档案管理演练。

演练方法

① 文案演示法。

② 讨论法。

训练要求

① 将学生分成若干小组,以小组为单位,将以上资产评估工作底稿进行归类及索引编号。

② 将学生分成若干小组,以小组为单位,在索引编号的基础上,按照类别及保管年限填写封面并装订成册。封面上应填写评估机构名称、评估资产资料名称、被评估单位名称、档案编号、保管年限、建档人员等信息。

演练条件

① 教师事先对学生按照10人进行分组,按组分岗位实施。

② 准备归档所需要的A4白纸数张,订书机、钉等装订工具。

③ 具有模拟实训室。

重点回顾

能 力 训 练

1. 专项能力训练:评估工作底稿复核训练

背景资料

利用以下评估项目复核工作底稿与复核意见及处理情况表对前述任务中产生的评估工作底稿开展复核工作。

评估项目复核工作底稿

被评估单位:_____   索引号:_____

评估基准日:_____   页　次:_____

复核人	复核内容	复核否	复核意见
项目负责人(一级复核)	1. 是否对企业的经营状况进行了了解,对评估风险是否有了正确的评价; 2. 评估的程序是否按计划要求进行,如未执行,是否有充分理由; 3. 评估过程是否记录在工作底稿中(现场勘察记录等); 4. 是否取得充分的评估依据(询价记录、调查询问记录等); 5. 评估表格勾稽关系是否正确; 6. 对实物资产是否进行过勘查核实,对往来款项是否进行过函证; 7. 评估报告书、评估说明、评估表格的文字使用是否恰当,格式是否符合规定要求; 8. 原始资料(报表、明细表、承诺函、有关说明证明材料等)是否充分,客户是否盖章。 9. 操作类工作底稿是否完备、正确;签署是否齐全;底稿索引是否完整、正确; 10. 管理类工作底稿是否齐备;是否已完成评估工作小结; 11. 是否不存在未解决的重大事项,或已在评估报告中恰当披露。		经复核,预定的评估程序已完成,该项评估已全面真实地披露了本项目的重大问题。评估对象描述清楚正确,评估工作量及工作方法已全面描述。该项评估工作所采用的评估原则及方法正确,评估案例选取典型,计算正确。支撑评估分析的资料齐备,已完成全部管理类、操作类工作底稿,评估师已形成专业意见,出具评估报告。 复核人: 日　期:

续表

复核人	复核内容	复核否	复核意见
部门负责人（二级复核）	1. 评估计划是否经过核准，并按要求执行； 2. 对重大问题是否已向分管合伙人请示或经执业技术委员会讨论并已获解决； 3. 对须重点关注的问题和对评估对象的重要评估程序、方法、依据、计算式、参数等进行了详细复核； 4. 重大事项是否进行过披露； 5. 各项内容是否完整，有无遗漏、缺陷事项；表格与报告数字是否正确； 6. 对企业的期后事项和或有负债等重大事项是否予以了必要关注和恰当披露； 7. 整体报告的内容、格式，是否符合评估规范的有关规定。 8. 工作底稿是否完整有效，通过计算分析是否能够有效支撑评估结论； 9. 对复核中发现的较大问题是否已交由项目负责人查清并做了恰当的处理。		本人已经对评估报告、说明与明细表及综合类底稿与重要的业务类底稿进行了复核，并认为：评估计划确定的重要评估程序比较适当且已按要求执行；重点项目的评估证据较充分、恰当；评估目的表述准确；价值类型选择恰当；对该评估报告进行了详细复核，内容完整，无遗漏、缺陷。评估方法正确，评估计算分析无误，评估结论得到有效支撑；关联方往来、或有事项、期后事项及其他重要事项等重大事项披露适当、准确；表格与报告数字正确。评估底稿完整、有效；整体报告的内容、格式符合资产评估准则和国家的有关规定。同意出具评估报告。 复核人： 日　期：
标准部（专职复核）	1、复审评估计划是否已经过核准，重大问题请示报告是否完备，并经逐级审批； 2、对主要资产的重要评估程序、方法、依据、计算式、参数等是否恰当合理？ 3、对重大问题的处理是否有记录，处理结果是否恰当； 4、分析判断评估结果是否恰当合理； 5、是否审阅过评估工作小结； 6、以应有的职业谨慎，考虑对重大事项的处理、评估结论与评估说明文字表达是否符合现行的行业规范。		本人已经审阅了评估报告、评估计划、评估总结等，并对综合类工作底稿进行了最终原则性复核，认为：评估结论总体复核未发现明显不合理之处；复查中发现的问题已经妥善处理；在评估总结中说明的或有事项、期后事项及其他重要事项均已适当处理；评估报告、评估说明文字表达符合现行的行业规范，特别事项的表述准确、恰当。本人认为本项目的评估工作，符合评估准则要求，评估报告中评估结论和特别事项的相关表述恰当，同意出具评估报告，请报告签发人核准。 复核人： 日　期：

注："复核否"，用"√"表示已复核，用"×"表示未复核，"N/A"表示不适用。对未复核的，请在复核意见栏中说明理由。

复核意见及处理情况表

被评估单位：_____　　　　　　索引号：_____
评估基准日：_____　　　　　　页　次：_____

索引号	复核疑点	处理意见
		处理人签字： 日期：
		处理验证情况：
		审核人：
审核人：　　　　日期：		日期：

训练要求

① 试讨论说明评估工作底稿审核的要点，提高对复核工作重要性的认识。

② 结合前述任务中编制的评估工作底稿，分组分岗模拟演练复核过程。

训练路径

① 教师事先对学生按照5人进行分组，每组拟出讨论提纲。

② 小组讨论并实际演练，结合具体情况形成小组《演练总结报告》。

③ 班级交流，教师对各组《演练总结报告》进行点评。

2. 综合能力训练：资产评估工作底稿设计训练

训练目标

引导学生参加资产评估工作底稿设计训练；在实践训练中切实体验资产评估工作人员应具备职业能力和职业素养，培养相应的专业能力与核心能力。

训练内容

"操作类工作底稿的内容因评估目的、评估对象和评估方法等不同而有所差异，通常包括以下内容：现场调查记录与相关资料、收集的评估资料、评定估算过程记录。"

在学校所在地选择一家资产评估公司作为实训基地，通过见习或实操，让学生熟悉操作类资产评估工作底稿的格式与内容。针对房地产估价项目，为其设计一套用于房地产估价项目的评估工作底稿。

训练步骤

① 聘用实训基地1~2名注册资产评估师为本课程的兼职教师，结合资产评估项目，引导学生进行见习或实操。

② 将班级每5~6位同学分成一组,每组指定1名组长,每组对见习或实操过程情况进行详细记录;设计一套用于房地产估价项目的评估工作底稿。
③ 归纳总结,撰写资产评估工作底稿设计训练报告。
④ 各组在班级进行交流、讨论。

训练成果

见习或实操;房地产估价项目的评估工作底稿;资产评估工作底稿设计训练报告。

思考与练习

一、单项选择题

1. "被评估单位基本情况调查表"属于（　　）。
   A. 管理类工作底稿　　　　　　　B. 操作类工作底稿
   C. 备查类工作底稿　　　　　　　D. 证明类工作底稿

2. "项目风险调查与评估表"属于（　　）阶段工作底稿。
   A. 资产评估计划阶段工作底稿　　　B. 资产评估实施阶段工作底稿
   C. 资产评估报告阶段工作底稿　　　D. 资产评估结束阶段工作底稿

3. "W√－⌈B9"标识符合代表（　　）含义。
   A. 与评估依据资料核对相符,详见B9工作底稿
   B. 与评估依据资料核对不相符,详见B9工作底稿
   C. 与评估依据资料核对相符,详见第九号工作底稿
   D. 与评估依据资料核对不相符,详见第九号工作底稿

4. 评估标识符"W"代表（　　）含义。
   A. 报表　　B. 总账　　C. 数量　　D. 金额　　E. 资料

5. "评估收费"信息是反映在（　　）评估工作底稿中。
   A. "评估项目基本情况调查表"　　B. "评估项目基本信息表"
   C. "评估项目洽谈备忘录"　　　　D. "项目风险调查与评估表"

6. 一般评估业务的评估档案保存期限不少于（　　）,属于法定评估业务的,保存期限不少于30年。
   A. 20年　　　　　B. 10年　　　　　C. 15年　　　　　D. 5年

二、多项选择题

1. 资产评估工作底稿的作用主要有（　　）。
   A. 是形成评估报告的直接依据　　B. 是澄清注册资产评估师的评估责任的依据
   C. 是控制评估质量和监控评估工作的手段　　D. 是评估工作过程的总结

2. 资产评估工作底稿一般包括（　　）。
   A. 管理类工作底稿　　　　　　B. 操作类工作底稿
   C. 备查类工作底稿　　　　　　D. 业务洽谈类工作底稿

3. 以下（　　）属于管理类工作底稿。
   A. 资产评估业务约定书　　B. 评估工作计划　　C. 评估项目日程安排
   D. 评估项目质量审核记录　　E. 资产价值状况鉴定表

4. "资产评估工作方案表"反映的内容主要包括（　　）。

A. 委托方信息　　　　B. 评估范围及对象　　　　C. 评估项目成员及分工
D. 操作步骤及计划　　E. 审核意见　　　　　　　F. 委托方要求

三、判断题

1. 资产评估档案管理主要是指评估工作底稿归档管理。（　　）
2. 资产评估档案应在规定的年限内妥善保管；对于保管期限届满的评估档案，单位即可由档案保管人员进行销毁。（　　）
3. "资产占有方会计政策调查表"是资产评估计划阶段工作底稿。（　　）
4. 评估标识符"C10－1/3"指的是"C类第10项第1小项下的第3种工作底稿"。（　　）

四、简述题

1. 简述资产评估工作底稿编制要求。
2. 简述资产评估工作底稿类别及其涵盖的主要内容。

附　录

附录1　中华人民共和国资产评估法

附录2　资产评估基本准则

附录3　评估报告样本——宁波市资产评估报告样本

附录4　复利系数的计算公式

复利系数的计算公式表

复利系数名称	公　式	符号表述
(1)复利终值系数	$(1+i)^n$	$(S/P,i,n)$
(2)复利现值系数	$(1+i)^{-n}$ 或 $\dfrac{1}{(1+i)^n}$	$(P/S,i,n)$
(3)年金终值系数	$\dfrac{(1+i)^n-1}{i}$	$(S/A,i,n)$
(4)基金年存系数	$\dfrac{i}{(1+i)^n-1}$	$(A/S,i,n)$
(5)年金现值系数	$\dfrac{1-(1+i)^n}{i}$	$(P/A,i,n)$
(6)投资回收系数	$\dfrac{i}{1-(1+i)^n}$	$(A/P,i,n)$

注：$(S/P,i,n)$意指在折现率为i、折现期为n的条件下，已知现值P，求取终值S。其他情况以此类推。

附录5 复利系数表

附表1 复利终值系数表

期数	1%	2%	3%	4%	5%	6%	7%	8%	9%	10%
1	1.0100	1.0200	1.0300	1.0400	1.0500	1.0600	1.0700	1.0800	1.0900	1.1000
2	1.0201	1.0404	1.0609	1.0816	1.1025	1.1236	1.1449	1.1664	1.1881	1.2100
3	1.0303	1.0612	1.0927	1.1249	1.1576	1.1910	1.2250	1.2597	1.2950	1.3310
4	1.0406	1.0824	1.1255	1.1699	1.2155	1.2625	1.3108	1.3605	1.4116	1.4641
5	1.0510	1.1041	1.1593	1.2167	1.2763	1.3382	1.4026	1.4693	1.5386	1.6105
6	1.0615	1.1262	1.1941	1.2653	1.3401	1.4185	1.5007	1.5869	1.6771	1.7716
7	1.0721	1.1487	1.2299	1.3159	1.4071	1.5036	1.6058	1.7138	1.8280	1.9487
8	1.0829	1.1717	1.2668	1.3686	1.4775	1.5938	1.7182	1.8509	1.9926	2.1436
9	1.0937	1.1951	1.3048	1.4233	1.5513	1.6895	1.8385	1.9990	2.1719	2.3579
10	1.1046	1.2190	1.3439	1.4802	1.6289	1.7908	1.9672	2.1589	2.3674	2.5937
11	1.1157	1.2434	1.3842	1.5395	1.7103	1.8983	2.1049	2.3316	2.5804	2.8531
12	1.1268	1.2682	1.4258	1.6010	1.7959	2.0122	2.2522	2.5182	2.8127	3.1384
13	1.1381	1.2936	1.4685	1.6651	1.8856	2.1329	2.4098	2.7196	3.0658	3.4523
14	1.1495	1.3195	1.5126	1.7317	1.9799	2.2609	2.5785	2.9372	3.3417	3.7975
15	1.1610	1.3459	1.5580	1.8009	2.0789	2.3966	2.7590	3.1722	3.6425	4.1772
16	1.1726	1.3728	1.6047	1.8730	2.1829	2.5404	2.9522	3.4259	3.9703	4.5950
17	1.1843	1.4002	1.6528	1.9479	2.2920	2.6928	3.1588	3.7000	4.3276	5.0545
18	1.1961	1.4282	1.7024	2.0258	2.4066	2.8543	3.3799	3.9960	4.7171	5.5599
19	1.2081	1.4568	1.7535	2.1068	2.5270	3.0256	3.6165	4.3157	5.1417	6.1159
20	1.2202	1.4859	1.8061	2.1911	2.6533	3.2071	3.8697	4.6610	5.6044	6.7275
21	1.2324	1.5157	1.8603	2.2788	2.7860	3.3996	4.1406	5.0338	6.1088	7.4002
22	1.2447	1.5460	1.9161	2.3699	2.9253	3.6035	4.4304	5.4365	6.6586	8.1403
23	1.2572	1.5769	1.9736	2.4647	3.0715	3.8197	4.7405	5.8715	7.2579	8.9543
24	1.2697	1.6084	2.0328	2.5633	3.2251	4.0489	5.0724	6.3412	7.9111	9.8497
25	1.2824	1.6406	2.0938	2.6658	3.3864	4.2919	5.4274	6.8485	8.6231	10.835
26	1.2953	1.6734	2.1566	2.7725	3.5557	4.5494	5.8074	7.3964	9.3992	11.918
27	1.3082	1.7069	2.2213	2.8834	3.7335	4.8223	6.2139	7.9881	10.245	13.110
28	1.3213	1.7410	2.2879	2.9987	3.9201	5.1117	6.6488	8.6271	11.167	14.421
29	1.3345	1.7758	2.3566	3.1187	4.1161	5.4184	7.1143	9.3173	12.172	15.863
30	1.3478	1.8114	2.4273	3.2434	4.3219	5.7435	7.6123	10.063	13.268	17.449
40	1.4889	2.2080	3.2620	4.8010	7.0400	10.286	14.975	21.725	31.409	45.259
50	1.6446	2.6916	4.3839	7.1067	11.467	18.420	29.457	46.902	74.358	117.39
60	1.8167	3.2810	5.8916	10.520	18.679	32.988	57.946	101.26	176.03	304.48

续附表 1

期 数	12%	14%	15%	16%	18%	20%	24%	28%	32%	36%
1	1.1200	1.1400	1.1500	1.1600	1.1800	1.2000	1.2400	1.2800	1.3200	1.3600
2	1.2544	1.2996	1.3225	1.3456	1.3924	1.4400	1.5376	1.6384	1.7424	1.8496
3	1.4049	1.4815	1.5209	1.5609	1.6430	1.7280	1.9066	2.0972	2.3000	2.5155
4	1.5735	1.6890	1.7490	1.8106	1.9388	2.0736	2.3642	2.6844	3.0360	3.4210
5	1.7623	1.9254	2.0114	2.1003	2.2878	2.4883	2.9316	3.4360	4.0075	4.6526
6	1.9738	2.1950	2.3131	2.4364	2.6996	2.9860	3.6352	4.3980	5.2899	6.3275
7	2.2107	2.5023	2.6600	2.8262	3.1855	3.5832	4.5077	5.6295	6.9826	8.6054
8	2.4760	2.8526	3.0590	3.2784	3.7589	4.2998	5.5895	7.2058	9.2170	11.703
9	2.7731	3.2519	3.5179	3.8030	4.4355	5.1598	6.9310	9.2234	12.167	15.917
10	3.1058	3.7072	4.0456	4.4114	5.2338	6.1917	8.5944	11.806	16.060	21.647
11	3.4785	4.2262	4.6524	5.1173	6.1759	7.4301	10.657	15.112	21.199	29.439
12	3.8960	4.8179	5.3503	5.9360	7.2876	8.9161	13.215	19.343	27.983	40.038
13	4.3635	5.4924	6.1528	6.8858	8.5994	10.699	16.386	24.759	36.937	54.451
14	4.8871	6.2613	7.0757	7.9875	10.147	12.839	20.319	31.691	48.757	74.053
15	5.4736	7.1379	8.1371	9.2655	11.974	15.407	25.196	40.565	64.359	100.71
16	6.1304	8.1372	9.3576	10.748	14.129	18.488	31.243	51.923	84.954	136.97
17	6.8660	9.2765	10.761	12.468	16.672	22.186	38.741	66.461	112.14	186.28
18	7.6900	10.575	12.376	14.463	19.673	26.623	48.039	85.071	148.02	253.34
19	8.6128	12.056	14.232	16.777	23.214	31.948	59.568	108.89	195.39	344.54
20	9.6463	13.744	16.367	19.461	27.393	38.338	73.864	139.38	257.92	468.57
21	10.804	15.668	18.822	22.575	32.324	46.005	91.592	178.41	340.45	637.26
22	12.100	17.861	21.645	26.186	38.142	55.206	113.57	228.36	449.39	866.67
23	13.552	20.362	24.892	30.376	45.008	66.247	140.83	292.30	593.20	1178.7
24	15.179	23.212	28.625	35.236	53.109	79.497	174.63	374.14	783.02	1603.0
25	17.000	26.462	32.919	40.874	62.669	95.396	216.54	478.90	1033.6	2180.1
26	19.040	30.167	37.857	47.414	73.949	114.48	268.51	613.00	1364.3	2964.9
27	21.325	34.390	43.535	55.000	87.260	137.37	332.96	784.64	1800.9	4032.3
28	23.884	39.205	50.066	63.800	102.97	164.84	412.86	1004.3	2377.2	5483.9
29	26.750	44.693	57.576	74.009	121.50	197.81	511.95	1285.6	3137.9	7458.1
30	29.960	50.950	66.212	85.850	143.37	237.38	634.82	1645.5	4142.1	10143
40	93.051	188.88	267.86	378.72	750.38	1469.8	5455.9	19427	66521	*
50	289.00	700.23	1083.7	1670.7	3927.4	9100.4	46890	*	*	*
60	897.60	2595.9	4384.0	7370.2	20555	56348	*	*	*	*

注：*＞99 999

附表2 复利现值系数表

期 数	1%	2%	3%	4%	5%	6%	7%	8%	9%	10%
1	0.9901	0.9804	0.9709	0.9615	0.9524	0.9434	0.9346	0.9259	0.9174	0.9091
2	0.9803	0.9612	0.9426	0.9246	0.9070	0.8900	0.8734	0.8573	0.8417	0.8264
3	0.9706	0.9423	0.9151	0.8890	0.8638	0.8396	0.8163	0.7938	0.7722	0.7513
4	0.9610	0.9238	0.8885	0.8548	0.8227	0.7921	0.7629	0.7350	0.7084	0.6830
5	0.9515	0.9057	0.8626	0.8219	0.7835	0.7473	0.7130	0.6806	0.6499	0.6209
6	0.9420	0.8880	0.8375	0.7903	0.7462	0.7050	0.6663	0.6302	0.5963	0.5645
7	0.9327	0.8706	0.8131	0.7599	0.7107	0.6651	0.6227	0.5835	0.5470	0.5132
8	0.9235	0.8535	0.7894	0.7307	0.6768	0.6274	0.5820	0.5403	0.5019	0.4665
9	0.9143	0.8368	0.7664	0.7026	0.6446	0.5919	0.5439	0.5002	0.4604	0.4241
10	0.9053	0.8203	0.7441	0.6756	0.6139	0.5584	0.5083	0.4632	0.4224	0.3855
11	0.8963	0.8043	0.7224	0.6496	0.5847	0.5268	0.4751	0.4289	0.3875	0.3505
12	0.8874	0.7885	0.7014	0.6246	0.5568	0.4970	0.4440	0.3971	0.3555	0.3186
13	0.8787	0.7730	0.6810	0.6006	0.5303	0.4688	0.4150	0.3677	0.3262	0.2897
14	0.8700	0.7579	0.6611	0.5775	0.5051	0.4423	0.3878	0.3405	0.2992	0.2633
15	0.8613	0.7430	0.6419	0.5553	0.4810	0.4173	0.3624	0.3152	0.2745	0.2394
16	0.8528	0.7284	0.6232	0.5339	0.4581	0.3936	0.3387	0.2919	0.2519	0.2176
17	0.8444	0.7142	0.6050	0.5134	0.4363	0.3714	0.3166	0.2703	0.2311	0.1978
18	0.8360	0.7002	0.5874	0.4936	0.4155	0.3503	0.2959	0.2502	0.2120	0.1799
19	0.8277	0.6864	0.5703	0.4746	0.3957	0.3305	0.2765	0.2317	0.1945	0.1635
20	0.8195	0.6730	0.5537	0.4564	0.3769	0.3118	0.2584	0.2145	0.1784	0.1486
21	0.8114	0.6598	0.5375	0.4388	0.3589	0.2942	0.2415	0.1987	0.1637	0.1351
22	0.8034	0.6468	0.5219	0.4220	0.3418	0.2775	0.2257	0.1839	0.1502	0.1228
23	0.7954	0.6342	0.5067	0.4057	0.3256	0.2618	0.2109	0.1703	0.1378	0.1117
24	0.7876	0.6217	0.4919	0.3901	0.3101	0.2470	0.1971	0.1577	0.1264	0.1015
25	0.7798	0.6095	0.4776	0.3751	0.2953	0.2330	0.1842	0.1460	0.1160	0.0923
26	0.7720	0.5976	0.4637	0.3607	0.2812	0.2198	0.1722	0.1352	0.1064	0.0839
27	0.7644	0.5859	0.4502	0.3468	0.2678	0.2074	0.1609	0.1252	0.0976	0.0763
28	0.7568	0.5744	0.4371	0.3335	0.2551	0.1956	0.1504	0.1159	0.0895	0.0693
29	0.7493	0.5631	0.4243	0.3207	0.2429	0.1846	0.1406	0.1073	0.0822	0.0630
30	0.7419	0.5521	0.4120	0.3083	0.2314	0.1741	0.1314	0.0994	0.0754	0.0573
35	0.7059	0.5000	0.3554	0.2534	0.1813	0.1301	0.0937	0.0676	0.0490	0.0356
40	0.6717	0.4529	0.3066	0.2083	0.1420	0.0972	0.0668	0.0460	0.0318	0.0221
45	0.6391	0.4102	0.2644	0.1712	0.1113	0.0727	0.0476	0.0313	0.0207	0.0137
50	0.6080	0.3715	0.2281	0.1407	0.0872	0.0543	0.0339	0.0213	0.0134	0.0085
55	0.5785	0.3365	0.1968	0.1157	0.0683	0.0406	0.0242	0.0145	0.0087	0.0053

续附表 2

期 数	12%	14%	15%	16%	18%	20%	24%	28%	32%	36%
1	0.8929	0.8772	0.8696	0.8621	0.8475	0.8333	0.8065	0.7813	0.7576	0.7353
2	0.7972	0.7695	0.7561	0.7432	0.7182	0.6944	0.6504	0.6104	0.5739	0.5407
3	0.7118	0.6750	0.6575	0.6407	0.6086	0.5787	0.5245	0.4768	0.4348	0.3975
4	0.6355	0.5921	0.5718	0.5523	0.5158	0.4823	0.4230	0.3725	0.3294	0.2923
5	0.5674	0.5194	0.4972	0.4761	0.4371	0.4019	0.3411	0.2910	0.2495	0.2149
6	0.5066	0.4556	0.4323	0.4104	0.3704	0.3349	0.2751	0.2274	0.1890	0.1580
7	0.4523	0.3996	0.3759	0.3538	0.3139	0.2791	0.2218	0.1776	0.1432	0.1162
8	0.4039	0.3506	0.3269	0.3050	0.2660	0.2326	0.1789	0.1388	0.1085	0.0854
9	0.3606	0.3075	0.2843	0.2630	0.2255	0.1938	0.1443	0.1084	0.0822	0.0628
10	0.3220	0.2697	0.2472	0.2267	0.1911	0.1615	0.1164	0.0847	0.0623	0.0462
11	0.2875	0.2366	0.2149	0.1954	0.1619	0.1346	0.0938	0.0662	0.0472	0.0340
12	0.2567	0.2076	0.1869	0.1685	0.1372	0.1122	0.0757	0.0517	0.0357	0.0250
13	0.2292	0.1821	0.1625	0.1452	0.1163	0.0935	0.0610	0.0404	0.0271	0.0184
14	0.2046	0.1597	0.1413	0.1252	0.0985	0.0779	0.0492	0.0316	0.0205	0.0135
15	0.1827	0.1401	0.1229	0.1079	0.0835	0.0649	0.0397	0.0247	0.0155	0.0099
16	0.1631	0.1229	0.1069	0.0930	0.0708	0.0541	0.0320	0.0193	0.0118	0.0073
17	0.1456	0.1078	0.0929	0.0802	0.0600	0.0451	0.0258	0.0150	0.0089	0.0054
18	0.1300	0.0946	0.0808	0.0691	0.0508	0.0376	0.0208	0.0118	0.0068	0.0039
19	0.1161	0.0829	0.0703	0.0596	0.0431	0.0313	0.0168	0.0092	0.0051	0.0029
20	0.1037	0.0728	0.0611	0.0514	0.0365	0.0261	0.0135	0.0072	0.0039	0.0021
21	0.0926	0.0638	0.0531	0.0443	0.0309	0.0217	0.0109	0.0056	0.0029	0.0016
22	0.0826	0.0560	0.0462	0.0382	0.0262	0.0181	0.0088	0.0044	0.0022	0.0012
23	0.0738	0.0491	0.0402	0.0329	0.0222	0.0151	0.0071	0.0034	0.0017	0.0008
24	0.0659	0.0431	0.0349	0.0284	0.0188	0.0126	0.0057	0.0027	0.0013	0.0006
25	0.0588	0.0378	0.0304	0.0245	0.0160	0.0105	0.0046	0.0021	0.0010	0.0005
26	0.0525	0.0331	0.0264	0.0211	0.0135	0.0087	0.0037	0.0016	0.0007	0.0003
27	0.0469	0.0291	0.0230	0.0182	0.0115	0.0073	0.0030	0.0013	0.0006	0.0002
28	0.0419	0.0255	0.0200	0.0157	0.0097	0.0061	0.0024	0.0010	0.0004	0.0002
29	0.0374	0.0224	0.0174	0.0135	0.0082	0.0051	0.0020	0.0008	0.0003	0.0001
30	0.0334	0.0196	0.0151	0.0116	0.0070	0.0042	0.0016	0.0006	0.0002	0.0001
35	0.0189	0.0102	0.0075	0.0055	0.0030	0.0017	0.0005	0.0002	0.0001	*
40	0.0107	0.0053	0.0037	0.0026	0.0013	0.0007	0.0002	0.0001	*	*
45	0.0061	0.0027	0.0019	0.0013	0.0006	0.0003	0.0001	*	*	*
50	0.0035	0.0014	0.0009	0.0006	0.0003	0.0001	*	*	*	*
55	0.0020	0.0007	0.0005	0.0003	0.0001	*	*	*	*	*

注：* <0.000 1

附表3 年金终值系数表

期数	1%	2%	3%	4%	5%	6%	7%	8%	9%	10%
1	1.0000	1.0000	1.0000	1.0000	1.0000	1.0000	1.0000	1.0000	1.0000	1.0000
2	2.0100	2.0200	2.0300	2.0400	2.0500	2.0600	2.0700	2.0800	2.0900	2.1000
3	3.0301	3.0604	3.0909	3.1216	3.1525	3.1836	3.2149	3.2464	3.2781	3.3100
4	4.0604	4.1216	4.1836	4.2465	4.3101	4.3746	4.4399	4.5061	4.5731	4.6410
5	5.1010	5.2040	5.3091	5.4163	5.5256	5.6371	5.7507	5.8666	5.9847	6.1051
6	6.1520	6.3081	6.4684	6.6330	6.8019	6.9753	7.1533	7.3359	7.5233	7.7156
7	7.2135	7.4343	7.6625	7.8983	8.1420	8.3938	8.6540	8.9228	9.2004	9.4872
8	8.2857	8.5830	8.8923	9.2142	9.5491	9.8975	10.260	10.637	11.029	11.436
9	9.3685	9.7546	10.159	10.583	11.027	11.491	11.978	12.488	13.021	13.580
10	10.462	10.950	11.464	12.006	12.578	13.181	13.816	14.487	15.193	15.937
11	11.567	12.169	12.808	13.486	14.207	14.972	15.784	16.646	17.560	18.531
12	12.683	13.412	14.192	15.026	15.917	16.870	17.889	18.977	20.141	21.384
13	13.809	14.680	15.618	16.627	17.713	18.882	20.141	21.495	22.953	24.523
14	14.947	15.974	17.086	18.292	19.599	21.015	22.551	24.215	26.019	27.975
15	16.097	17.293	18.599	20.024	21.579	23.276	25.129	27.152	29.361	31.773
16	17.258	18.639	20.157	21.825	23.658	25.673	27.888	30.324	33.003	35.950
17	18.430	20.012	21.762	23.698	25.840	28.213	30.840	33.750	36.974	40.545
18	19.615	21.412	23.414	25.645	28.132	30.906	33.999	37.450	41.301	45.599
19	20.811	22.841	25.117	27.671	30.539	33.760	37.379	41.446	46.019	51.159
20	22.019	24.297	26.870	29.778	33.066	36.786	40.996	45.762	51.160	57.275
21	23.239	25.783	28.677	31.969	35.719	39.993	44.865	50.423	56.765	64.003
22	24.472	27.299	30.537	34.248	38.505	43.392	49.006	55.457	62.873	71.403
23	25.716	28.845	32.453	36.618	41.431	46.996	53.436	60.893	69.532	79.543
24	26.974	30.422	34.427	39.083	44.502	50.816	58.177	66.765	76.790	88.497
25	28.243	32.030	36.459	41.646	47.727	54.865	63.249	73.106	84.701	98.347
26	29.526	33.671	38.553	44.312	51.114	59.156	68.677	79.954	93.324	109.18
27	30.821	35.344	40.710	47.084	54.669	63.706	74.484	87.351	102.72	121.10
28	32.129	37.051	42.931	49.968	58.403	68.528	80.698	95.339	112.97	134.21
29	33.450	38.792	45.219	52.966	62.323	73.640	87.347	103.97	124.14	148.63
30	34.785	40.568	47.575	56.085	66.439	79.058	94.461	113.28	136.31	164.49
40	48.886	60.402	75.401	95.026	120.80	154.76	199.64	259.06	337.88	442.59
50	64.463	84.579	112.80	152.67	209.35	290.34	406.53	573.77	815.08	1163.9
60	81.670	114.05	163.05	237.99	353.58	533.13	813.52	1253.2	1944.8	3034.8

续附表3

期数	12%	14%	15%	16%	18%	20%	24%	28%	32%	36%
1	1.0000	1.0000	1.0000	1.0000	1.0000	1.0000	1.0000	1.0000	1.0000	1.0000
2	2.1200	2.1400	2.1500	2.1600	2.1800	2.2000	2.2400	2.2800	2.3200	2.3600
3	3.3744	3.4396	3.4725	3.5056	3.5724	3.6400	3.7776	3.9184	4.0624	4.2096
4	4.7793	4.9211	4.9934	5.0665	5.2154	5.3680	5.6842	6.0156	6.3624	6.7251
5	6.3528	6.6101	6.7424	6.8771	7.1542	7.4416	8.0484	8.6999	9.3983	10.146
6	8.1152	8.5355	8.7537	8.9775	9.4420	9.9299	10.980	12.136	13.406	14.799
7	10.089	10.731	11.067	11.414	12.142	12.916	14.615	16.534	18.696	21.126
8	12.300	13.233	13.727	14.240	15.327	16.499	19.123	22.163	25.678	29.732
9	14.776	16.085	16.786	17.519	19.086	20.799	24.713	29.369	34.895	41.435
10	17.549	19.337	20.304	21.322	23.521	25.959	31.643	38.593	47.062	57.352
11	20.655	23.045	24.349	25.733	28.755	32.150	40.238	50.399	63.122	78.998
12	24.133	27.271	29.002	30.850	34.931	39.581	50.895	65.510	84.320	108.44
13	28.029	32.089	34.352	36.786	42.219	48.497	64.110	84.853	112.30	148.48
14	32.393	37.581	40.505	43.672	50.818	59.196	80.496	109.61	149.24	202.93
15	37.280	43.842	47.580	51.660	60.965	72.035	100.82	141.30	198.00	276.98
16	42.753	50.980	55.718	60.925	72.939	87.442	126.01	181.87	262.36	377.69
17	48.884	59.118	65.075	71.673	87.068	105.93	157.25	233.79	347.31	514.66
18	55.750	68.394	75.836	84.141	103.74	128.12	195.99	300.25	459.45	700.94
19	63.440	78.969	88.212	98.603	123.41	154.74	244.03	385.32	607.47	954.28
20	72.052	91.025	102.44	115.38	146.63	186.69	303.60	494.21	802.86	1298.8
21	81.699	104.77	118.81	134.84	174.02	225.03	377.46	633.59	1060.8	1767.4
22	92.503	120.44	137.63	157.42	206.34	271.03	469.06	812.00	1401.2	2404.7
23	104.60	138.30	159.28	183.60	244.49	326.24	582.63	1040.4	1850.6	3271.3
24	118.16	158.66	184.17	213.98	289.49	392.48	723.46	1332.7	2443.8	4450.0
25	133.33	181.87	212.79	249.21	342.60	471.98	898.09	1706.8	3226.8	6053.0
26	150.33	208.33	245.71	290.09	405.27	567.38	1114.6	2185.7	4260.4	8233.1
27	169.37	238.50	283.57	337.50	479.22	681.85	1383.1	2798.7	5624.8	11198
28	190.70	272.89	327.10	392.50	566.48	819.22	1716.1	3583.3	7425.7	15230
29	214.58	312.09	377.17	456.30	669.45	984.07	2129.0	4587.7	9802.9	20714
30	241.33	356.79	434.75	530.31	790.95	1181.9	2640.9	5873.2	12941	28172
40	767.09	1342.0	1779.1	2360.8	4163.2	7343.9	22729	69377	207874	609890
50	2400.0	4994.5	7217.7	10436	21813	45497	195373	819103	*	*
60	7471.6	18535	29220	46058	114190	281733	*	*	*	*

注：*＞999 999.99

附表 4　年金现值系数表

期数	1%	2%	3%	4%	5%	6%	7%	8%	9%	10%
1	0.9901	0.9804	0.9709	0.9615	0.9524	0.9434	0.9346	0.9259	0.9174	0.9091
2	1.9704	1.9416	1.9135	1.8861	1.8594	1.8334	1.8080	1.7833	1.7591	1.7355
3	2.9410	2.8839	2.8286	2.7751	2.7232	2.6730	2.6243	2.5771	2.5313	2.4869
4	3.9020	3.8077	3.7171	3.6299	3.5460	3.4651	3.3872	3.3121	3.2397	3.1699
5	4.8534	4.7135	4.5797	4.4518	4.3295	4.2124	4.1002	3.9927	3.8897	3.7908
6	5.7955	5.6014	5.4172	5.2421	5.0757	4.9173	4.7665	4.6229	4.4859	4.3553
7	6.7282	6.4720	6.2303	6.0021	5.7864	5.5824	5.3893	5.2064	5.0330	4.8684
8	7.6517	7.3255	7.0197	6.7327	6.4632	6.2098	5.9713	5.7466	5.5348	5.3349
9	8.5660	8.1622	7.7861	7.4353	7.1078	6.8017	6.5152	6.2469	5.9952	5.7590
10	9.4713	8.9826	8.5302	8.1109	7.7217	7.3601	7.0236	6.7101	6.4177	6.1446
11	10.3676	9.7868	9.2526	8.7605	8.3064	7.8869	7.4987	7.1390	6.8052	6.4951
12	11.2551	10.5753	9.9540	9.3851	8.8633	8.3838	7.9427	7.5361	7.1607	6.8137
13	12.1337	11.3484	10.6350	9.9856	9.3936	8.8527	8.3577	7.9038	7.4869	7.1034
14	13.0037	12.1062	11.2961	10.5631	9.8986	9.2950	8.7455	8.2442	7.7862	7.3667
15	13.8651	12.8493	11.9379	11.1184	10.3797	9.7122	9.1079	8.5595	8.0607	7.6061
16	14.7179	13.5777	12.5611	11.6523	10.8378	10.1059	9.4466	8.8514	8.3126	7.8237
17	15.5623	14.2919	13.1661	12.1657	11.2741	10.4773	9.7632	9.1216	8.5436	8.0216
18	16.3983	14.9920	13.7535	12.6593	11.6896	10.8276	10.0591	9.3719	8.7556	8.2014
19	17.2260	15.6785	14.3238	13.1339	12.0853	11.1581	10.3356	9.6036	8.9501	8.3649
20	18.0456	16.3514	14.8775	13.5903	12.4622	11.4699	10.5940	9.8181	9.1285	8.5136
21	18.8570	17.0112	15.4150	14.0292	12.8212	11.7641	10.8355	10.0168	9.2922	8.6487
22	19.6604	17.6580	15.9369	14.4511	13.1630	12.0416	11.0612	10.2007	9.4424	8.7715
23	20.4558	18.2922	16.4436	14.8568	13.4886	12.3034	11.2722	10.3711	9.5802	8.8832
24	21.2434	18.9139	16.9355	15.2470	13.7986	12.5504	11.4693	10.5288	9.7066	8.9847
25	22.0232	19.5235	17.4131	15.6221	14.0939	12.7834	11.6536	10.6748	9.8226	9.0770
26	22.7952	20.1210	17.8768	15.9828	14.3752	13.0032	11.8258	10.8100	9.9290	9.1609
27	23.5596	20.7069	18.3270	16.3296	14.6430	13.2105	11.9867	10.9352	10.0266	9.2372
28	24.3164	21.2813	18.7641	16.6631	14.8981	13.4062	12.1371	11.0511	10.1161	9.3066
29	25.0658	21.8444	19.1885	16.9837	15.1411	13.5907	12.2777	11.1584	10.1983	9.3696
30	25.8077	22.3965	19.6004	17.2920	15.3725	13.7648	12.4090	11.2578	10.2737	9.4269
35	29.4086	24.9986	21.4872	18.6646	16.3742	14.4982	12.9477	11.6546	10.5668	9.6442
40	32.8347	27.3555	23.1148	19.7928	17.1591	15.0463	13.3317	11.9246	10.7574	9.7791
45	36.0945	29.4902	24.5187	20.7200	17.7741	15.4558	13.6055	12.1084	10.8812	9.8628
50	39.1961	31.4236	25.7298	21.4822	18.2559	15.7619	13.8007	12.2335	10.9617	9.9148
55	42.1472	33.1748	26.7744	22.1086	18.6335	15.9905	13.9399	12.3186	11.0140	9.9471

续附表 4

期 数	12%	14%	15%	16%	18%	20%	24%	28%	32%	36%
1	0.8929	0.8772	0.8696	0.8621	0.8475	0.8333	0.8065	0.7813	0.7576	0.7353
2	1.6901	1.6467	1.6257	1.6052	1.5656	1.5278	1.4568	1.3916	1.3315	1.2760
3	2.4018	2.3216	2.2832	2.2459	2.1743	2.1065	1.9813	1.8684	1.7663	1.6735
4	3.0373	2.9137	2.8550	2.7982	2.6901	2.5887	2.4043	2.2410	2.0957	1.9658
5	3.6048	3.4331	3.3522	3.2743	3.1272	2.9906	2.7454	2.5320	2.3452	2.1807
6	4.1114	3.8887	3.7845	3.6847	3.4976	3.3255	3.0205	2.7594	2.5342	2.3388
7	4.5638	4.2883	4.1604	4.0386	3.8115	3.6046	3.2423	2.9370	2.6775	2.4550
8	4.9676	4.6389	4.4873	4.3436	4.0776	3.8372	3.4212	3.0758	2.7860	2.5404
9	5.3282	4.9464	4.7716	4.6065	4.3030	4.0310	3.5655	3.1842	2.8681	2.6033
10	5.6502	5.2161	5.0188	4.8332	4.4941	4.1925	3.6819	3.2689	2.9304	2.6495
11	5.9377	5.4527	5.2337	5.0286	4.6560	4.3271	3.7757	3.3351	2.9776	2.6834
12	6.1944	5.6603	5.4206	5.1971	4.7932	4.4392	3.8514	3.3868	3.0133	2.7084
13	6.4235	5.8424	5.5831	5.3423	4.9095	4.5327	3.9124	3.4272	3.0404	2.7268
14	6.6282	6.0021	5.7245	5.4675	5.0081	4.6106	3.9616	3.4587	3.0609	2.7403
15	6.8109	6.1422	5.8474	5.5755	5.0916	4.6755	4.0013	3.4834	3.0764	2.7502
16	6.9740	6.2651	5.9542	5.6685	5.1624	4.7296	4.0333	3.5026	3.0882	2.7575
17	7.1196	6.3729	6.0472	5.7487	5.2223	4.7746	4.0591	3.5177	3.0971	2.7629
18	7.2497	6.4674	6.1280	5.8178	5.2732	4.8122	4.0799	3.5294	3.1039	2.7668
19	7.3658	6.5504	6.1982	5.8775	5.3162	4.8435	4.0967	3.5386	3.1090	2.7697
20	7.4694	6.6231	6.2593	5.9288	5.3527	4.8696	4.1103	3.5458	3.1129	2.7718
21	7.5620	6.6870	6.3125	5.9731	5.3837	4.8913	4.1212	3.5514	3.1158	2.7734
22	7.6446	6.7429	6.3587	6.0113	5.4099	4.9094	4.1300	3.5558	3.1180	2.7746
23	7.7184	6.7921	6.3988	6.0442	5.4321	4.9245	4.1371	3.5592	3.1197	2.7754
24	7.7843	6.8351	6.4338	6.0726	5.4509	4.9371	4.1428	3.5619	3.1210	2.7760
25	7.8431	6.8729	6.4641	6.0971	5.4669	4.9476	4.1474	3.5640	3.1220	2.7765
26	7.8957	6.9061	6.4906	6.1182	5.4804	4.9563	4.1511	3.5656	3.1227	2.7768
27	7.9426	6.9352	6.5135	6.1364	5.4919	4.9636	4.1542	3.5669	3.1233	2.7771
28	7.9844	6.9607	6.5335	6.1520	5.5016	4.9697	4.1566	3.5679	3.1237	2.7773
29	8.0218	6.9830	6.5509	6.1656	5.5098	4.9747	4.1585	3.5687	3.1240	2.7774
30	8.0552	7.0027	6.5660	6.1772	5.5168	4.9789	4.1601	3.5693	3.1242	2.7775
35	8.1755	7.0700	6.6166	6.2153	5.5386	4.9915	4.1644	3.5708	3.1248	2.7777
40	8.2438	7.1050	6.6418	6.2335	5.5482	4.9966	4.1659	3.5712	3.1250	2.7778
45	8.2825	7.1232	6.6543	6.2421	5.5523	4.9986	4.1664	3.5714	3.1250	2.7778
50	8.3045	7.1327	6.6605	6.2463	5.5541	4.9995	4.1666	3.5714	3.1250	2.7778
55	8.3170	7.1376	6.6636	6.2482	5.5549	4.9998	4.1666	3.5714	3.1250	2.7778

参考文献

[1] 中国资产评估协会.资产评估[M].北京:经济科学出版社,2012.
[2] 刘玉平.资产评估[M].北京:中国财政经济出版社,2006.
[3] 何红.资产评估概论[M].北京:高等教育出版社,2005.
[4] 崔劲,朱军.资产评估案例[M].北京:中国人民大学出版社,2003.
[5] 王玉梅.合同法[M].北京:中国政法大学出版社,2008.
[6] 郭复初.资产评估学[M].北京:西南财经大学出版社,2007.
[7] 姜楠.资产评估[M].大连:东北财经大学出版社,2004.
[8] 中国资产评估协会.资产评估准则:工作底稿[S],2010.
[9] 于鸿君.资产评估教程[M].北京:北京大学出版社,2003.
[10] 中国资产评估协会.资产评估基础[M].北京:中国财政经济出版社,2020.